WENHUA JINGJI YANJIU

文化经济研究

第八辑

范 周◎主编

知识产权出版社
全国百佳图书出版单位
——北 京——

图书在版编目（CIP）数据

文化经济研究．第八辑 / 范周主编．-- 北京：知识产权出版社，2021.9

ISBN 978-7-5130-7658-6

Ⅰ．①文… Ⅱ．①范… Ⅲ．①文化产业－研究－中国
Ⅳ．① G124

中国版本图书馆 CIP 数据核字（2021）第 161786 号

内容提要

“十三五”时期我国文化产业经历了由高速发展转向变革式发展的五年历程。伴随着国家从文化小康到文化复兴改革步伐的深入，文化治理体系逐步构建、文化市场体系日渐完善、公共文化服务体系日趋多元、文化消费市场逐步扩张。《文化经济研究》（第八辑）回望过去、面向未来，探讨文化体系建设这一长期性、系统性的工作，同时继续聚焦文化产业和新型业态的融合发展、新技术对文化产业的驱动、文化创意赋能传统文博业、传统文化的现代化表达、文化产品的国际传播、文化旅游的融合发展及乡村文化扶贫等与文化发展体系构建密切相关的主题。

本书适合文化产业管理与艺术管理专业的高校师生、相关领域研究人员及对文化经济领域感兴趣的读者使用。

责任编辑：李石华　　　　**责任印制**：孙婷婷

文化经济研究（第八辑）

WENHUA JINGJI YANJIU（DI-BAJI）

范周　主编

出版发行：知识产权出版社有限责任公司	**网　　址**：http://www.ipph.cn
电　　话：010-82004826	http://www.laichushu.com
社　　址：北京市海淀区气象路50号院	**邮　　编**：100081
责编电话：010-82000860转8072	**责编邮箱**：lishihua@cnipr.com
发行电话：010-82000860转8101	**发行传真**：010-82000893
印　　刷：北京中献拓方科技发展有限公司	**经　　销**：各大网上书店、新华书店及相关专业书店
开　　本：720mm × 1000mm　1/16	**印　　张**：24
版　　次：2021年9月第1版	**印　　次**：2021年9月第1次印刷
字　　数：380千字	**定　　价**：88.00元

ISBN 978-7-5130-7658-6

序　言

时光荏苒,《文化经济研究》从第一辑走向第八辑，见证了整个“十三五”时期文化产业由高速发展转向变革式发展的五年历程。回望过往，伴随着国家从文化小康到文化复兴改革步伐的加快，文化体系建设作为《中共中央关于制定国民经济和社会发展第十三个五年规划的建议》中的重要内容，在“十三五”时期取得了长足进步。文化治理体系逐步构建、文化市场体系日渐完善、公共文化服务体系日趋多元、文化消费市场逐步扩张。明确的文化建设目标和健康的发展方式，使得公共文化服务和文化产业在与社会经济同步发展的同时，提升了人民群众的幸福指数，推进社会主义文化建设协调发展。面向未来，文化体系建设这一长期性、系统性的工作，在“十四五”时期的工作重点将延续“十三五”的趋势，继续聚焦文化产业和新型业态的融合发展、新技术对文化产业的驱动、文化创意赋能传统文博业、传统文化的现代化表达、文化产品的国际传播、文化旅游的融合发展及乡村文化扶贫等与文化发展体系建构密切相关的主题。

科技变革为文化产业注入了强劲动能。从 3G 到 5G，从大设备到云技术，从自动化到人工智能，新技术的不断迭代、新场景的应用部署、新基建的全面铺开，使得供给和需求关系的有效匹配、精确对接成为可能，新技术还带来了新需求和新的消费观念，文化产业与数字技术的融合，开辟出数字文化产业的中国优势。尤其是 2020 年，突如其来的新冠肺炎疫情加速了新业态新模式的发展，传统行业数字化转型、新业态新模式涌现、数字领域投融资活跃。抗击疫情期间出现的云演艺、云展览、云旅游等新业态新模式，展现出强大的成长潜力和活力，成为文化产业高质量发展的新引擎。

文化遗产从专注保护转向多元活化。文化遗产在更多领域体现出其活化价值，腾讯视频、爱奇艺、优酷、抖音、快手、哔哩哔哩等网络平台积极举办各类非遗主题活动。《文化和旅游部办公厅　国务院扶贫办综合司关于推进非遗扶贫就业工坊建设的通知》大力推进非遗工坊建设，助力实现非遗传承与非遗扶贫双赢。文创联名受到越来越多行业的关注，故宫博物院与网易合作打造手游《绘真·妙笔千山》，与联想合作在2020年的美国CES消费电子展推出了系列产品。全国各类文博机构通过文创联名，为产业融合注入新动力，助力文化内容和文化价值的再生产、再传播。

新策略、新模式引领文化产品“走出去”。“十三五”时期对外文化交流和传播也是波澜壮阔。经过五年的结构调整，文化产品和服务贸易进口额、出口额也从2015年低谷回到历史性高位，中国传统文化产品、影视作品、网络文学均呈现良好态势。中国网游全面进军国际市场，2015—2020年，中国自主研发的网络游戏在海外市场实际销售收入增加了近2倍，从53.1亿美元增长至154.5亿美元。优质文化内容及产品融入传统文化元素和东方图景，引发了世界各国的广泛关注。从政策支持、版权服务、出海保障、战略研究、贸易渠道等领域，深入探讨文化交流与传播的保障举措成为应有之义。

文旅产业融合助力乡村脱贫振兴。2020年是脱贫攻坚决胜之年。文旅扶贫依托其辐射带动效应和物质精神的双扶贫良好效益，成为推动脱贫攻坚的重要力量。社会各界也积极探索文化扶贫、艺术扶贫与消费扶贫的结合模式，带动各类乡村文化营造项目、县域美学项目在各地繁荣发展，以乡村历史文化资源、创意生产要素为基础，引导“一村一品”的乡村文化品牌塑造，推动乡村文旅产业链构建，激发乡村产业发展的内生动力。

是为序。

中国传媒大学文化发展研究院院长

范周

2021年4月

目录

第一篇 文化建设与体系建设

人民、社会与文化——从文化小康到文化复兴

林一民 *

摘　要：2019 年 10 月 31 日，党的十九届四中全会公报发布，第一次系统描绘了中国特色社会主义的制度图谱，充分彰显了我国国家制度和国家治理体系多方面的显著优势。公报关于制度体系的诸多论述中都充分体现了对文化民生的关照，高位引领文化小康的建设步伐。公报指出，要坚持以社会主义核心价值观引领文化建设，健全人民文化权益保障制度；健全幼有所育、学有所教等国家基本公共服务制度体系；满足人民多层次、多样化需求，使改革发展成果更多、更公平惠及全体人民。全面建成小康社会是实现国家治理体系和治理能力现代化的重要表现，在全面建成小康社会的决胜期，文化不能缺位。

关键词：文化小康；文化复兴；文化治理；小康社会

一、文化小康的基本内涵

小康社会是邓小平同志在 20 世纪 70 年代末 80 年代初擘画中国经济社会发展蓝图时提出的战略构想。2002 年，党的十六大确立了全面建设小康社会的

* 林一民，中国传媒大学文化产业管理学院硕士研究生。

奋斗目标，党的十七大又在这一基础上提出了新的更高的要求。2012 年，党的十八大报告首次正式提出“全面建成小康社会”，确立了到 2020 年实现全面建成小康社会的宏伟目标。2017 年，党的十九大报告更明确发出“决胜全面建成小康社会”的伟大号召。

科学准确把握全面建成小康社会的内涵，对于推进国家治理体系和治理能力的现代化，实现“两个一百年”奋斗目标至关重要。全面建成小康社会包含两个基本内涵：一是“全面”的内涵，它是包括贫困地区在内的全国人民的小康，不仅是物质上的小康，还有精神上的小康，是涵盖经济、政治、文化、社会、生态文明建设 5 个方面的小康，从“全面建设小康社会”到“全面建成小康社会”，无不深刻体现着“全面”的思维；二是“全面建成”的内涵，这意味着 5 个方面要达到有机协调、相互补充、均衡发展的要求。[1] 由此可以看到，小康社会是“五位一体”共同发展与繁荣的社会，而文化小康恰恰是新时代下全面建成小康社会的关键表征。

文化小康，是指文化发展的兴盛，群众享受文化的便利和精神文化的充实，国民文化素养和社会文明程度得到普遍提升。[2] 站在新的历史高度，补齐文化发展短板，让人民享有充实丰富的精神文化生活，提高国民素质和社会文明程度，进而实现文化小康，是全面建成小康社会的重要内容，也是建设社会主义文化强国的重要目标。[3]

剖析全面建成小康社会的内涵，文化建设无疑是在其中起着关键性和推动性作用的一个方面。文化小康是决胜全面建成小康社会的精神驱动，实现文化小康，就要通过文化建设推进和提升小康社会的文化创造力、思想引领力和精神驱动力，充分发挥文化引领风尚、教育人民、服务社会、推动发展的作用。

---

[1] 毕瑛涛 . 习近平“文化自信”论对中国全面建成小康社会的影响与作用［J］. 内江师范学院学报，2017，32（11）：83–87.

[2] 钱念孙 . 文化小康的理念和实践［J］. 群言，2017（6）：37–40.

[3] 陈付龙 . 以文化公正保障人民文化权益［EB/OL］.（2017–02–12）［2020–01–10］. http：//dangjian.people.com.cn/n1/2017/0212/c117092–29074712.html.

二、实现文化小康的当代价值

文化小康是全面建成小康社会的重要一隅，在“五位一体”总体布局中占据重要地位。实现文化小康，在新时代的历史背景下，有其特定的价值和意义。

（一）保障人民文化权益，促进人的全面发展

只有坚持以人民为中心，增进人民福祉，实现国民素质的全面提升，更好推动人的全面发展，才能真正实现全面建成小康社会的奋斗目标。党的十九大报告指出：“中国特色社会主义进入新时代，我国社会主要矛盾已经转化为人民日益增长的美好生活需要和不平衡不充分的发展之间的矛盾。”发展的不平衡不充分，是满足人民日益增长的美好生活需要的主要制约因素。健全人民文化权益保障制度是党的十九届四中全会公报中明确强调的要点，在实现文化小康进程中，要关照的核心主体就是人民。建设文化小康，有利于保障人民文化权益，推动基本公共文化服务的标准化、均等化发展，真正满足人民日益增长的美好生活需要。

（二）构筑文明和谐社会，推动社会的全面进步

建设文化小康是一个通过文化建设实现社会治理和社会提升的进阶过程。社会的文明程度是人民感知和衡量文化小康建设水平、建设成果的一把标尺，而构筑精神文明的和谐社会正是文化小康的价值取向。社会的和谐稳定，是人民安居乐业的外在环境基础，要实现这样的目标，离不开社会的精神文明建设。大力培育和践行社会主义核心价值观，有利于发挥其在思想文化上对社会建设的塑造效力，巩固全体人民团结奋斗的共同思想基础，进而构筑精神文明水平更高的和谐社会，最终推动社会的全面进步。

（三）繁荣发展社会主义先进文化

建设文化小康，要求弘扬中华民族优秀传统文化、革命文化，繁荣发展社会主义先进文化，更好发挥其价值引领作用，以社会主义先进文化的精神内核指引文化小康建设步伐的方向。积极推进文化小康建设，有利于营造中华民族5000多年文明历史所孕育的中华民族优秀传统文化和党领导人民在革命、建设、改革

中创造的革命文化的弘扬和传播氛围，推动中华民族优秀传统文化的创造性转化和创新性发展，同时能够为社会主义先进文化创造更为同频共振的时代风气和社会底蕴，促进社会主义先进文化在新时代繁荣发展。

（四）坚定文化自信，实现文化复兴

文化既是国家根基，也是民族底气，是中华民族得以向前发展的重要精神力量。习近平总书记在讲话中指出："没有高度的文化自信，没有文化的繁荣兴盛，就没有中华民族伟大复兴。"实现全面建成小康社会的奋斗目标是实现中华民族伟大复兴中国梦的关键一步，而这个过程，离不开中国特色社会主义文化自信的作用和影响力。实现中华民族文化复兴，是中华民族伟大复兴中国梦的题中应有之义和最本质、最深刻的内涵，其中的关键就在于坚定文化自信，而建设文化小康，正是实现这一目标的重要途径。[1]

三、建设文化小康的现实路径

时下是建设文化小康的关键决胜期，需要充分抓住各方面的积极力量全力、高效推进文化小康建设，助力决胜全面建成小康社会。

（一）紧密衔接国家战略和政策

建设文化小康，必须坚定实施科教兴国战略、创新驱动发展战略、乡村振兴战略、区域协调发展战略等多方面的国家战略，积极贯彻落实新发展理念，确保文化小康建设与国家战略实施的协同推进，尤其不能忽视乡村振兴战略下教育脱贫、文化扶贫的多方面探索。

"扶贫先扶志，扶贫必扶智。"建设文化小康，必须切实发挥教育脱贫、文化扶贫的积极作用。打赢脱贫攻坚战，是全面建成小康社会的底线任务。近年来，国家陆续出台了《"十三五"时期贫困地区公共文化服务体系建设规划纲要》《网络扶贫行动计划》《"十三五"时期文化扶贫工作实施方案》《深度贫困地区教育

---

[1] 时啸鸽．改革开放40年我国建设文化小康的时代意义和现实路径［J］．福州党校学报，2019（2）：62-65.

脱贫攻坚实施方案（2018—2020年）》等相关政策，推进精准扶贫、精准脱贫，充分发挥文化、教育在助推脱贫攻坚中的重要作用，并且取得了巨大成效。据统计，2018年末，我国农村贫困人口减少至1660万人，2018年，九年义务教育普及率达94.2%，高等教育毛入学率达48.1%，城镇和农村居民人均教育文化娱乐支出占消费总支出的比重分别增长到11.4%和10.7%。[1]未来，还要加大举措促进文化事业繁荣，加快文化产业发展，尤其要注重地方特色文化产业对脱贫致富、带动经济增长的积极作用。

（二）加大文化法治保障力度

加强文化法治建设是坚持和完善中国特色社会主义法治体系的重要环节。完善文化领域立法，既有助于从法律层面推进文化建设，同时也能有效促进社会治理体系和治理能力的提升。但是，和经济领域的立法相比，目前我国文化领域的立法仍处于起步阶段，数量少，但是需求大。《中华人民共和国公共文化服务保障法》于2017年3月正式落地实施，实现了从行政性政策规章上“维护”到法律上“保护”人民享有公共文化服务的跨越式发展。2017年11月4日，《中华人民共和国公共图书馆法》经审议通过，成为我国公共文化领域继《中华人民共和国公共文化服务保障法》之后的又一部重要法律，该法的出台，对于进一步健全我国的文化法律制度，保障人民群众的基本文化权益具有重要意义。未来一个时期，仍需进一步加强文化法治建设，深入研究不同文化门类、文化市场的法治基础，对接从城市到农村、从儿童到老人，不同地理区域、不同年龄人群的文化需求，建立健全更精准化、细分化的文化法治体系，通过法治建设，切实保障人民的文化权益，为实现文化小康保驾护航。

（三）健全公共文化服务制度体系

加强公共文化基础设施建设，完善基本公共文化服务，以更加健全完备的公共文化服务制度体系为文化小康提供稳定持久的支撑效能，是贯彻“五位一体”

---

[1] 国家统计局．人民生活实现历史性跨越　阔步迈向全面小康——新中国成立70周年经济社会发展成就系列报告之十四［EB/OL］.（2019-08-09）［2020-01-10］. http：//www.stats.gov.cn/tjsj/zxfb/201908/t20190809_1690098.html.

总体布局的必然要求。实现文化小康的重点和难点在基层和农村，健全公共文化服务制度体系，需要实现协调区域、统筹城乡的均衡发展。一方面，要加强“软基础”建设，梳理好优秀民族民间文化资源，加强地方非物质文化遗产的保护、传承和利用。同时，要大力培养文化骨干和乡土人才，加强文化人才的培养，并向基层和农村的输送，打造一支有思想、有能力的文化队伍。另一方面，要加强“硬基础”建设，搭建多元文化载体和平台，加强基层综合性文化服务中心、公共数字文化设施建设，继续推进落实全国农家书屋工程建设，打造农民的“文化家园”，进一步推动基本公共文化服务标准化、均等化等措施的落地，提升公共文化服务效能，着力打通公共文化服务的“最后一公里”。

（四）建立健全文化创作生产体制机制

实现文化小康，不仅要有基础、有保障，还要建立健全的文化创作生产体制机制，坚持需求导向，为人民群众提供和开展喜闻乐见的文化产品和文化活动。第一，要培育中华民族优秀传统文化、革命文化、社会主义先进文化的转化创新和繁荣发展的土壤，完善对思想精深、艺术精湛、制作精良的文艺作品的资金扶持和奖励机制，持续激发全民族文化创作活力。第二，要积极引导有道德、有筋骨、有温度的文艺作品的创作生产，大力支持文艺创作领域工匠精神的培育和弘扬，始终坚持把社会效益放在首位，社会效益和经济效益相统一，建立健全文化创作生产体制机制，让文艺创作在“高原”基础上勇攀“高峰”，进一步繁荣艺术创作生产，促进文化产品和服务供需的有效对接。第三，要积极鼓励和充分发挥新兴科技对文化新业态成长和文化新消费的支撑和辅助作用，充实、丰富文化产品和服务的种类与形式，进而满足人民群众多层次、多样化的文化需求。

四、从文化小康到文化复兴的时代展望

党的十九届四中全会提出：“必须坚定文化自信，牢牢把握社会主义先进文化前进方向，激发全民族文化创造活力，更好构筑中国精神、中国价值、中国力量。”这是从文化小康到文化复兴，以至民族复兴一以贯之的价值取向。党的十九大描绘了决胜全面建成小康社会、开启全面建设社会主义现代化国家新征程，实现中华民族伟大复兴的宏伟蓝图。当下，我国正处于实现中华民族伟大

复兴的关键时期，也是决胜全面建成小康社会的收官阶段，从文化小康到文化复兴，是实现中华民族伟大复兴的题中应有之义，是一脉相承的思想动线，符合人民群众对新时代的希冀和展望。

实现文化小康，将切实为国家富强、民族振兴、人民幸福的中国梦添砖加瓦，凝聚实现中华民族文化复兴的精神伟力，为民族复兴营造精神动力、思想保障和稳定的文化民生环境。实现文化复兴，必然带来中国特色社会主义文化更进一步的丰富，以及中国特色社会主义的文化自信影响力进一步提升。这既是新时代实现中华民族伟大复兴中国梦目标的必然要求，也是检验对接国家治理体系和治理能力现代化“成色”的一块“试金石”。实现中华民族伟大复兴是近代以来中华民族最伟大的梦想。实现中华民族伟大复兴必须弘扬以爱国主义为核心的民族精神和以改革创新为核心的时代精神为代表的中国精神；必须彰显中国价值，即精练社会主义核心价值观中，反映出的从国家、社会到个人三个层面的价值诉求；也必须凝聚中国力量，即中国各族人民大团结的力量。

建设文化小康，实现文化复兴，意味着中国精神、中国价值、中国力量得到更好、更全面的构筑，也意味着其精神驱动力、价值引领力更进一步得到释放。经济高质量发展，人民生活水平和质量普遍提高，国民素质和社会文明程度显著提高，各方面制度体系更加成熟，顺利实现全面小康社会[1]，这将是向中华民族伟大复兴中国梦顺利实现迈进的一大步。

---

[1] 辛鸣．实现中华民族伟大复兴的关键一步［N］．人民日报，2019-10-25（9）．

文化事业与文化产业的协同发展路径研究
——以国家大剧院杂志社和喜马拉雅为例

李柯燕 *

摘　要：在协调文化事业和文化产业的实践中，文化事业单位和文化企业有着不同的发展路径：国家大剧院杂志社在面向社会进行高雅艺术教育时，形成了公益性文化服务和市场化文化教育产品相互配合、相互促进的良好局面；喜马拉雅则与地方政府合作，为公共文化服务提供了智能化解决方案，在履行社会责任的同时，也实现了品牌价值的提升。国家大剧院和喜马拉雅都实现了经济效益和社会效益的统一，其案例带来了以下启示：文化事业单位要树立品牌，积极进行商业变现；文化企业要积极参与公共文化服务，提升品牌价值；文化事业单位和文化企业要积极开展合作，产生协同效应。

关键词：文化事业；文化产业；公共文化服务；国家大剧院；喜马拉雅

随着经济发展、社会进步，人们对精神消费的重视程度不断提高，文化越来越成为社会文明程度和人民生活水平的一大衡量标准。文化事业和文化产业是我

* 李柯燕，中国传媒大学文化产业管理学院硕士研究生。

国社会主义文化建设的一体两翼，与人们的文化生活密切相关。协调文化事业与文化产业的发展对提升人民生活质量、加强社会文化建设具有重要意义。本文通过对国家大剧院杂志社和喜马拉雅进行案例分析，归纳了文化事业单位和文化企业在推动文化事业与文化产业协同发展时的不同路径。本文的案例分析主要基于实地调研和文献研究。通过对国家大剧院品牌推广中心进行实地调查，为国家大剧院杂志社的案例研究提供了较为丰富、时效性较强的一手资料；喜马拉雅案例的研究则主要对喜马拉雅企业公开的资料进行研究。

一、文化事业和文化产业的协同发展促进社会文化进步

文化事业注重公益性，以寻求最大化的社会效益为原则，由国家或社会提供资金支持，由政府部门及其相关附属单位向社会公众提供无偿或收费低廉的文化产品和服务[1]，以保障公众的基本文化权益。是发展文化事业维护社会公平与正义的题中之义。文化产业的诞生是文化生产引入市场经济机制的结果[2]，因此文化产业具有经营性，由文化企业以市场需求为导向进行文化产品和服务的生产和提供，追求经济效益的最大化，满足市场上更高层次的差异化文化消费需求。发展文化产业是推动社会经济结构升级、提升国家文化软实力的重要途径。

虽然文化事业与文化产业在生产目的、资金来源、机构性质、运营机制等方面存在诸多不同，但二者不是对立存在的，而是互为补充，相互渗透，相辅相成，共同满足公众的文化审美需求。

一方面，文化产业的发展离不开文化事业对文化消费者的培育。虽然随着经济水平的提高，人们有了更充裕的时间和更好的经济条件进行文化消费，但如果人们对文化不重视，没有足够的审美能力，没有养成消费习惯，没有养成付费意识，那文化消费的市场发展需求会受到很大的限制。文化事业在保障公众基本文化权利时，能营造良好的社会文化氛围，提高社会对文化的重视程度，提高公众的文化审美水

---

❶ 余金梅．钦州市文化事业和文化产业协同发展探究［J］．桂海论丛，2019，35（3）：119–124.

❷ 蒙一丁．文化事业与文化产业协调发展的路径探新——我国文化资源配置应该采取的三种方式［J］．长白学刊，2006（5）：99–101.

平，为文化产业培养有能力欣赏并愿意为文化艺术产品和服务买单的消费者。

另一方面，文化事业发展存在的不足由文化产业来弥补。由于有国家财政的支持，文化事业不直接面对市场，竞争压力较小，这导致文化事业的服务内容和服务形式缺乏创新，公共文化服务存在供给不足、供需错位等问题，这些问题会造成效率低下，资源浪费。文化产业具有高度的市场敏感性，能对市场变化迅速做出反应，通过丰富的、时新的文化产品形式和内容来满足消费者的需求。同时，优质文化企业拥有的强大资金、技术实力使其能在文化产品和服务的内容、形式上不断创新，在满足消费者需求的同时对消费者进行引导。文化产业的发展能为文化事业提供很多借鉴和参考，文化企业通过提供文化公共服务等方式参与文化事业的建设，能为文化事业的发展带来新活力。

把文化事业和文化产业的发展有机结合，形成良性运作机制，有利于营造良好的社会文化环境，推动社会文化进步。一些文化事业单位和文化企业在协调公益性和经营性上进行的探索已初见成效，其中，国家大剧院杂志社和喜马拉雅就是很好的代表。国家大剧院杂志社的高雅艺术普及推广系列活动和喜马拉雅参与公共文化服务的案例能为其他文化事业单位和文化企业提供良好的经验借鉴。

二、文化事业与文化产业协同发展实践——事业单位和企业的不同路径

（一）文化事业单位的商业化运营——以国家大剧院杂志社为例

1. 中国国家大剧院和国家大剧院杂志社

中国国家大剧院于 2007 年竣工，是亚洲最大的剧院综合体，也是我国国家级的表演艺术中心。国家大剧院致力于高雅艺术的普及推广，为社会公众提供和开展高质量的文化产品和活动，让更多的社会公众接受一流的艺术教育，让人们走近艺术、了解艺术、爱上艺术。中国国家大剧院建立了一套包含演出运营系统、艺术教育交流系统、经营管理系统、剧目生产制作系统等在内的科学组织架构。

从性质上看，中国国家大剧院是公益性事业单位，以“国家大剧院”为主体，实行事业化管理；从组织运营上看，中国国家大剧院以“北京国家大剧院演艺中心有限责任公司”为主体，实行企业化经营。[1] 如今，中国国家大剧院形成

---

[1] 王悦．国家大剧院筹资赞助模式研究［D］．北京：中国音乐学院，2018.

了“以节目演出、剧目制作、艺术普及为核心业务，以传播交流、市场营销、品牌塑造为重要手段，以专业化经营、精细化管理和高技术保障为强力支撑的“国家大剧院模式”。“国家大剧院模式”既具有中国特色又与世界接轨，既符合艺术规律又顺应市场需求，实现了社会效益和经济效益的统一，为中国国家大剧院赢得了可持续的发展空间。

《国家大剧院》杂志创办于2008年，每月一期，主要刊载国内外文化艺术资讯、评论、知识等，是一本综合性表演艺术高端刊物。《国家大剧院》杂志由中国国家大剧院主管，由北京国家大剧院演艺中心有限责任公司、北京日报社主办，在2008年创办之初先是实行内部赠阅，从2013年开始正式公开出版发行。从管理体系上看，作为大剧院品牌树立和推广的一部分，国家大剧院杂志社由中国国家大剧院品牌推广中心实际分管。从文化艺术内容提供上看，一方面，作为中国国家大剧院的官方刊物,《国家大剧院》杂志以图书的形式丰富了中国国家大剧院高雅艺术的普及和推广形式；另一方面，除了刊发电子和纸质版杂志内容，杂志社还通过一系列艺术教育活动进行高雅艺术的普及和推广。

2. 国家大剧院杂志社的高雅艺术教育：从公益到市场

（1）《国家大剧院》杂志提供公益性高雅艺术普及教育。国家大剧院杂志社向社会公众提供公益性高雅艺术推广普及服务，以听、看、读的形式举办了一系列艺术普及教育活动。

从2016年起，国家大剧院杂志社已经举办了20余场“图书馆里讲艺术”系列讲座。讲座主要邀请古典音乐、舞蹈、戏曲等艺术领域的专家、教授及社会各界致力于艺术推广和普及事业的知名人士，在北京市各大公共图书馆或学校图书馆以沙龙、讲座的形式向公众普及艺术知识，讲述艺术表演和创作背后的故事，分享艺术家们的人生经历。有时艺术家们还会在现场为观众带来精彩的表演。讲座通过结合艺术行业的热门事件，让更多的普通市民参与其中。“图书馆里讲艺术”系列讲座包括2017年12月16日由管风琴家沈凡秀在海淀区图书馆主讲的“走进管风琴的神秘园”，2017年10月21日由大提琴演奏家杨锰在东城区第一图书馆主讲的“认识大提琴”等。

同时，国家大剧院杂志社会向北京市的社区文化站、图书馆等基层单位每月赠送2000册《国家大剧院》杂志，也会向参与“图书馆里讲艺术”系列讲座的观众免费赠送杂志。《国家大剧院》杂志内容涵盖歌剧、音乐、舞蹈、戏剧、戏曲五大艺术门类，包括“封面人物”“观点”“面孔”“眼界”等高质量栏目。赠阅之后，杂志社还会派专人跟踪读者反馈，收集读者的感受、意见。

此外，中国国家大剧院拥有包括水下廊道的东、西展览厅两大展厅，国家大剧院艺术馆、艺术沙龙展厅和“音乐丛林”等中小型展厅在内的展览场所。中国国家大剧院会向进入剧院的观众免费开放部分展览，以丰富观众的艺术体验。已经成功举办的展览包括“回眸经典——国家大剧院原创与制作剧目展”“肖邦在巴黎——纪念肖邦逝世 170 周年主题展”等。

（2）国家大剧院杂志社也推出了市场化的高端艺术教育产品。国家大剧院杂志社积极面向市场，充分利用中国国家大剧院顶尖的艺术资源，开展商业化艺术教育活动，实现了“《国家大剧院》杂志”的品牌变现。

国家大剧院杂志社已成功举办了多期付费少儿合唱艺术班。合唱班采用接轨国际的“课程培训 + 舞台实践”教学模式，全方位培养学生声乐、表演、舞台展示等综合艺术能力。除了普通授课，合唱班还会在中国国家大剧院小剧场举行汇报音乐会。此外，中国国家大剧院的摄影、录像人员还对合唱班的授课、彩排及最终的汇报音乐会进行全程专业记录。同时，合唱班的成果会在《国家大剧院》杂志上进行刊登。《国家大剧院》杂志合唱班不仅提供了高水平的合唱声乐教育，还提供了一整套高水准专业服务。

国家大剧院杂志社积极与其他文化企业合作推出与艺术普及教育相关的体验产品。2019 年 7 月，国家大剧院杂志社与北京演艺集团合作，成功举办了“儿童戏剧体验营——走进国家大剧院”（以下简称“戏剧体验营”）。“戏剧体验营”以中国国家大剧院为营地，主要由北京演艺集团组织实施，为学员提供剧院游览、演出欣赏、戏剧表演培训、舞台演出等体验活动。与合唱班类似，“戏剧体验营”也安排了专业摄影师对活动进行跟拍记录，活动也在《国家大剧院》杂志上进行刊登。“戏剧体验营”从艺术教育和体验经济出发，发挥了中国国家大剧院的场地、品牌等优势和京演集团的渠道、人员等优势，成功实现了中国国家大剧院与京演集团的资源互换，利益共享。

（3）公益性艺术教育服务和市场化艺术教育产品相辅相成。在高雅艺术教育上，国家大剧院杂志社发挥自身的专业性优势，实现了社会效益和经济效益的统一。首先，中国国家大剧院是中国表演艺术的最高殿堂，作为其下属刊物，《国家大剧院》杂志在公众心中本身就具有行业权威的形象。杂志社充分利用中国国家大剧院专业顶尖的信息、人才等优势，推出了专业化的优质内容，树立了品牌。其次，开展公益性高雅艺术普及教育的过程也是《国家大剧院》杂志提高自身品牌影响力的过程。最后，通过推出高端高雅艺术教育的产品和服务，国家大剧院杂志社实现了品牌价值的变现。在获得经济收益的同时，国家大剧院杂志社也进一步提升了自身的品牌影响力，最终形成了公益性优质公共文化服务和市场化高端文化教育产品相互配合、相互促进的良好局面。

（二）文化企业的公益性服务——以喜马拉雅公共文化服务项目为例

1. 喜马拉雅：中国领先的音频分享平台

喜马拉雅是中国移动音频平台的领头企业，具有较强的经济实力和科技实力。

喜马拉雅公司创建于 2012 年 8 月，总部位于上海，旗下拥有中国最大的音频分享平台喜马拉雅 FM。2018 年 8 月，喜马拉雅完成了 40 亿元的 E 轮融资，投后估值超过 240 亿元，是中国在线音频领域当之无愧的“独角兽”。《2019 中国网络视听发展研究报告》显示，喜马拉雅的用户渗透率已经达到了 62.8%，占据中国音频行业第一梯队。根据喜马拉雅提供的数据，截至 2019 年 3 月，喜马拉雅拥有 6 亿的手机激活用户量，超过 3000 万的汽车、智能硬件和智能家居用户，以及超过 1 亿条的音频内容，且用户日均使用时长高达 135 分钟。此外，喜马拉雅 FM 还拥有超过 5000 万的海外用户。从内容上看，喜马拉雅首创了 PUGC（Professional User Generated Content，专业用户生产内容）生态，覆盖了财经、音乐、新闻、商业、小说、汽车等领域。从内容提供途径上看，喜马拉雅 inside 系统与阿里巴巴、小米、华为、百度、三星、索尼等 3000 多家企业开展了合作，将有声内容渗透到包括智能手机、智能音箱、汽车等终端和不同生活场景中。

2. 喜马拉雅公共文化服务智能化解决方案：企业和社会的双赢

首先，喜马拉雅进行市场化运作，具有市场化优势，具体表现在喜马拉雅的创新能力、经济和技术实力等方面，这些优势能为公共文化服务注入强大的力量。喜马拉雅参与公共文化服务建设能有效弥补公共文化服务存在的内容供给上的不足，供需不匹配，服务形式落后单一等问题。其次，公众、政府都是喜马拉雅的利益相关者，积极承担社会责任有利于树立喜马拉雅的正面企业形象，提升喜马拉雅的品牌价值，甚至直接帮助喜马拉雅提升用户数量、扩大用户群体。文化产品本身就具有社会和经济双重属性，作为互联网文化产品，协调社会效益和经济效益是喜马拉雅可持续发展的必然趋势。最后，喜马拉雅品牌价值的提升又能扩大其竞争优势，形成有机的良性循环，这既有利于喜马拉雅自身的发展，又有利于社会公共文化服务的建设。

3. 喜马拉雅为社会提供公共文化服务的智能化解决方案

喜马拉雅积极承担社会责任，是国家公共文化服务供给侧改革的企业先锋。2018 年，喜马拉雅与地方政府合作，积极投身于公共文化服务建设，依托先进的互联网、人工智能、大数据算法等技术和平台的海量数据库，开创性地推出了一系列高科技、智能化的公共文化服务项目。

喜马拉雅通过“城市有声图书馆”“喜马拉雅朗读亭”等公共文化设施来促进全民阅读落实。“城市有声图书馆”通过在社区、学校、企业、机关和军营等地点投放智能设备，推动全民阅读。“朗读亭”则结合线上收听和线下参与体验，传播资讯及城市文化。目前，“西安地铁有声图书馆”“医院候诊区有声图书馆”“西安市委有声图书馆”等项目已在西安落地。

喜马拉雅在贫困地区建设了“智能移动希望小学”“农村书屋”等，打通了文化扶贫的“最后一公里”。喜马拉雅通过语音交互的方式，将名师、名课、名作等稀缺的教育资源带到贫困地区，一台智能设备就是一所“移动希望小学”。不同于传统的农家书屋，喜马拉雅“农村书屋”占用的空间很小，在云端更新海量有声书籍，很大程度上降低了建设成本，提高了维护运营效率，同时提升了公共文化传播的实时性。2019 年，喜马拉雅联合新希望乳业，向雅安市名山区学校捐赠了喜马拉雅 AI 智能音箱，为当地孩子带去了“移动希望小学”。

喜马拉雅还致力于城市文化的推广。喜马拉雅通过“城市有声故事库”“万物声城市有声故事店”“城市文化礼品”等项目来传播城市文化，打造城市品牌。在西安地铁上，乘客只需扫描车厢内任何区域的书籍图案旁边的二维码，即可收听有声书籍，了解西安的本地资讯、历史人文、民俗传统、特色美食等。

三、国家大剧院和喜马拉雅的启示

（一）文化事业单位要树立专业品牌，积极进行商业变现

文化事业单位往往有着文化企业所不具备的专业性资源，其公有制的历史背

景也容易为文化事业单位树立行业权威的形象。但这种形象并非一成不变的，文化事业单位要通过不断输出专业化、高质量的文化艺术内容来维系权威形象，打造专业品牌，再通过公益性公共文化产品和优质服务来提高自身的品牌影响力。拥有品牌影响力后，文化事业单位应积极面向市场，遵循市场规律，进行品牌的商业变现。完成商业变现后，文化事业单位又可以将所获得的经济收益回馈到公益性文化服务中，在履行义务的同时再次加强品牌宣传，形成社会效益和经济效益之间的良性循环（见图 1–1）。

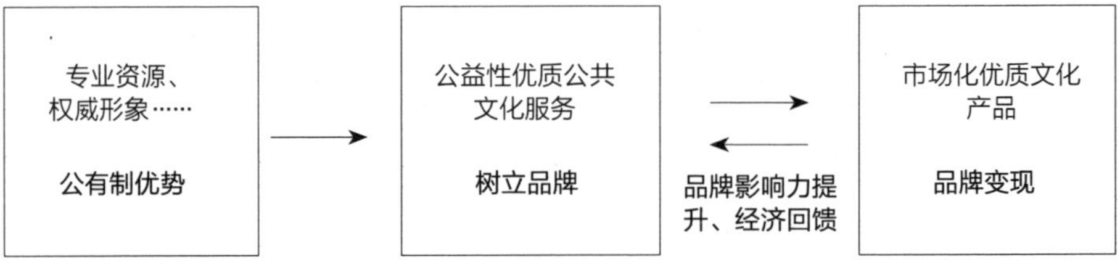

图 1–1　文化事业与文化产业的协同发展——文化事业单位的路径

（二）文化企业要发挥市场化优势，通过参与公共文化服务提升品牌价值

文化产业以经济效益为导向。能适应市场的优质文化企业往往十分了解用户的文化消费需求，具有较强的创新能力，也拥有较雄厚的经济、技术实力，这些优势恰好能弥补政府部门、事业单位在公共文化服务建设中的诸多不足。文化企业应发挥市场化赋予的优势，积极参与到公共文化服务的建设中。在参与公共文化服务建设、承担企业社会责任的过程中，包括公众、政府在内的文化企业的利益相关者能从中受益，这将为文化企业赢得良好的口碑，有效提升文化企业的品牌价值。文化企业最终能在经济效益与社会效益的统一中不断扩大市场优势，实现自身的可持续发展（见图 1–2）。

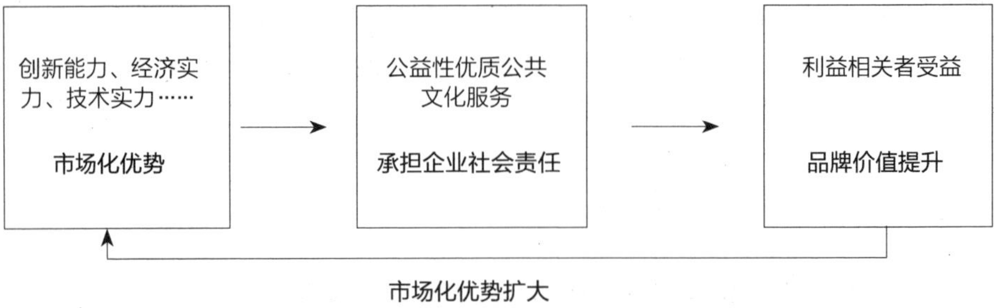

图 1–2　文化事业与文化产业的协同发展——文化企业的路径

（三）文化事业单位和文化企业应建立合作，产生协同效应

文化事业单位和文化企业有着各自不同的优势，在发展文化产业和文化事业时，事业单位和企业之间应积极建立合作，进行资源、渠道的共享，实现优势互补，最终产生协同效应，达到一加一大于二的效果。

文化事业单位可积极与文化企业建立商业合作，借用文化企业的市场渠道、人员及信息等优势，与文化企业联合推出文化产品和服务，变现品牌价值，提升品牌影响力。在此过程中，要注意严格管控文化产品和服务的质量，以确保合作不会给品牌带来负面影响。文化企业则可根据相关政府部门及文化事业单位的需求打造定制化产品，做到公共文化服务的精准投放，提高文化公共服务的效率，同时承担企业社会责任，实现自身品牌的提升。

文化事业和文化产业相辅相成，营造良好的社会文化环境离不开二者的协同发展。在推动文化事业和文化产业协同发展的过程中，文化事业单位和文化企业起着关键性作用。文化事业单位要利用已有的文化资源优势，树立专业品牌，积极进行商业变现；文化企业应发挥市场化优势，积极参与到公共文化服务中，在履行社会责任的同时提升品牌价值。此外，文化事业单位和文化企业应加强合作，通过高效的信息互换和充分的资源互补，产生协同效应，从合作中共同受益。

论文化经济学的研究趋势

洪 宇*

摘 要：文化经济学是一个以经济学为参照系，以文化为变量的经济学分支。文化经济学之所以能够“生气勃勃”，重要原因在于能够开拓新的领域与方法。当前，文化经济学研究呈现出一些发展趋势，包括广义和狭义两种不同的研究范畴、网络与数字时代的影响及以艺术经济学为代表的细分和深入。

关键词：文化经济学；艺术经济学

文化经济学是一个以经济学为参照系，以文化为变量的经济学分支。从目前看，文化经济学研究呈现出一些发展趋势。

一、广义文化经济学与狭义文化经济学

哈里·希尔曼·查特兰首次提出将广义文化经济学（Generlized Cultural Economics in a Broad Sense）和狭义文化经济学（Cultural Economics in a Narrow Sense）分开。受其启发，梁碧波将中文译名称为以文化艺术产业、文化商品和

* 洪宇，中国传媒大学文化产业管理学院博士研究生。

文化市场为研究对象的“狭义文化经济学”和以文化与经济思想及经济发展之间的关系为研究对象的“广义文化经济学”。[1]

文化经济学最初是以狭义的范式出现的，换言之，当“文化经济学”（Cultural Economics）这个称谓最初出现时，它指的是狭义的文化经济学，它以文化行业、文化产品及文化市场为研究对象，也就是运用经济学的标准理论对文化行业、文化产品及文化市场进行研究和分析。一般认为，威廉·鲍莫尔和威廉·鲍文发表于1966年的著作《表演艺术的经济困境：一个关于戏剧电影和音乐舞蹈问题的研究》标志着狭义文化经济学的正式诞生。由于文化行业、文化产品及文化市场之间的关联性及其特殊性，狭义文化经济学的研究逐渐形成其特有的理论范式。狭义文化经济学于20世纪90年代初进入我国，国内陆续有这方面的教材、著作和文章问世。从范式类型看，国内迄今为止发表的关于文化经济学方面的著述，大都属于狭义文化经济学的范畴，即基本上都是探讨文化产业的资源配置问题。20世纪70年代，国际文化经济学会在美国成立，其名下有一份较有影响力的刊物——《文化经济学》（*Journal of Cultural Economics*），其刊登的文章基本上都是属于狭义文化经济学范畴的论文。国际文化经济学会的成立及《文化经济学》期刊的诞生，有效地促进了狭义文化经济学的繁荣和发展。进入21世纪，美国经济学会就将狭义文化经济学置于应用经济学的Z1名下，与其他诸如体育经济学、旅游经济学等经济学分支学科并列。尽管名为《艺术与文化经济学手册》（*Handbook of the Economics of Art and Culture*），但狭义文化经济学已经有了两本经济学手册（Handbooks in Economics Series）系列工具书，这些标志着狭义文化经济学进入了主流经济学的范畴。

哈里·希尔曼·查特兰首次对广义文化经济学做出这样的界定：广义文化经济学是“研究文化因素对经济思想和经济行为影响”的经济学分支。[2]与狭义文化经济学的诞生和兴起不同，广义文化经济学的诞生和兴起并没有什么被广泛认可的标志性事件，但其历史渊源却早于狭义文化经济学。一般认为，马克思·韦伯1904年的著作《新旧伦理与资本主义精神》最早研究了文化对经济发

---

❶ 梁碧波. 文化经济学——两种不同的演进路径［J］. 学术交流，2010（6）：74-78.

❷ CHARTRAND H H. The Hard Facts：Perspectives of Cultural Economics［J］. Transactions of the Royal Society of Canada，1990（5）.

展的影响。经历曲折的发展，在新制度经济学的推动下，广义文化经济学从 20 世纪 80 年代开始重返主流经济学舞台。进入 20 世纪 90 年代以来，广义文化经济学的发展相当迅猛，大量文献出现在《美国经济评论》《经济展望期刊》《政治经济学期刊》等权威经济学刊物上,《经济展望期刊》(*Journal of Economic Perspective*）于 2006 年第 20 卷第 2 期专门开辟了一个栏目，这个栏目就冠以 Cultural Economics 的名称。我国经济学权威刊物《经济研究》也主办了聚焦广义文化经济学的“文化与经济论坛”，到 2019 年已经举办了五届，这在某种程度上也标志着经济学界对广义文化经济学的认可。

狭义文化经济学实际上是现代经济学文化产业、文化产品和文化市场的延伸，其本质是对文化产业、文化产品和文化市场的经济学分析，因此，从方法论上看，狭义文化经济学与主流经济学——新古典经济学并无二致，方法论上的个人主义仍然是其突出特征。在狭义文化经济学的分析框架中，个人仍是在约束条件下追求效用最大化的理性“经济人”，文化因素对经济学行为人的影响是“外生的”，因而，文化不作为内生变量出现在理论模型之中。

广义的文化经济学以文化对经济思想和经济行为的影响模式、影响渠道和影响效应为研究对象，它探讨的是文化与经济发展之间的关系。在广义文化经济学的分析框架中，文化这一变量是“内生的”，经济行为人因不同的文化背景而具有不同的预期和偏好，而这些不同的预期和偏好将直接影响“经济人”的经济行为，从而导致不同的经济绩效，文化被当作内生变量出现在理论模型中。

可以说，文化经济学自问世以来，一直存在着广义和狭义两种不同的研究范畴，而这两种不同的研究范畴的文化经济学在研究对象和方法论上有着明显的区别。区分这两种不同研究范畴的文化经济学，将成为文化经济学研究的一个基本趋势。

二、网络与数字时代的经济学

网络与数字时代的经济学正在面临着社会和经济现实的挑战，需要根本性的变革，这已经是许多同行的共识[1]，李扬甚至提出“全部经济学因为互联网都要重

---

[1] 中国信息经济学会．中国经济向何处去［M］．北京：中国社会科学出版社，2012.

写”。卡尔·夏皮罗和哈尔·瓦里安[1]认为，“我们所依赖的经济原则是可持续的。案例会改变，但思想不会过时”。同时，他们又说，“（对经济学的）抱怨针对的是大多数人在校学习的古典经济学，其核心是供给需求曲线和完全竞争市场，如农产品市场。我们必须承认，对一个负责促销新软件或电子杂志的管理者而言，供需曲线是没什么用的”。他们在《信息规则——网络经济的策略指导》一书中，讲到了传统经济学没有讲到的许多内容，主要包括以下几个方面：信息产品的不同定价方法（信息价格取决于其自身价值而非成本），版本管理和版本划分，锁定效应，正反馈效应（传统的经济学只讲负反馈和均衡），网络效应（梅特卡夫定律），合作和兼容，标准的作用，反垄断问题。当然，也有学者提出，现有的基本经济学原理依然适用于互联网行业的新现象。在以稀缺资源配置为核心的经济活动中，互联网市场的免费模式可以运用基本的经济学原理给予完美的解释，而关于互联网跨界竞争，则可以用基于算法、计算能力、数据、流量等关键生产要素的范围经济来解释。此外，诸如用户思维、简约思维、极致思维、爆品思维、迭代思维、大数据思维、平台思维、痛点思维、产品经理思维、长尾经济、粉丝经济、社会化思维等所谓互联网思维，以及边际收益递增和共享经济导致经济学研究赖以存在的稀缺性消失，共享经济下的产权分离导致产权理论失灵，信息的零边际成本扩散导致信息的不对称性减弱，互联网精神对经济人假设的挑战，平台经济对企业理论的挑战等观点，要么似是而非，经不起推敲，要么同样可以用基本的经济学原理加以解释。因而可以推断出[2]，无论如何，这些讨论，是传统教科书中没有的，又是网络与数字时代迫切需要的。

无论如何，传统经济学用简单性范式框架来思考世界，认为世界只有单一品种大规模生产这一种生产方式，在网络与数字时代，小批量多品种的生产方式正在兴起，经济结构正沿着供给侧与需求侧朝越来越多样化的方向发展，这在文化新业态中尤其突出。为了解释这种本质上不同的经济，经济学到了从网络与数字时代的丰富实践中，吸取营养，重新思考和构建经济科学大厦的时候了。在这个方面，网络经济学，尤其是关于复杂性的研究对文化经济学颇有启发。

---

[1] 卡尔·夏皮罗，哈尔·瓦里安．信息规则——网络经济的策略指导［M］．张凡，译．北京：中国人民大学出版社，2000.

[2] 吴绪亮．现代经济学的数字化革命［J］．财经问题研究，2018，414（5）：18-22.

网络与数字时代给文化经济学带来许多机遇，新问题的出现推动了学科“问题研究形态”“研究领域形态”“研究范畴形态”和“学科形态”的内在演进，赋予了文化经济学全新的发展动力。[1]露丝·陶斯在《文化经济学的历史与未来》中写道：在布劳格看来，文化经济学之所以能够“生气勃勃”，其中最重要的原因就在于能够开拓新的领域与方法。笔者也认同这个观点，主张“将文化经济学的领域从传统的领地扩展至更广泛的领域，这个领域包括创意产业及与之相关的版权法问题”。早在2001年所著的《创意、激励与奖励：信息时代版权与文化的经济分析》，露丝·陶斯就关注到信息时代版权在创意产业中的功效。如今随着数字化时代的到来，我们更应该瞻念数字化对创意产业的广泛影响。歌剧、舞蹈和戏剧公司的现场表演如今在全球同步直播；博物馆不仅具有数字化馆藏，还在线销售其形象产品。其实，这些现象主要集中于两件事：它们在亲临现场的观众及其所贡献的收入之外，增加了大量的潜在观众及另外的收入来源。当然，我们无法明确这些尝试的成本，（数字化）是增加了观众还是“蚕食”了原本的产量，换句话说，这些形式之间是互补还是替代的？这些对补贴又意味着什么？此外，数字化对于博物馆和档案馆来说成本高昂，而且容易出现版权争议。因此，政府应该鼓励数字化吗？如果政府鼓励，那么是否要对其进行补贴？这样的发展是否会导致更加集中化的趋势，比如，演出公司、博物馆和遗产中的“超级明星”现象；或者推广那些不太出名的机构？这些新问题自然呼唤新方法，当然，对于文化经济学的未来而言，这也是新的历史机遇。2017年，露丝·陶斯又在面向中国学者发表的题为“文化经济学已经改变了什么？文化经济学仍需改变什么？”的主旨演讲中，就文化经济学的未来做出乐观的展望，“文化经济学作为一门学科已经取得了实证层面的进展，有一些颇具意义的理论应用。但自威廉·鲍莫尔的‘成本病’概念以来，并未出现重大的理论突破。文化经济学研究的意义在于打破了现有的模式，并激发了适用于数字时代的一系列新经济学模式的研究，如网络经济学和平台经济学。数字供应商正在使用新的商业模式，这既包括定价，也包括非价格策略，如搭售和产品版本控制。注意这些新的发展会让教师和学生

---

[1] 龚怡祖（2013）从知识维度提出了学科的内在建构路径理论，将学科内在建制的发展分为“问题研究形态”“研究领域形态”“研究范畴形态”和“学科形态”。

对文化经济学兴趣倍增。”[1]

三、艺术经济学

由于文化细分领域差异性较大，文化经济学在发展过程中衍生出许多分支，如影视经济学、版权经济学、表演经济学、出版经济学、动漫经济学等，其中以艺术品市场为研究对象的艺术经济学较有代表性。

将时间或空间作为存在方式的艺术作品，其经济学意义上的特性比较接近于一般商品。其中，艺术品比较特殊，其创作与生产环节往往是一体的（除去版画等极少数需要将两者分开的情况），艺术作品直接成了商品。

关于艺术品，可以参考阿莱西娅·左罗妮对当代艺术的经济学分析。[2]她比较了艺术品相较于一般商品（或其他消费品、投资标的）的特性，尤其是与奢侈品的异同。尽管笔者力图将艺术品视作一种普通经济财货，运用微观经济学和产业经济学的方法加以分析，但笔者也承认艺术品的模式很难复制到其他产业或金融领域。对这一特性的解释，一直是艺术经济学的理论基础，其维度包括生产过程、价值构成、消费需求等。作者并没有像学院派学者那样建立一个抽象而艰深，却将一切难以解释的问题推给诸如审美的形而上的世界的体系，而是围绕价格生成给出了更易于理解且更“接地气”的回答。

阿莱西娅·左罗妮认为，艺术品的特性集中表现在价格上：艺术品的价格常常与价值背离；艺术品的价格发挥了极大的信息作用，价格增长能刺激消费，反之则抑制消费。如前文所述，这样独特的价格机制，是在市场、参与者与策略三要素的互动中生成的：稳定的高收入消费群体面对狭窄的渠道，很容易在经销商品牌策略的引导下，出于情感需求而做出趋优消费的购买决策。在笔者看来，这一原理与奢侈品不乏相通之处，只是表现得更为明显。事实上，在国外，艺术品常常被视作奢侈品的一部分，或许也有这方面的原因。

在笔者看来，艺术品与奢侈品具有一些相似之处：一是需求，两者都拥有多

---

[1] 露丝·陶斯，孙晔，周正兵．文化经济学的历史与未来［J］．山东大学学报（哲学社会科学版），2018（2）：25-29.

[2] 阿莱西娅·左罗妮．当代艺术经济学［M］．大连：东北财经大学出版社，2016.

层次的消费群体，其收入从中高到超高不等，其中中等层次的消费群体数量有周期性变化，而最高层次的变化弹性较小。二是分销渠道带来的进入壁垒。但奢侈品主要通过生产者的渠道（如专卖店、发布会等）进行分销，而当代艺术品则主要通过艺术品经销商销售。在国外，拍卖行与艺术品经销商保持着相当的距离，所以达米恩·赫斯特才会想借助拍卖行取消经销商的中间环节。三是品牌周期，艺术家的发展轨迹与奢侈品不乏共通之处。四是情感效用，趋优消费理论使得奢侈品的解释模型可以应用于当代艺术品的购买决策。

艺术品的经济学特点，在互联网时代也有了新的变化。社交媒体强大的传播力从某种程度上造就了当代艺术作品畅销的现状。艺术家们已不拘泥于传统的画廊推广模式。艺术家们不仅利用社交媒体培养自己的粉丝群体，还善于创造话题性事件。他们不仅仅是传统的艺术家，更像是艺术界的明星或网红。有些人认为，他们通过社交媒体颠覆了艺术圈的话语权体系。2019 年 5 月 22 日，班克西的一条推送在照片墙（Instagram）上的点赞达到了 410 万次。

与此同时，艺术品的目标受众广、购买门槛低、造就了新的藏家门槛标准。考虑到藏家或收藏机构对艺术家职业生涯的影响，在传统的一级艺术品市场中，画廊通常会对买家进行甄选，在作品有限的情况下，更倾向于将作品售给博物馆和大收藏家；而这种现象在这些畅销艺术家身上表现得不那么显著。虽然他们通常也很希望自己的作品被具备影响力的买家收藏，但基于突破的理念和惊人的产量，一般普通买家往往可以轻松买到他们的作品。近期，班克西的网店重新制订了收藏家的入选门槛标准：其网店的商品不仅施行限购，一人一件，购买前还得回答班克西设定的问题：“为何艺术重要？”，答案还不可超过 50 字。该答案将交由独立评审审核，必须切题又有原创性。只有通过审核者才有购买资格，且购买作品不可转卖图利，一旦被发现，将有权收回艺术品。因此，虽然收藏家的购买门槛变低，但也并非绝对的无门槛。可以说，网络与数字时代，艺术品的经济学特点也改变了表现形式。

城市文化消费引导理念探析——以宁波经验为例

陈　蕾*

摘　要：文化消费是居民消费升级的必然趋势。我国城市文化消费经历了由边缘性、单一性、稀缺性向大众性、娱乐性、个性化转变的历程，目前，文化消费市场渐趋成熟，但文化消费质量还有待提高，急需科学、成熟的理念来进一步引导其发展。宁波市作为首批国家文化消费试点城市，发挥其区域民营经济发达、市场机制灵活等优势，坚持市场主导结合政府引导、文化事业与产业互动发展、供给侧与需求侧两端发力、以消费空间带动产业融合发展的发展理念，引导城乡居民扩大文化消费，探索形成了特色鲜明的“宁波经验”，为其他城市促进文化消费提供了有益借鉴。

关键词：城市；文化消费；理念；宁波

文化消费作为日常消费的重要组成部分，反映了人们对精神文化产品及服务的欣赏、享受和使用情况。文化消费与一般消费不同，消费对象主要是文化产品和服务中的无形精神文化价值。文化消费受制于社会生产力发展和人们的生活水平，与一般物质性消费相比，有一定延时性和可替代性。同时，文化消费是现

* 陈蕾，福建社会科学院精神文明研究所助理研究员。

代文化产业链的最终环节，对文化产业的发展起着至关重要的作用。我国城市文化消费经历了由边缘性、单一性、稀缺性向大众性、娱乐性、个性化转变的历程。[1]目前城市文化消费市场渐趋成熟，但城市文化消费质量还有待提高。对城市文化消费的研究和实践正逐渐成为文化产业研究的热点问题。借鉴较为成熟的城市文化消费经验，在当下具有极为重要的理论与现实意义。

宁波在引导城乡居民扩大文化消费的试点实践中，以建设文化强市为引领，以满足人民对美好生活的新需求为根本，发挥区域民营经济发达、市场机制灵活等优势，在政府推动、市场主导下，积极培育文化消费市场，丰富文化供给，挖掘文化需求，出台和采取了一系列富有开创性的政策和措施，有序引导城乡居民扩大文化消费，探索形成了特色鲜明的“宁波经验”，全市文化消费呈现良好发展态势。其文化消费引导理念为其他城市促进文化消费提供了有益借鉴。

一、市场主导结合政府引导

扩大文化消费是一项经济活动，离不开政府与市场的有机结合。一方面，政府应着力发挥好促进推动作用，通过制定政策、搭建平台、优化服务，来维护市场秩序，引导文化消费；另一方面，发挥市场在资源配置中的主导作用，调动广大文化企业、商户积极参与，激发市场主体活力。宁波市积极引导社会资本投资兴建书店、剧场、影院等文化设施；积极引导文化与教育、体育、旅游、休闲等结合的服务性消费；积极引导文化与科技相融合的新兴文化消费，培育文化消费业态。此外，每年还定期举办文化产品交易和促进文化消费方面的活动，如“宁波惠民文化和旅游消费季”等，逐步打造让供需双方无缝对接的文化消费平台。可见，宁波市文化管理部门按照市场规律和人民群众文化需要去制定政策和配置公共资源，尽量减少财政的刺激和政府的杠杆作用，更多地依赖社会团体、文化企业等市场主体，同时积极培育和提高人民群众的文化消费自主和自治能力，通过政府引导、市场主导的一系列举措，构建文化产业的内生动力机制，进而拉动文化消费。

首先，培育文化消费群体，就必须打破“免费消费”的思维定式，消除文化

[1] 刘容．我国典型城市文化消费及相关政策研究［J］．中国名城，2018（9）：45-48.

消费的观念障碍和传统做法的障碍，培养健康的文化消费习惯。[1]政府必须把保障基本的文化服务与培养文化消费习惯区分开来，把公益性文化传播与经营性文化消费区分开来，打破政府统包统揽的做法，推动由市场主导的经营性文化消费获得发展空间，激发文化产业持久的活力和创造力。全世界没有一家剧院、艺术中心和电影院是靠全年免费发票来运行的，必须让大家树立起文化消费是我们每个家庭的正常支出、个人生活的有机组成部分的观念；要通过各种渠道，帮助市民养成在文化上会花钱、会消费的习惯，让其乐意花钱享受自己喜欢的文化产品。

其次，扩大文化消费需要政府的积极有为和政策引导，但更要发挥市场主导，要深化旨在促进自由竞争的文化体制改革和机制创新。消费作为文化产业发展的逻辑起点，引导着文化产业结构升级和文化产品质量提升，是健全文化产业发展体系的内在动力。文化产业发展主要取决于市场灵验机制，政府的强势干预会形成市场壁垒和行业垄断，不利于效率、技术水平的提高和产业的均衡发展，影响了文化产业市场竞争力的提升。因此，文化产业的供给侧结构性改革必须走出政府主导模式，切实消除各种体制机制弊端，打破地方保护主义和部门本位主义，减少行政干预，取消阻碍有效竞争的各类规制措施，把权力还给市场。遵循市场逻辑和尊重大众消费的多层次特点，着力发挥市场在资源配置中的决定性作用，以及消费对健全产业发展体系的促进作用。[2]积极稳妥地从深度和广度上推进文化领域的市场化改革，推动文化资源配置依据市场规则、市场价格、市场竞争实现效益最大化和效率最优化，构建有利于促进各类文化企业自由竞争的市场格局。

二、文化事业与产业互动发展

宁波市用事业涵养产业，用产业推动事业。当地国有文化企业、文化事业单位通过多样化的改革方式，在兼顾经济效益和社会效益方面发挥了表率作用；同

---

❶ 宁波市文化广电新闻出版局课题组.供给侧结构性改革背景下的宁波文化消费对策研究［J］. 宁波通讯，2017（21）：66-67.

❷ 范玉刚 . 文化消费对健全文化产业发展体系的促进作用［J］. 艺术百家，2016，32（3）：13-20.

时，产业化、市场化的运作方式也充分激活和利用了公共文化资源，为文化事业的发展注入了活力。

文化消费的最终目的之一是实现人民文化素养和精神境界的提升，在这个层面上，公益性文化事业与经营性文化产业是相辅相成、相互促进的关系。一方面，文化事业是我国文化建设的主导，对文化产业具有导向和滋养作用。因为文化事业不仅能够为文化产业提供思想基础、艺术形式、文化资源及营造良好的文化生态环境，而且能够满足公众的文化消费需求，拓展文化产业的市场空间，促使文化企业不断提高产品质量，增强市场适应性。[1]另一方面，文化产业是我国文化建设的重心，为文化事业发展提供了物质基础和动力牵引。因为文化产业不仅能够积累资金、增加税收、革新技术手段、促进经济发展，使文化事业获得更为深厚扎实的物质基础，而且能够活跃和繁荣文化市场，提高公众对公共文化的消费期望，为文化事业发展提供强大驱动力，并潜移默化地影响文化事业的产品形式和精神气质。

构建文化事业与文化产业互动发展机制，一方面，要构建文化事业对文化产业的培育机制。健全文化事业投入制度，完善公共文化服务体系，加快城乡文化一体化进程，拓宽文化交流渠道，提高信息传播质量，普及科学文化知识，优化文化生态环境，扩大文化对外开放，同时也利用市场经济规律提高文化事业自身的运营效率和增强发展后劲。这既能推动文化事业自身的发展，也能发挥文化事业对文化产业的资源支撑和消费带动作用。另一方面，要构建文化产业对文化事业的反哺机制。完善各类知识产权有偿使用制度，细化文化资源保护法律法规，健全和落实财政补贴、税收减免、贷款贴息、政府采购、定向资助、专项奖励等政策措施，引导各类文化企业主动参与公共文化服务，从而弥补文化事业投入的不足，巩固和确保文化事业在国家文化建设和发展中的主导地位。[2]

从顶层设计、宏观调控到微观规制，政府对文化事业与文化产业的引导既要有不同的政策措施，落实分类管理原则，又要使各项制度、措施和管理模式相互呼应、相互配合，逐步建立并完善有效促进文化事业与文化产业互动发展的政策

---

[1] 范志杰．论文化事业对文化产业的促进作用——基于钻石模型的视角［J］．企业导报，2013（8）：86-87.

[2] 张秉福．论文化事业与文化产业的互动发展［J］．出版发行研究，2014（10）：12-15.

体系和管理体系。要处理好满足公众基本文化需求与多方面、多层次、多样化文化需求的关系，建立文化事业与文化产业相互融合、相互转化的协调机制，密切事业与产业之间、消费与市场之间的有机衔接，不断发挥文化事业与文化产业对文化消费的协同拉动作用。

三、供给侧与需求侧两端发力

一方面，以消费需求引导文化产品供给。以消费者需求为导向，是坚持文化消费以市场调节为主导、保障市场经济良性运行的基本要求。在以往的文化消费政策中，作为文化消费产品供给的政府机构及企业，往往忽视了市场调研的作用，忽视了消费者需求在生产供给中的决定性作用。在物质经济生活不断充沛的今天，以往被动式的“卖方市场”已不符合文化消费市场需求，以消费者为主导的“买方市场”正逐步形成。以往的被动、单向式文化消费供给政策，往往造成文化资源的浪费，产品分配的效率较低，无法确保文化产业价值的最大化实现。同时，在公共文化服务领域，被动、单向的文化消费供给也容易造成公共资源的浪费，加之消费者满意度反馈的缺失，管理机构易出现腐败、懒政、不作为等问题。宁波市在开展国家文化消费试点城市建设之初就启动了“供给侧结构性改革背景下宁波文化消费对策研究”课题，通过问卷调查、实地走访和座谈访谈等形式，既从环境、供给、行为三大方面综合刻画、度量了文化消费的客观情况，又从个体消费意愿、消费能力与满意度出发，了解了宁波文化消费主体的主观意愿、消费体验和评价，基本摸清了宁波文化消费的特点、热点、难点和突破点，形成了促进文化消费的课题报告和政策建议稿，为增强文化消费供给精准性“制导”。

另一方面，也以文化产品供给创造消费需求。经济学中的需求一样，文化消费需求也受到价格、收入、消费者生活习惯、消费观念、闲暇时间等的影响。在社会不断更迭的新时代，文化需求还受到社会风尚、政府宏观文化政策、教育水平、文化氛围、文化市场吸引力、科技及文化设施等方面的影响，呈现出文化需求种类繁多、文化需求变化快、文化需求更新周期短等新特征。所谓创造文化消费需求，是指在文化建设过程中以满足人的文化需求为终极目标，利用文化政策、文化投资、文化服务、文化科技创意及文化产品等外部因素引导文化消费，实现人与社会协同发展的新型经济增长模式。其内涵包括两方面：一是依靠文化政策支持、文化资金投入、文化服务管理及科技创意等辅助，创造新的文化产品或项目来吸引消费，带动经济由传统型向新型增长模式转变；二是培养居民的文化消费意识，从居民收入、教育水平及消费热点入手，使居民的思想观念和生活方式不断改变，从而自主开展文化活动，为文化市场贡献自己的力量。宁波市通过开展长期的、系列化的文化消费活动、文化节庆活动来刺激居民文化消费；搭建服务平台，通过免费或者补贴的方式，提高消费便捷化水平，引导居民文化消费，改变居民生活方式，使其逐渐养成文化消费习惯；同时也注重乡村及少数群体的文化消费需求，如完善乡村文化设施、培育乡村文化消费市场、将外来人口及打工群体纳入文化消费和公共文化服务范围等，多管齐下以满足并创造文化消费需求，带动人、产业和社会事业联动发展。

四、以消费空间带动产业融合发展

近年来，随着消费者对文化消费的追求，文化消费市场经常出现文化演出“一票难求”、文化消费场所饱和运营、文化消费渠道单一导致的运行负荷过重等现象，甚至也因此出现了“黄牛党”等靠非法手段意图通过文化消费渠道垄断而谋求较大利润的不法分子。这些现象都体现出我国目前文化消费空间的严重不足，这与人民日益增长的文化消费需求相矛盾。

所谓文化消费空间，指的是文化消费的场所及其配套设施，是一个跨越了时间和空间、实体和虚拟的广义概念。伴随着科技发展与全球化趋势，文化消费空间主要分为线下文化消费空间和线上数字文化消费空间两类，并在两类消费空间下细分出公共文化消费空间、商业文化消费空间、产业文化发展空间等具体类别，它们相互融合发展。宁波文化消费空间既包括风景名胜区游览空间、公共文化消费设施、文化产业园区、商业综合体中的文化消费区、文化消费特色建设项目等特定空间实体，也包括文化消费展销活动、惠民文化消费季等特定时间载体，以及“一人一艺”云平台、“宁波文化消费”微信公众号等文化消费产品线上服务平台。其在文化消费空间的建设上注重线上和线下相结合，线下依托各类文化空间开展文化普及活动，如读书节、艺术讲座、技能培训等；线上通过建立文化服务和消费平台，形成涵盖多方面内容的文化超市以供市民选择。[1]

鉴于文化产业具有高度的产业泛化特点，文化及其相关产业在消费空间上也呈现出类似“文化+旅游”“互联网+文化”等多种形式的产业融合，实体的“符号消费”及虚拟的互联网文化消费已是消费空间带动产业融合的热门趋势。在线下，人们越来越着重通过消费彰显自身形象、品位、身份与个性并获得他人认同，而具有文化象征意义的“符号消费”便成为认同建构的新模式。[2]城市实体文化空间受符号消费的影响较为直接和明显，空间的每种元素如建筑界面的造型与材质、街道空间的装饰等都反映了街区的符号性特征，消费者来此游览的同时也形成了对符号的消费。在线上，“互联网 +”时代社会消费的结构与形式发生了重大变革，这种变革集中体现为消费模式的创新，其中较为流行的包括电商平台消费模式、“线上 + 线下”一体化消费模式、垂直传播消费模式、IP 产业和 IP 消费模式、网络直播消费模式、众筹消费模式、文惠卡消费模式等。巨量的互联网文化消费潜力正在被日益培育和挖掘，并且日渐呈现出日常生活化、跨界融合、空间拓展、小众与主流文化界限消弭等发展趋势。[3]要以拓展文化消费空间带动产业融合，就要重视在建设、拓展、丰富文化消费空间与文化消费业态的过程中，有意识地进行产业创新升级，实现融合发展、互补发展、创意发展，对文化消费空间进行改造升级、完善、扩建等，使其真正地发挥出产业融合的作用，从而丰富文化产品供给，促进文化产品消费。

---

❶ 陈建祥．推动宁波文化消费增长的路径选择［N］．宁波日报，2017-11-30（010）．

❷ 陈兆倩．城市历史街区的“空间消费”研究——以无锡清名桥历史文化街区为例［J］．中国民族博览，2019（3）：201-202.

❸ 王林生．互联网文化消费的模式创新及发展趋势［J］．深圳大学学报（人文社会科学版），2018，35（6）：55-63.

新时代中国特色文化发展理论体系建设
——文化产业对城市发展意义的探究

胥 迪*

摘 要：习近平总书记在党的十九大报告中指出，中国特色社会主义进入了新时代。新时代的文化发展将发生诸多变化，各个城市结合自身不断谋求转型发展。文化产业在城市发展中将发挥诸多重要作用：承载城市文化脉络、推动与实体经济发展新态势、提供优质文化产品、满足城市居民消费需求、推动城市产业协调发展等。面向未来，文化产业将在城市发展中扮演更多角色，对城市发展具有重要意义与价值。

关键词：文化产业；城市发展；双效统一

2017年10月18日，习近平总书记在党的十九大报告中指出："中国特色社会主义进入了新时代。"新时代，新面貌，新使命，新征途，中国特色社会主义文化发展也迈步前行。据此，我们可以更加自信地讲出"中国特色社会主义文化发展也进入新时代"。新时代的城市发展更加注重城市自身的"内外兼修"，以

* 胥迪，中国传媒大学文化产业管理学院硕士研究生。

文化赋予城市发展新活力；新时代的文化建设更加紧密贴近群众，以群众对美好生活的需要为城市发展的新目标。文化建设是城市发展的“根”与“魂”，是城市对外宣传与自身发展的亮丽名片。文化产业自身的文化属性，承载着城市文化的发展与变迁，在文化产业注入城市变迁的过程中，城市老旧厂房的改造，让人们记得住了“乡愁”，留下了城市的“原貌”。文化产业与城市发展的目标具有一定的契合度，城市的发展需要彰显城市文化风采，展现精神价值，体现文化内涵，这与文化产业的目标存在契合点，以文化产业发展承载城市文化脉络便具有了现实可能性。此外，城市经济的发展应当以实体经济为基础。中华人民共和国自成立之初，便以实体经济起步，逐渐实现国家富强，民族富裕。经济发展至今，习近平总书记在广东视察时曾指出经济发展决不能脱实向虚。在社会主义进入新时代之际，优秀的文化体系成了经济发展的新指引，实体经济与文化产业形成双效驱动机制，以崭新的面貌助力城市发展与更新。与此同时，立足于实体经济的基础之上，城市的发展需要新动能的引领，从微观的产品供给角度来看，提供优质的产品与服务，在满足广大人民群众精神文化需求的同时振兴人民文化消费，以文化经济带动城市经济增长，文化产业在此过程中扮演着重要角色。同时，城市的发展也需要资源的禀赋，无论人力资源还是不可再生能源，抑或是文化资源，各种资源是城市更新发展的某种依托。文化自身作为一种资源具有得天独厚的优势，其取之不尽、用之不竭、无污染的特性成为各城市纷纷青睐的对象，“文化资源—文化资本—经济资本”的转化给予城市转型发展以新思考。总的来看，文化体系建设的根本便是为人民服务，文化产业“双效统一”的特质坚持了社会主义发展以人民为中心的理念，在实现社会效益、服务好广大人民群众的同时创造了经济价值，这与文化体系建设的目标一致。人民是文化发展与城市建设的主人，新时代文化发展与城市更新必然坚持这一理念不动摇。

一、文化产业“承载”城市文化脉络

文化产业成为社会主义先进文化的继承和创新载体，在城市更新的过程中扮演着重要的角色。文化产业经济活动的整个流程是人们的思想观念在生产方式和生活方式上的隐性体现，对人们的思想观念、行为方式产生了直接或间接影响。正如梁漱溟先生对文化的定义：“文化是生活的样法”，“文化，就是吾人生活所依靠的一切”，“文化之义，应在经济、政治，乃至一切无所不包”。城市的发展目标之一便是体现城市的人文内涵和精神价值，体现城市风貌，展现城市风采。从这一角度看，文化产业也具有这种功能，这就为文化产业承载城市文化脉络提供了现实可能性。城市更新的核心便是城市的有机更新，不仅仅是城市面积的扩大，一座座高楼的拔地而起，更是依据城市的建设合理发展产业的升级转型。

文化作为城市的灵魂，伴随着城市更新过程的始终，其不断的积累成为城市发展的“图腾”。中华优秀传统文化的继承不断滋养着中华儿女的心灵。从文化产业视角来看，合理把握文化传统与文化习俗，尊重和保护历史文化遗产，是城市更新过程中所不得不面对的问题。在此背景下，老旧厂房改造、城市旧街区的转型升级成了承载城市美好记忆的“基地”。诸此种种，以文化产业的方式积淀城市文化底蕴，打造城市发展的文化基石的同时，借助文旅融合的理念，创造城市经济增长的新起点。

在城市开发过程中，城市的老旧建筑却带给人民以别样的体验，唯有此能牵引出人们那些被遗忘的记忆，唤起人们内心深处的文化认同。在城市发展的过程中，共同的文化传统和文化经验的积淀成了人们共同的文化记忆，共同的文化记忆又是整个城市历史的延续和人文精神的传承，让人们记得住“乡愁”。北京的南锣鼓巷、798 园区，济南的芙蓉街、曲水亭街，无不借助老旧城市建筑进行开发打造，令老旧建筑重新绽放活力，在保留的过程中获取了一定的效益，取得了可喜的成果。同时，以文化产业为“承载体”来助力城市更新，不仅体现在现实成效，背后更是有完整的理论支撑。“五位一体”的总体布局是习近平新时代中国特色社会主义思想中的重要组成部分，占据着重要地位，从政治、经济、文化、社会、生态 5 个维度对国家的发展做出了指引。其中，文化建设是“五位一体”的重要组成部分之一，是决胜全面建成小康社会，最终建成富强、民主、文明、和谐、美丽的社会主义现代化强国的重要基石。这一系列阐述，奠定了城市发展中的文化作用。新时代文化治理与城市发展离不开体系建设，新时代的城市更新也离不开优秀理论的支撑。

二、文化产业与实体经济双向协同发展

实体经济作为我国经济发展的起点，在未来一定阶段的发展中依然扮演着重要的角色。习近平总书记 2018 年在广东考察时指出："实体经济是一国经济的立身之本、财富之源。先进制造业是实体经济的一个关键，经济发展任何时候都不能脱实向虚。"❶ 习近平总书记的讲话彰显了实体经济的重要地位。在社会主义发展进入新时代之际，实体经济发展也谋求自身的创新和发展，不断谋求与其他业态相结合来创造自身价值。在城市的更新过程中，要不断实现"新旧发展动能转型"，其核心便是实现"产业文化化"和"文化产业化"双向协同发展。实体经济发展的品质不断提升，吸引着诸多产业不断融入，会展服务、内容创作、文化传播、文化装备生产等不断发展。

例如，山东济南将实施大数据战略，推动济南大数据产业创新发展，以济南高新区省级大数据集聚区、市中区数字经济产业园为载体，促进大数据产业集聚发展。加快山东省智能制造云公共服务中心、浪潮云服务基地、虚拟现实产业基地、数字经济产业园、国家云计算装备产业创新中心等重大项目的建设。

在城市的更新过程中，文化产业所承担的重要角色便是将城市的文化进行"产业化开发"，也就是所谓"文化产业化"发展，使文化资源开发、创意设计等为城市的经济建设注入新的活力。经营模式的迭代和创意的迭代成了文化产业发展的"关键一招"，各大景区的演艺产业不断发展，逐步尝试打造自身的产业链，不断创造产业价值。产业链已逐渐成为文化产业实现产业化发展的标志。创意的积累为产业的发展赋能，产业的发展使创意得以延续，使创意成为实体经济发展新命脉，以融合发展推动产业结构新转型，实体经济的发展在城市更新过程中不断实现"产业文化化"的新发展。

---

❶ 新华网．新华网评：防止脱实向虚，壮大实体经济［EB/OL］.（2018–10–30）［2020–1–17］.https://baijiahao.baidu.com/s? id=1615734556905998334&wfr=spider&for=pc.

三、推动资源转型，实现优质供给

（一）优质产品激发消费意愿

让·鲍德里亚在《消费社会》中认为，丰盛作为消费社会最主要的特征，不但是消费社会得以产生的大前提，而且作为一种理想，为这个社会所追求。当人们购买物品的时候，首先所关注的不是它的保质期、功效、性能，而更多的是它的品牌，即符号。让·鲍德里亚在《消费社会》中总结出了当下社会的特点："在空洞的、大量的了解符号的基础上，否定真相。"因此，我们可以看到，当下西方社会处于一种被符号所掩盖，被符号所操控的时代，人们充满了对符号的崇拜。

在我国城市发展的文化生产过程中，应当牢固结合马克思主义理论，实现科学可持续的文化生产，充分解放和发展文化生产力，避免进入西方社会文化生产的陷阱。习近平总书记在2014年文艺座谈会上的讲话中强调："社会主义文艺，从本质上讲就是人民的文艺。""文艺要反映好人民心声，就要坚持为人民服务、为社会主义服务这个根本方向。"[1] 大力发展社会主义民主政治，弘扬社会主义先进文化的核心是坚持以人民为中心。习近平总书记指明了文艺创作的核心——以人民为根本。新时代文化建设要坚持这一方向不动摇。

基于此，社会主义文化生产要牢牢树立以人民为中心的理念，始终把为广大人民群众提供优质的精神文化产品和服务作为根本目标。文化产业作为城市更新中经济转型发展的重要一环，自觉承担起城市发展的诸多社会职能，引导人民树立美好的生活观和消费观。坚持从供给侧进行深度改革，生产出满足群众需求的、适销对路的精神文化产品，切实满足群众公共文化服务需求，解决公共文化服务"最后一公里"的问题。中国传统文化十分重视文化生产的意义与内涵。时代发展到今天，城市的发展必然不能走向消费社会的阴霾，而应坚持中国传统文化的优秀理念，开展内容为主的产品生产，为人民群众提供优质的文化产品供给。例如，湖南省邵东县的充分利用现有公共文化设施，促进优秀文化产品的提供和传播，为公众提供戏曲表演、艺术普及和群众性文化体育活动等优质公共文

---

[1] 于鹏飞．习近平文艺"为谁服务"指向"两个幸福"[EB/OL].(2014-10-16)[2020-01-17].http://cpc.people.com.cn/pinglun/n/2014/1016/c241220-25849924.html.

化服务。通过采取建设文化惠民工程、打造文化旅游品牌、加快发展特色文化产业、强化“文化+”理念等措施，以满足群众消费需求，提升城市文化产品供给服务质量。

（二）资源转型助推城市发展新动能

文化的发展应当以生产力的发展为基础，生产力的发展为文化生产和繁荣提供了根本性保障，是文化发展的强大后盾。正如恩格斯在 1883 年《共产党宣言》德文版序言中所强调的，“每一个时代的经济生产及必然由此产生的社会结构，是该时代政治的和精神的历史的基础”。[1]

在当下，诸多城市在发展过程中的一些弊端开始显现，纷纷谋求城市转型升级。文化产业便是城市更新过程中实现经济合理转型的一个行之有效的抓手。作为上层建筑的文化，对经济发展具有能动的反作用。法国社会学思想家皮埃尔·布尔迪厄在 20 世纪六七十年代提出了“文化资本”理论。皮埃尔·布尔迪厄认为文化资本可以分为三种形态：“第一，人格形态。它是以精神和身体的持久的性情的形式存在，是指通过家庭环境及学校教育获得并成为身体一部分的知识、教养等文化产物。第二，客观形态。以文化商品的形式呈现的外在属性（图片、书籍、绘画、工具、机器等），这些商品是文化留下的痕迹或理论的具体显现，这种物化形态的文化资本是可以直接传递的。第三，制度形态。将行动者掌握的知识与技能通过考试等方式将其制度化。”[2] 皮埃尔·布尔迪厄所论述的第二种文化资本形态，也就是当下人们所说的文化产品，“文化产品既可以表现出物质性的一面，也可以表现出符号性的一面。在物质性方面，文化产品预先假定了经济资本，而在符号性方面，文化产品则预先假定了文化资本”。[3] 在物质性方面，文化产品作为商品在市场上流通，受到市场规律的制约，受供给—需求曲线的约束，最终通过市场流通带来经济效益。

通过皮埃尔·布尔迪厄的理论阐述不难发现，实现“文化产业化”后所创造

---

[1] 马克思恩格斯选集（第一卷）［M］. 北京：人民出版社，2012.

[2] 徐望. 文化资本时代的中国文化产业论［M］. 北京：中国经济出版社，2017.

[3] 皮埃尔·布尔迪厄. 文化资本与社会炼金术［M］. 包亚明，译. 上海：上海人民出版社，1997.

的文化产品，可以带来切实的经济效益。这对一些以传统的以第一产业和第二产业为发展支柱的城市发挥了某些方面的指导作用。根据皮埃尔·布尔迪厄的文化资本论，文化资源作为“原始素材”对文化产业发展的重要性不言而喻。文化资源可分为物质性文化资源和非物质性文化资源。所谓物质性文化资源包含名胜古迹、老旧遗址、有待开发的自然景观等，所谓非物质文化资源包括神话传说、手工艺技艺等。针对物质性文化资源开发，可借助文旅融合理念，以实物与文化交相辉映，以旅游为载体来传播文化，以文化为灵魂让旅游富有趣味性。形成有机互动，多方联动的产业打造方式，带来城市发展新动能；对于非物质性文化资源，应当以创意为核心，以新媒体新技术为载体，拓展传播渠道，打造独特文化品牌，加强产业链建设，为城市更新发展带来新面貌。由此可见，以文化资源为基础，通过创造性转化和创新性发展来实现城市发展新旧动能的更新迭代，具有深远意义。

四、双效统一增强城市居民满足感

中国特色社会主义伟大事业的发展坚持以人民为中心，城市的发展也应坚持人民为中心的发展理念，这符合马克思主义基本理念，也是建设中国特色社会主义的基本道路。人民是文化前进的方向，社会主义文化发展与城市文化建设是社会效益和经济效益的双效统一。文化事业和文化产业是社会主义文化发展的“一体两翼”，是社会主义文化建设的重要组成部分，二者相互依赖，互利共生。“文化事业与文化产业的协同发展是在文化建设之中文化事业与文化产业有机配合、交互影响、交互促进，形成良性运行机制或模式。只有促进两者的协同发展，才能不断增强文化竞争力，在全面建设小康社会的进程中，充分发挥文化对社会经济可持续发展的深层作用。”❶

当下，国家大力扶持文化产业发展，文化产业作为我国经济发展与城市转型升级的重要组成部分，在发展过程中必须坚持社会效益与经济效益的“双效统一”。一方面，文化事业为文化产业提供了良好的生态支撑，营造了城市合理的

---

❶ 余金梅．多措并举推动钦州文化事业和文化产业协同发展［N］．钦州日报，2019-07-23（2）．

文化消费空间，培育了群众的文化消费理念，拓展了产业市场空间，促进了城市产业高质量发展。另一方面，文化产业在实现社会效益的同时带动了经济生产，推动了物质财富积累，繁荣了文化消费市场，描绘出我国新时代文化消费新蓝图，对调整城市产业结构大有裨益。文化事业与文化产业协调发展是大势所趋，民生所需。

在这一理念下，许多以城市图书馆、博物馆等为代表的升级改造打造出一系列崭新文旅景观，在文旅融合的大趋势下，借助文旅融合发展的东风，建设文化、传播文化、发展文化。博物馆承载着城市文化发展的记忆，在记得住“乡愁”的同时，实现了经济效益。在这方面，北京市走在了全国城市发展的前列。北京文化建设实现了公共文化服务体系高质量、全覆盖，建成了市—区—街乡—社区（村）四级公共文化服务网络，公共文化设施达到 7131 个，形成了一刻钟公共文化服务圈。北京市登记备案的博物馆有 179 座，其中，国家一级博物馆 14 座，居全国第一位，其以博物馆为代表的文化服务机构的打造更是为人民群众提供了充足的休闲观光场所，满足了人民群众多样化文化需求。北京全市平均每年举办展览 600 余场、活动逾千次，年服务观众超过 5000 万人次，形成了“故宫跑”“首博热”等文化现象，仅 2019 年前半年，全市规模以上文化产业收入达到 6803.7 亿元，同比增长 9.3%。

五、结语

推动新时代中国特色社会主义文化体系建设，深入挖掘中华民族优秀文化遗产，不断为人民群众提供优质的文化产品，是繁荣壮大城市发展的题中应有之义。坚定文化自信，实现文化资源的创造性转化是文化生态系统得以有效运转的关键一招。以文化反哺经济，加大对城市文化资源的开发力度，有助于推动文化建设，拉动城市经济增长新引擎，在助力城市经济价值增值的过程中不断促进城市文化价值的增值。同时，适当的实现文化资源的合理分配，生产出适销对路的文化产品，在促进文化传播的同时，提高经济效益，最终实现城市文化建设与经济发展的双赢。

电影行业协会在电影产业治理中的角色作用研究

王　琳　彭　健*

摘　要：党的十九届四中全会提出要“全面实现国家治理体系和治理能力现代化”，协会组织是治理体系的重要组成部分。当前我国电影产业发展态势良好，但在治理方面存在问题，电影行业协会在治理中的角色尚不明确，未充分发挥作用。为此，本文通过将我国电影行业协会与美国电影协会进行对比，探究了其在电影产业治理中的角色作用。

关键词：电影产业；行业协会；治理

一、行业协会在国家治理体系中的角色与作用

（一）行业协会的概念、职能与特点

美国《经济百科全书》认为，行业协会是为达到共同目标而自愿组织起来的同行团体；英国协会管理专家斯坦利·海曼认为：“行业协会是独立经营单位增

* 王琳，中国传媒大学文化产业管理学院硕士研究生；彭健，中国传媒大学文化产业管理学院副研究员、硕士研究生导师。

进全体成员利益的非营利组织。”[1] 本文认为，行业协会是由同行业的企业自愿结成的，接受政府监督的，以保护和促进共同利益为目标的非营利组织。行业协会的主要职能是制订行业规范、技术标准，代表行业与政府沟通，对会员企业进行行业约束，为会员企业之间的利益关系进行协调、为会员企业提供信息及各项服务。

行业协会具有中介性、非营利性、自治性（自律性）、民间性、互益性等特点。中介性，指行业协会是政府与企业之间的中介，发挥桥梁与纽带的作用，促进政府与企业之间的交流，同时也是协调会员企业之间的利益交换、信息交流的中介。非营利性，指行业协会自身不以营利为主要目标，而是追求全行业的合理健康发展，追求行业的整体利益，保障其会员的共同利益；衡量一个组织的营利性质，以组织设立的目的为标准，非营利性组织并非不产生收入，但不以营利为目的。自治性，指行业协会的权力一部分来自政府的直接授权，另一部分来自会员之间的约定；行业自律，即同行会员自觉、自愿地对自己的行为进行控制和约束。伊恩·巴托和彼得·瓦斯指出，自律是“个体组织或组织群体行为的自我管制，其管制规则自我规定，行为自我监管，规章自我执行，其中很少涉及政府的作用”。[2] 大卫·加文指出：“行业自律就是在缺乏明确法律要求和规定时行业成员联合设定标准的活动。”[3] 民间性，指行业协会一般被归为社团组织，介于政府组织与企业组织之间，由同行业企业自愿决定是否参与该民间组织。互益性，互益不同于公益，行业协会不同于公益性组织。公益指社会一般利益，面向不特定的多数人，而且一般是非经济利益。行业协会不以营利为目的，也不以公益为目的，是为了特定行业的群体的利益，包括经济利益服务于实现行业协会内部成员的共同利益。“群益性社会团体”谋利的对象是会员群体，它谋求会员互益与会员群益（行业利益）。[4] 它虽然不营利，但其协会成员或相关主体能够从它的行动中共同获利受益，行业协会能够维护特定群体的利益。

---

[1] 周迅．论我国行业协会的自治［D］．上海：复旦大学，2009.

[2] BARTLE I，VASS P. self-regulation within the regulatory state：Towards a New regulatory para dig［J］. Public administration，2007，85（4）：885-905.

[3] 陈思伶．基于国家治理体系现代化的行业协会角色定位研究［D］．上海：上海师范大学，2015.

[4] 王泽鉴．民法总则［M］．北京：中国政法大学出版社，2001.

（二）**治理与国家治理体系现代化的概念、特征**

联合国“全球治理委员会”将治理定义为“官方的或民间的机构或个人用于管理共同事务所采取的各种手段和措施的总和”。[1]毛寿龙认为，治理是“在市场经济条件下政府如何界定自己的角色，如何运用市场方法管理公共事务的道理”。[2]俞可平认为，治理是“公共权威为实现公共利益而进行的管理活动和管理过程”。[3]英国学者格里·斯托克在《作为理论的治理：五个论点》一文中对治理的观点进行了梳理，指出治理主体包括政府和其他社会主体；治理的目的是解决经济与社会问题；治理主体彼此间存在着权力的依赖；构筑成一个组织网络；治理的手段不局限于政府权力，还存在其他的方法和技术。[4]

国家治理体系是治理主体履行治理职能，实现国家经济社会发展目标的有机系统，包括政府治理、市场治理和社会治理三个方面，是治理主体、治理功能、治理权力、治理规则、治理手段与治理方式方法的一整套体系。

国家治理体系现代化是党的十八届三中全会提出的概念；党的十八届三中全会将推进国家治理体系和治理能力现代化作为全面深化改革的总目标。党的十九届四中全会提出要“全面实现国家治理体系和治理能力现代化”，使“国家治理体系制度化、科学化、规范化、程序化”。[5]我国的治理体系现代化是我国在改革中对政府与市场、社会、公民关系的重新设计，是将西方历史经验的治理理论应用于中国改革中的创新，是党领导人民管理国家的机制体系。

国家治理体系现代化的重要特征体现在多元主体共同治理上。主体的多样化、各主体功能的专业化、合作形式的开放化，构成了一个宏大的网状共治架构，公共事务的治理主体由一元面向多元，单一权力中心转向多元权力中心，单

---

[1] Commission on Global Governance. Our Global Neighbourhood：The Report of The Commission on Global Governance［M］. Oxford: Oxford University Press，1995.

[2] 毛寿龙．西方政府的治道变革［M］．北京：中国人民大学出版社，1998.

[3] 俞可平．治理与善治［M］．北京：社会科学文献出版社，2000.

[4] STOKER G. From Government to Governance，Bernard Browned. Comparative Politics：Notes and Readings［J］. Peking University Press，2003（3）：137-139.

[5] 江必新．推进国家治理体系和治理能力现代化［J］．红旗文稿，2013（22）：40.

向管理趋向开放共同治理。[1]

（三）发挥行业协会在国家治理体系中的作用

党的十八届三中全会指出，要限期实现行业协会商会与行政机关脱钩，重点培育和优先发展行业协会商会等社会组织，激发社会组织活力，适合由社会组织提供的公共服务和解决的事项，交由社会组织承担。国家治理体系现代化的重要特征是治理主体的多元化。政府不再是公共事务的唯一管理者，非政府组织作为国家治理体系的重要组成部分，与政府共同治理公共事务。

其中，行业协会“作为一种参与国家治理的经济制度手段”[2]，发挥了沟通企业与政府的作用。国家治理体系现代化，要求政府改革，行业协会承接一部分政府的职能转移。同时，行业内的企业也需要行业协会代表企业争取共同利益并协调企业调节关系，平衡冲突。行业协会属于社会机制，是连接行政机制和市场机制的中介环节，与行政机制、市场机制，一起构成国家治理体系与治理能力现代化的子系统。

过去，政府一元化管理，全能化挑起所有任务，往往由于缺少具体专业领域的技能而造成管理效率低下，产生政府失灵的问题。企业是市场主体，其行动和决策依据企业利益最大化而展开，可能产生负的外部性或导致市场失灵。行业协会介于国家的宏观政策与企业的微观策略之间，上下互动，保障好的基层经验上升为国家制度，完善顶层设计，同时保证顶层设计的落地和有效性。党和国家让市场发挥决定性地位，这对市场的开放度和企业的规范度提出了更高的要求，同时也要求在市场竞争的多元利益碰撞中，更具专业知识，与市场中的企业联系更紧密，更具集体行动特征，从而使行业协会发挥协调作用。

行业协会在“小政府，大社会”的模式下，开展行业公共事务的自我管理，为企业、政府做好第三方服务。行业协会具有协调能力，一方面包括对外一致的集体行动，代表本行业成员参与社会公共治理。在庞大的社会关系网络中，企业或个人的影响力有限，行业协会作为行业组织代表力求保障本行业成员的整体利益。另一方面包括对内的惩罚机制，实现行业自律。通过制定行业规章制度，保

---

[1] 陈思伶．基于国家治理体系现代化的行业协会角色定位研究［D］．上海：上海师范大学，2015.

[2] 同[1].

证企业的平等竞争，敦促企业履行社会责任，协调企业之间的关系，促进行业内有效协作。作为政府与企业之间的纽带，促进政府政策的高效传达，推动政策的落实，将行业发展中存在的问题及时进行反馈，为政府决策提供参考。

二、美国行业协会在电影产业治理中的经验借鉴

（一）美国电影行业协会在电影产业治理中的角色与作用

本文以美国电影协会与美国影院业主协会为例进行了分析。

美国电影协会（The Motion Picture Association of America，MPAA）成立于 1922 年，是美国第一个电影行业协会，目前其会员包括华特迪士尼公司、派拉蒙电影公司、索尼电影娱乐公司、环球电影公司和 Netflix 集团六大影视传媒类巨头公司，几大协会成员每年都按照一定的利润比例向美国电影协会缴纳会费以维持其正常运作。业务职能有研究统计、版权维护、电影分级制的制定和执行、纠纷调解等。该协会在电影行业发展的过程中，对外与政府合作，共同争取电影的版权保护及保障美国电影在海外市场的利益，对内制定规章制度，积极做好行业内企业间的协调工作，为解决企业间的无序竞争制定了仲裁条例和反垄断规定，推进了电影分级制度，促进了电影产业的健康发展。美国电影协会被业内称为“小国务院”，可见其地位的重要性与作用的显著。

美国影院业主协会（The National Association of Theatre Owners，NATO），成立于 1965 年，总部位于华盛顿。最初由美国几家大型商业影院发起，目前是全球最大的电影放映业行业协会。迄今，其影院业主已拥有美国 50 个州的超过 29000 块电影银幕，遍布世界 50 个国家的影院。

美国电影协会在电影产业中的角色与作用主要表现在以下几方面。

1. 促进行业自律

美国电影协会，在美国电影协会发展历史上一个重要事件就是制定了世界上第一部完整的电影法——《海斯法典》。1907 年，芝加哥警察局被赋予了先观看影片再决定其是否能公映的权力。[1]1915 年明确规定电影是纯粹而简单盈利的生

---

[1] 杨宁 . 基于电影产业的行业自治研究——兼及当下中国电影行业管理的转型［J］. 电影艺术，2009（1）：5-12.

产部门，无须进行立法保护。由于当时电影界一些不适当的内容招致来自社会的道德谴责，美国各州立法机构试图对电影内容加以约束。面对来自官方的严格审查制度的威胁，当时，好莱坞的几大制片公司推举卓越的政治活动家威廉·海斯成为美国电影协会的主席。威廉·海斯用自己的政治资源使好莱坞与华盛顿的权力中心之间建立了紧密的联系，制定了《海斯法典》，罗列出电影内容方面各种需注意和禁止的事项。《海斯法典》成为一部电影行业的自我审查法。

1934年，在约瑟夫·希林接任协会主席后制定了《布林法典》,《布林法典》成为电影分级制的雏形。[1]电影评级的价值在于其设立的创立初心：建立起美国父母对子女所接触的电影大环境的信任，帮助父母为孩子做出明智的观看选择。不是审查电影或对电影好坏做出价值判断，而是向父母提供电影内容的详细信息，尤其是亵渎、暴力和性等可能不适合孩子的题材。电影评级是自愿而非强制的，片方将电影提交给美国电影协会进行评级，需要支付服务付费750～25000美元不等。由于美国大多数影院不会放映未经评级的电影，因此，从市场方面约束了片方，需要其获得评级。在电影分级制下，导演的创作是自由的，可以制作任何题材的电影，如果题材不适合孩子观看就只能在成人影院播映。

美国电影协会就是这样不断制定与完善行业法规制度，发挥作用，促进行业的规范发展。

2. 维护行业整体利益

第一次世界大战之后，好莱坞占据世界电影的霸主地位，不断拓展海外市场，将电影输送到全球各地，在海外贸易的过程中也遇到了不同的问题。2011年，印度尼西亚政府决定将好莱坞电影的进口税大幅提高，在美国电影协会的组织下，好莱坞各大电影公司集体罢影，给印度尼西亚影院造成了极大的影响，最终印度尼西亚政府妥协，重新修改税收政策。美国影院业主协会实施了反盗录奖励计划，给发现盗录行为的影院员工提供每次500美元的奖励，打击侵害放映业整体利益的盗版行为。

美国电影协会不仅自发维护成员权益，也与政府沟通，加强公关游说，共同推动电影海外贸易的发展，美国政府在与其他国家进行自由贸易谈判时会将该国

[1] 杨宁．基于电影产业的行业自治研究——兼及当下中国电影行业管理的转型［J］．电影艺术，2009（1）：5-12.

是否开放好莱坞电影的进口作为条件来决定是否给予其贸易优惠。美国影院业主协会也就在涉及放映业利益的法律、政策问题，如票房税、销售税、最低工资、加班、食品饮料税、关于电影开场时间的立法、礼品券管理等问题上，代表放映业发出声音，通过公开信、媒体公关、游说等方式争取有益于放映业的政策或阻止不利于放映业的政策出台。当纽约市政府提出限制电影院、运动场馆等场所售卖的碳酸饮料分量不得超过 16 盎司的议案时，美国影院业主协会因担心影响影院饮料销售利润，表示强烈反对，将提出这一议案的市长告上了法院。[1]

3. 制订行业标准，提供行业资讯

美国影院业主协会为美国影院运营商提供了讨论并制定影院经营标准的平台。基于美国反垄断法律的规定，协会不得干预影院的具体运营，它所发布的标准主要涉及技术方面且非强制性的。比如，在放映数字化进程中，NATO 就发布了数字电影系统要求指引，制定了系列标准。美国影院业主协会持续展开对行业发展的跟踪调查，建立起名为“放映业百科”的数据库，为放映商提供参考。

此外，行业协会一般还为会员企业提供其他交流、会展等服务。

（二）美国电影协会参与电影产业治理的启示

电影行业协会在电影产业的治理发展中，作为政府与企业之间的“传声筒”与企业利益的“代言人”，推动行业的需求与制度经验上升为政府政策。

（1）处理好行业协会与社会、企业的关系，建立行业制度、行业标准，实现行业自治，加强自我管理。电影具有意识形态属性，需要考虑社会效益与企业责任，行业协会建立自我审查法、分级制度等，以促进行业健康发展。电影具有工业化与高科技属性，需要与时俱进，行业协会不断完善技术标准，促进了行业持续发展。

（2）处理好行业协会与政府的关系，行业协会与政府既有协作又有冲突。一方面，行业协会接受政府赋权，与政府携手，发挥管理自治的功能，发挥企业与政府沟通的桥梁作用。另一方面，行业协会会在具体政策、税收等方面与政府存在分歧，要为行业中的企业争取整体利益，游说政府在制定政策时考虑行业诉求，参与并影响政策制定。

（3）处理好行业协会内企业与企业的关系，保证企业之间的平等性，为企业

---

[1] 彭侃．美国院线管理制度研究［J］．当代电影，2014（2）：85-91.

提供合作与发展的机会，为企业提供服务。

三、我国电影行业协会在电影产业治理中的角色与作用的思考

我国电影产业发展较好，票房连年创新高，2019 年，电影总票房 642.66 亿元，国产电影总票房 411.75 亿元，市场占比达 64.07%。[1] 电影市场繁荣，但电影企业经营中仍然存在诸多问题，我国电影企业立项的大多数电影项目在备案后，未能完成或上映（见图 1–3），即使上映的电影，盈利比例也不高，电影市场风险巨大。电影行业上市公司从 2016 年起市值不断下降，非上市公司经营同样不景气。

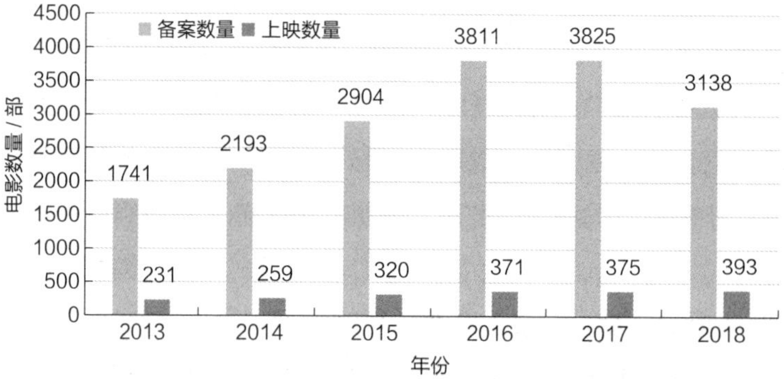

图 1–3　2013—2018 年中国电影备案与上映数量对比

在行业治理中也暴露出天价片酬、偷逃税、虚假票房等问题。一方面，电影企业对电影审查政策的不稳定、对电影税收政策的不连贯有抱怨情绪，希望通过行业协会代言发声；另一方面，政府对电影行业的监督管理也需要发挥行业协会的组织协调能力。但我国电影行业协会在电影产业治理中的角色定位还不明确，相较于美国电影行业协会，其作用还未充分发挥。

（一）我国电影行业协会发展现状

中国电影家协会的行业影响力大，承担了一定的协调、服务等行业协会的职能，但其性质是专业电影工作者的群众性组织，严格意义上说，有别于由同业企业组成的行业协会。

---

[1] 2019 年度电影市场报告［R］. 中国电影评论学会，2019.

中国电影发行放映协会目前是规模最大的电影行业协会，协会会员现有近千家，设有城市影院分会、农村电影院线分会、电影广告分会等六个分支机构，承接政府职能转移，包括行业数据统计、行业培训、行业调研、行业评比、星级影院资质评定等，更重要的是其参与制定电影发行标准和自律规范、发布影片上映日期，体现出行业协会的作用逐步提升。

中国电影制片人协会成立于 1989 年，其会员为各大电影制片厂及民营制片机构，是政府联系电影制片人、电影制片人连接电影市场的纽带。

中国电影导演协会由从事电影导演职业的专业人员自愿组成，开展电影导演艺术理论与实践的交流和研讨，由于组成者多为个体，不属于严格意义上的行业协会。

我国电影行业的这些协会组织都是以自上而下方式由政府设立产生，日常经费来自政府拨款、社会资助、会员会费，多承担政府委托职能，宣传国家有关方针政策、法律法规，组织行业培训、展览、论坛，评比、颁奖等。其与美国市场经济体制下的电影行业协会的不同之处主要表现在：①缺少开展行业自律的治理权力，对行业成员间的纠纷，没有相应的仲裁权，对违规的行业成员缺少惩戒权，对内难以行使有效的治理；②缺少促进行业自律的规则与制度，在技术推广、产品认证、行业准入、资质管理、职业资格等方面都缺少行业标准、行业规范；③缺少为会员企业争取整体利益的手段与工具，在商业谈判、政策参与、公共服务上，难以有效为会员企业争取利益。

（二）提升我国电影行业协会在电影产业治理中的地位与作用

我国电影行业协会在政府领导的框架下可以发挥以下三方面作用。

第一，强化对电影企业与政府的协调沟通功能。行业协会对电影企业进行深入专业分析，为政策制定提供依据，将成功经验和模式上升为国家制度大范围推广，成为电影产业治理的试验田；同时，将电影企业的利益诉求进行有效搜集与过滤，去粗取精，提炼有见地性的信息，传到政府管理部门，为行业带来整体利益，节约电影企业单一行动的成本。

第二，强化电影行业的自律功能。在国家治理体系现代化的背景下，行业协会获得政府赋权，完善了行业治理职能。一方面，通过法律、条例等制度保障电影行业协会拥有诸如黑名单公示、媒体曝光、诚信惩戒等治理权力；另一方面，通过制订行业标准、行为规则，来完善治理规则。

第三，强化电影企业的服务功能。服务是行业协会生存与发展的根本，电影行业协会应制定更加完善的以会员为中心的章程，给电影企业提供更多的资源、公共产品等，如市场的统一拓展、权益的统一维护及技术、人才、知识、资金、信息等产业发展要素的统一导入。为此，电影行业协会自身也应加强专业性建设。

论网络信息内容生态治理体系的构建

李　敏　郑　宁*

摘　要：随着我国信息技术的迅速发展与现代化程度的不断加深，互联网成为重要的监管领域，而对网络信息内容进行有效治理则成为重要的组成部分与急需解决的问题。为此，党的十九大与党的十九届四中全会相继提出综合治理的理念，为构建网络信息内容生态治理体系奠定了基础。当前，网络信息内容生态治理体系的构建具有必要性与紧迫性，需要从各主体协同治理与运用创新手段两方面着手，进而构建“天朗气清”的网络空间。

关键词：网络信息内容生态治理体系；协同治理；技术创新

2019 年是互联网诞生 50 周年，也是中国全功能接入国际互联网 25 周年。在党和政府的大力支持下，中国的互联网技术取得了巨大的进展，已经全方位渗透到中国的各个领域，极大地改变了中国经济发展的格局，为中国社会建设注入了新活力，提升了国家综合实力。然而，网络上大量的不良信息也给国家安全、社会秩序和个人权益造成了不良影响。因此，加大对网络信息内容的治

* 李敏，中国传媒大学文化产业管理学院硕士研究生；郑宁，中国传媒大学文化产业管理学院法律系副教授、硕士生导师。

理力度，营造清朗的网络空间，成为推动国家治理体系与治理能力现代化的重要举措。党的十九大指出，要加强互联网内容建设，建立网络综合治理体系，营造清朗的网络空间。党的十九届四中全会进一步指出，要建立健全网络综合治理体系，加强和创新互联网内容建设，落实互联网企业信息管理主体责任，全面提高网络治理能力，营造清朗的网络空间。这为构建网络信息内容生态治理体系指明了方向、明确了任务，本文拟就构建网络信息内容生态治理体系的必要性及具体构建建议展开论述。

一、构建网络信息内容生态治理体系的必要性

（一）生态治理有利于网络信息内容治理走向系统化

2000 年，国务院颁布了《互联网信息服务管理办法》，这是我国进行互联网信息内容治理的起点，其中第 15 条规定的“九不准”至今依然是治理网络信息内容的重要依据。2017 年开始实施的《中华人民共和国网络安全法》第七条规定，国家积极开展网络空间治理、网络技术研发和标准制定、打击网络违法犯罪等方面的国际交流与合作，推动构建和平、安全、开放、合作的网络空间，建立多边、民主、透明的网络治理体系。第十二条规定了网络信息内容安全的底线。[1]

随着互联网技术的发展，即时通信工具、App、网络音视频等网络领域逐渐分化出来，成为违法信息与不良信息的泛滥区。为有针对性地治理网络信息内容，自 2014 年开始，国家网信办相继出台了《即时通信工具公众信息服务发展管理暂行规定》《互联网用户账号名称管理规定》《互联网信息搜索服务管理规定》《移动互联网应用程序信息服务管理规定》《互联网新闻信息服务管理规定》

---

[1]《中华人民共和国网络安全法》第十二条规定：国家保护公民、法人和其他组织依法使用网络的权利，促进网络接入普及，提升网络服务水平，为社会提供安全、便利的网络服务，保障网络信息依法有序自由流动。任何个人和组织使用网络应当遵守宪法法律，遵守公共秩序，尊重社会公德，不得危害网络安全，不得利用网络从事危害国家安全、荣誉和利益，煽动颠覆国家政权、推翻社会主义制度，煽动分裂国家、破坏国家统一，宣扬恐怖主义、极端主义，宣扬民族仇恨、民族歧视，传播暴力、淫秽色情信息，编造、传播虚假信息扰乱经济秩序和社会秩序，以及侵害他人名誉、隐私、知识产权和其他合法权益等活动。

《互联网直播服务管理规定》《互联网群组信息服务管理规定》《互联网跟帖评论服务管理规定》《互联网论坛社区服务管理规定》《互联网用户公众账号信息服务管理规定》《区块链信息服务管理规定》《网络音视频信息服务管理规定》等十余个规章和规范性文件，试图根据不同领域特点制订相应的治理标准。虽然上述立法对治理网络内容起到了一定的作用，但还是以监管部门监管为主，对其他主体在网络治理中的作用不够重视，而且不同的规定之间缺乏内在的体系性和一致性，这给网络信息内容的治理工作造成了不小的阻碍。

伴随着党的十九届四中全会对建立健全网络综合治理体系的要求，2019 年 12 月，《网络信息内容生态治理规定》应运而生。该规定首次提出了“生态治理”的理念。[1]“治理”即公共管理（包括治国理政）的方式、方法、途径、能力[2]，而“生态”是来源于环境学的一个概念，原意为生物的生存条件及生物与其生存环境之间的关系[3]，因为其强调整体性、系统性，因此网络信息内容生态可以解读为网络信息内容与信息生产者、使用者及监管者之间的关系。除此以外，该规定还明确了正能量信息、违法信息和不良信息的具体范围，明确了未来网络信息内容治理的体系化、综合化、治理主体多元化的发展方向，对网络信息生态各方参与主体，特别是互联网用户、互联网信息服务平台及其管理者提出了要求，这有助于从源头上改善信息内容的生态结构。

（二）网络信息内容生态治理是加强网络舆论引导的需要

中国互联网络信息中心发布的第 44 次《中国互联网络发展状况统计报告》显示，截至 2019 年 6 月，我国网民规模达 8.54 亿，互联网普及率达

---

[1]《网络信息内容生态治理规定》第 2 条规定：网络信息内容生态治理，是指政府、企业、社会、网民等主体，以培育和践行社会主义核心价值观为根本，以网络信息内容为主要治理对象，以建立健全网络综合治理体系、营造清朗的网络空间、建设良好的网络生态为目标，开展的弘扬正能量、处置违法和不良信息等相关活动。

[2] 王绍光．治理研究：正本清源［J］．开放时代，2018（2）：170.

[3] 沈月．生态马克思主义研究价值［D］．长春：吉林大学，2014.

61.2%。[1]“互联网生活化，生活互联网化”的程度不断加深。网络空间是亿万民众共同的精神家园，网络空间“天朗气清”、生态良好，才符合人民需求。网络空间乌烟瘴气、生态恶化，则不符合人民需求。由于网络信息数量庞大，真假难辨，如果不加以正确引导，容易危害意识形态安全和政治安全，因此，党的十九届四中全会强调要“完善坚持正确导向的舆论引导工作机制”。近年来，网络暴力形势严峻，中国社科院 2019 年发布的《社会蓝皮书》显示，约有 28.89% 的青少年在上网过程中遇到过暴力辱骂，而 60% 以上的青少年对此没有采取任何措施。美国反诽谤联盟 ADL（Anti-Defamation League）2018 年的调查显示，全美范围内约 37% 的被调查民众曾遇到过人身攻击、持续骚扰等各种极端网络暴力。[2]除此以外，“天津港爆炸导致 700 吨氰化钠泄露”的谣言引起社会极大的恐慌，福岛核泄漏事件后“吃盐预防核辐射”的谣言引起了各地抢盐热潮，“南京彭宇案”“于欢案”中存在舆论干预、媒体审判等现象，这一件件鲜活的案例都在提醒我们，加强网络舆论引导、健全舆论监管机制是维护社会稳定的关键所在。

网络信息内容生态治理鼓励互联网企业、公民增加合法的、正能量的内容供给，对内容制作、生产等提出了正面的、引领性的要求。例如，《网络信息内容生态治理规定》鼓励网络信息内容服务平台加强版面页面生态管理，在首页、首屏及榜单等重点环节展示弘扬主旋律的信息，要求信息推送的流程加强合法、合规把控的同时，还要进行价值观的把控，禁止以技术或算法中立为借口，任由机器操纵信息内容的发布和传播过程[3]，要求网络信息内容服务使用者以发帖、回复、留言、弹幕等形式参与网络活动时，文明互动，理性表达。

---

[1] 中国互联网络信息中心．第 44 次《中国互联网络发展状况统计报告》[EB/OL]．(2019-08-30)[2020-01-03].http：//www.cnnic.net.cn/hlwfzyj/hlwxzbg/hlwtjbg/201908/t20190830_70800.htm.

[2] 张钦坤，曹建峰．从《网络生态治理规定》看互联网新技术的治理[EB/OL]．(2019-12-09)[2020-01-15]．https：//mp.weixin.qq.com/s/ZWcUdo9rM48rAh-0PMXAsA.

[3] 王四新，王婷宇．从《网络信息内容生态治理规定》看网络内容治理标准的新变化[J]．青年记者（上旬），2020（1）：78.

（三）构建网络信息内容生态治理体系是全球网络发展的必然趋势

构建网络信息内容生态治理体系是全球网络发展的必然趋势。自 2016 年“意大利修宪公投”“英国脱欧公投”和“俄罗斯涉嫌干涉美国大选”3 件黑天鹅事件发生以来，西方国家对网络空间内容的治理态度发生了极为显著的变化。紧接着，2017 年，各国开始采取一系列措施综合治理网络信息内容，包含行政处罚、设立监管机构、税收调节、发布治理指南、加强立法等。[1] 可以说，全球在构建网络信息内容生态治理体系上已经达成了共识。2019 年 10 月 26 日，世界互联网大会组委会发布了《携手构建网络空间命运共同体》概念文件。文件指出，世界范围内侵犯个人隐私，侵犯知识产权，推行种族主义，散布虚假信息，实施网络诈骗，网络恐怖主义活动等违法犯罪行为已成为全球公害，因此应加强政府、国际组织、互联网企业、技术社群、社会组织、公民个人等各主体的沟通与合作，形成立体协同的治理架构，构建全球网络空间治理体系。该文件为世界各国携手构建网络信息内容生态治理体系奠定了基础。

二、构建网络信息内容生态治理体系的具体举措

习近平总书记在 2018 年全国网络安全和信息化工作会议上强调，要提高网络综合治理能力，形成党委领导、政府管理、企业履责、社会监督、网民自律等多主体参与，经济、法律、技术等多种手段相结合的综合治网格局。构建网络信息内容生态治理体系，应当从治理的角度出发，以构建相应的法律体系为基础，统合多元主体与多元方法，辅之以现代技术与创新手段，进而达到网络信息内容综合治理的效果。[2]

（一）发挥各方主体协同治理功能

实践证明，单纯按照“行政机关为主导”的传统方法，是不符合网络发展规

---

[1] 戴丽娜.2019 年全球网络空间内容治理动向分析［EB/OL］.（2020-01-12）［2020-01-16］. https：//mp.weixin.qq.com/s/XuHALEdaDPZDQNHP_y7IxQ.

[2] 焦俊峰，李晓东.网络安全的治理之道：“技治、法治、众治、德治”四治融合［EB/OL］.（2020-01-8）［2020-01-15］. https: //mp.weixin.qq.com/s/IL4dqmgB6SaLtfLG4NGZxA.

律的，无法有效地治理网络信息内容。构建网络信息内容生态治理体系，必须发挥各方主体的协同治理功能。

首先，优化监管机关的监管职责，监管机关应当由“被动地监管信息终端”转向“主动地把控信息来源”，莫等有害信息发布并传播了才进行监管。网络信息内容服务平台具有先天的逐利性，发布不良信息往往最能吸引人眼球并为他们带来巨大流量与巨额利益。而监管机关拥有从警告、罚款到吊销营业执照等效果不一的行政权力，对不良信息的生产者与发布者更具有震慑力，“快播案”[1]便是最好的证明。除此以外，监管机关还应当发挥组织协调作用。对内建立健全信息共享、会商通报、联合执法、案件督办、信息公开等工作机制，对外建立政府、企业、社会、网民等主体共同参与的监督评价机制与网络信息内容服务严重失信的联合惩戒机制，加强网络信息内容服务平台、网络信息内容服务使用者与网络行业组织的联络与沟通，以更好地进行网络信息内容的生态治理。

其次，网络信息内容服务平台应遵守宪法与法律，加强自我管理与监督，主动承担起相应的社会责任。网络信息内容服务平台是有害信息的生产者、发布者与传播渠道，同时也承担着网络信息内容生态治理管理主体的责任。因此，网络信息内容服务平台应当按照《网络信息内容生态治理规定》的具体要求，采取建立网络信息内容生态治理机制、制定本平台网络信息内容生态治理细则、设立网络信息内容生态治理负责人、配备与业务范围和服务规模相适应的专业人员等具体措施，加强平台上的网络信息内容审核，以履行信息内容治理管理主体的责任。

再次，网民是距离网络不良信息最近的主体，处于信息终端，对不良信息最为了解，但同时也是不良信息的生产者与传播者，因此加强对网民的教育与监管是有效治理网络信息内容的重要环节。2019 年 10 月 27 日，中共中央、国务院印发了《新时代公民道德建设实施纲要》，其中对网络道德进行了专门规定。网民应当在遵守宪法与法律的基础上以其为依据，主动培养文明自律网络行为习惯，同时承担其社会监管的职责，看到不良网络信息内容要积极投诉、举报。

最后，与行政机关相比，网络行业自律组织掌握了行业动态，更了解行业发展情况，治理网络信息内容具有更大的灵活性，因此其应当发挥服务指导和桥梁

---

[1] 因快播公司在其运营的视频网站“快播”上播放侵权视频，2014 年 6 月 26 日被深圳市市场监督管理局处以近 3 亿元的罚款。

纽带作用，按照《网络信息内容生态治理规定》建立完善行业自律机制，制定网络信息内容生态治理行业规范和自律公约，以提高从业人员的治理意识与治理能力。2019 年 1 月，中国网络视听节目服务协会积极发挥其行业自律作用，对外发布了《网络短视频平台管理规范》和《网络短视频内容审核标准细则》，为网络短视频平台与一线审核人员提供了管理规范与审核标准，同时也为其他网络行业组织提供了范本。

（二）借助现代科技，运用创新手段

网络信息内容生态治理范围大、程度深，因此单纯依靠低效的人工监管与审核方式不再现实，而人工智能、大数据、区块链技术的发展与突破，则为网络信息内容生态治理提供了新思路，这也是党的十九届四中全会“创新互联网内容建设”的具体要求。应当通过技术创新来不断提升对违法违规行为的监测、预警和发现、处置能力，探索将大数据、云计算、区块链等新一代信息技术应用于信息监管中的路径，着力构建“来源可追溯、去向可查证、风险可控制、责任可追究”的全流程闭环监管，切实提升预防、发现、处置能力。[1]同时也要警惕现代科技带来的一系列问题。2017 年 5 月，卡塔尔的官方推特（Twitter）账号遭遇黑客攻击，并散布了卡塔尔元首关于伊朗和伊斯兰教的虚假讲话内容，虽然卡塔尔政府快速澄清以正视听，但虚假内容经新闻和社交媒体大肆传播已经造成不良影响，且引发了海湾邻国的愤怒，之后的中东外交危机被认为与此事件有关。[2]因此在利用现代科技进行治理的同时还要坚持安全与发展并重，对于新技术带来的风险，也应当有所防范，比如，建立健全算法推荐的人工干预和用户自主选择机制，对深度学习、虚拟现实等新技术新应用画明法律红线[3]，对日益失衡的信息服务平台与用户之间的关系予以平衡，有利于维护信息服务平台与用户之间良性

---

[1] 任贤良．扎实推动网络空间治理体系和治理能力现代化［J］．中国发展观察，2019（24）：5.

[2] 曹建峰．深度伪造技术的法律挑战及应对［EB/OL］.（2019-10-29）［2020-01-16］. https：//mp.weixin.qq.com/s/RKcOeB_aRDAmwsgHOolm5w.

[3] 周辉．网络信息内容生态治理法治建设的里程碑——评《网络信息内容生态治理规定》的出台［EB/OL］.（2019-12-24）［2020-1-16］.https：//mp.weixin.qq.com/s/jMnojbCwYibFL6UsRTt-jw.

互动关系。

综上所述，生态治理已经成为我国网络信息内容治理的发展方向，这是加强网络治理体系与治理能力现代化建设的体现，也是构建“天朗气清”的网络空间、维护人民基本网络利益的重要举措，期待网络信息内容生态治理体系尽快建立健全。

第二篇 数字技术与媒体研究

区块链为艺术品市场金融化加速

宋　兴*

摘　要：传统的艺术品交易市场面临着鉴定难、交易乱、资金要求高、版权保护难的问题，阻碍了更多投资者进入艺术品投资领域的脚步，难以真正实现艺术品市场的金融化。区块链技术凭借其自身去中心化、透明化、不可篡改的特点，助力传统艺术品交易市场完成转型，建构出信息对称、公开化、透明化、快速高效的新型交易环境，推动艺术品市场的金融化进程。

关键词：艺术品市场金融化；区块链；传统艺术品交易市场

中国政府非常重视艺术品市场金融化的发展，2010 年 3 月 19 日，中央宣传部同中国人民银行、财政部、文化部、国家新闻出版广电总局等九部门联合发布了《关于金融支持文化产业振兴和发展繁荣的指导意见》，这是中国第一个支持文化产品金融化的宏观政策。2014 年 3 月 17 日，文化部与中国人民银行、财政部共同印发了《关于深入推进文化金融合作的意见》，为艺术品与金融产品的顺利融合提供了政策导向。2015 年 12 月 7 日，中华人民共和国文化部第 56 号令《艺术品经营管理办法》发布，重点加强艺术品行业管理，推动艺术品交易市场繁荣

* 宋兴，中国传媒大学文化产业管理学院硕士研究生。

发展。政策的利好环境为艺术品市场金融化培育了良好的发展土壤。

一、艺术品市场金融化已成为趋势

在人民群众的生活水平、精神文化需求日益提高的背景下，艺术品逐渐完成由收藏品向投资品的角色转变，艺术品市场逐渐成为继房地产市场和债券市场之后的第三大投资市场。艺术品本身就具有教育、审美、娱乐、认识的功能，不同的艺术品承载着不同的艺术信息、文化信息、历史信息，随着不同时代的审美趣味变化，艺术品的价值也在发生变化，但总体上价值不断升高，因而成为当下许多投资者的选择。艺术品市场金融化是时代的选择，当下中国居民人均收入正处于中等收入水平，人们愈来愈重视文化在生活中的参与度，同时也更加关注财富管理，艺术品金融作为文化和财富管理的结合点，无疑是这个时代的关注点。艺术品不再是少量富豪级人物专享的奢侈品，艺术品的受众范围在不断扩大，艺术品市场金融化已成为趋势。2018 年，中国艺术品市场的交易额为 128 亿美元，如果仅从拍卖市场来看，中国目前是全球成交额第二大的艺术品拍卖市场。在德勤和 ArtTactic 共同发布的《2019 艺术金融报告》中，针对财富经理的调查显示，78% 的财富经理认为艺术品和收藏品应该作为财富管理计划的组成部分，79% 的财富经理正在为客户提供艺术品和动产方面的咨询。[1] 以上数据表明，艺术品交易市场正在以前所未有的速度不断发展，并且逐渐成为更多投资者的理财渠道。

二、艺术品市场金融化过程中的“拦路虎”

尽管全球艺术品交易市场都呈现出金融化的发展趋势，但我国的艺术品交易市场相较于英、美等西方国家，起步较晚，行业体系发展不完善，法律政策方面也存在较多问题，这些都阻碍了我国艺术品市场金融化的进程。

（一）艺术品市场水“深”——赝品泛滥

相较于房地产市场、证券市场，艺术品市场入门门槛更高，水更深。在艺术

---

[1] 赵新江．中国艺术品交易规模全球第二［J］．理财，2019（7）：63-64.

品交易市场上，艺术品数目众多，它们种类不同、年代不同、材质不同，如何对市场上流通的艺术品进行真伪鉴定，选择投资，则需要投资者具备专业的艺术品鉴定知识。但对于大多数普通的投资者而言，很难专门花几年时间去系统地学习艺术品鉴定知识，只能听信于第三方信息机构或所谓知情人士，对艺术品做出选择。在这种情况下，很多机构在利益的驱使下，公然制作赝品并使其在艺术品市场上流通。有关数据显示，每年全球艺术品和收藏品伪造和欺诈的市场规模高达60亿美元，几乎占艺术品总交易额的1/10。[1] 这足以反映出艺术品交易市场上“制假贩假”“伪专家横行”的问题严重。另外，在投资者购买到赝品后，申诉等后续问题不能得到合理的解决，维权难也困扰着很多投资者。这也是大多数投资者对艺术品市场仍处在观望状态的一个原因。艺术品市场必须自降门槛，才能够吸引更多的投资者进入艺术品投资领域，真正实现艺术品市场金融化。

（二）艺术品市场信息不对称

传统艺术品交易市场具有模糊、非透明、信息不对称的特点。在不透明、信息不对称的交易市场中，买方与卖方很难直接进行点对点交易，买方往往需要借助第三方机构作为中介，联系卖家。一方面，中介机构会收取大额的中介费用，另一方面，在市场中也无法完全杜绝中介机构与卖方设下骗局的现象。另外，在交易过程中，对于艺术品的来源、鉴定书、交易记录、藏家信息等信息的梳理，往往通过人工来完成，难免在某一环节中，人为地做出更改。

（三）资金要求高

艺术收藏品的价格较高，动辄几百万元甚至上千万元，所以需要投资者具有较强的经济实力。与其他投资方式相比，购买房产可以向银行贷款，贷款的份额可以依据自身的情况而定，量力而行，比较容易筹集到资金。购买股票、基金等投资方式，准入门槛较低，一般几千元就可以进行投资，更加适合一般的投资者，因而投资者数量更多。普通的投资者一般会选择后两种投资方式进行灵活的组合投资，而不会将艺术品投资作为备选项。

---

[1] 陈婧 . 区块链防伪——鲇鱼来了？［J］. IT 经理世界，2018（6）：37-42.

三、区块链为艺术品市场金融化加速

科技的发展，为艺术品交易市场带来了更多的可能性。针对传统艺术品交易市场非公开化、信息不对称、模糊的问题，区块链技术凭借其自身去中心化、透明化、不可篡改的特点，帮助传统的艺术品交易市场完成转型，形成了一种不需要依赖第三方机构、可信赖的市场环境。凭借点对点传输、分布式记账和共识机制等技术，区块链将针对艺术品市场中长久存在的真伪鉴定难、维权难、交易难等问题提供最佳的解决方案。

（一）确真，区块链为艺术品生成了唯一的数字身份码

艺术品鉴定被公认为是艺术品交易的核心问题，艺术品交易市场可以借助区块链技术自降门槛，吸引更多的投资者进入该投资市场。艺术家作为艺术作品的生产者，也作为艺术品区块链条的起始端，在刚刚完成艺术作品的时候，艺术家的信息就被写入与艺术作品相关的数据块中。之后，艺术品进入流通市场，每一次交易信息都会被写入数据块，并且盖上时间戳和存在证明。这些数据块按照交易的时间相链接，彼此之间有紧密的联系。这样一来，艺术品的来源、运输、交易细节和交易历史等都将完整地保存在区块链中，为艺术品生成了唯一的数字身份码，从而解决艺术品真伪鉴定难的问题。另外，区块链生成的数字身份码的安全性和稳定性都较高。对区块链中的数据信息进行篡改的成本极高，一个数据块的数据发生改变，并不会对整个数据库产生影响。篡改者必须能够控制 51% 以上的节点才可能对数据库中的数据进行篡改，这在现实中很难实现。

（二）确信，促进艺术品交易市场公开透明化发展

传统的艺术品交易市场存在信息不对称、信息“闭塞”的缺陷，区块链具有的分布式记账及共识机制的特点恰好能弥补这一缺陷。“分布式账本数据库”是指数据不会仅仅存储在单一的节点中，每个节点的信息都会同步复制到整个账本中，使得区块链上的数据内容可以被全世界据点用户、集合管理系统和编目数据

库看到并使用[1]，即区块链上的节点信息对于任何一个节点都处于公开状态，从而实现买方和卖方之间进行点对点交易，削弱交易过程中第三方中介机构的作用。这不仅可以解决中介的信用问题，还可以提高资金的流动性，有效降低交易各环节中产生的交易成本。另外，买卖双方完全可以通过虚拟货币进行线上交易，这种点对点的线上交易极大提高了艺术品的交易速度和效率。

同时，弱化了中介机构的作用，还可以推动中国艺术品市场体系和市场机制的完善。西方艺术品市场的成熟和完善是建立在一级市场成熟、完善的基础上的，以艺术史的眼光来考察艺术家，作品价格根据供求情况决定，而后成为拍卖行的估价参考，因此市场价格波动一般处于一个相对稳定的区间内。而国内一、二级市场间的关系倒挂，市场行情主要由拍卖行来推动。区块链技术的引入，弱化了拍卖行等二级市场，从而实现了艺术品市场的稳定发展。

（三）确值，实现艺术品市场份额化

区块链技术去中心化的特点，有利于艺术收藏品资产证券化，可将艺术收藏品资产分割化，多个买家共同享有艺术收藏品所有权，从而降低商业风险。清华大学的蔡继明教授在全国政协十一届一次会议上提交了《关于成立背景文化艺术品交易所的建议》的提案，从制度创新的角度提出了艺术品证券化是文化产业升级的关键一步，从而提出了艺术品市场金融化、证券化的概念。2008年7月19日，《中国证券报》登载了徐文宁的《艺术品证券化新尝试》一文，进一步支持艺术品证券化，在如何构建艺术品市场证券化方面提出了具体的建议。一直以来，艺术品投资领域都只是面向小众群体开放，巨额资金投入、较长的投资周期和专业的技术要求将普通大众排除在艺术品投资的领域外。份额化交易的模式可以大大降低艺术品投资的门槛，使普通大众也能够参与艺术品投资，近距离感受艺术品金融带来的好处，享受艺术品作为金融标的资产带来的回报。区块链技术可实现文化艺术品的价值数字化、金融化，让文化艺术品像流通金融产品一样进行实时交易，且任意调整投资组合，可吸纳更多社会资本投资到艺术品行业。

---

[1] 陈玮文．探讨由区块链引发的艺术市场的变革［J］．艺术与设计（理论），2019，2（4）：29-30.

（四）确权，推动艺术品版权保护工作

与股票、债券、房地产等其他标准化的投资方式不同，艺术品市场的独特之处在于艺术品的独一无二，艺术品是艺术家智力劳动成果的结晶，蕴含了艺术家的独特创造力。艺术品的独特性也决定了艺术品版权保护工作的重要性。由于区块链可以详细记录艺术品的来源、运输、交易细节等信息，所有人都可以通过透明、开放的区块链查看艺术品的信息。在艺术品版权保护工作中，数字化艺术产品的版权保护工作迫在眉睫。如今，越来越多的艺术家抛弃传统的材料和技法，借助互联网手段创作数字化艺术产品。数字化艺术产品相较于传统的艺术品，面向更多的受众，传播范围更广，复制成本更低，但随之也带来了创作者维权难的问题。数字几乎总是易于复制和共享，这再次表明，非物质的、数字诞生的艺术品不可能轻易获得独一无二的地位。另外，投资者在进行交易投资的时候，也无法分辨出是否是复制品，这样将导致数字化艺术产品市场的交易乱象，从而打消艺术家艺术创作的积极性，不利于数字化艺术产品整体市场的发展。艺术家在创作完成艺术产品之后，将艺术产品上链，获得其专门的数字身份码，拥有该作品的唯一版权。数字化艺术产品在之后交易流通的每一个过程中的详细数据都会在区块链中记录下来，艺术品的版权归属及是否是复制品的问题就得以解决。

四、区块链进入艺术品交易市场面临的挑战

（一）艺术品区块链的技术性问题

区块链作为一种新的信息加密技术，是对原有条码、电子射频技术等追溯手段的提升。[1]依托于区块链技术的艺术品交易平台，需要搭建一个成熟的区块链系统，这可能需要大额的开发费用和大量相关的技术人才，这样的研发投入并不是每一个艺术机构平台都有能力承担的。另外，区块链技术的特点是去中心化，可以实现买卖双方的点对点交易，但是艺术品交易与其他交易形态不同，艺术品的收藏、存放仍需要传统艺术机构的介入。在艺术品市场中，大额的资金交易同样也需要专门的监管机构进行监督。区块链技术进入艺术品交易领域，并不是简单的进入、相加，而是要深挖艺术品行业的交易规律，与艺术品行业实现有机结

[1] 刘秋兰．区块链背景下艺术品交易的可行性分析［J］．艺术科技，2019（8）：4-5.

合，塑造出有利于艺术品交易市场长久稳定发展的信任化格局。

（二）区块链生态取决于全球艺术机构数据信息开放

艺术品交易市场如果想改变过去信息不对称、模糊、不公开的交易方式，就要积极地将区块链技术运用到全球的艺术机构中。每件艺术品都将上链，在区块链中详细地记录艺术品的来源、运输和交易细节，让每一件艺术品都拥有唯一的数字身份码。所有的投资者都可以查看艺术品交易的全部信息，从而能够辨别真伪。同时，创作者也可以更好地管理自己的作品，获得由作品版权而产生的利益。要使艺术品交易市场形成良好的区块链生态环境，则需要全球的艺术机构将艺术品数据信息进行公开，将所有在市场上流通的艺术品进行上链，才能够推动艺术品市场正规化、稳定化发展。佳士得、苏富比这样历史悠久的大型拍卖行，更容易将艺术收藏品上链。其自身就拥有大量的艺术收藏品交易的信息记录，更容易明确艺术收藏品的来源。但国内有大量的私人收藏家、私人收藏馆和拍卖行，对于收藏品的交易记录难以进行采集，艺术收藏品的上链需要较长的时间才能够落地。

（三）法律和监管政策的不确定性

虽然国外已经将区块链技术应用到艺术品交易领域中，但是我国的区块链技术仍太不成熟，配套的法律和监管政策还没有完全确立。相关立法部门、监管机构应当与艺术品行业的专家一起，深入调研，制定出符合艺术品行业规律的法律法规，推动国内艺术品交易市场形成良好的区块链生态环境。

浅析区块链技术在音乐版权领域的应用

张 森*

摘 要：区块链作为一种引发交易革命的技术，其在金融、信用、商业和社会治理等领域都有很多应用场景。在文化产业方面，最重要的区块链场景应用就是涉及数字音乐版权的交易。在版权交易方面，音乐版权侵权的判定一直以来都存在许多的困难和难题，那么音乐作为数字产品，可以通过版权的数字化和区块链技术解决音乐版权存在的一系列问题，这拓宽了音乐版权的确权场景，也扩大了区块链技术的应用领域。

关键词：区块链；音乐版权；音乐

区块链实际上是一种新型的数据库，我们可以将区块链理解为一个分布式的账本，以区块和链为基本单位。其特征表现在以下几个方面。首先，区块链具有不可篡改性和可追溯性，每一个区块头都包含上一区块的哈希值（随机散列函数值）并加盖时间戳，链上的信息变动会影响后续区块的数据变动，产生巨大差异。[1] 其次，

---

* 张森，中国传媒大学文化产业管理学院硕士研究生。

[1] 杜歆文．基于区块链 2.0 以太坊公链的版权管理系统［J］．现代电视技术，2019（12）：97-101.

区块的每一个节点都可以共享完全相同的数据副本，即分布式数据库。并且区块链上的数据传输和交易都具有一对公钥和私钥，只有公钥和私钥匹配才可以查看相关数据。最后，区块链技术是基于计算机语言进行相关交易的，当满足预定义条件便即刻触发智能合约，不可篡改。基于区块链的这些特性，版权交易和解决版权问题有了新的可能性，更新了版权交易的新场景，也革新了音乐产业的新模式和新业态。

一、区块链技术特点

当前，我们在解决音乐版权问题中遇到了诸多体制和现实的问题，依靠区块链的某些特性，我们得以解决问题。

（一）去中心化

区块链第一个最大的特征就是去中心化。在传统金融交易和版权交易过程中，我们都需要依赖一个第三方的中介平台。例如，我们在处理我们的资产时需要借助一个第三方的机构来帮助我们进行专业化的处理和保管我们的资产。而在我们交由其保管的同时需要对其保持绝对的信任，因此，我们通常会选择一个值得信任的第三方协助我们保管资产，这就出现了银行、支付宝等第三方支付机构。因此，无论银行还是支付宝等第三方机构，其信任基础高，因此更多的人通过它们保管自己的资产，这便形成一个中心化的过程。银行作为核心一旦出现信任危机或者遭到外部攻击，那么，在第三方机构保管的所有资产都会受到威胁。而区块链的出现则解决了这个问题，其通过分布式的技术使每一个上链的设备都参与链上的数据确认、验证、储存及更新，这就使数据库变成一个分布式数据账本，避免了数据集中在一个中心化的数据库中，避免了数据崩溃现象的出现，也有效解除了数据或资产所有者之间的信任危机。

（二）不可篡改

区块链的分布式特征使得数据不是一个单一的账本，其通过分布式账本模式使得所有的数据均记录在不同的数据账本上，但不同的区块之间也存在相应的关联，使得区块链上的数据不能被随意更改。区块链不可篡改的原理是通过每一个区块最终输出一个哈希值，并将该哈希值写入下一个区块的区块头并加盖时间戳。[1] 这样就保证了一旦区块链被攻击或者某一个节点对区块的数值进行更改，其变更成本过高，每一个区块的变动都会引起其他区块数据的变动，若要篡改区块中的数据，就要变动区块链中超过 50% 的数据，又因为区块链中一定的间隔就会生成一个新的区块且哈希值逆推效率极低，所以形成一个绝对安全的数据链条，且链条越长其安全性就越稳定。这就实现了数据一旦上链就是不可篡改的，保证了数据的相对安全。

（三）智能合约

区块链还有一个显著的特征就是智能合约。由于区块链基于计算机逻辑和语言，因此，一旦一个预设条件执行，那么接下来的内容便自动执行上述预设条件，如果一方不履行合约中的内容，那么，区块链中运用计算机语言逻辑便自动不执行。这就形成了一个智能合约的机制，其合约的内容就形成了一个执行代码，且都是双方进行同意并参与执行的。因此，区块链中的合约可以规避掉第三方如法院或仲裁方对其进行监督合约的执行，大大提高各方履约的能力，减少通过监督产生的中间成本。目前，第二代区块链技术已经不仅仅是简单的事务的记录，以太坊为代表的第二代区块链技术就是智能合约的场景应用，这些智能合约可以进行自我管理，适时进行调整，不需要外部实体的投入，大大提高了数据处理的效率。

二、区块链升级传统音乐版权模式

区块链的特性帮助我们在传统的音乐版权的模式下进行创新，可以帮助音乐版权的生态形成一个向好发展的态势。

（一）传统版权模式存在问题

1. 音乐版权存在垄断

当前音乐版权的确权在向垄断化的方向发展，当前数字音乐版权应用的是一种

---

[1] 吕英华，陈阳．“区块链”技术在数字音乐产业版权中的应用初探与展望［J］．黄河之声，2019（2）：134-135.

"数字音乐独家代理"的模式，这种模式虽然不构成对《中华人民共和国反垄断法》的相关内容的违反，但是在实际的应用过程中确实存在类似垄断的问题[1]，例如，在腾讯音娱获得独家版权的授权之后，以独家版权代理的形式独享音乐版权的收益，不与第三方的转售方进行版权的转售，这就在法律上出现了漏洞和不完善的空白，这对音乐产业的市场带来了非良性发展的因素。并且这种独家版权代理的模式将词曲作者与用户使用之间分离了许多层级，并不利于音乐版权的收入惠及词曲作者，而更多的版权收益到了唱片公司和第三方版权服务商的手中（见图 2-1）。

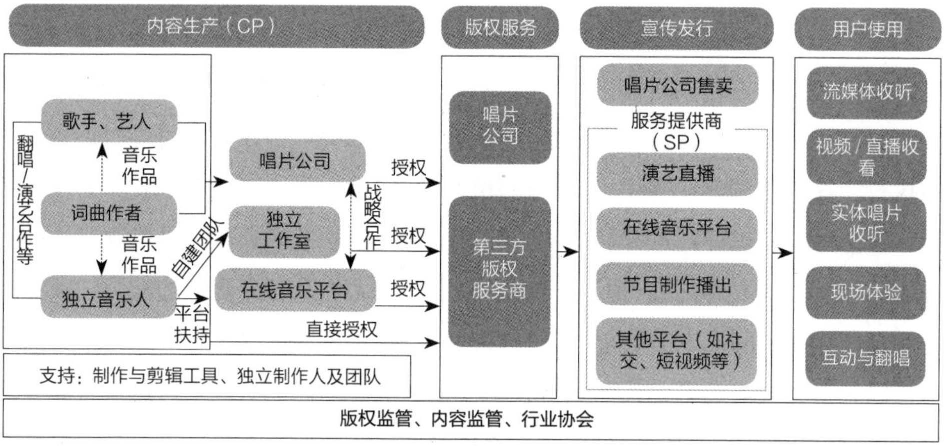

图 2-1 2017 年中国互联网模式下的音乐产品链

数据来源：艾瑞咨询

2. 侵权责任认定存疑（备案、数据掌握、音乐版权分割）

音乐版权涉及的邻接权包括在线直播平台和 K 歌平台的翻唱和二次创作之间的表演权和原创之间利润的分配问题，并且当前对于短视频这种形式的音乐传播，其音乐的使用和版权的判定相对来说就更为复杂。作品之间权益的划分和分割无法做到相对公平和相对合理，因此用户对音乐产品的侵权责任认定和权益的保护存在一定的困难和疑虑，不利于音乐创作环境的优化。

3. 音乐版权判决效率低下

由于音乐侵权行为会经历一个比较复杂的过程，因此判定版权的归属比较困难。并且固定证据也存在很大的难题，许多音乐在判定过程中很难对一部作品本

[1] 邱迁惠．数字化时代我国著作权集体管理制度研究［D］．桂林：广西师范大学，2019.

身进行抄袭或者侵权的判定。例如，花粥的《出山》这部作品的节拍（beats）就涉嫌侵权，其人声部分的旋律虽然不存在抄袭，但是其无人声的伴奏方面却存在一定的侵权行为。但是由于音乐的判定和创作的复杂导致版权判定的复杂和责任划分不明确，导致了判定作品的复杂性，再加上维权成本过高，使得判决效率低下，著作权人无法合理维护自己的权益。

（二）区块链技术如何帮助结构升级

1. 规避垄断风险

当前，我国的音乐版权交易过程依然依赖著作权集体管理等中心化过程，这种依靠第三方的著作权的集体管理出现了很大的问题，具体体现为交易过程单一、烦琐复杂、效率低下，并且存在一定的数据沉淀现象。这在一定程度上损害了著作权人的合法权益[1]，传统的版权交易主要依赖于垄断性的机构。我国法律规定，除了国家依法设立，任何个人与组织不能从事著作权管理活动，这在一定程度上加强了版权管理的中心化。这种模式很大程度上侵害了创作者的合法权益，带来了一定风险[2]，中心化的著作权管理机构使得原创人的合法收入不能得到很好的保障。实际上在数字化音乐产品不断丰富的过程中，数据的去中心化就代表了版权权益的去中心化，数据成为音乐版权节点的关键。此外，传统的中心化过程使得中心化的储存数据库易受到攻击，使得数据库的安全性受到威胁。区块链结构是一个去中心化的分布式账本，区块链使得全节点都有账本数据，实际上是一个去中心化的过程，从本质上看，分布式数据就保证和规避了中心化给我们带来的风险。

2. 合理确权判定

当前，我们遇到了诸多音乐版权的纠纷问题，都涉及音乐版权的权益认定。实际上，在当前网络环境下，作品类型及属性的多样化增加了作品的认定难度。目前，一些相似的音乐的数据来源判定形成不了充足的证据链来支持版

---

❶ 李阁霞，等．集体管理组织与著作权保护困境［R］．中国著作权法律百年国际论坛，2010-10-14.

❷ 郑敬蓉．论著作权法中图书馆合理使用制度的规范——大陆和台湾之比较［J］．现代情报，2014，34（3）：36-40.

权的确权。但通过区块链，其合希值和时间戳可以帮助我们判定数据的真正来源，进而判定版权的最终归属，这就为侵权作品是否接触和使用相关被侵权产品留下了完整的证据链。基于区块链的保护方案可以将作品的元数据信息嵌入区块中，作为判别作品间相似性的考量依据并形成智能合约，一旦作品涉嫌侵权，其合约即刻生效，大大提高了判定效率。如果创作者对作品本身的相关数据内容进行了元数据登记，那么，登记信息便在各方主体同意并上链的一刻自动触发智能合约。例如，若通过元数据将歌曲的伴奏使用或节拍的使用权利通过智能合约进行判定，那么，就会在之后的音乐使用中进行不同的作品之间权益的判定。这样便通过数据自动将责任主体框架在一个信任体系中，形成版权纠纷过后的责任判定，通过数据和区块链建立了数据的信任，并且信息一旦上链其可篡改的成本极高，这就为侵权行为留下了不可逆的证据从而建立一个可回溯的信用平台。

3. 降低维护成本

数字化成为音乐产品的基本形态，数字化音乐产品导致作品的侵权认定、取证、涉案价值的评估都更加困难。这主要体现为侵权成本过于低下而维权成本极高，这也是众多音乐版权侵权案例中许多人放弃维权的重要原因之一。而与此同时，数字音乐产品的侵权成本极低，这就造成了数字音乐版权维权上的困难。首先是固定证据的成本较高，包括一次公证费用就超过 800 元，再加上互联网上随意删除给取证造成了很大困难，许多音乐人迫于经济压力放弃了维权。区块链存在维护侵权成本低的特征，由于所有区块链的数据都在链上操作并且不可篡改，全网节点均有保存区块链的相关数据，因此给知识产权的维护带来了便利性，进而成本降低，为解决版权争议纠纷带来了新的可能性。区块链的可追溯性和不可篡改性将为所有链上操作过程留下痕迹，且在全节点上同步，查证费用极低，取证准确、高效。区块链保证仲裁双方的权益公正性（见图 2-2）。

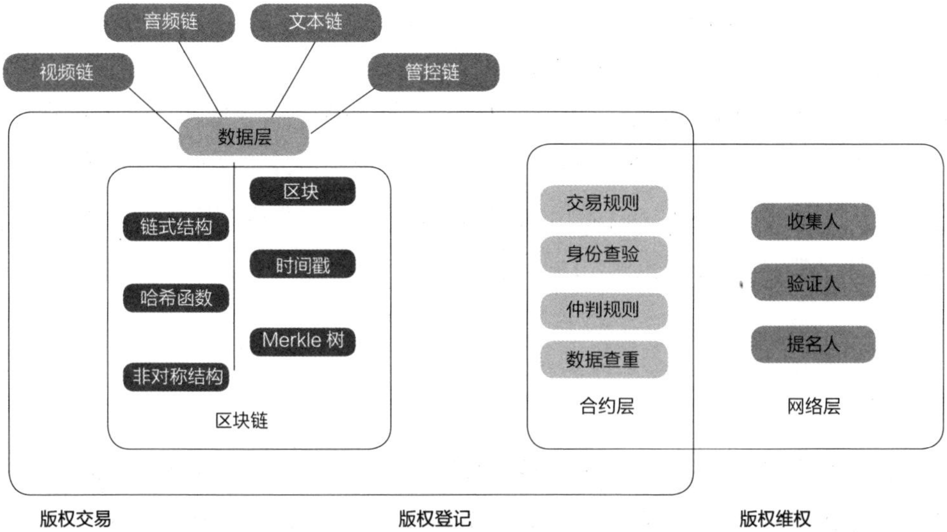

图 2-2　区块链应用场景

（三）区块链在音乐版权领域应用的意义

1. 打破版权垄断割据

垄断的过程是一个不断强化中心化的过程，当前的版权交易是通过线上的中心化平台进行交易和权利的划分，这极大削弱了创作者在版权合理分配中的地位，音乐平台和唱片公司具有很强的垄断性。一旦音乐数据上链，其音乐的消费和流动就都成了一个公开透明的过程，就不会存在版权权益的分割所带来的纠纷问题，版权的去向和应用更加明晰，可削弱音乐平台的垄断地位，实现音乐更好的流动性。

2. 区块链保护创作人权益

使用区块链技术，通过时间戳、哈希算法在数字音乐产品创作和生产阶段对其进行确权，证明该数字音乐产品的存在性、真实性和唯一性。将该数字音乐产品在区块链上确权，后续该数字音乐产品的交易、传递、消费、参与等都会被实时记录，即可实现数字音乐产品全生命周期的可追溯、可追踪。一旦该数字音乐产品产生版权纠纷，可通过区块链记录的数据为该数字音乐产品确定版权。这便保护了创作者的权益而非当前模式下版权代理商的权益，真正使创作人获得音乐版权收益。

3. 拓宽音乐应用场景及增强活力

实际上，区块链的去中心化过程不但没有限制音乐产品的应用，反而使音乐产品的使用更加灵活且安全。从音乐产品、音乐资源、音乐版权实现价值转移，并保证数字音乐产品在价值转移过程的可信、可追踪审计。这使得音乐市场的创作活力大大增强，过去依赖于唱片公司的音乐人可以不再受到音乐发行所带来的困扰，从而激发整个音乐创作市场的活力。

三、区块链应用于音乐版权中存在的问题

虽然区块链技术在音乐版权领域有很好的应用场景，但是在实际落地的过程中依然存在诸多问题，这些问题也需要我们的决策者来衡量和通盘考虑。

（一）区块链缺乏正确政策指导

当前我国的区块链技术实际上处于一个发展缓慢的阶段，其他国家纷纷开始进行区块链技术的探索和研究的时候，我们才刚刚进入起步阶段，因此我们应当对区块链技术给予相应的政策指导。

1. 地方政策大同小异

截至目前，自从区块链技术上升到国家战略层面以来，各地均推出了相应的地方性支持和发展区块链技术的相关政策。各地在推进区块链技术的过程中提出的政策意见大同小异，只是大致提出了地方性的发展指导意见，并没有与当地的产业优势进行合理结合，更没有关于区块链音乐相关的政策性指导意见，因此各地大同小异的政策很难进一步推进产业的良性发展。

2. 缺乏合理政策引导

区块链作为新技术，其产业的入门门槛较高，各地没有针对新技术的相关补贴政策，目前来看，仅仅停留在鼓励和支持发展的阶段，没有营造良好的产业环境，因此区块链音乐的发展仍然依靠市场的需求。

（二）当前垄断模式难以撼动

当前区块链有三种不同的类型：公有链、联盟链和私有链。公有链面向所有人开放入链，私有链则面向个人或者利益相关上链，联盟链则包括了几家企业开

放上链。这难以从根本上撼动当前音乐版权的割据和垄断形势。由于当前拥有版权较多的企业也是资本雄厚和技术积累成熟的企业，其区块链平台的打造是否真的能解决相关问题仍然是个未知数。并且，这种革命性的变动是否会引起当前垄断企业的关注也值得进一步思考和考量。

（三）仍然存在一定的应用难度

区块链技术具有一定的技术壁垒，并且区块链技术主要应用于制度和规则的设计，这就带来了区块链技术的相关技术难题是否能够被合理解决的问题。首先，当前的区块链产品缺乏实际产品，更多的是停留在论文中或者规划中，没有实际的应用产品出现。其次，区块链的实用性仍然存疑，需要许多具体的实践才能得出结论。例如，麦肯锡的报告详述了阻碍这种革命性技术应用的因素，报告指出："最重要的是，尽管数十亿美元的投资，以及几乎同样多的头条新闻，区块链实用性仍证据不足。"如果我们从经济理论的角度考虑生命周期理论，很明显区块链技术处于第一阶段。这可能解释了该技术及正在开发的基于区块链的产品的进展缓慢的原因。当前，自称是全球首个基于区块链的音乐平台——Soundario 上线，提出为创作者和传播者提供收益和效益，但目前来看，这个平台尚未为音乐创作者带来实际效益。

四、建议与对策

当前区块链在音乐版权方面的应用仍然停留在概念阶段，我们应该在顶层设计上思考如何利用区块链变革音乐产业，从而实现音乐产业的健康发展。

（一）完善各级政府政策引导

技术的成熟应用离不开规范的法律法规和良好的市场秩序。无论是政府提出的将区块链技术上升为同人工智能等新一代技术革命相同的战略技术，还是资本市场加大对区块链概念的热捧，都需要从中央到地方各个行政单位对区块链技术的鼓励和支持政策。一方面，我们要严格规范区块链的市场准入机制，规范引导市场对区块链技术的合理和合法应用，规范市场运用区块链技术的相应行为，加大对投机行为的打击，防止区块链技术成为有技术无应用能力的空壳技术。另一方面，各地方政府要发挥好宏观调控职能，建立健全区块链技术在音乐版权产业的法律法规，利用行政及法律手段严格规范区块链市场的合理性和合法性，严厉打击破坏市场规律的个别行为。

（二）加快推动版权领域的改革

当前的版权市场存在许多不规范和不成熟的地方，要想建立良好的市场秩序，仅仅有新技术的推动远远不够，更应当推动我国版权行业的改革。要利用好区块链的自身特性，制定版权市场的行为规范，区块链技术作为可以推动音乐产业变革的技术之一，能够促进版权产业在理念、模式、概念方面的转型，从而进一步规范版权市场。通过区块链，可以建立安全可靠的数据网络，音乐作为音频数据，也作为创作者的劳动成果，承载的是智力成果，一定程度上代表了著作权人的数字资产。区块链与音乐数据的融合应用能合理引导音乐产业规避市场运作方式中的弊端，构建可靠的版权体系，消除音乐版权市场运作中的产出与产出之间的不平等现象，建立起原创内容的激励机制，保障音乐创作的良好环境，从而更好地激励音乐人将音乐内容创作作为第一要素，形成创作市场的良性循环。

（三）加大复合型人才培养力度

技术的出现离不开智力和人才的支持，区块链技术在版权行业的应用也离不开音乐版权和区块链技术融合的复合型人才的支持。区块链技术具有强技术性和创新性，要使区块链技术在今后的音乐版权产业模式中得以应用就应当着重培养懂技术、懂音乐、懂法律的复合型人才。一是我们要将区块链技术作为通识课程融入音乐课程群中，引导学习音乐版权的学生能够了解区块链技术的应用原理和应用场景。二是要加大入岗前的人才培养力度和完善人才选拔制度，用人单位在选拔具有基本音乐审美能力的音乐行业从业者的同时，更要注重其技术能力的培养。三是要吸收借鉴区块链在其他基础行业的应用场景，学习海外的区块链人才培养模式，结合我国的本土特征来培养适应我国音乐版权行业的音乐区块链技术从业人员。[1]

---

[1] 刘雅轩．浅析区块链技术对传媒生态系统的影响［J］．传媒，2020（4）：67-70.

五、结语

区块链技术的诞生和发展为大量原创内容的确权、维权提供了便利，它能够以极低的成本为电子数据赋予时间、权属等属性，并依靠其链式数据结构防止上述属性被篡改。随着未来区块链技术的完善和成熟，加上区块链相关配套政策和应用场景的成熟，音乐产品的拓展性、安全性、流动性都会逐渐增强，这些“以技术推动产品”的革命会推动数字音乐版权的发展，对数字音乐产业来说，区块链的出现优化和提高了音乐产品应用的流程和效率，为音乐产业带来无限可能。随着我国“新基建”的进一步建设，5G、人工智能等基础设施的完善，区块链技术将进入应用层级的成熟期，不难预见，未来的区块链、5G 网络和物联网技术将形成一个稳固的三角形结构。5G 网络推动物联网技术的发展，建立万物互联的社会。[1]

---

[1] 曹傧，林亮，等 . 区块链研究综述［J］. 重庆邮电大学学报（自然科学版），2020，32（1）：1–14.

短视频生态下传统媒体的发展路径研究
——以《人民日报》为例

吕佳效 *

摘　要：以4G为代表的移动互联网络的发展催生了一大批新兴文化业态。短视频是当前移动智能终端发展最为迅猛的新媒体传播形式。在短视频逐步走向成熟的发展过程中，其所呈现出的特点和现象引起了传统媒体的警觉。聚焦于短视频的发展潜力，以报刊、电视、电台等为代表的传统媒体在新的媒介传播形态下的发展路径与趋势值得我们关注。因此，本文以《人民日报》为例来研究短视频生态下传统媒体的发展路径。

关键词：短视频；传统媒体；发展路径

一、绪论

（一）研究背景

中国短视频的强劲发展态势有目共睹，在使用者数量和行业关注度上都得

* 吕佳效，杭州师范大学文化创意学院硕士研究生。

到了大幅提升。中国互联网络信息中心发布的第44次《中国互联网络发展状况统计报告》指出，截至2019年6月，我国网络视频用户规模达7.59亿，其中短视频用户规模为6.48亿，占网民整体的75.8%。[1]2019年8月6日，移动互联网大数据公司Quest Mobile发布的《2019短视频行业半年洞察报告》显示，短视频用户规模超过8.2亿，同比增长32.3%[2]，这意味着每10个移动互联网用户中就有7.2个在使用短视频产品。另外，Quest Mobile数据显示，"截至2019年6月，短视频行业新安装用户接近1亿，总体MAU 8.21亿，同比增速32%……在人均时长方面，短视频也在进一步攻城略地，月人均时长超过22小时，同比上涨8.6%"。[3]2019年作为"5G元年"，伴随着5G大规模商用，短视频的用户数和用户时长将大幅度增加。短视频的娱乐性逐渐凸显，并且受到用户的喜爱，已经成为互联网中重要的一部分。因此，短视频已经成为传统主流媒体机构提升"脚力、眼力、脑力、笔力"和传播力所必须抢占的一个"主战场"。

在当今多元媒介逐渐融合的大背景下，短视频的发展方向已然成了社会文化传播的趋向，如何跟上时代潮流，如何稳固主流媒体的强势地位，如何发挥主流媒体的引导作用，成为以《人民日报》为首的传统主流媒体急需解决的问题。

（二）研究现状

实践影响着理论的发展。随着短视频的发展，其影响力越来越大，与此相关的研究也在不断增加。由于短视频尚属于网络新兴产物，加之相关的书籍和资料比较匮乏，国内外学术研究的范围和深度稍显不足。

国内研究目前主要集中在短视频产生的背景、发展的状态及短视频发展方向方面。这些研究都是基于理论层面的归纳分析。学者王晓红、包圆圆、吕强在《移动短视频的发展现状及趋势观察》一文中，对国外内外短视频在市场上的占有率通过对比分析法进行了分析。三人对短视频的发展方向、发展内容、发展前景进行了分析，对发展中存在的利弊问题进行了总结，对国内短视频行业的发展

---

[1] 中国互联网络信息中心．第44次《中国互联网络发展状况统计报告》[EB/OL]．(2019-08-30)[2020-01-03].http：//www.cnnic.net.cn/hlwfzyj/hlwxzbg/hlwtjbg/201908/t20190830_70800.htm.

[2] 数据来源：2019年8月6日，Quest Mobile发布的《2019短视频行业半年洞察报告》。

[3] 数据来源：数据网，TRUTH中国移动互联网数据库。

前景详细地进行了阐述。[1] 高铁楠在《移动短视频的社交功能探析——以抖音短视频为例》中，对短视频社交功能的运行机制及不同主体之间的社交模式进行了初步的分析与归纳。陈立强在《移动社交媒体微视频的即时传播研究》中，创新性地引入了新的分析方向，基于商业化视角对受众、发布者、创作者进行了综合分析。

国外关于短视频研究不是单纯地分析短视频行业，而是将短视频与某一产业融合发展作为研究对象。雷切尔·巴特利在 *How the BBC and Guardian are innovating on Instagram* 中分析了英国广播公司（BBC）和照片墙在内容创作领域的合作，正是基于照片墙在短视频领域的社交优势和众多粉丝的支持，充分发挥短视频的价值，促进信息的迅速传播。

总的来说，国内外的研究成果主要集中在短视频本身的发展和商业性上，在传统主流媒体借助短视频促进自身发展方面的研究还不多，对于短视频的应用研究还需要补充和完善。

（三）相关概念

短视频的概念还没有一个权威定义。但是，关于短视频的一个共同认知就是时间比较短，且多以秒为单位。在本文中，笔者对短视频作如下定义：短视频是以移动智能终端应用为传播平台，在经过多次裁剪编辑加工后呈现出来的网络视频，具备很强的社交属性，同时兼具专业性和娱乐性。短视频集合了视频、文字、音频、图形等多种要素，传递了创作者的情感和思想，成了观念和想法表达的一种手段。

二、短视频生态的现状分析

（一）短视频的发展状况

在分析短视频的发展状况前，先来看看短视频的兴起原因。首先，互联网的高速发展及智能移动设备的更新换代是短视频产生的硬件基础。尤其是移动

---

[1] 杨楠．短视频传播——新受众使用情况、问题及对策研究［D］．长春：吉林大学，2019.

互联网的发展使得中国移动互联网用户术出现极大增长，手机网民规模达 8.47 亿。[1] 其次，现如今，人们的生活节奏逐渐加快，碎片化时间逐渐成为常态。短视频的简短时长更易受到用户的青睐。最后,《互联网视听节目服务管理规定》对短视频的健康发展作出了具体的要求，短视频内容的开发有了法律的保障，短视频行业的健康发展得到了极大的巩固。

短视频应用最早出现在美国，其发展经历了几个阶段。2005 年，由用户自主拍摄上传的视频集合网站优兔（YouTube）创立。2011 年 4 月 11 日，定位于“创建和分享视频的有趣简便方式”的短视频分享应用 Viddy 上线，满足了用户追求即时拍摄、快速制作、便捷分享的需求。面对 Viddy 短视频火爆发展的背景，推特和脸书（Facebook）等传统社交网站也开始进军短视频行业。2013 年 1 月，推特推出了 Vine 短视频分享 App，主打时长小于 6 秒的视频。同年 6 月，脸书旗下的照片墙短视频应用出现，与 Vine 形成竞争态势。2018 年，众多短视频应用在国外应运而生。

国内短视频应用的出现则晚一些。2011 年，快手上线，前期定位于 GIF 图的制作分享，中期加入了短视频。同时，微信也开发了好友间分享小视频的功能。由于当时受众对其关注度低、网络技术不发达等因素，短视频并没有受到人们太大的关注，用户缺少对短视频的深度体验。2013 年，基于社交平台开始出现了秒拍、微视等短视频应用，这标志着移动短视频时代的到来。2014 年，随着技术的进步，尤其是 4G 网络的发展，加上资本的注入，美拍、小咖秀等诸多短视频应用开始一一出现。2016 年，国内移动短视频发展更为迅速，呈现出爆发性的发展态势，短视频平台相继获得多轮融资。2017 年，国内阿里巴巴、腾讯等互联网巨头开始涉足短视频行业，进一步促进了短视频的发展。

短视频火爆的原因在于视频的内容和形式满足了受众碎片化的阅读和社交圈的融入等需求。目前，国内短视频应用根据其产品定位可将分为四大类，分别是工具型、内容型、社区型和垂直型（见表 2-1）。

---

[1] 中国互联网络信息中心．第 44 次《中国互联网络发展状况统计报告》[EB/OL].（2019-08-30）[2020-01-03].http：//www.cnnic.net.cn/hlwfzyj/hlwxzbg/hlwtjbg/201908/t20190830_70800.htm.

表 2-1　国内短视频类型

类型		特点
工具型		以小咖秀、小影、美拍等为代表的可以进行素材编辑的平台
内容型	以 UGC 为主	以用户上传视频为主的快手、抖音等平台
	以 PGC 为主	以专业创作者制作的视频为主的梨视频等
	PUGC 短视频平台	既有专业的内容生产者，也有普通用户生产者
社区型		注重社交氛围，用户既可以分享视频，还能借助视频进行社交和互动
垂直型		对内容进行细分整合的平台

综合来看，凭借丰富多元的内容、贴近生活的信息、互动性强的优势，短短几年间，短视频用户已经达到了 6.4 亿多（截至 2019 年 6 月），35 岁以下的年轻用户占比达到 70%。[1] 短视频已经深入大众生活，成为群众生活中不可或缺的一部分。短视频行业必须渗透正确的价值观，才能真正成为主流传播形式的一部分。

（二）短视频的关键特点

1. 主体多元化

短视频平台最初注重年轻化元素的表达，作为以用户上传视频为内容生态的媒体形式，其诞生之初的目标受众就是年轻人，年轻化是它的固有标签。但随着平台的不断发展，中老年用户和乡村用户逐渐后来者居上。据 Quest Mobile 数据显示，短视频用户中，男性占比 52.6%，女性占比 47.4%；18 岁以下占比 6.9%，19 ~ 35 岁占比 66.2%，35 岁以上占比达 26.9%；一、二线城市占比 43.2%，三、四线及广大乡村占比达 56.8%。[2]

在以抖音、快手为主的短视频受众中，群体多元化已成为鲜明的标志。多元化群体既是内容创意的制造者，同时也是视频内容的消费者。主体的多元化，可以极大地促进内容生产的多样性，下里巴人与阳春白雪、年轻文化与老年文化、

❶ 数据来源：2019 年 6 月 28 日，酷鹅用户研究院发布的《2019 短视频用户洞察报告》。

❷ 数据来源：Quest Mobile 数据网，GROWTH 用户画像标签数据库。

城市文化与乡村文化、主流文化与亚文化等都可以得到很好的传播。

2. 内容个性化

短视频内容的低创作门槛使得创作内容更加具有个性化色彩，用户自主性非常强，因而可以很好地调动用户创作的积极性。在创作过程中，用户肯定会模仿、借鉴他人的创意，这是正常现象。但也正是这种易于模仿性促使越来越多的用户加入进来，创作出更具个性化的作品。一方面，短视频制作形式个性化。内容创作者根据自身的经历和思想充分运用创意元素，进行短视频的拍摄、剪辑和特效添加，进而表达自己的观点和想法。另一方面，短视频接收解码个性化。用户在观看一段短视频后，会将信息解码成极具个人色彩的价值含义。正如，无论大众短视频还是魔性鬼畜短视频，在展现创作者个人魅力的同时，也会产生一大批粉丝。

3. 社交互动性

移动互联网时代，媒介发展呈现出多样化趋势，社会化媒体迅速崛起，大众已经成为媒介的核心，去中心化的特点使得短视频也体现出互动媒介的特点，也具备了社交属性。作为信息的一种载体，用户创作的作品不再仅仅是简单的单向度的输出，同时也具有了让受众评论、关注、点赞、分享等互动性。例如，快手短视频 App 强大的社交属性使其受到众多用户的喜爱。西安的摔碗酒、昆明滇池、青海茶卡盐湖等众多网红景点都是借助短视频的放大传播成为人们争相打卡之地。以话题、兴趣、意见为基准点，小型社群共同体在短视频用户中形成，受众可以交流经验，分享生活的点滴，也能以此结交更多的朋友。[1]

4. 观看碎片化

正是基于短视频的短时长形式，其才得以有传播的基础。短视频是满足人们在碎片化时间状态下欣赏需求的视频类型。作为一种新媒体网络环境下的传播形式，短视频契合了现代人跨界节奏的生活状态。互联网时代，信息的爆炸式增长使得人们的注意力很难长时间集中在某一事件上，因而 1 分钟以内的短视频更易受到大众的喜爱，这符合人们使用移动终端和利用碎片化时间的观看方式。

---

[1] 杨楠. 短视频传播：新受众使用情况、问题及对策研究［D］. 长春：吉林大学，2019.

（三）短视频的问题和不足

虽然短视频满足了用户自我表达的需要和社交的需要，但由于创作门槛低和网络传播的迅速性，用户上传的作品良莠不齐、监管不易，在裂变式传播下会出现很大的问题。

1. 内容生产制作粗糙化、同质化

互联网技术的发展使得内容生产更加“去中心化”，同时“也模糊了传受双方的界限，用户既是信息的接收者又是信息的生产者与传播者”。[1] 由于短视频平台的门槛较低，参与用户更加广泛多元，视频创作者对发布的视频大都不会进行仔细打磨。短视频生产的便捷性使得短视频平台的内容一大半皆是普通用户生产的。但相比于专业生产者，普通用户缺乏专业的视频创作技能，在构图、思想、创意等方面还稍显不足，原创性内容较少。同时，在流量经济的刺激引导下，衡量视频价值的标准异变为视频获得的浏览量和转发点赞数，部分创作者追求获得更多的流量，于是“标题党”等流水线、粗糙化、劣质化的内容就被创作出来，降低了短视频的观赏性。

另外，优秀的作品总是稀缺，不能批量生产。创作一部优秀的有内涵的作品不仅需要大量素材的积累，还需要创作者们融入个人的思想感情。一个好的创意得到受众认可并广泛传播的同时，也必然引起其他用户的模仿。因此，客观上也造成了大量短视频生产者的跟风行为，内容同质化很难避免。

2. 监管审核不严

短视频创作便捷性的特点成就了短视频内容的海量增长，但是也不可避免地给平台方的审核带来了巨大压力。在人人都可以成为内容生产者的“去中心化”时代，众多普通用户成为视频生产者的主力军，每天都有数量众多的短视频作品上传到网络中。截至 2019 年 6 月，仅快手原创视频量就超过 130 亿条。面对海量的短视频作品，视频审核方的压力可想而知，因此短视频平台方很难实现全面实时监管。加之自媒体传播的不可控，“漏网之鱼”的存在无法避免。

在短视频成长壮大的初期，平台公司为了在激烈的竞争中存活下来，提升流量变现的能力，开启了短视频领域的“抢人大战”。一些用户为了获得平台的流

---

[1] 田斌．移动短视频应用的内容生产及传播模式研究［D］．石家庄：河北经贸大学，2018.

量补贴，其拍摄的视频内容不断突破下限，许多吸引眼球的作品频频出现在互联网上，给社会造成了恶劣的影响。这种内容质量低下的作品不利于短视频行业的长远发展。短视频平台对用户的这种违法违规行为视而不见，“默许”的态度无疑更放纵了不良风气的滋长。国家监管部门虽然出台了一系列相关政策进行治理，但仍有不少低俗作品出现。短视频领域监管难、审核松的现实问题需要各级监管部门下大力气进行整顿，也需要平台方肩负起自查自律的责任。

3. 用户使用体验性差

短视频生态的建设依赖互联网等基础设施的完善。4G 网络环境下，流量资费高昂、流量速率低、网络延迟等问题限制了用户的随拍随传，客观上降低了用户的使用体验。产品使用体验的强弱决定了用户使用习惯的养成与否。PGC 内容占据了很多短视频平台的推广资源，普通用户的优质内容得不到大量的关注。另外，短视频平台的算法导致了根据用户喜好和习惯推送短视频内容机制的产生，限制了用户的创作欲望。信息传播的指向性和算法化造成全部信息内容无法完全呈现。用户消耗时间精力创作的视频无法获得他人的点赞评论，无法进行互动，无法获得他人的认同等，这些因素都会使用户失去使用的兴趣。用户的使用体验不能得到满足，久而久之就会对平台失去信心，最终造成大量用户的流失。

三、《人民日报》进军短视频行业的意义

2019 年 8 月 6 日，移动互联网大数据公司 Quest Mobile 发布的《2019 短视频行业半年洞察报告》显示，短视频用户规模超过 8.2 亿，同比增长 32.3%，这意味着每 10 个移动互联网用户中就有 7.2 个在使用短视频产品。市场成熟度和规范化逐渐增强，优质原创内容已成为短视频平台的优势。央媒与短视频平台合作成为大势所趋，二者联手可以实现共赢。

（一）可以提升传播有效性

借助短视频平台，《人民日报》可以迅速提升新闻传播的有效性。多年来，抖音、快手等头部短视频平台已经积累了许多关键技术，尤以大数据分析和人工智能技术领域最为突出。借助短视频平台的先进技术，央媒在新闻采集、生产、分发、接收、互动等方面可以提高新闻的传播影响力和媒体舆论引导力。快手与

《人民日报》联合出品的多款策划产品成为刷屏网络的爆款内容。2018 年 12 月 17 日，快手与《人民日报》联合出品的《幸福长街 40 号》H5，上线第二天，就跃至微博热搜第 7 位，微博热门榜单第 2 位。微博转发数达到 8.5 万，阅读量超过 5500 万；朋友圈也呈现刷屏的火爆状态,《人民日报》微信文章阅读量迅速突破 10 万，人文之窗等微信大 V 转载，微信指数突涨至 4802334；快手官方号快手视界和《人民日报》快手号长图浏览量超过 1000 万；H5 PV(页面浏览点击数）超过 350 万，UV(每日访问人数）超过 220 万。

（二）能够增强素材多样性

短视频平台极大增强了《人民日报》新闻素材的多样性。短视频平台沉淀了海量基于真实生活的内容，这是一大优势。以快手为例，每天有超过 2 亿的日活跃用户，日均上传 1500 万条优质的 UGC 内容；同时，其原创视频库存量超过 100 亿条，这些都可以成为央媒庞大的选题和素材来源。与微博多热点事件不同，短视频平台汇聚着众多原发人物故事。央媒作为国家级媒体，在新闻报道上更突出坚持核心价值观导向，更加强调以人为核心。短视频用户通过客观记录和分享个人生活，本身就具备“真实”属性和报道价值。《人民日报》抖音号上有不少聚焦普通人生活的短视频，讲述了一个个平凡却让人感动的故事，都获得了很好的传播效果。

（三）助力引导主流价值

以《人民日报》为代表的主流媒体态度将引导短视频平台坚持主流价值。短视频初始的野蛮生长产生了许多乱象，其体现在版权纷争、网络诈骗、假货泛滥、色情信息等几个方面。这些都急需短视频平台坚持正确的价值观引导，制订相关行业标准。央媒作为国家级媒体，其植根于人民、服务于人民的基因决定了必须始终坚持正确的政治导向、舆论导向、价值取向，履行主流媒体的使命与职责。在短视频领域的内容创作上，从素材选取、思想内核到形式创意等方面都始终坚守这道舆论防线。在央媒的示范引导下，以央媒代表的国家态度得到明确，短视频领域营造的风清气正的环境氛围将取得事半功倍的效果。

四、《人民日报》进军短视频行业的对策

（一）以人为本，注重情感共鸣

短视频不是简单地将长视频剪短，也不是传统的电视化呈现，短视频具有自身的特殊性。《人民日报》要想在短视频领域取得突破，就要担当好新闻媒体的责任，要以人为本，注重新闻的情感共鸣。短视频作为一种新的视频生态，最核心和最基础的要素仍然不能脱离“生活”，不能脱离“人”，这一点上，《人民日报》更加需要发挥示范引领作用。在短视频从网民的个体表达转向媒体的公共叙事的大趋势下，央媒应该在弘扬社会正能量的前提下，摆脱说教和脸谱式的表达，要更关注普通人，展现最真实的生活场景，配合渲染情感的音乐和优质的文案等视频要素，拉近与用户之间的情感距离，激发用户的兴趣和与用户产生共鸣。

同时，要注意的是，《人民日报》的国家级媒体的严肃刻板形象已经在国民心中留下深深烙印，因此，要改变固有传统的说教印象，以领军人物为锚点，发挥名人效应。《新闻联播》在转变上已经做出了探索，在抖音上新开设的“主播说联播”，一改传统的刻板印象，主持人通过几十秒的视频拉近了与受众的距离，降低了间离感，取得了很好的效果。

（二）抓住关键，创新内容表达

《人民日报》作为国家级媒体要抓住关键要素，侧重新闻正面的碎片化创新表达。由于时长限制，短视频不可避免地存在内容的有限性和碎片化问题。为适应短视频碎片化的传播特征，在短视频制作过程中，央媒除了实现普通媒体所追求的“小而精”，还需注重素材选取的正面性。信息内容的碎片化使一部分媒体盲目博眼球、吸流量，但对于央媒而言，国家媒体的身份加持已不需要担心流量问题。在做法上，要注重提炼新闻事件最关键的信息和最精彩的内容，同时要注重微观视角，对日常生活的小故事进行细节的刻画和放大，为受众营造参与感强的现场氛围。

（三）吸引注意，加强信息互动

在短视频新闻的优化上，为了充分满足受众的精神需求，要结合当前时代的

发展方向，在短视频中发挥明星效益，打造 IP。以文学界、影视界、体育界等行业领域的领军人物为锚点，利用名人效应，积累用户数量，提升短视频的传播效果。社交媒体持续发展功能日渐完善，满足了用户对于场景的要求。用户追求的不再是简单的“我”在现场，而是“我”能直接参与其中。要注重“第一人称”视角，提升用户的沉浸感和参与性，让用户以“第一人称”的视角将自己代入视频中。在运营的过程中，也要融入多元化的发展理念，创新互动形式，便于受众进行实时的网络信息互动，提高受众的信任程度，推动央媒朝着更加开放的局面发展。

随着 5G 时代到来，短视频拍摄、制作、上传的门槛将大大降低，这对广电、纸媒将造成冲击。而对于《人民日报》等主流媒体来说，2019 年是深入探索短视频运营的元年，新华社在人工智能化创作新闻的道路上愈加成熟，《人民日报》开发的“人民日报 +”视频聚合平台、央视的短视频平台矩阵越来越壮大。

可以预见，未来的新闻表达和传播，短视频将会成为主要载体之一。在宏观政策环境大幅度规范短视频行业，限缩娱乐化倾向，弘扬主旋律的大背景下，媒体利用自己在新闻专业性上的传统优势，进入短视频专业化生产阶段，是其深化融合发展的必然要求。同时，无论传播载体如何变化、传播生态如何发展，不变的是广大网民对优质内容的切实需求，不变的是主流价值观对公众精神世界的引领作用，不变的是人民对公平正义的期待、对美好生活的向往。

云游戏产业的政策支持及优化路径研究

郑裕茵 *

摘　要：云游戏是以云计算技术为基础的在线游戏方式。本文聚焦云游戏这一新兴的文化产业业态，从产业发展的政策环境入手，首先研究分析了云游戏产业发展的政策利好，包括游戏产业的整体政策环境和高新技术的相关政策支撑。其次，针对生产、传播、消费3个层面分别重点剖析了云游戏产业发展过程中关于游戏监管、内容版权及消费体验等方面的重要问题。最后，提出了云游戏产业发展的政策支持及优化路径对策：从顶层设计上看，应该完善产业的法律法规，营造良好的发展环境；从行业监管上看，应该重点规范云游戏的审批标准和流程，提供更加有效的数字版权保护，推进青少年防沉迷云游戏工作；从技术管理上看，应该利用政策优势构建起完整有效的云游戏网络安全闭环。

关键词：云游戏产业；政策研究；云游戏市场

---

* 郑裕茵，中国传媒大学文化产业管理学院硕士研究生。

一、政策影响下的云游戏产业发展现状

（一）云游戏催生产业变革

云游戏是以云计算技术为基础的在线游戏方式。在云游戏的运行模式下，游戏在云端服务器上运行，并将经过渲染的音视频流压缩后通过网络传送给用户。[1]也就是说，消费者不必像从前一样，必须拥有所有处理游戏的硬件设备，这意味着未来用一台设备就可以流畅地玩 PC 和主机游戏大作。云游戏的本质是在线交互性流媒体。对于游戏开发者来说，云游戏摆脱了硬件的束缚，从而减少了游戏开发的成本，能够专注于游戏的内容研发本身，大大提高了游戏的开发效率和内容品质；对于游戏玩家来说，云游戏节省了下载、安装、升级等一系列烦冗的操作，并能够带来更为高级的用户消费体验。可以窥见的是，未来在游戏市场上，内容将成为核心竞争力，游戏研发商、硬件提供商、云计算服务商、垂直云服务提供商、云游戏平台、终端设备商等主体都将进行重新洗牌，市场将呈现新的竞争格局。

（二）云游戏产业发展历程

2009 年，云游戏通过游戏公司 Onlive 的孵化崭露头角，各大厂商纷纷开始布局云游戏行业，但由于当时能够满足云游戏服务的宽带还未完全铺开，Onlive 苦苦支撑，之后于 2012 年被收购。2013 年，硬件厂商英伟达推出了云端渲染技术及云游戏机顶盒“Shield TV”，实现将游戏以视频流的形式传输到玩家的显示设备。2014 年，索尼推出覆盖主机、掌机、电视等平台的“Play Station Now”。2018 年，微软、谷歌、EA 等大型企业也分别推出自有云游戏服务平台，谷歌推出了“Project Stream”，用户用 Chrome 浏览器就可以玩到刺客信条的最新作品《刺客信条：奥德赛》。随着 5G 商用的持续推进，各大厂商纷纷加码，云游戏产业前景广阔，云游戏产业链的布局雏形产生。

2019 年被喻为云游戏元年，国内以三大运营商、华为、腾讯等企业为主力，

---

[1] 莫然，李世国 . 云游戏——基于云计算技术的互动娱乐形式［J］. 艺术与设计（理论），2011，2（8）：109-111.

逐步开始构建我国云游戏产业生态，云游戏产业链的各个细分领域均开始在市场中显现。据伽马数据《2020 年云游戏产业调查报告》显示，2020 年，中国云游戏市场份额预计超过 10 亿，未来两年预计每年增长率超过 100%。随着 5G 通信业务在中国的快速普及，中国或将成为世界上最大的云游戏市场，因此，更应当利用政策优势对当前及未来的云游戏市场进行有效的引导和规范（见图 2-3）。

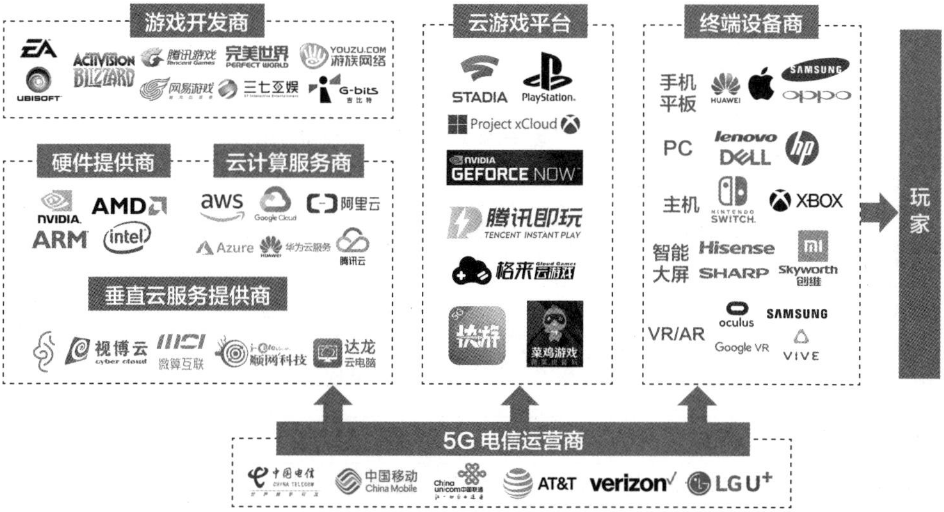

图 2-3 中国云游戏产业链图谱

资料来源：中国信息通信研究院 +5G 云游戏产业联盟

二、云游戏产业发展的政策支持

（一）游戏产业的整体政策环境

中国游戏产业发展进入“快车道”，国家对游戏产业的监管也随之逐步进入“深水区”。2016 年，国家出台发布电竞相关政策，让处在资本投入期的电竞引发了一股投资热潮。2017 年，中国游戏行业整体保持稳健发展。2018 年，游戏产业经历了版号暂停审批、备案入口关闭、游戏总量调控、严格实名认证等多重监管收口。[1]2019 年 12 月，北京市委宣传部发布的《关于推动北京游戏产业健康发展的若干意见》释放出积极信号（见表 2-2）。从中央和地方出台的政策文

❶ 审慎从严：2018 年中国网络游戏政策监管态势［EB/OL］.（2018-12-17）［2021-01-22］.https：//mp.weixin.qq.com/s/3lx1yt9GBQDQINQZTyzo6Q.

件上看，一方面，游戏产业得到了极大的重视和扶持，国家相关政策更加鼓励内容健康，具有思想性、艺术性和文化内涵的游戏发展，重视游戏所产生的正面社会效益；另一方面，游戏监管力度不断加大，焦点尤其集中于未成年人防沉迷及加强游戏版号等的监管。此外，虽然云游戏逐渐成为市场关注的焦点，中宣部出版局局长郭义强在第十七届中国国际数字娱乐产业大会上也公开提出“云游戏可能会对整个游戏产业业态产生重大影响，希望行业密切关注”，但是目前尚未出台相应的具体政策法规对整体产业进行评估和规范。

表 2-2　2016—2019 年关于游戏产业的重要政策文件

时间	发布部门	政策文件名称
2016 年 2 月	国家新闻出版广电总局及工业和信息化部（以下简称“工信部”）	《网络出版服务管理规定》
2016 年 5 月	国家新闻出版广电总局	《关于移动游戏出版服务管理的通知》
2017 年 12 月	国家新闻出版广电总局及工信部等八部门	《关于严格规范网络游戏市场管理的意见》
2018 年 8 月	教育部等八部门	《综合防控儿童青少年近视实施方案》
2019 年 4 月	国家新闻出版广电总局	《出版国产电脑网络游戏作品申请书》
2019 年 11 月	国家新闻出版署	《关于防止未成年人沉迷网络游戏的通知》
2019 年 12 月	北京市委宣传部	《关于推动北京游戏产业健康发展的若干意见》

资料来源：国家广播电视总局、教育部

（二）高新技术的相关政策支撑

新基建夯实底层技术，5G 技术、边缘计算、云计算、区块链等带来的技术突破是云游戏产业发展的重要助力。5G 技术实现超高速、低时延的环境体验，边缘计算提供更高的即时性且能打破硬件限制，云端强大的计算能力加强了游戏运行与画面渲染，区块链技术进一步保障用户隐私安全。其中，国家大力推进 5G 落地的政策利好将为云游戏带来颠覆性影响（见表 2-3）。2020 年以来，关于 5G 技术的政策层出不穷，3 月 24 日，工信部发布关于推动 5G 加快发展的通知；4 月 20 日，国资委表示将指导央企加大在云计算等新兴产业的布局；4 月 23 日，工信部表示 2020 年全年将新建 50 万个 5G 基站；5 月份，国务院总理李克强在政府工作报告中指出，“加强新型基础设施建设，发展新一代信息网络，拓展 5G

应用”。5G 已成为国家战略的重要组成部分，是实现产业升级、发展新经济的基础性平台，云游戏在 5G 技术红利下将迎来新的发展机遇。

表 2–3　2013—2019 年关于 5G 技术的重要政策文件

时间	政策举措	主要内容
2013 年	成立 IMT–2020（5G）推进组	由工信部、国家发展和改革委员会和科学技术部联合推动成立，明确 5G 技术场景、潜在技术、关键性能等指标
2014 年	国家“863”计划	启动“实施 5G 移动通信系统先期研究”重大项目，围绕 5G 核心关键性技术，先后部署设立 1 个子课题
2015 年	《中国制造 2025》	提出要积极推进 5G 发展，布局未来网络架构，2020 年启动商用
2016 年	《国家信息化发展战略纲要》	提出到 2020 年，5G 研发和标准要取得突破性进展
	《“十三五”国家战略性新兴产业发展规划》	提出大力推进 5G 联合研发、试验和预商用试点是构建网络强国的重要基础
2017 年	《信息通信行业发展规划（2016—2020 年）》	支持 5G 标准研究和技术试验，推进 5G 频谱规划，启动 5G 商用，到“十三五”末，成为 5G 标准和技术的全球引领者之一
2018 年	5G 频谱分配方案正式落地	工信部向中国移动、中国电信、中国联通发放全国范围内 5G 中低频段试验频率使用许可，全国范围内的规模试验展开
2019 年 6 月	发放 5G 商用牌照	工信部向中国移动、中国电信、中国联通、中国广电发放 5G 商用牌照；8 月，三大运营商都推出了 5G 免费体验套餐；9 月，三大运营商均开放了 5G 商用套餐预约
2019 年 10 月	正式开放 5G 商用	工信部与三大运营商举行 5G 商用启动仪式，11 月 1 日三大运营商正式上线 5G 商用套餐

资料来源：5G 行业应用自媒体

三、云游戏产业发展的重要问题

云游戏产业链的上游参与主体为游戏研发商、硬件提供商、云计算服务商及垂直云服务提供商，中游是云游戏平台，下游涉及终端设备商和玩家。这里简单将云游戏的产业链分为生产、传播、消费三个层面，并就此着重提出以下几个问题。

（一）生产层面：云游戏版号的审核、监管和控制

游戏行业监管政策风向有收紧趋势，版号成为云游戏内容充实的关键因素。根据国家广播电视总局的政务公开信息，2009—2018 年，全国一共有约 2 万款游戏过审，其中 80% 是手游。自从 2018 年游戏版号暂停发行，国家对游戏版号实施“网络游戏总量调控”的常态化和正规化控制以来，游戏行业的版号频率下降明显。2019 年，文化与旅游部明确了文化执法部门对网络游戏市场的执法依据，且重点指向无版号网络游戏运营等违法违规行为，值得注意的是，无版号游戏直播也被重点纳入查处范围。根据游戏行业的版号审批情况，过审的结果对休闲类手游更有利，中大型游戏的审批监管依然没有放松，由于无法进入市场，国内网页游戏、客户端游戏已出现了较为严重的新产品供应量不足的情况，国内外的精品游戏仍然占据重要的市场份额。目前，因为云游戏的产品基数相对较小，厂商大多以打造平台引入其他游戏内容的形式进行布局，因此尚未出现独立研究云游戏版号审查流程的情况，混淆了云游戏和网页游戏、独立游戏等之间的概念。在版号总量调控背景下，未来云游戏上线依然需要版号审核的游戏准入条件，而能拿到更多版号才可以提振资本市场的信心。

（二）传播层面：内容版权问题与不正当竞争纠纷

内容版权问题也成为影响云游戏发展的制约因素。2020 年 3 月，杭州互联网法院立案受理了腾讯起诉某云游戏平台未经授权使用《英雄联盟》等产品，迅速引起行业内的广泛关注，这是杭州首次受理涉 5G 云游戏侵害作品信息网络传播权及不正当竞争纠纷案，被称为“中国云游戏第一案”。杭州中院公告显示，原告腾讯公司诉称，被告广州某科技有限公司未经授权将涉案游戏作品置于其云服务器中供公众访问的行为，侵害了涉案游戏作品的信息网络传播权，同时将用户流量复制到其平台上，利用涉案游戏为“菜鸡”云游戏平台做引流宣传等行为构成了不正当竞争。可见，云游戏的运营者可能只需要通过单一的价格购买某一款游戏的使用授权，就可以通过云游戏的方式向其他玩家传播该游戏的视频音频画面，而无须复制传播该游戏程序本身，因此针对传统游戏软件使用、复制、传播所建立起来的加密技术措施不再适用，这也说明了目前云游戏商业运营中需要考虑的重要博弈就是平台商如何以合法手段获取与优质内容提供商的合作机会。

（三）消费层面：用户体验受限与消费门槛抬高

国内的云游戏平台发展仍处于初级阶段，商业化空间有限，云游戏的爆发仍需要时间。国内消费群体对云游戏的认知颇为有限，据艾媒咨询的数据统计，66.9% 的被调查人群对云游戏缺乏了解，其中 27.8% 对云游戏完全陌生。现行条件下，一方面受限于基础设施和算力普及，技术障碍使得设计不够完善，存在画面卡顿和网络延迟等问题，有些云游戏的体验感尚不如普通的手机游戏和客户端游戏；另一方面，云游戏需要的大规模服务器成本和通信资费较高，短期内游戏收费压力将直接转嫁到用户身上，实际上抬高了云游戏的消费门槛。如国内知名游戏《剑网 3》在小规模玩家测试中就被指出对网络质量的依赖性非常强，且采用分时计价的形式，一小时大概花费 4 元的价格过高。因此，消费者对发展初期的云游戏产品仍持观望的态度，云游戏在中国游戏用户中的普及工作仍旧任重道远。

四、云游戏产业发展的路径优化对策

（一）顶层设计引领，营造良好的发展环境

面对快速发展的网络游戏市场和正在酝酿的云游戏市场，中央和地方应当高瞻远瞩，推出各项政策和法规，包括积极调整改进管理方式、研究实施云游戏的分类管理、实施游戏属地管理工作和出台相应的财政资金扶持政策等。一是要制定云游戏产业的促进法规，填补政策空白，包括明确云游戏的概念界定、统计标准和企业责任等，制定相关的专项扶持政策，防止云游戏产业出现碎片化现象；二是要建立相应的公共服务平台、官方部门和民间协会组织，由政府主管部门负责统筹，发动社会各界参与，变“管治”为“自治”，率先布局的企业可为其他兄弟单位提供思路、方法和帮助，践行国家科技战略，实现云游戏产业领域自我调控的良性生态；三是要构建云游戏的理论研究体系，产学研联动来建设高端智库，通过集合各学科领域的人才进行跨界研究，从云游戏的发展中找寻传播中国文化的机会，抢占云游戏出海布局国际市场的先机。

（二）加强行业监管，细化重要的专项政策

1. 规范云游戏的审批标准和流程

云游戏的大规模推广将简化审批流程，根据游戏市场发生的一系列变化，今

后云游戏的审批政策需要注意以下几点：一是通过加强全行业的版号申请工作，在标准和流程上细化步骤，缩短时间；二是扩大审查管辖范围，包括云游戏的游戏研发、运营平台、投资企业等主题，并据此调整其正式审批程序；三是加大审批审查力度，从根本上杜绝游戏盗用、游戏外挂等非法行为，加速整个产业健康发展。同时，还需要对硬件建构、操控指令、视频解码、应用程序框架、画质要求等方面进行科学化、标准化和正规化的定调。

2. 提供更加有效的数字版权保护

我国现有的知识产权保护制度和版权等级制度的法律效力与实际约束性有限，导致盗版现象泛滥，严重损害了行业利益。游戏市场上的盗版市场已经形成了体系化、规模化的利益链条，产生了“劣币驱逐良币”的恶性后果，在降低游戏品质的同时，还严重破坏了行业秩序和法治环境，成了游戏发展过程中的一颗“毒瘤”。传统游戏由于种类丰富而且主体复杂，实现内容监管的难度较大，而云游戏与生俱来地具备监管的“天赋”，云游戏整体游戏逻辑部署在云端，可以统一进行审查和管理，实现及时扼制不良游戏传播的目的。未来云游戏的政策文件里需要重点对数字版权保护进行规划，通过切实可行的技术和应用，发挥云游戏的云端优势，并为其他新兴业态提供监管模式摹本。

3. 推进青少年防沉迷云游戏工作

目前，防止青少年沉迷游戏已经成为游戏产业监管工作的重中之重，各大游戏厂商纷纷开启“青少年模式”，在这场雷霆行动中，游戏实名系统相互割裂的问题突出，未成年人仍可以轻易用跨账号、跨厂商等方式打破限制，游戏防沉迷身份系统亟待全行业打通。而云游戏整体服务的升级管理都是在云端进行，便于数据打通、整体管理，方便开展青少年防沉迷审查工作。一方面，政府需要重新制定关于青少年防沉迷云游戏的相关政策，出台统一的限制管理标准和细则，促进云游戏产业向好发展，释放积极的社会影响信号。另一方面，企业需要形成内部的治理模式，利用云游戏的特点自行完善对青少年的防沉迷和保护机制，树立关注青少年身心健康的企业形象。

（三）聚焦技术管理，构建有效的安全体系

互联网环境下出现了很多黑色产业的暗角，游戏安全这一问题由来已久。政府需要进行合理有效的统筹协调，结合云上大数据积累，督促相关研发单位和企

业设计出新一代云游戏安全防护解决方案、管理产品，即云安全防护中心，助力从全面检测、智能分析、快速响应、高效态势预测出发，构建起完整的云游戏网络安全闭环。[1] 安全体系需要注意以下几点：第一，游戏环境中具有引导性、攻击性的信息会破坏产品本身的艺术解码，破坏游戏的用户体验，因此必须持续实施净网行动，帮助游戏开发者避免攻击者的威胁，给玩家带来更加公平良好的游戏体验；第二，产品商和恶意用户也有可能会侥幸在法律边缘试探，甚至对游戏公平造成威胁，触发政策风险，产生不良的社会影响，因此必须建立云游戏的隐私保护、安全交易等体系，实现网络安全防御的规范化、系统化、制度化。

五、结语

云游戏产业发展还处于初级阶段，随着技术的不断成熟，云游戏将渗透到不同领域和场景中，将会加码直播、短视频、教育、广告等领域，具有较大的发展潜力。云游戏产业的政策路径需要政府、企业、社会等主体共同对产业发展进行规划和监督，尤其要关注进行顶层设计、行业监管和技术管理，其中，云游戏的审批标准和流程、有效的数字版权保护、和青少年防沉迷云游戏工作是目前云游戏行业监督的重中之重。云游戏的发展速度迅猛，应当利用政策优势对当前及未来的云游戏市场进行有效的引导和规范，相应地从游戏市场政策环境中找到云游戏的发展定位，反过来也能够预测产业未来走向，发力中国云游戏产业。

---

[1] 数据来源：2019 年 12 月 16 日，中国信息通信研究院发布的《云游戏产业发展白皮书（2019 年）》。

从社会资本的角度浅析网络现象“拼单名媛”“蒙淇淇凡尔赛文学”的本质

陈语嫣 *

摘　要：互联网的发展催生了以个人为中心、其他网友均可加入的虚拟社会关系网，因此带来了虚拟空间中社会资本的构建问题，衍生出如“拼单名媛”与“蒙淇淇凡尔赛文学”的网络现象。潜藏于现象背后的共同本质是“通过假想、虚构、伪装来制造拥有的社会资本的表象，以获得利益与资源”。对这一本质的分析分为三个方面：从社会阶层与消费符号的特殊关联层面，分析由此产生的阶层中下位圈对上位圈的模仿；从个人对社会关系的投资层面，分析在虚拟空间的投资方式——表演与印象管理；从个人社会行为的逻辑起点层面，分析社会行为其实源于自身虚幻想象。借此，为网络个体在虚拟数字空间中构建自身的社会资本提供了相应的借鉴和参考。

关键词：虚拟；社会资本；“拼单名媛”；“蒙淇淇”

* 陈语嫣，中国传媒大学文化产业管理学院硕士研究生。

一、研究背景

互联网的发展将社会关系的边界扩展至线上，将社会网络的范围延伸至虚拟数字空间。尤其是微博、微信、QQ 等具有社交功能的应用已成为移动互联网时代的必需品。平台开放包容的环境使任何个体都可以自由地进行自我展示，并在此基础上构建起虚拟社区，因此，形成了以个人为绝对中心、其他网友均可加入的虚拟性社会关系网络。这种“社交圈”虽与线下现实社交相联系，但与之又存在明显区别。这就带来了在虚拟数字空间中社会资本的构建问题，如曾在网络上引起不小争议的“拼单名媛”事件与“蒙淇淇 77”（微博 ID）式凡尔赛文学。前者是普通女性以拼单奢侈品的方式塑造自身“上海名媛”的身份；后者则是假装以不经意的语调炫耀自己虚构的优越生活与完美爱情。

就二者而言，表现方式不同，但究其本质，实则呈现出极大的一致性——都是在社交媒体上对自我进行假想、虚构、美化与包装，制造出拥有更高社会地位与更多社会资本的表象，企图以此获得利益与资源，甚至实现现实社会阶层的晋升。

目前，学界对存在于虚拟空间的社会资本研究尚少，且对由此衍生出的“拼单名媛”和“蒙淇淇”等网络现象鲜有关注。本文从社会资本的角度切入，从社会阶层与消费符号的特殊关联、个人对社会关系的投资及社会行为的逻辑起点三方面对上文提及的网络现象予以详细分析，洞察其背后潜藏的深刻动机，为个人在虚拟数字空间构建自身社会资本提供参考和借鉴，同时，通过对社会阶层、消费符号等进行阐述，引起人们对阶层固化、炫耀性消费等社会问题的关注。

二、社会阶层与消费符号——下位圈对上位圈的崇拜与模仿

（一）社会资本与社会阶层

皮埃尔·布迪厄强调社会资本作为一种关系网络而存在，且引入了“场域”与“位置”概念。“一个场域可以被定义为在各种位置之间存在的客观关系的一

个网络（Network）或者一个构型（Configuration）”。[1] 不同社会要素通过占据不同位置在场域中发挥不同的作用。

由此可见，位置由于具有权利和资源的利益加成而成为场域斗争中的焦点、社会资本运作的核心。据此，对社会阶层的划分可被认为是对所处场域中各自位置的确认。

“拼单名媛”与“蒙淇淇”们之所以虚构、假想自我，虽然存在虚荣心作祟的因素，但本质上是对现有“位置”的不满，希望跻身于更高的“位置”，即更高的社会阶层。但社会资本在社会阶层的形成与维持过程中发挥着独特作用。它不仅划分出社会阶层，还增加了阶层间处于劣势地位的下位圈进入上位圈的难度、减少了纵向变动的机会；且在阶层中培植出小团体，更增强了阶层封闭性。故在此背后是我国目前由于教育资本、原生家庭资本等社会资本分布不均而带来的阶层固化问题。“拼单名媛”和“蒙淇淇”们凭借切身努力在现实中实现阶层跨越的可能性小，从而选择在虚拟网络空间中用“装富”的方式虚构自身的社会地位，甚至希冀借此“傍到金主”以实现现实阶层的晋升。

（二）社会阶层与消费符号

现在，划分社会阶层已经不再简单以财富数量为唯一标准，而是掺杂了更多的文化向度，如品位。

保罗·福塞尔认为，人们不同的生活方式体现出人们的品位，而品位和格调决定了社会阶层。皮埃尔·布迪厄在《区隔》一书中提及：企业家和雇主等拥有巨额经济资本的人将商业宴请、高级别墅、拍卖会等作为彰显自身品位的形式；与此相对的是，工人们则是土豆、足球、普通红酒等。

在让·鲍德里亚所言的“消费社会”中，消费的不仅是物质，还有其背后的象征意义。人们借消费的符号向社会公众传递自己的地位、身份、个性、品位、情趣和认同，使自身的社会资本得以呈现。

故不同阶层的品位凝结为消费的品位，社会资本的表征外化为日常生活的细节，鲜明地勾勒出阶层的边界并与其他阶层予以区分。相类似的消费方式是获得

---

[1] 皮埃尔·布迪厄，华康德．实践与反思——反思社会学导引［M］．李猛，李康，译．北京：中央编译出版社，1998.

和维护群体认同的重要手段。阶层的品位与内部身份认同可直接便捷地通过该阶层消费的符号予以彰显。在影视剧《三十而已》中，女主顾佳想要进入太太圈为丈夫笼络人脉、打通关系，就必须拥有一只爱马仕包包。此时的包已经不再是出于实用性能的考虑，而是作为一种符号。其背后代表的阶层边界促使它成为贵妇圈的入场券、太太们的必需品。“拼单名媛”群聊对话中的“戴理查德”“戴劳力士”“开法拉利”“开宝马”等反映出她们直接通过车辆品牌和戴的表等外在消费符号来判断对方的经济实力与所处的阶层。认为“开宝马”的男生不如“开法拉利”的男生有财力则暗含了一种财富和阶层等级的对比——“法拉利”消费符号代表的阶层等级、经济资本远高于“宝马”所代表的。

（三）下位圈对上位圈的崇拜与模仿

依据马克思主义的“经济基础决定上层建筑”，上位圈的社会资本积累与阶层地位来源于其拥有的财富即经济资本，但普通人是难以效仿与伪装的。相对而言，社会资本外化形成的各种表征则相对容易被建构。由此，社会涌现出一种别样的景观：阶层中下位圈对上位圈所拥有财富与资本的直接崇拜演化为对其外化表象——品位尤其是消费符号的模仿。

这种模仿自古有之，几乎是伴随阶层而生的。英国一直存在口音鄙视链。普通人模仿正统英式发音即牛津发音以表明自己的社会地位与教育背景。萧伯纳的《卖花女》中的男主人公打赌要将满嘴伦敦腔的卖花女伊莉莎训练成一个拥有上流社会口音的人。

如今，这种模仿更多以消费符号的形式出现。于是，就有了“拼单名媛”拼单丽思·卡尔顿、宝格丽等高级酒店，GUCCI 丝袜、爱马仕铂金包等奢侈品；“蒙淇淇”假装不经意显露出北京联排别墅、某高级购物中心的定位等消费符号。且得益于消费符号之间的链锁意义，这串符号只需露出“冰山一角”，就会让人联想到其所代表的奢侈生活全貌。当网友们看到她们展现的自我形象时，从奢侈衣服与包包自然联想到别墅、高级聚会、私人飞机等一系列代表高级消费、奢侈生活的符号。显然，这一效果也是“名媛们”意图达到的。

三、个人对社会关系的投资——社交网络上的表演欲望

（一）个人对社会关系的投资

林南将社会资本聚焦于“是个体为了在嵌入性资源中获取回报，通过工具行动和表达行动而在社会关系中的投资”。[1]所谓“嵌入性资源”就是马克斯·韦伯提到的财富、权力和声望。由此可知，个人主体，以“拼单名媛”和“蒙淇淇”们为代表，参与社交网络的最终目的是获得利益和回报，如社会资源与权利。

同时，林南发展了格拉诺维特的“弱关系”理论，认为个体通过“弱关系”将获得更多的社会资源。

以格拉诺维特开发的衡量强弱关系的四个维度对互联网予以考察，在互联网中，各成员之间互动次数少、感情程度浅、亲密程度低、互惠交换少。故这种线上关系，相较于线下的真实关系，是一种典型的松散疏离的弱关系。

“拼单名媛”和“蒙淇淇”们充分利用了互联网的“弱关系”。即使是在数字空间而非现实生活，她们通过假装占据高位，借与上位圈相同的消费符号，形成网络伪形象，也能享受“位置”带来的更为优越的“嵌入性资源”。在“蒙淇淇”的新书首发直播时，本“活”在宠妻文中的老公“卜先森”为给她的作品《全世界只有我可以欺负你》冲销量，满足网友要求，露脸出镜并与她甜蜜互动。粉丝、网友们照单全收，最终书籍销售量为30万册，为她带来一笔不菲的收入。“伪名媛们”拼单奢侈品并出入艺术展、高级酒店等场所，其目的就是望借此吸引并结识优质男生甚至嫁入豪门（网络称“钓鱼”）。

（二）在虚拟数字空间内个人进行社会关系投资的方式

进入虚拟世界后，利用社交网络实现自我形象的构建、呈现与展示成为个人对社会关系进行投资的主要组成部分。根据拟剧理论，这种投资可分为两种方式，即表演与印象管理。

---

[1] 刘少杰．以行动与结构互动为基础的社会资本研究——评林南社会资本理论的方法原则和理论视野［J］．国外社会科学，2004（2）：21-28.

1. 表演

美国社会学家尔文・戈夫曼对表演的定义是“既定的参与者在既定的场合以任何方式对其他参与者产生影响的一切活动”。[1] 表演者划分为前台和后台：前台让表演者通过与观众的互动传达想要表达的特定信息；后台让他们隐藏真实形象中不符合观众期望的部分，但供观众自行想象以进行窥探。

虚拟数字空间中的前台和后台均打破了时间和空间的限制，故虚拟自我呈现所包含的“表演”成分远胜于现实生活。个人在社交网络上发表的图片、文字、视频等都是进行“表演”的各种形式。蒙淇淇的表演主要借助文字进行言情幻境与优渥人生的“造梦”，打造并巩固自己甜宠剧女主与富家阔太太的人设。随后，她承认，不论根据自身故事改编而成的《全世界只有我可以欺负你》，还是发布的微博都存在一定的艺术夸张。“拼单名媛”们着重利用图片表演“拼”来的奢侈生活。她们 6 人以每人 85 元的价格拼单上海滩顶级酒店丽思・卡尔顿的双人下午茶，不为甜点，只为了拍人、拍景、发定位。

微博、微信、QQ 等社交平台所允许的编辑、撤回、修改等功能使得发布的信息可以经过精心筛选和美化。这是后台准备过程，也是一种选择性自我呈现的过程。蒙淇淇对其微博的文案经过反复斟酌才会发布，如一条花费 1 万元买特斯拉龙舌兰的炫耀性微博被编辑了 6 次才最终定稿；“拼单名媛”们发布的图片从拍摄角度、构图到后期美化都精心雕饰。一旦信息被发布，各社交平台便成了表演的前台场所。粉丝、网友等成为前台观众，每一次评论、转发、点赞等互动成为观众与表演者之间的默契合作。蒙淇淇的一夜成名全仰赖于网友们的自发传播。先是部分微博内容被博主截取出来点评，随后，网友在评论区大规模聚集并快速找到蒙淇淇本人的微博。于是，从 2020 年 11 月 9 日凌晨开始，伴随着被骂被嘲声，微博 ID“蒙淇淇 77”被网友送上热搜并一度成为上升榜第一，相关话题被阅读 3.2 亿次。这无疑已成为互联网语境下以她为旋涡中心的一次盛大网络狂欢。最后，作为发布方的个人会对部分评论选择性回复甚至自己评论自己，强化内容表达以凸显精心编排过的表演效果。“凡学”创始人“小奶球”（微博 ID）对“凡尔赛文学”三要素之一进行了自问自答式诠释，即在朋友圈反复自己评

[1] 王晴锋 . 戈夫曼拟剧论的内涵、误释与道德性［J］. 西北民族大学学报（哲学社会科学版），2019（4）：182-188.

论。所有环节的综合使这场表演得以顺利完成。

2. 印象管理

尔文·戈夫曼提出“印象管理就像戏剧”，每个人都在扮演“行当”，即对应的角色。“行当”是一种对言语和非言语行为的细致选择，也就是自我表现。

根据该理论，印象管理是具有欺骗性的。社交媒体上展现出的形象更是如此。社交网络自身天然具备更偏好网络印象管理的功能。首先，其虚拟、匿名的特征为个人用户实施“欺诈”提供了更高的自由度。人们不仅可以为自己重塑不同于现实的自身个性，甚至可以虚构生活。蒙淇淇带领凡尔赛文学冲上热搜后，被网友扒出与老公“卜先森”早已离婚，而她本人在回应时对婚姻状态遮遮掩掩。其次，微博、抖音等社交媒体明确显示的粉丝（Followers）数量的界面暗示着拥有更多的粉丝就意味着更受欢迎，使人们潜意识里要博关注、求人气。截至2020年12月23日，蒙淇淇的微博粉丝已涨至40万，她也坦言想借爆红的契机抓住互联网红利。最后，网络个体用户全权掌控自身信息的发布与分享，故对自我的呈现将会建立在更长远、可持续、系统的考量与策划之上。“伪名媛们”对服装、道具、拍照姿势、打卡地点的选择已形成一套完整且相似的范式，成为完全成熟且高度统一的全方位包装。

在尔文·戈夫曼对印象管理划分的表演策略中，理想化表演的主要特征是掩饰自我以表现与社会公认价值一致的行为；误解表演则是塑造反差，如富人哭穷、穷人摆阔等。这两者是“拼单名媛”和“蒙淇淇”们在打造自身贵族人设、进行印象管理时的常用手法。她们通过精心的自我包装、美化来凸显理想化的形象，本是普通人的身份，却伪装为“上海名媛”与“北京中产”，以充分彰显其“在场感”。

四、社会行为的逻辑起点——现代人的虚幻想象

社会资本必须通过个体与他人的人际交往、互动来实现。而个体所有社会行为的逻辑起点是想象。在虚拟空间中，社会关系具有虚拟性。因此，在虚拟的数字空间中，这种想象也是虚幻的。且想象包含两部分：一是对自我的想象，即自我认同与认知的异化；二是对社会其他成员的想象，即寻求网络空间中他人的虚拟认同。虚幻想象是所有社会行为的第一步，是为构筑在网络世界

中的社会资本奠基。

（一）自我认同与认知异化

雅克·拉康的“镜像理论”阐释了自我的构建及形成自我认同的过程，即自我的建构既有自我也有“镜中之我”（他者），且借助对“镜中之我”的参照与想象形成自我。因此，自我认同与认知异化同时产生。

美国学者道格拉斯·凯尔纳曾言：“后现代的认同性的中心则是闲暇，注重的是外表、形象和消费。”[1]现代人采用文字、图片、视频等多样丰富的手段对自我进行编码。其实，他们展现出的自我并不是真实的自我，而是想象中对理想自我的镜像反映。而后，个人对自我的认知也会更趋向于假想中的自己，异化就此产生。“拼单名媛”们对开宝马的男生嗤之以鼻，甚至用侮辱性词汇予以形容。戳破名媛的皮，她们的真实自我其实是普通女性上班族，由于沉溺于自己创造的高级名媛幻象，对自我的认知已经极度扭曲与畸形，以为只有家世显赫的白马王子才配得上自己。

（二）虚拟认同与自我监视

人，属于群居动物，需要社会交往，并以他人为“镜”来构建自己的社会身份与社会资本。从网络的虚拟性出发，社交环境是虚拟的，故由此产生的认同感也是虚拟的。这种认知过程对个人而言，并非从真实实践出发，无法完全反映出个人社会资本的真实状态，因此也具备虚拟性。

进入虚拟空间，个人寻求群体认同的方式是将信息发布于各种社交媒体。此时，社交媒体成了社会资本的载体、社会关系的连接器。福柯以“全景敞视监狱”来阐述微观权力结构在社会中的强大规训作用：凝视者通过目光审视对被凝视者施以权力的规劝与压迫。在开放网络中，看到信息的所有人即刻成为“他者”，个体随之开始承受“他者”的“注视”。评论、转发、点赞等都成了“他者”凝视的形式表现。经历了互联网的狂欢与落幕后，蒙淇淇微博的粉丝、评论、点赞量都已翻倍。这意味着以微博为窗口，她承受的关注、窥探、监视也随

---

[1] 道格拉斯·凯尔纳．媒体文化——介于现代与后现代之间的文化研究、认同性与政治［M］．丁宁，译．北京：商务印书馆，2004.

之成倍增加。

与此同时，在潜移默化中，外在的评价成为发布主体审视自我的参照标准与蓝本。蒙淇淇发布微博的文风和频率一如既往，尤其体现在对“凡尔赛文学”的坚持；老公“卜先森”依然频繁被提及；微博发问：“为什么在北京持工作居住证只能买两套房？”这些内容明显迎合了网友的猎奇心理，特意为网友的二次创作提供素材，拓宽互联网情绪的宣泄出口，以此激发网民的互动欲望来创造可变现的流量。“伪名媛们”会在这种不间断的注视下，不断地根据网友们的互动、反馈对自我进行修正，目的就是期待下一次展示能够更圈粉、更引起目标人群的关注，即获得更多的虚拟认同。长此以往，这实质上已经成为一种虚拟认同下的“自我监视”。

雅克·拉康对主体“自我”的态度是消极的，“镜子阶段是场悲剧”。这是由于自我的驱动力源于寻求他人认同的欲望，是永远不会被填满的欲望之壑。

五、结语

作家梁晓声曾言，“凡是在虚构中伸张的，都是在现实里缺乏的”。这些现象是在诸多社交媒体、平台裹挟下，呈现出的现代人物质与精神的双重贫瘠。

通过虚构、伪装的方式牟取虚拟性社会资本将对现实中真实社会资本的获得、维持产生直接的负面影响。在进行选择性呈现时，网络个体要坚持适度原则，反对过分包装和美化。个体都应正视、认同、接纳真实自我，摒弃效仿、虚构与伪装，利用虚拟社交网络以巩固维持线下的社会关系、构建健康真实的线上社会资本。

从虚拟歌手到虚拟主播——媒介技术视角下虚拟偶像的新生产特征与发展局限

向　桃*

摘　要：本文运用案例分析法和比较研究法从虚拟偶像的生产视角，论述虚拟偶像从虚拟歌手扩展到虚拟主播，在偶像内核、平台运营、商业开发和用户生产四个方面呈现的生产特征变化，同时分析现下时兴的新虚拟偶像——即虚拟主播正面临的文化圈层限制、跨文化差异、内容创作拘束和管理架构薄弱四大发展局限，以提出未来发展的有效建议。

关键词：虚拟主播；虚拟歌手；虚拟偶像；生产特征；媒介技术

从1962年贝尔实验室成功研制出“世界上第一台会唱歌的计算机”IBM 7094，到20世纪80年代计算机合成的虚拟人物Max Headroom参演美国电影和广告，再到2007年8月基于Yamaha的VOCALOID歌声合成引擎所制作的声音库软件“初音未来”发布试听曲，市场反响火爆，如今以“绊爱”为代表的新一代虚拟主播在市场上正流行。虚拟偶像在媒介技术的创新和应用下持续形塑新样

* 向桃，中国传媒大学文化产业管理学院硕士研究生。

态，不断受到市场的广泛关注。[1]

纵观虚拟偶像的研究历史，学者们的探讨角度主要集中在偶像本质、生产机制和粉丝消费三方面。他们认为，虚拟偶像是针对市场需求而专门设计的、给受众“制造幻觉”的商品，由抽象数据所赋声、赋形，其本质是信息。[2]虚拟偶像的诞生离不开倡导多样文化融合与兼容的后现代大背景，基于互联网技术将官方形象设定与粉丝创意结合而成，虚拟偶像采用PGC与UGC两种模式并重的生产方式。虚拟偶像的受众大多是以“90后”和“00后”为代表的数字“当地居民”，他们深受互联网媒介塑造的青年亚文化影响，“普遍具有较高的审美需求，由于长期沉浸在二次元的虚拟世界中，喜欢幻想……很容易混淆现实世界和虚拟世界之间的界限”。[3]他们对虚拟偶像的消费源于反抗和逃避社会、寻求媒介认同感的心理诉求，而且行为上主动参与到虚拟偶像的形象塑造和营销推广上，“参与”本身成为粉丝消费意义的所在。[4][5][6][7]技术在虚拟偶像的形成、传播和消费过程中起着极其重要的作用，有学者很有建设性地梳理了数字技术为虚拟偶像的赋能，并展望未来人工智能技术成熟后，我们将拥有实现沉浸互动功能的智能化、人格化偶像。

虽然目前学界对虚拟偶像的研究角度丰富，但也多存在忽略虚拟偶像的类型差异，而把他们通通混为一谈的现象，这不利于理清虚拟偶像发展的时代特征，也难以窥见类型转变背后的本质。媒介技术的加速更新让虚拟偶像的范围不断扩

---

[1] 喻国明，耿晓梦．试论人工智能时代虚拟偶像的技术赋能与拟象解构［J］．上海交通大学学报（哲学社会科学版），2020，28（1）：23-30.

[2] 张驰．后身体境况——从“赛博格演员”到虚拟偶像［J］．电影艺术，2020（1）：94-99.

[3] 高亢．论青年亚文化对我国IP电视剧产业格局的建构［J］．吉首大学学报（社会科学版），2017，38（S2）：82-84.

[4] 沈杨．网络虚拟偶像的生成逻辑及其引导——以二次元唱见“洛天依”为个案［J］．中学政治教学参考，2019（15）：89-91.

[5] 李镓，陈飞扬．网络虚拟偶像及其粉丝群体的网络互动研究——以虚拟歌手“洛天依”为个案［J］．中国青年研究，2018（6）：20-25.

[6] 张萌．视觉传播时代虚拟偶像与粉丝的互动关系［J］．青年记者，2019（36）：38-39.

[7] 宋雷雨．虚拟偶像粉丝参与式文化的特征与意义［J］．现代传播（中国传媒大学学报），2019，41（12）：26-29.

展，早期诞生的虚拟歌手和现在当红的虚拟主播是在虚拟偶像的发展历程中最为典型的两个代表类型，本文运用案例分析法和比较研究法从虚拟偶像的生产视角，比较这两类虚拟偶像在偶像内核、平台运营、商业开发和用户生产四个方面的生产特征转变，并浅析当下虚拟主播的生产局限，以提出有效建议。

一、虚拟偶像的概念界定

目前学术界和市场对虚拟偶像的概念和范围界定都比较模糊。早期文献研究的虚拟偶像主要指基于语音合成引擎开发的虚拟歌手软件，后来扩展到应用捕捉技术和配音人员的新型虚拟主播。除此以外，人工智能语音技术，作为企业代言人的虚拟人物，基于电影、游戏和动漫等作品进行 IP 开发的虚拟角色，以及在社交平台上运营账号的虚拟网红都被列入虚拟偶像范围，如微软“小冰”，屈臣氏的品牌代言人“屈晨曦”，王者荣耀推出的无限王者团和在照片墙上吸引 160 万粉丝的 19 岁的巴西裔美国模特米凯拉 · 苏萨。事实上，这样笼统的范围界定是不恰当的。虚拟偶像的“虚拟”，指明其是“非客观存在的人物实体，是依托现代影音技术和手段的无真实本体的虚构形象”[1]。而“偶像”，定位于对粉丝“准社会关系”（主要为情侣关系）想象的去病理化之上[2]，通过演艺活动、音乐作品、广告代言等偶像化运营活动展现个人魅力，从而成为粉丝追捧和崇拜的对象。人工智能语音技术和企业代言人这类拥有虚构形象，但并没有开展偶像化运营活动的虚拟人物，并不能称为“偶像”。

目前，市场上吹捧的虚拟偶像类型多种多样，且所应用的媒介技术也各不相同。从 2007 年开始发展起来的虚拟歌手代表了前十年的时代记忆，原来主要活动于贴吧的头部虚拟歌手“洛天依”从 2016 年开始入驻哔哩哔哩平台，4 年来，其获得关注粉丝为 214 万，获赞数为 298 万。而哔哩哔哩平台上的虚拟主播“神乐七奈”自 2019 年 1 月入驻平台以来，两年内粉丝达到 167 万，获赞数高达 942

---

[1] 喻国明，耿晓梦．试论人工智能时代虚拟偶像的技术赋能与拟象解构［J］．上海交通大学学报（哲学社会科学版），2020，28（1）：23-30.

[2] 高寒凝．虚拟化的亲密关系——网络时代的偶像工业与偶像粉丝文化［J］．文化研究，2018（3）：108-122.

万。可见，虚拟主播的发展速度和未来潜力远高于虚拟歌手，它掀起了虚拟偶像发展的新时代篇章。相比较而言，其他类型的虚拟偶像知名度低且案例极少。

虚拟歌手[1]的发展以“初音未来”为开端，其最初应用的媒介技术为以雅马哈的语音合成引擎为基础开发的虚拟女性歌手软件 VOCALOID，只要在软件中输入音调和歌词，就可以合成人类的歌声。结合官方给定的年龄 16 岁、身高 158cm 和体重 42kg 的人物设定，一组音源库搭配虚构形象的产物——“初音未来”就此诞生。[2]用户可以通过购买软件创作音乐作品，粉丝再凭想象丰富其装扮和性格特点，“初音未来”的形象一步步丰满。除此以外，“初音未来”也是第一位应用全息投影技术举办演唱会的虚拟偶像。受其影响，中国市场也诞生了以“洛天依”“乐正绫”和“乐正龙牙”为代表的国产虚拟歌手。

虚拟主播的发展则以“绊爱”为开端，2016 年 12 月 1 日，它在优兔上开设“AI Channel”频道，发布了第一个经过企划设计后制作的自我介绍短视频，自称“Super AI”（中译：“绊爱”）。虚拟主播沿袭了虚拟歌手应用日本动漫风格的拟人化平面形象并虚构了角色设定的传统，但应用了不同于以往的动作捕捉技术和面部识别技术以识别真实人物的表情和动作，从而直接控制屏幕模型进行运动，这也方便了虚拟偶像在视频平台实时开展游戏、杂谈和歌唱类的直播活动。除了“绊爱”，其他日本虚拟主播，如“神乐七奈”“辉夜月”等也活跃在哔哩哔哩平台，同时，中国也紧跟时势在哔哩哔哩平台推出了“小希”“小桃”“冷鸢 yousa”等上千名各具特色的虚拟主播。对于“yoyo 鹿鸣 _Lumi”这类暂时只进行短视频运营的虚拟偶像，本文不作为典型进行分析。

---

[1] 虚拟歌手：业内多称之为“虚拟歌姬”，但“歌姬”用于指以唱歌为职业，或者擅长唱歌的女性歌星，而虚拟歌手软件角色实际上也存在男性形象，故采用“虚拟歌手”称号更为严谨。

[2] 萌娘百科 . 初音未来［EB/OL］.（2020−12−06）［2021−01−22］. https：//zh.moegirl.org.cn/%E5%88%9D%E9%9F%B3%E6%9C%AA%E6%9D%A5.2020/12/6.

二、媒介技术创新下的生产特性转变

“艺术形态确立的核心是媒介，媒介分类是最有效的分类方法，也是分析艺术的重要依据。”[1]这一论述同样适用于对虚拟偶像的分类。虚拟歌手和虚拟主播都源自日本，是业内公认的虚拟偶像的两种分支，但应用的不同媒介技术各代表了一个时代的特征，也让虚拟偶像的生产特性发生了转变。

（一）偶像内核：从人造物到以人为魂

虚拟偶像作为满足精神需求的娱乐型偶像，主张进行象征性的符号性消费。“作为文化工业的产物，现代偶像的本质是商品化的人物形象。”从虚拟歌手到虚拟主播的形式演变，虚拟偶像始终是为粉丝专门设计的讨喜的商业化“人造形象”。

但早期兴起的虚拟歌手难以跟随时代发展继续扩展市场，归根结底，源于其内核是完完全全的人造物，其本质属性是艺术创意“载体”。音源库技术和虚构形象的简单结合为其用户留下大量的想象空间，供其进行创意创作。但批量生产的人声只能让受众对数字复制技术产生短暂的震惊和兴奋感，后续只能依靠定期欣赏影音作品和参加其他活动来维持对虚拟偶像的忠诚度。而虚拟主播则很好地解决了虚拟歌手“完全虚构”的难题，中之人（行业内称主播的配音人员为“中之人”）独特的嗓音和性格魅力，能满足那些对虚拟歌手的声音和虚假性存在一定消费困难，但仍对虚拟偶像存在消费欲望的受众的需求。据不完全统计（截止日期 2020 年 12 月 7 日），目前哔哩哔哩平台上的虚拟歌手数量不足 200，但在平台入驻的虚拟主播数量则在短短 4 年内迅速增长，哔哩哔哩 2019 年一季度财报电话会议表示，其一个季度便有超过 6000 名虚拟主播开播，更遑论如今的数量。

（二）互动模式：从延时互动到实时交互

受众与虚拟偶像的互动模式上也发生了很大转变，以虚拟偶像的主要运营平台哔哩哔哩为例，虚拟歌手“洛天依”主要是通过发布音乐作品和营销广告来分享日常动态，与粉丝的互动模式是偶像离场式的延时互动，粉丝在弹幕和评论区发布的消息往往不能得到即时反馈。而虚拟主播得益于捕捉技术的创新应用，以

---

[1] 许并生．艺术学的当代构架论略［M］．上海：学林出版社，2004.

及成像技术的速度升级，能够在日常动态分享外开启平台实况直播或转播，如“中国绊爱”每周五都会在哔哩哔哩平台直播玩游戏、唱歌及与其他主播联动。直播间的偶像和用户能跨越空间进行实时互动，这种交互形式让用户在直播间可以自由表达自我，增强其虚拟想象的沉浸体验。

除了互联网社交媒体平台，两者在线下舞台的互动也有差别。虚拟歌手的表演内容是提前设计制作出来的成品，然后经由全息投影等技术展现在实体舞台上，受众处于无互动的被动消费状态；而虚拟主播则可以如同真人偶像一般，在舞台上与粉丝实时交流，用表情和动作回应粉丝的喜爱。

不同媒介技术的应用实现了受众从偶像离场式延时互动到偶像在场式即时交互的转变，受众欣赏作品的过程已经从早期的观看转变到现在的融入体验，两者之间积极、及时的反馈能提高受众的兴趣和其对偶像的忠诚程度。

（三）用户生产：从内容主创到内容辅创

早期人气火爆的虚拟歌手是由 VOCALOID、UTAU、MUTA 等软件发展而来的，该技术具有高度数字复制特性，用户可通过购买软件和输入创意来完成自己拥有版权的音乐作品，几乎众包的创作模式最大限度上发挥了粉丝社群的集体主动性，“演唱会上除了嘉宾曲目，其他歌曲基本全来自 UGC 粉丝的创作”。[1] 软件消费用户承担了虚拟歌手的内容主创角色，他们在业内被称为“P 主”[2]，于是形成了“虚拟歌手—P 主—粉丝”的三分格局。但是，拥有创作能力的用户群体放在整个消费市场里只是少数，且他们与虚拟歌手的利益并不紧密协同，生产主体的多样化和自由化意味着内容创作的不稳定性，这就从内容源头限制了虚拟歌手的市场发展只能处于在头部垄断的地位，如哔哩哔哩平台上的国内虚拟歌手唯有“洛天依”粉丝数量超过 200 万，其余均未及 40 万，整体呈现一家独大的局面。

运用全新媒介技术的虚拟主播几乎都是二次元形象搭配真人声优，“能说话”成为内容创作的最低门槛。内容生产的控制权重新掌握在主播自己手中，“以人为魂”的内核确保了主播个体的无限创作潜力，加上媒介技术升级，实现了技术

---

[1] 宋雷雨．虚拟偶像粉丝参与式文化的特征与意义［J］．现代传播（中国传媒大学学报），2019，41（12）：26-29.

[2] P 主：“P”是“Produce”的缩写，“P 主”指利用虚拟歌手软件创作作品的人。

复制的低成本化和平民普及，多因素影响下，市场上的虚拟主播“百花齐放，百家争鸣”，实现内容、创作主题和形式更多元，产出更稳定。与虚拟歌手相比，虚拟主播的消费用户担当的是内容创作的辅助角色，他们的消费意愿、建议反馈及二次创作，都在辅助内容主题以使其契合市场需求，从而开展持续生产活动，尤其是大数据和算法技术的加持下，用户的信息反馈更精准、更及时。

（四）商业开发：业务宽度与深度的拓展

经过市场长期探索，虚拟歌手的运营业务范围目前集中在平台作品输出、商业广告植入、实体舞台演出、周边产品销售四个方面。得益于动作捕捉技术、渲染成像技术和全息投影技术的升级应用，虚拟主播在对应的信息采集、画面合成和现场成像三环节的反应效率大大提高，观众与虚拟偶像的互动无时差，从而有效拓展了虚拟偶像开展这些业务的深度和宽度。

首先，平台作品输出不再局限于精品音乐和舞蹈视频，日常生活、时事新闻等内容都可涵盖，而且视频直播风口新增了直播业务，创作场景实现随时随地，作品输出效率大大提高；其次，商业变现上，既可借助直播获得打赏，也可进行游戏等数字产品的广告代言，其中，游戏直播增强了游戏体验，使代言效果最大化，这都是虚拟歌手不具有的优势；最后，实体舞台演出不再同虚拟歌手一样因技术局限而集中长线准备演唱会，虚拟主播可以随时远程连线参加各类线下活动，与观众无时差互动以增强线下体验，如“中国绊爱”曾连线参加 2020 年的广州麼多动漫嘉年华并与观众进行对话，也曾参加电影《唐人街探案 3》的线下发布会并与演员进行互动。

三、虚拟主播的发展局限性

现代人类已经进入不会对数字技术提前进行讨论、反思和质询的后现代，变成了后人类，欣赏着后身体——虚拟偶像。[1] 在全新媒介技术为新一代虚拟偶像赋能的过程中，虚拟主播也囿于新旧交杂的发展局限之中。

---

[1] 张驰．后身体境况——从“赛博格演员”到虚拟偶像［J］．电影艺术，2020（1）：94–99.

（一）圈层狂欢

虚拟主播同虚拟歌手一样脱胎于二次元文化，目前都受到亚文化圈层消费的限制，只有少部分二次元数字居民因养成了长期消费习惯能顺利认知和理解甚至喜爱虚拟偶像。尽管虚拟主播在互动与现实的连接上比虚拟歌手更进一步，但其内容生产仍是二次元文化圈层里的自嗨，与现实事件联系较少，或联系后的呈现方式僵硬，难以让其他受众“移情”。“移情”是欣赏主体把自己的感受、情感和思想注入对象的过程，这是审美的本质和核心。[1] 当主体不善于欣赏虚拟主播呈现的画面和语言风格时，审美障碍会阻止他们进入消费圈层。此外，圈层内部迅速衍化的网络语言，如“单推”“DD”“贴贴”[2] 等也会排斥新增消费者加入，从而导致消费圈层范围慢性固化。

（二）文化差异

虚拟主播具有更明显的外域文化特质，它的发展面临着比虚拟歌手更明显的文化差异问题。其一，语言差异导致理解障碍。中国市场的头部虚拟主播主要来自日本，它们在语言表达上多数只用日语，而且虚拟主播的音乐作品多是日本动漫歌曲的翻唱，语言差异阻碍了部分受众参与互动并进一步消费。其二，意识形态差异违背中国文化创作和传播的核心价值观。日本虚拟主播存在因内容粗俗、打擦边球而人气火爆的现象，表面上，满足了受众低俗猎奇的需求，实则不利于青少年的心理健康成长。其三，政治立场差异引发受众愤慨。直播的即时互动让偶像与受众的交流随性自由，但是当涉及国家意识形态矛盾的问题时，日本虚拟主播应答不合理会导致内容禁播，甚至最终退出中国市场。

---

[1] 贺艳．媒介技术视角下的互动剧特征研究［J］．中国电视，2019（8）：50-54.

[2] 单推，源自日语“单（たん）推（お）し”，指只关注一位虚拟 UP 主，或只为一位虚拟 UP 主积极应援。类似于中国偶像文化用语“唯粉”。DD，取自日语“誰でも大好き”的罗马字 Daredemo Daisuki 两个首字母 D，意思是“不管是谁都最喜欢”，在虚拟 UP 主圈中指同时关注许多不同的虚拟 UP 主的粉丝及相关行为。贴贴，在中文虚拟主播圈中多表示两人关系亲密。

（三）内容拘束

虚拟主播是媒介技术驱动下诞生的文化产品，对技术的依赖性极强。一方面，技术投入成本不同，其呈现的偶像形象也参差不齐。成本投入低的个人性虚拟主播，其画面精致度和灵活度相对较低，难以出圈，往往是资本雄厚的企业或社团的虚拟主播更能吸引用户。另一方面，技术的不稳定性往往会影响呈现内容的质量，以爱奇艺综艺《超次元新星》为例，节目中多次出现因技术不稳定而导致虚拟主播表演中断的画面。

除画面成像外，虚拟主播的内容价值整体上也不足。尽管形象和性格多样且讨喜，但视频创作的创意往往平平无奇，虚拟主播的中之人多为临时招募后简单培养的青少年群体，在歌唱、舞蹈、游戏和话术等方面的业务能力并没有进行系统性培养，内容更多的是杂谈，核心竞争力不足。例如，中国虚拟艺人团队 VirtuaReal 旗下艺人“七海 Nana7mi”的视频内容主要是类似“好我很乖！我现在睡了！明早见！”“冷到鼻塞”这样的日常生活分享，在维系与受众的联系的同时，却在才艺表演展示方面略逊一筹。另外，虚拟主播的内容创作主要集中于娱乐性表达，而新时代青少年群体是在注重“有趣”的同时，又追求“有价值”的一类数字消费人群。

（四）架构薄弱

企业所属虚拟主播的生产还会受到企业架构薄弱的威胁。新兴的虚拟主播市场还未进入发展平稳期，最初探索的企业多沿用日本养成式偶像生产机制[1]，如日本 Cover 股份公司和中国上海萌电文化科技有限公司。它们招募有潜力的中之人后配给受众喜爱的虚构形象和合作团队，随后让其在优兔、哔哩哔哩和抖音等视频社交平台注册账号并开始运营，虚拟主播发展初期基本处于散养状态。但人气上升后虚拟主播的业务范围逐步扩大，其与公司的合作矛盾也日渐凸显。企业过度压榨中之人劳动力的情况时常发生，较高人气的虚拟主播要参加演唱会、访谈、综艺等多种活动，工作量增加而收入未见明显增幅，掌控社交媒体账号主权的虚拟主播可利用账号控诉企业，最终导致企业声誉一落千丈。倘若虚拟主播自

---

[1] 雷雨．虚拟偶像的生产与消费研究［D］．南京：南京师范大学，2019.

己已有一定的粉丝基础，也可能脱离组织单飞，导致与合作企业的关系真正破裂。比如，2019 年 4 月爆出的株式会社 Unlimited 对旗下“游戏部企划”所属艺人进行了一系列欺凌和压榨，后来，其艺人在个人推特上控诉其所属公司，引发了广泛关注与讨论。

四、未来发展建议

从虚拟歌手发展到虚拟主播，虚拟偶像市场在不断更新换代，这两种类型并不是“有你没我”的完全竞争关系，但新兴的成规模的虚拟主播市场更能代表一个时代的消费选择。为了促进虚拟主播市场更好地发展，首先需要“入局”的企业系统性培养有核心竞争力的国产虚拟主播，抢占市场主力。实现虚拟主播中国化，既能尽可能避免文化冲突，也能防止该市场被日本企业操控。而且虚拟主播需要有一个能像“初音未来”的《甩葱歌》那样传遍大江南北的作品，靠作品破壁出圈，这需要中之人有不亚于真实偶像的特长，可以是强劲的玩游戏实力，也可以是天籁般的歌喉。其次，虚拟主播需要在积累原始粉丝的作品上凸显价值意义，仅仅专注娱乐内容并不能促进其长远发展，紧贴时事创作精致的音视频作品，才能满足新一代青少年的价值消费需求，也能探索破壁出圈的新路径。再次，仍旧需要从技术上降低制作成本和难度，目前虚拟主播行业的创作具有一定的资金投入和技术操作门槛，它并不能将技术真正普及每一个视频受众，而真正的高手在民间，如何发掘庞大受众的内容生产创意值得进一步探索。最后，处理好艺人与公司的合作关系。虚拟主播要想成功，离不开团队的合作，双赢的稳定合作关系强于互相剥削的恶性压榨，需建立合理的雇佣关系制度和艺人管理制度以增强合作的稳定性。

新媒体语境下的新闻人才培养方法研究

杨映瑜 *

摘　要：在新媒体飞速发展及媒介融合背景下，技术复合型要素变得更加重要，业界对新闻人才的需求逐渐转向对拥有复合学科、多元技术的人才的需求。在业界发生巨变的背景下，新闻教育与新闻业界也应紧跟脚步、加强合作、保持变革，从而培养出能适应未来行业需求并拥有媒介素养、坚守新闻本位的复合型新闻传媒业人才。

关键词：新媒体；新闻人才；媒介融合；新闻教育

一、培养多技能、多学科的复合型人才

近年来，随着以5G网络为代表的信息传播技术的进步，新闻行业也随之发生了巨大的变革，如产生了AI主播、VR实况转播等新兴传播方式。在飞速发展的人工智能科技与移动互联网技术背景下，新闻业的从业者们也切实感受到了行业手段多元化、形式多样化、内容丰富化的变迁。因此，新时代的媒体从业者们不仅要掌握传统的采写编评，也应具备摄影、摄像、剪辑、数据分析等技能，并

* 杨映瑜，中国传媒大学文化产业管理学院硕士研究生。

在新闻专业基础上培养结合、运用其他学科知识的能力。

根据中国互联网络信息中心发布的第 44 次《中国互联网络发展状况统计报告》[1]，我国移动互联网接入流量消费达 553.9 亿 GB，同比增长 107.3%。在互联网一路高歌的背景下，传统媒体仍处在寒冬之中：新闻报纸价格不断攀升、大量报社倒闭……为打破这种局面，不少传统媒体集团开始谋求媒体转型，如注册微博账户、微信公众号，或者直接推出 App，如人民日报客户端、新华社客户端、南方周末客户端等。可见，业界已经认识到传统媒体转型势在必行，了解、运用新媒体是未来新闻从业者的必备素质。

在过去，新闻传播类院校更侧重传统的新闻技能，如消息、通讯写作，但这样的技能正逐渐被人工智能所取代。乍看之下，这是对新闻行业的冲击，但实际上，这类科技的发展也为新闻业带来了机遇——当较为基础的消息、通讯类写作被机器承担，那么，记者就能有更充足的时间去进行新闻策划、深度报道，从而进一步发挥挖掘事实、舆论监督的作用。可见，当前新闻业需要的是更多具备独立思考能力及综合素质的复合型新闻传播人才。

复合型新闻传播人才，即掌握两种及以上新闻传播技术手段，或在掌握一种新闻传播技术手段的基础上具有其他学科背景的新闻从业者。在当今媒体的语境下，新闻传播技术手段既包括传统的采、写、编、评、摄五大技能，还包括互联网媒体（微博、微信等）网站编辑，图片、视频制作处理，新闻可视化（数据统计、分析、呈现）等。拥有其他专业学科背景的记者，则可以主攻相关领域的新闻，如法制新闻、财经新闻、体育新闻等，这类记者既能够保证新闻行业的客观性，也能针对某一领域表达独到的见解，确保专业知识的准确性与真实性，更能挖掘出新闻的深度及探索出更新颖的新闻角度。

在复合型新闻传播人才培养过程中，应结合优势学科，充分利用学校资源打造“新闻 +X”复合型新闻传播人才，这意味着培养复合型新闻传播人才绝不是简单将两个专业的课程相加，而是依据学科的交叉点，以新闻专业课程为主，辅之以“X”学科，并在学习过程中，寻找两个学科的共性，从而更高层次地去探讨、发挥新闻的普适性。

---

[1] 中国互联网络信息中心．第 44 次《中国互联网络发展状况统计报告》[EB/OL].（2019-08-30）[2020-01-03].http://www.cac.gov.cn/2019zt/44/index.htm.

当然，院校培养复合型新闻传播人才应时刻关注业界动态，确保能开设技术含量较高的创新课程，这点在国外的一些高校已经得到体现。以哥伦比亚大学为例，早在 2012 年，该校就成立了“传感器新闻”小组，这种新闻类型利用传感器生产或收集数据，然后对数据进行分析、做可视化处理或直接应用到新闻调查当中。中国读者近年来才开始熟悉的无人机新闻实际上就属于“传感器新闻”的一个分支。“传感器新闻”是记者“观感”的拓展，也带来了新闻行业的一次革命。“传感器新闻”实际操作中无疑要用到传感器，为了掌握其收集的物理数据及人类活动数据，哥伦比亚大学特别开设了传感器和微控制器课程以帮助学生掌握这类技术。

反观我国，目前仍然存在某些课程设置得不尽合理，使用的设备、软件较为落后，以至于在实践中毫无用武之地，这就使得学生所学内容与业界所需严重脱轨，从而浪费了教学资源。若要解决这一问题，需要各大新闻学院联手发力，共同推进新闻课程改革；同时，学校之间也可进行资源共享，如组织教师录制慕课（Massive Open Online Course，MOOC），进行优质教师人才共享等。

加强高校间合作也是推动我国新闻教育格局变革的必然要求，目前，我国高校新闻传播学类专业布点虽有千余个，但这些高校中既有名气大、实力强的双一流名校，也有居中的院校，以及民办的“小”校。培养多技能、多学科复合型人才的目标人群应当涵盖整个新闻教育界，因此制度层面上，既要“抓大”也要“带中”“扶小”，如此才可促进教育水平的整体提升，进而推动新闻人才培养工作均衡、常态化发展。通过多种手段并举，各大高校能实现协同育人、合作共赢，也能进一步减小地区差异所带来的资源差距。业界日新月异，技术层出不穷，各大新闻院校唯有时刻保持关注与清醒、加强联系与合作，才能捕捉到业界真正的需求及新闻教育在未来的发展方向与走势。

二、学界与业界携手开展媒介教育

近年来，行业媒体和高校的合作越来越密切。教育主管部门也顺应时势地推出了相关计划，如 2013 年 6 月 9 日，教育部、中宣部发布《关于加强高校新闻传播院系师资队伍建设、实施卓越新闻传播人才教育培养计划的意见》，宣布启动“卓越新闻传播人才培养教育计划”。其中，高校与新闻单位从业人员互聘

“千人计划”尤为令人瞩目：2013 年 9 月—2017 年 7 月，教育部、中宣部拟从新闻单位选聘 500 名优秀编辑、记者到计划实施媒介教育的高校新闻传播院系兼职或挂职任教，同时也从相关高校新闻传播院系选派 500 名骨干教师到新闻单位兼职或挂职。这样，一方面能使业界人才深入校园，给学生带来行业最新动态；另一方面也能使教师了解行业走向，从而为日后学科调整、教学改革打好基础。从长远来看，实行高校与新闻单位从业人员互聘也将有助于高校师资队伍的改革，并进一步实现新闻教学与新闻实践的结合。

可喜的是，越来越多的高校也认识到了去业界实践的重要性，不少学校都要求学生至少有半年以上的实习经历，并形成了一套实习鉴定、考核的制度性方法，这无疑为学生提供了更多亲身体验的机会。

业界与学界不断深化合作，也取得了不少喜人成果。如《人民日报》与清华大学共建了新闻传播学院，《光明日报》与中国政法大学合作共建了“光明新闻传播学院”，四川大学和《成都商报》联合组建了四川大学跨媒体研究所，新华社与北京大学共建了新闻传播学院等。在媒体与高校的深度合作中，高校自身的学科影响力得以提升，新闻传播体系得以扩展，而媒体也获得了专门培养、人员互派、对口就业等优势，可谓共赢。

除此以外，一些新媒体机构还自觉承担起新闻教育的责任，而这些新媒体机构的优势也十分明显：一方面，它们具备操作平台，能让学生在学习后真正地进行实践；另一方面，多年来的新闻运营经验，使新媒体机构的教学更加贴近现实，从而真正使新闻学的理论“落地”，与新闻生态相结合。网易新闻旗下的“青媒计划”就是一个例证，该计划是网易新闻学院官方主办的大学生自媒体公益培训计划，通过整合网易内部和传媒业界优势资源，结合新媒体实战训练，帮助大学生开展优质内容创作方法的深度学习。青媒计划与各大高校保持着密切合作，如与中国人民大学新闻学院、汕头大学长江新闻与传播学院共同开设了“新媒体报道与运营实务”课程，与上海交通大学媒体与设计学院、青岛科技大学传播与动漫学院合作开办了青媒计划高校合作班等。

相比于传统院校的课程，青媒计划与高校合作开设的课程具有专门化、精细化、操作性强的特征，同时这些课程也天然地具备“新媒体”的媒介优势：课程可回放，便于学生重复学习；专人点评，手把手教学生如何运用新媒体；每日打卡，激励学员按时按量产出。青媒计划搭建了连接新媒体理论学习和创作实践的桥梁，通过建立专业的新媒体课程学习体系，引入社群管理、积分奖励等机制，为培养有潜力的新媒体生力军贡献了一份业界力量。目前，青媒计划已经与全国100多所高校建立课程合作，上万名学生参与了学习，深切体会到了新媒体的运作过程。

综观近年来的发展，无论学界还是业界，都意识到了新闻媒介素养的培养势在必行，因此越来越多的高校及媒体开设课程，鼓励学生及社会各界人士参与，这无疑是非常好的势头。新闻传播系学生及有志于从事新闻媒体行业的人员应好好抓住机遇，积极参与到学习及实践中去，如此才能提升自己的能力，为日后的新闻工作奠定坚实的基础。

三、提升媒介素养，坚持新闻本位

科技革命来势汹汹，传播手段激烈变革，原有的新闻传播环境受到冲击，浪潮之下，不少新闻乱象也显现出来。为博取点击量、阅读量，不少假新闻、反转新闻频频出现，也有过度偏袒一方当事人，预设立场求极端，导致新闻的公正客观荡然无存，更有将广告包装为新闻的“软文”推送给用户，使得用户无法分辨自己的“新闻”究竟是不是新闻……这些乱象让新媒体的公信力下降，也提醒新闻从业人员不要忘记新闻业的“初心”。无论信息社会如何瞬息万变，“新闻”的核心含义始终不会变：新闻本质上是一种事实信息，而在现象表现上则是对事实的反映和报道。[1]因此，无论技术如何剧烈变化，学界和业界应始终将新闻的真实性、客观性放在第一位，如此才不违背新闻的真正意义。

2019年5月20日，包括今日头条、UC浏览器、凤凰新闻在内的多家新闻门户网站和新闻聚合平台都以“新华社最新消息”的名义，向用户推送了《中美贸易战停火！止战！》一文。当天上午9点49分，新华社通过其微博“新华视点”发布声明，称《中美贸易战停火！止战！》一文系2018年旧闻，对盗用新华社名义发布虚假新闻予以谴责，并保留依法追究其责任的权利。这一“集体乌龙”的假新闻事件无疑暴露出整个新媒体行业内部仍存在把关不严、盲目追逐速度和流量的重大问题。不同于官方媒体，商业媒体对自身的身份认同和对公共责

[1] 刘少杰．面对新社会形态的当代社会学［J］．新华文摘，2014（2）：15.

任的承担较少，但它们既然已经具备互联网新闻信息服务资质，就应坚守相关规定，加强审核，这一事件无疑给行业人员敲响了警钟，也画出了底线。

为此，在学院教育中，教师们应尽早让每一位学生树立起明确的是非观与大局观。通过案例学习及讨论，让学生在思考中领悟新闻业的庄严。业界媒体也应订立行业规则，加强自律，摒弃唯流量论，坚持马克思主义新闻观及正确的报道导向，引领舆论风气焕然一新。早在2014年，中央全面深化改革领导小组第四次会议就审议通过了《关于推动传统媒体和新兴媒体融合发展的指导意见》，会上，习近平总书记发表重要讲话，明确提出媒体融合以“先进技术为支撑、内容建设为根本”，可见我国媒体融合发展的顶层设计一贯坚持“新闻本位”，这也是我国推动传统媒体和新媒体深度融合、培养高素质新闻人才不可动摇的发展思路。

自“媒介技术决定论”提出以来，不少人越发重视技术的含量及影响，却忽视了新闻业的内涵和精神价值。一方面，人和技术的关系的确十分重要，正如莱文森所言：“它和理解人的心理、生活和物质宇宙的框架一样重要。”[1]另一方面，若只重视技术和技能，而轻视新闻本身，就会失去新闻的光辉。新闻业兼具公益性和商业性，只追求商业性，那么新闻就背离了它维护公共利益的一面，这不符合新闻的定义。因此，新闻从业人员既要有专业的新闻素养，又要有理解媒介技术、互联网的思维方式，只有兼具这两方面的能力，才能在逐渐完善的新闻体系中成为一名有社会担当、有专业能力的新闻人才。

新闻业具有对内引领舆论、监督社会、推动沟通，对外讲好中国故事、传播正面的国家形象的作用。在科技革命的深入推进下，院校要适时调整新闻传播人才培养方案，保持创新，同时也要牢记新闻本位思想，为学生树立良好的新闻观。在交叉学科、新媒体、人工智能齐头并进的环境下，培养懂新闻、有理想的复合型新闻传播人才不仅是整个新闻传播行业的呼声，也是新闻业长远发展的需要。这一切都需要新闻传播院校与业界保持紧密联系与合作，共同提升新闻传播人才的培养质量。

在新媒体语境下，媒介融合已是不可逆转的趋势，它绝不仅仅是两种媒介的

---

[1] 戴元光，夏寅. 莱文森对麦克卢汉媒介思想的继承与修正——兼论媒介进化论及理论来源［J］. 国际新闻界，2010（4）：6-12.

简单相加，而应是传播方式的交融、变革；从更宏观的媒介景观来看，社会形态的嬗变也在悄然进行中……这都意味着新闻从业者正面临着前所未有的新挑战，改革新闻人才的培养方法已经势在必行。

随着新兴技术的发展，一些传统的内容采编业务已被人工智能所承担，新闻人应向多技能、多学科复合型人才转变，以进一步挖掘新闻行业的深度。在学界与业界携手开展媒介教育的背景下，新闻教育的变革也能为培养新闻人才奠定深厚的基础。尽管技术日新月异，但唯有提升媒介素养，坚持新闻本位，新闻从业者才能真正不辱使命，从而为我国新闻业的长足发展贡献自身的一分力量。

第三篇 文博发展与文创开发

新文创时代如何讲好传统文化故事

魏文坤 *

摘　要：自新文创概念提出以来，许多传统文化不断破圈，以年轻人喜闻乐见的方式受到了前所未有的欢迎与关注，出现了《王者荣耀》、抖音成都、抖音重庆等现象级文化形象。新文创的讲述方式主要是利用自身的技术与连接能力优势，基于时空关系的延伸，以文化价值为核心，基本形成文化旅游、数字文创、文博联动等模式。同时，它通过融合民族特色文化、营造故事性文化场景，构建了更为开放、多元、包容的文化生态体系，进一步推动了文化价值与产业价值相互赋能。

关键词：新文创；传统文化；文化 IP；文化网络

新时代，随着科学技术的不断发展，数字化内容呈现爆炸式增长趋势，琳琅满目的数字化内容争相吸引受众的注意力与目光。然而，传统文化却面临着失焦的现实困境。与此同时，面对新时代社会的主要矛盾的变化与推动，中华优秀传统文化创造性转化、创新性发展的重要任务，如何让传统文化在新的时代重新焕发魅力，让其成为满足人民群众对美好生活需求的重要落脚点，形成

---

* 魏文坤，中国传媒大学文化产业管理学院博士研究生。

新的文化自信，这是当前亟须我们解决的时代问题。而新文创将我们带入了一种科技与文化创意融合发展的情境，搭建起传统与现代沟通交流的桥梁，为我们提供了一种行之有效的文化范式解决方案。本文将在理解这一范式的发展机制、逻辑之上，探索讲好传统文化故事的具体模式与路径。

一、新文创赋能传统文化的内在机制

新文创是 2018 年由腾讯公司副总裁程武提出的一种以“IP”构建为核心的文化生产方式，它是一个以科技为主的新时代的全新的价值体系的变革。新文创通过更广泛的主体连接，推动文化价值和产业价值的相互赋能，从而实现更高效的数字文化生产和 IP 构建，构建了新的文化赋能机制。[1]

（一）科技赋能，创新 IP 内容与形式

科技推动了传统文化的创新性发展与创造性转换。首先，科技推动了传统文化的创意化生产，打破了传统文化创造的时空局限，传统文化通过与虚拟现实、人工智能等结合，为传统文化营造了一种可看、可听、可感的场景，构建了一种传统与现代交融的流行式接受模式。例如，近几年来比较火爆的手游《王者荣耀》，它创造性地将我国古代的杨玉环、李白、王昭君等历史人物融入游戏角色，并以敦煌飞天等形象赋予他们特色，围绕清明、端午、七夕、中秋等传统节日进行多样化文化探索，打造了一个数字化、富有中华韵味的游戏世界。从现实实践来看，《王者荣耀》日均用户已超两亿，而这无疑是一次成功的推动传统文化创意表达的案例。同时，科技推动了传统文化的创意传播。例如，腾讯联合故宫打造的音乐《千里江山图》，以“国宝名画 + 原创音乐”的形式，将静态的青绿山水融入动画世界，让“古画唱歌”变为一种可能，通过备受年轻人欢迎的青年艺人易烊千玺的代入性演绎，将封存于画卷中的历史生动展现在受众眼前，消弭了传统文化的距离感，引起了更多人对传统文化的喜爱与关注。

[1] 腾讯的“新文创”：面向未来的数字文化生产方式［EB/OL］.（2018-04-23）［2021-01-22］.http：//game.people.com.cn/n1/2018/0423/c40130-29942418.html.

（二）链接多元主体，构建生态网络

内容是新文创持续发展的重要动力，源源不断的优质内容源是推动新文创实现高质量发展的关键点。新文创从创意源头到消费终端，链接起了广泛的内容创作主体，构建了一个开放、合作、创新的网络体系。它不仅仅促进了与各大文博企业、城市的合作，更将广大消费者纳入文化创意与生产的行列，由此形成一种文化生态主体之间的良性互动。例如，上海大学与多方主体共同发布的《数字新青年研究报告》指出，近九成的年轻人对传统文化有兴趣，有八成年轻人通过网络了解传统文化，有近七成的年轻人希望通过游戏动漫了解传统文化，每年有近十万年轻人参加故宫和腾讯主办的 Next Idea 创新大赛。此数据足以证明新文创对构建生态网络的重要性。同时，我们也可以从许许多多的短视频中看到消费者参与新文创的热情，他们在每一个可以传播的角落演绎着各具特色的城市或乡村、传统或现代的多样性文化。《传统文化了解一下》《如果国宝会说话》《顽皮历史》等一系列短视频节目便是最好的例证。

（三）打造文化矩阵，实现 IP 商业变现

新文创显现出较强烈的商业链接特征。新文创通过延长产业链，给传统文化带来了无限创意，在推动传统文化传播的同时，更为它带来了文化经济价值，从而构建了一种持续循环的经济模式。新文创通过线上与线下的联动，实现了双向文化赋能。目前，新文创形成网络平台、影视、动漫、游戏、衍生品等多个文化业态构建的稳固的文化矩阵，各个文化业态之间相互补充，由此形成系统化商业版图。例如，腾讯旗下涵盖了阅文、QQ 音乐、腾讯影视等多个子系统，形成了“内容 + 生态”的商业布局，以阅文旗下超人气 IP《全职高手》为例，它不仅在影视、动漫、出版、衍生品等多业态领域获得了发展，同样也在跨界营销领域实现了较大的突破，与世界级大品牌麦当劳、美年达、中国银行等进行跨界合作，成为商业变现的标杆。再如，各大抖音网红城市，西安、成都、重庆等，线上影像世界中的摔碗酒、重庆轻轨、成都云林路等文化行为与景观吸引着众多年轻人，大量的网络流量转化为线下旅游人流，为这些地区带来了口碑与效益的双丰收。

二、新文创时代讲好传统文化故事的基本逻辑

（一）基于时空关系的互动与延伸

时间与空间是文化与文化经济存在的一般关系与价值所在。一切文化经济的存在都是时间与空间的存在。[1] 传统文化及其故事的讲述便建立在这一关系之上。其以受众为起点，在时间与空间的坐标轴中延伸、交集。文化的时空关系具体表征为，传统文化往往是时间的，而其以空间的方式生产与存储。从书籍到电影，从文化遗址到博物馆，由具象到意象，由实体到虚拟，无不是时间在空间中的表达。新文创时代，技术增强了文化空间的丰富性，赋予了时间多样化表达形态，众多新业态因此应运而生，传统文化故事的讲述也因此更具生命力与活力。同时，文化时空关系的本质是在文化空间中透视过去、现在与未来，在文化故事中延伸受众自身生命的长度、宽度与厚度。而这来源于时间的价值性与空间的多样性。这也就决定了，讲好传统文化故事不仅要把握时间主线，即对价值性传统文化的选择，同时又要拓展空间主线，即对丰富性文化场景的营造。

（二）以文化价值为核心构建文化认同

文化认同是讲好传统文化故事的根基，因为文化认同承载着整个民族对自身文化的共同知觉与理解，即是存于文化内涵中的文化价值。此类文化价值在历史的沉淀中汇集，并兼具一定的相似性与普适性，无形中以集体记忆的形式作用于一定群体。文化价值一方面以观念影响受众的行为选择，另一方面反过来影响受众的观念，具体表现为对某种文化产品和服务的具体性选择，而寻找具有情感共通点的文化价值就成为受众选择过程中的关键要素。

构建文化认同是讲好传统文化故事的有效方法。构建文化认同的故事讲解范式不同于被动式文化输入。一方面，文化认同以内在精神纽带的形式在文化群体之间以特定的语言建立深刻而持久的联系，让文化的讲述与吸纳更为容易。另一方面，文化认同在文化群体与国家之间搭建起桥梁。在文化认同的基础上，文化自觉得以构建与延伸，并内化为文化自信。当自觉转化为自信，文化传播的渠道

---

[1] 胡惠林．时间与空间文化经济学论纲［J］．探索与争鸣，2013（5）：10-16.

将更加流畅，范围也更为广泛，并因此形成一种良性的文化循环，构筑起一种可持续的文化安全观。文化群体的建立、文化氛围的营造、文化环境的保持因此成了讲好传统文化故事逻辑中的重要节点。

三、新文创时代讲好传统文化故事的模式

（一）文化旅游模式

新文创助力文旅融合。新文创突破了传统的文旅模式，通过数字技术，重新阐述文化内涵，激活文化资源，充分发挥了文旅新动能，进一步推动了文化旅游的体验式、沉浸式、互动式发展。例如，腾讯与云南共同发布“云南新文旅 IP 战略合作计划”，以腾讯“一部手机游云南”为基础，用“新文创”的 IP 化思维，汇集腾讯旗下游戏、动漫、影视、音乐等众多内容业务，并调用 QQ、小程序等数字化工具，重点助力云南文旅“五个计划”的实现，即“云南云”IP 塑造、大滇西旅游环线推广、丽江数字小镇建设、网红目的地孵化、新文创文旅品牌共建。再如，手游地下城与勇士联合南京夫子庙，将游戏玩家十分熟悉的铁匠场景和金陵制造局的元素完美融合，在场景体验中，玩家不仅仅加深了对地下城与勇士的情感链接，更深入了解了中国民族工业的辉煌历史。地下城与勇士融合古都传统特色，为游客与玩家带来了一场别开生面的沉浸式体验。

（二）数字文创模式

新文创助力传统文化资源的盘活。该模式以传统文化资源 IP 塑造为核心，倡导以数字化沉浸体验促进传统文化与科技的双向联动。例如，完美世界旗下手游《新笑傲江湖》，与“天下第一苗寨”西江千户苗寨及三位苗族代表文化非遗传承人展开联动合作。游戏剧本、建筑、主角服饰等都融入了一定的苗族文化元素，将黄墙黑瓦的吊脚楼、苗寨特色地形、鳞次栉比的建筑融入游戏场景中，让玩家在别样的苗族风情中对该民族特色文化习俗有全面的认知与了解。再如《诛仙》与非遗南京夫子庙灯会的联合，将敦煌传统文化与新职业天华、新场景西沙净土相结合等。它们融合科技与文化创意及特色美学，赋予产品更强大的竞争力。数字文创模式不仅推动了传统文化的深入传播，更为这些文化企业带来了可观的经济收益，同时，也在一定程度上带动了文旅产业的发展，带动了数字文化

创意产业的正向循环。

（三）文博联合模式

新文创助力传统文化破圈。新文创为严肃厚重的博物馆在新时代契合受众消费需求提供了新的情境、载体与机遇，有效引起了年轻人对博物馆文化的关注。2018 年，中国国家博物馆、南京博物馆、陕西历史博物馆等七大文博机构与抖音联合，使各馆“镇馆之宝”变身为“戏精”。中国国家博物馆通过其抖音官方账号发布了视频“奇妙博物馆，不如跳舞，魔性地走起”，发布后第二天视频点赞量接近 40 万，评论数接近 1 万。[1] 这种新文创的形式让文博机构成功打破传统文化严肃的束缚，以轻松愉悦的方式改变了大众对文博机构传统的认知，很大程度上提升了大众对此类传统文化的接受度，在弘扬传统文化、促进新时代传统文化传承发展中起到了广泛的示范作用。

四、新文创时代讲好传统文化故事的路径探索

探索新文创时代讲好传统文化故事的路径需要把握两个要素，即抓住新文创时代“融合文化与科技”“连接传统与未来”的关键点，分析讲故事中“谁来讲”“讲什么”“怎么讲”的问题，由此通过创新文化生产方式，打造更多看得见、记得住、走得远的中国文化符号。

（一）构建体系化文化供养网络

传统文化故事由谁讲？新文创时代，科技与文化融合的趋势越发凸显。数字环境下，文化生产链条被重新组合。数字化打破了创作、生产、传播之间的界限，广泛链接各个文化环节的主体，形成由线性向网络性的拓展与重构，改变了以往的文化生态环境，迎来了“大众文化参与”的全新时代。同时，“新文创”战略升级迭代的方向是创意生态的“上游化”，从消费端平台走向生产端平台，

---

[1] 七大博物馆集体入驻抖音 新方法秀国宝赢得新受众［EB/OL］.（2018-05-16）［2021-01-22］.https：//www.sohu.com/a/231811332_123753.html.

进而拉动文化资源的数字化全面整合。[1] 因此，建立体系化文化供养网络、构建文化共同体成为讲好传统文化故事的首要任务。

文化的传播是一个动态的过程，并非静态的。这也就意味着，文化只有被看到，才能在时空中真正发挥其价值意义。而全社会的新文创式共同供养则是以动态的形式让文化活起来的最好方法。首先，发挥了文化企业的主体能动作用。文化为互联网时代文化企业带来了更长远的价值与深远的影响，因此使得越来越多的文化企业选择开始向文化领域进军与深耕。近些年，也出现了一些身负文化责任感与使命感，实现文化效益与社会效益双丰收的优秀文化企业，例如，腾讯、字节跳动。其战略布局与实践逐步扩展到以传统文化为内涵，以电影、动漫、网络文学、文创等为布局的网络生产体系，成为传统文化传承与发展的市场主力军。其次，发挥了文化机构在文化供养中的支撑作用。这是由文化机构的公益性决定的。此类文化空间中蕴藏着丰富的文化资源，是文化企业寻找文化灵感的素材库，更是保障广大人民群众获得最基本的文化消费的主阵地。新文创时代，以故宫博物院、南京博物院、苏州博物馆等为代表的文化机构已经加快了数字化文化转型的步伐，以更加长久化、全面化、智能化、趣味化的储存与展示方式提升了讲好传统文化故事的素质，并吸引了越来越多的年轻人走近传统文化故事。最后，发挥了普通大众群体广泛链接的中坚力量。生产技术使文化消费者兼具多重身份，其不仅仅是文化产品与服务的消费者，更是生产者、讲述者与传播者。抖音、哔哩哔哩、微博中的文化短视频的创作者便是这一力量的最好诠释。

（二）打造民族时代性文化内容

“讲什么”是讲好传统文化故事的核心。新文创时代更加注重文化产业链的上端，即文化资源的挖掘与文化创意的生产。然而，面对浩瀚如烟的传统文化素材，并不是所有的传统文化都可以成为故事的主角。确立故事标准、找好故事素材往往可以让讲好传统文化故事事半功倍。

一是具有时代性价值的传统文化。时代性价值指古为今用的价值内核与顺势而为的价值转换特征。其一方面表现为传统文化的当下性，即传统文化的思想价值和精神内涵与当今社会的文化思想是否契合；另一方面表现为传统文化的亲近

[1] 张晓明．“新文创”助力数字文化建设［J］．青年与社会，2018（23）：11-12.

性，即传统文化在受众群体中的受欢迎程度，其是否可以巧妙融入社会并让受众自然而然地接受。这可以说是新文创时代文化的生物进化论，主要通过市场的选择来确定。这就要求传统文化既要有文化价值，又要具备一定的产业价值。

二是具有民族性价值的传统文化。民族性价值包含了独特性与共同性双重含义。一方面，要挖掘具有民族精神的传统文化。民族性传统文化不仅更易于传播和形成文化凝聚力，而且更具走出去的文化潜力。越是民族的越是世界的，深层次的民族气质更具吸引力。从《花木兰》到《哪吒》，民族神话故事在新文创时代依然散发着强大的能量，这与其深层次所表现出的儒家思想的“仁”是密不可分的，如故事主人公身上的“仁德”“仁爱”精神。另一方面，要挖掘具有普适性文化价值的传统文化。例如，围绕人性内涵与外延对真善美的追求与赞美，对假恶丑的批判与反思。这种普适性文化价值往往更能引起受众的共鸣，在现实传播中也更能厚人伦、美教化。

（三）营造故事性文化场景

故事性文化场景回答了“怎么讲”的问题。将传统文化融入故事性场景是讲好传统文化故事的有效手段。故事性场景将文化消费有效代入文化情境并进行有效的沟通与信息传递。

一是营造沟通式文化场景。沟通表现着传统文化与消费主体之间的平等性。这就要求文化创作主体的他者思维与时代思维，即充分考虑文化消费主体及时代文化消费的特点等，比如，依托大数据挖掘用户画像，精准定位观众。例如，故宫博物院便巧妙运用了此思维。皇家文化、宫廷文化与现代文化消费主体之间因“只可远观”的文化距离产生了“文化疏远”问题，故宫文创以创意为视角褪去了高高在上的光环，以“萌萌哒”的形象靠近受众并推动双方进行进一步的沟通交流。又如，抖音联合各大博物馆举办的“文物戏精大会”，以年轻化的思维方式与创新模式营造了更具时代气息的文化场景。这都为更多受众“走近”与“走进”传统文化起到了良好的铺路搭桥的作用。

二是营造沉浸式文化场景。沉浸于文化场景是深入了解传统文化故事的重要方式。例如，“故宫过大年”数字沉浸体验展活动，运用数字投影、虚拟投影、互动捕捉等技术，在春节文化与受众之间形成了有效互动。敦煌莫高窟通过虚拟漫游洞窟的《梦幻佛宫》数字电影，对莫高窟中 7 个经典洞窟进行了全方位展示，让游客获得身临其境般的感官体验。而此类方式的关键在于建立优秀的工业体系与创新生产技术，这也是我国科技企业不断努力发展的方向与预期的目标。

三是营造情感式文化体验场景。情感式文化场景的关键在于以人类共通的情感共识产生文化共鸣。因此，应当潜心挖掘传统文化的核心价值，并通过象征性符号或感官形式充盈文化场景。一方面，以人类普适性价值引导受众的情感共鸣；另一方面，可以通过公众人物的引导，在他人情感的代入中沉浸于文化场景。如《我在故宫修文物》《国家宝藏》《上新了，故宫》等文博类纪录片与综艺节目，发挥了电视节目自身优势，通过“真实”的文化场景，使受众在文化主人公循序渐进的故事讲述中融入情境，有效激发了真实的文化情感、引起了文化反思，从而深化文化感知并将文化情感转化为持久性文化记忆。

五、结语

在数字化不断发展的今天，我们比以往任何时候更具备讲好传统文化故事的优势与潜力，也更有责任与义务让传统文化“活”起来。因此，我们应该带着更强大的动力与信心，在时代与世界的洪流中，把握讲好传统文化故事的基本逻辑，不断实践探索，开辟中国特色文化道路，以期用更多的文化符号链接未来与远方。

我国博物馆文物文创产品开发研究——以故宫为例

孟　伟*

摘　要：博物馆文创产品作为博物馆“最后一个展厅”，成为时下博物馆最耀眼的“明星”，是发挥文物价值、让文物“活起来”的重要方式。作为博物馆发展的一个新方向，如何开发好文创产品则成为博物馆建设的重要课题。故宫博物院作为我国文物艺术的集聚地，在博物馆文创产品开发领域发挥了先锋模范作用，其文创产品开发模式值得研究。因此，本文从研发、生产、销售等环节对故宫博物院的文创开发进行了详细的研究。

关键词：故宫博物院；文创产品；研发；生产；销售

一、故宫博物院文创产品开发现状

2010 年 10 月，故宫博物院文化服务中心主管的“故宫淘宝”淘宝店上线。截至 2015 年底，故宫博物院共计研发文化创意产品 8683 种，其中，2013—2015 年期间，故宫博物院研发的文化创意产品累计有 1273 种。与此同时，故宫

---

* 孟伟，中国传媒大学文化产业管理学院博士研究生。

博物院的文创产品销售额也从 2013 年的 6 亿元增长到 2015 年的近 10 亿元。[1]

为了推广淘宝店并打造“故宫淘宝”的新媒体品牌，故宫博物院文化服务中心于2010年11月开通了“故宫淘宝”新浪微博，2013年9月开通了“故宫淘宝”微信小程序“微故宫”。截至目前，“故宫淘宝”的新浪微博粉丝达 74 万人，微信公众号“微故宫”上单篇文章的阅读量时常突破 10 万人次。随着新媒体营销模式日渐丰富，2015 年 12 月，故宫开设了“故宫微店”，粉丝可通过微信小程序“微故宫”的自定义菜单直接进入微店去挑选商品。

2016 年“故宫淘宝”联合腾讯举办了“Next Idea 腾讯新文创大赛”，故宫博物院将和腾讯建立长期合作关系，并签署了为期三年的合作协议。故宫博物院将开放经典的 IP 形象和传统文化内容，腾讯搭建平台，吸引了更多年轻人参与文化 IP 的创意。

二、故宫博物院文创产品研发环节

（一）研发理念

北京故宫博物院的文化创意产品开发不是简单的复制与模仿，而是通过大胆的尝试和创新让文物活起来，让文化融入生活。经过长期探索，故宫在文化创意产品方面形成了“以弘扬传统文化为己任，以社会公众需求为导向，以科学技术为依托，以学术研究成果为支撑”的开发理念。“以弘扬传统文化为己任”指借助文化创意产品将中华民族的优秀传统文化发扬光大，增强故宫文化的持久魅力。“以社会公众需求为导向”旨在提高产品的针对性，使北京故宫的文化创意产品既充满文化韵味，又能契合大众的现实生活需求，确保产品一经推出就受到大众的追捧。“以科学技术为依托”指北京故宫博物院的文化创意产品开发充分借助于现代科学技术，以科技手段来不断充实并扩展文化创意产品的形式。“以学术研究成果为支撑”强调故宫文化创意产品开发始终立足于扎实深入研究的基础上，不论文化创意产品多么新颖有趣，它们都不会将故宫文化抛置一边，而是始终包含深厚的故宫文化。如“朕就是这样的汉子”折

---

[1] 北京商报．故宫博物院：2016 年故宫文创产品销售额近 10 亿元［EB/OL］．（2016-4-20）［2019-12-20］.http：//www.199it.com/archives/464305.html.

扇、“奉旨旅行”行李牌等就是很好的体现。可以说，北京故宫博物院文创意产品开发如果没有弘扬传统文化的使命感，就迷失了发展的方向；如果没有足够了解社会公众的实际需求，就无法实现其产品的价值；如果没有现代科学技术作为研发依托，就很难创造出如此丰富的产品类型；如果没有足够的学术科研成果，就缺少了存在的根基。“以弘扬传统文化为己任，以社会公众需求为导向，以科学技术为依托，以学术研究成果为支撑”四者相辅相成，共同推动北京故宫博物院文化创意产品的开发。

（二）研发团队

北京故宫博物院由 36 个部处组成，其中由资料信息部、故宫文化服务中心、故宫出版社、经营管理处 4 个部门具体负责文创产品研发工作。此外，为汲取更广泛的灵感，开发更精彩的产品，故宫还面向内部员工和社会公众举办了文创产品设计比赛。

资料信息部负责 App 研发。App 研发团队由一二十个年轻人组成，他们大多了解并学习过动漫和设计类相关知识，对科技信息类产品有较浓厚的兴趣。目前，大家较为熟悉的有“胤禛美人图”“紫禁城祥瑞”“皇帝的一天”“韩熙载夜宴图”“每日故宫”和“故宫陶瓷馆”6 款 App，由于它们符合青少年群体的兴趣爱好，因此其传播效果要远远高于传统纸质文化传播形式。以“皇帝的一天”App 为例，这是故宫官方首次推出的儿童类应用，以活泼生动的手绘画风，卡通式的宫廷人物，引领孩子深入宫廷，了解皇帝一天的衣食起居、办公学习与休闲娱乐，来向孩子们说明皇帝的一天也是很繁忙的，最终达到教育孩子的良好效果。另外，“数字故宫”建设是北京故宫博物院的又一项重要举措，它以立体、多元、全方位的信息化手段让北京故宫文化融入人们的日常生活，以此来满足大众的文化需求。

故宫文化服务中心负责中、低端产品的研发。研发团队由数十人组成，他们的目标是开发出具有故宫特色的文化产品，满足公众对博物馆文化的消费需求，弘扬优秀传统文化。他们生产的产品虽然价格不高，却依然具有较强的实用性和观赏性，因此受到广大群众的喜爱，如生活潮品、文房用品、包袋服饰、宫廷首饰等。

故宫出版社负责出版相关书籍及古代书画仿制品的研发。因为涉及工作量较大，其拥有庞大的数百人开发队伍。故宫博物院拥有丰富的书画资源，为了能使群众更好地感受到中国书画艺术的魅力，本着“服务故宫，开放交流”的原则，开发团队设计出精美的图书及相关音像制品以供社会公众学习，如《故宫经典系列丛书》、新版《故宫日历》《紫禁城》杂志等达到了弘扬传统文化的目的。每次书画仿制工作开始前，故宫出版社都先挑选出院内的馆藏书画精品，通过先进技术进行还原，以供社会人士观赏和研究。

经营管理处负责高端产品、院礼的研发。如售价 120 万元的纯铜打造的故宫角楼模型。该部门人数较少，由 8 人组成。它不仅负责文创产品的研发，而且负责维护故宫文创产品产权的工作。

排除专设机构，故宫博物院还为员工和社会公众搭建平台，举办文创产品设计比赛（见表 3-1），让他们也能参与文创产品的研发，从而设计出更接地气的产品，丰富故宫文创产品的种类和数量。2008 年和 2009 年，故宫博物院连续两年举办“故宫博物院职工文化产品设计及产品创意竞赛”，涌现出许多优质的产品，并编印了《故宫博物院首届职工文化产品设计与创意竞赛获奖作品集》。2013 年 7 月，故宫博物院又面向社会公众征集创意设计，特举办了“紫禁城杯”文化创意设计大赛。

表 3-1　文化创意产品设计比赛获奖情况

时间	参与对象	作品数量	获奖情况	产品
2008 年	内部员工	作品 41 件，其中，设计类作品 24 件，创意类方案 17 个	—	烛台、正吻便签盒、云纹书档等
2009 年	内部员工	作品 33 件，其中，设计类作品 22 件，创意类方案 11 个	设计类作品一等奖 1 名、二等奖 3 名、三等奖 5 名，创意类最佳创意奖 10 名；其他参赛人员获得纪念奖	
2013 年	社会公众	作品 675 件	金奖 3 名、银奖 6 名、铜奖 9 名，另有优秀奖 30 名，特邀设计师奖 6 名	武骏宇设计的“‘科栱’积木”、李蕾设计的“回形针的故事”和北京弘华之锦服饰有限公司设计的“‘云起如意’领带”

（三）研发资金

北京故宫博物院的门票售价淡季 40 元、旺季 60 元，2009—2018 年，每年参观人次达千万，可以说故宫的门票收入十分可观，高达数亿元。然而，受制于收支两条线的预算办法，所得门票收入需全部上缴国库，而每年所需的经费则重新进行财政预算，所以，北京故宫的门票收入并不能给文创产品的研发带来多大的帮助。北京故宫博物院前任院长单霁翔曾经说："故宫事业发展的资金需求非常大，但是我们力求以科学、务实、可行的项目规划来争取国家财政的强力支持，而不是通过提高门票和增加民众的负担来获取更多资金。"[1] 随着国家对博物馆经营方式和态度的逐步转变，北京故宫博物院被国家划为公益二类事业单位，根据相关政策的规定，它可以自主开展相关业务活动，依法取得服务收入。这样的措施大大激发了故宫博物院文创产品研发的热情，使故宫文化产业获得了飞速发展。自主经营的模式加上财政资金的专项支持，使得故宫人在进行文创产品开发时不会由于资金的原因而影响产品的研发进程。

（四）研发素材

截至 2018 年年底，故宫研发文创产品的种类已达 16 种，数量 8 767 件。它们涵盖类别广，涉及生活的各个方面，充分兼顾公众的各种需求，获得了公众的好评。如此多样的文创产品，没有一件是凭空臆造的，全部取材于故宫的藏品。故宫博物院文创产品研发的素材主要来自历年的展览，同时结合了 180 万件藏品和独一无二的古建筑资源。利用脑洞大开的创意将故宫元素、文化内涵注入产品中。历年来，北京故宫博物院多次举办展览，其中以 2015 年的 90 周年院庆规模最大，共举办了 18 项展览，分为专题展览、常设展览、原状陈列三大类，相关展览包括"普天同庆——清代万寿盛典展""石渠宝笈特展""大明御窑瓷器——御窑遗址出土与传世洪武、永乐、宣德瓷器对比展""清淡含蓄——故宫博物院汝窑瓷器展""故宫老照片特展"等 18 项。这 18 项展览的内容涉及方方面面，为北京故宫研发团队提供了广阔的素材库，为专业人才仔细发掘、寻找灵感奠定了基础。例如，围绕"石渠宝笈特展"，故宫推出了系列仿真书画产品，包括《清明上河图》《韩熙载夜宴图》《听琴图》等，最大限度保留了原作的神韵风貌；

[1] 单三娅．以文化的态度"经营"文化［N］．光明日报，2012-05-15（5）．

围绕“故宫老照片特展”发行了故宫明信片。

三、故宫博物院文创产品生产环节

北京故宫博物院虽然拥有独立自主的研发部门，但受博物馆自身体制机制的约束和人力资源不足的影响，它没有独立的文化创意产品生产部门，其将部分开发和全部生产工作委托给业内顶尖厂商负责。目前，为故宫博物院提供文化创意产品设计和加工的企业已达60余家。故宫选择合作企业的标准相当严格，要求合作企业提供相关资质的证明材料，如茶具制造厂出具质量报告、木材加工厂出具环评报告等，最后故宫还要进行实地考察，最终择优选择合作对象。

（一）合作生产

按照控股比例的不同，北京故宫文化服务中心分别与北京喜力大有文化发展有限公司、益诚投资咨询（深圳）有限公司、北京百雅轩文化艺术发展有限公司等成立了北京故宫文化产品开发有限公司、北京故宫宫廷文化发展有限公司、北京紫禁城天地文化发展有限公司等。故宫的许多文创产品由这些公司生产，并以故宫的名义进行发布。

（二）授权生产

北京故宫博物院授权企业较多，如北京尚潮创意纪念品开发有限公司、北京大家仝观装饰设计有限公司、潍坊增艳企划发展有限公司、深圳宜雅艺术品有限公司、北京优派克文化发展有限公司、丝绸之路集团控股有限公司、北京军戎贸易责任有限公司、雅昌企业（集团）有限公司、北京东方威龙文化艺术有限公司、周大福珠宝、北京洛可可设计公司、日本凸版公司等。以北京尚潮创意纪念品开发公司为例，它是一家致力于博物馆原创文化产品开发的公司，经故宫博物院授权后，它立足故宫藏品，研发出可爱的娃娃卡通形象和产品，从无到有，逐渐形成“宫廷娃娃”系列文创产品，深受消费者青睐。根据北京故宫文化服务中心和北京尚潮创意纪念品开发公司的约定，娃娃卡通形象和产品仅在故宫的渠道内销售，开发公司不得与其他合作企业研发雷同或类似的形象和产品。北京故宫博物院通过授权企业生产的方式，节约了人力成本。更重要的是，对企业生产的产品能否进入市场，故宫的研发团队依然有权进行把关，以此来确保相关产品的质量。

四、故宫博物院文创产品销售环节

北京故宫博物院一直给人的印象是高大、严肃、古典，甚至是“遥不可及”。作为历史文化遗存的故宫，其首要任务不仅是保护文化古迹，还肩负着传播故宫文化，使故宫文物“活起来”，让故宫文化走入寻常百姓家的责任。故宫文创产品虽然为公众把故宫文化带回家提供了实物载体，成为故宫文化走出去的重要方式，但要将故宫文化真正发扬光大，只注重研发和生产还不行，必须注重产品的销售，只有通过合理的销售模式，才能真正实现故宫文化与公众生活的有效对接。因此，为了达到传播故宫文化的最终目的，故宫博物院制订出文创产品合理的定价方案，并开拓了多样化销售渠道。

（一）产品定价

北京故宫研发的 8000 多件文化创意产品的销售价格从 10 元以内到上百万元不等。由于北京故宫博物院文化创意产品开发的目的是弘扬传统文化，彰显博物馆的社会教育职能，同时力求获得一定的经济效益，从而实现博物馆自力更生，最终实现博物馆的可持续发展。本着传播文化的初衷，故宫文创产品的定价是科学的，其价格着重参考两个标准：一是同类产品价格；二是在生产成本的基础上加价幅度控制在 10% 以内。故宫在生产文创产品之前，首先会调研同类产品的售价，以此来控制生产成本。如果同类产品明显高于市场价，就不利于产品的销售，不利于提高自身的市场竞争力。因此，同类产品的定价，通常情况下差距不会过大。另外，在社会效益和经济效益相冲突的情况下，本着社会效益优先的原则，尽可能地压低售价，在原生产成本的基础上加价 5% ~ 10%，来促进产品的销售。

（二）销售渠道

故宫文创产品数量众多，必须有一个合理的销售计划，才能顺利保障产品价值的实现。每次新产品推出以前，故宫往往提前生产数十件投入市场，观察市场反应，如果销售状况乐观，就大批量生产。如果市场反应不好，就少量生产或不生产，以免积压库存，导致资源浪费。故宫文创产品上市后，其销售渠道包括线上销售和线下销售，为公众消费提供了便利。

1. 线上销售

北京故宫博物院有自己的网上销售平台——故宫淘宝和故宫商城。故宫淘宝是故宫博物院 2008 年 12 月与北京尚潮创意纪念品开发有限公司合作创办的旗舰店，直接隶属故宫文化服务中心，其销售产品分为 6 大系列，共计 210 种。故宫商城是故宫博物院于 2015 年 1 月正式上线的又一网上销售平台，分为 8 大系列，共计 237 种。现代社会，许多人由于时间的限制不能亲自前往故宫游览，还有部分人去了故宫，但是可能由于各种原因未购买纪念品。这种情况下，如果想购买就只能亲自去故宫，或者再去故宫，而这会带来各种不便。可是，网上销售出现以后，他们足不出户就可以把心仪的故宫产品带回家，给公众带来了极大的便利，故宫也借此实现了传播文化的目的。目前，故宫淘宝店的粉丝量已接近 30 万。由于电商的营销模式让故宫尝到了甜头，故宫与阿里巴巴签署了合作协议，在天猫和阿里旅行平台建设了“故宫博物院官方旗舰店”及“故宫博物院门票旗舰店”。❶

2. 线下销售

故宫博物院院内共有 42 处文化产品商店，它们分布在不同区域，为游客消费提供了便利。其中，神武门东厂房的 8 个文化创意体验馆较有特色，分别是丝绸馆、服饰馆、生活馆、影像馆、木艺馆、陶瓷馆、展示馆和紫禁书苑 8 间展厅。2016 年，北京故宫博物院还计划在神武门外东西两侧设立无须购票、不受闭馆时间影响的故宫文化服务区，以进一步拓展故宫文创产品的销售渠道。除了在故宫内设置的销售点，目前北京市内固定展示和销售故宫文创产品的区域共有 4 处，一处位于首都机场，属文化展示项目；其余 3 处位于商业区，属销售点。北京市外的固定销售区域只有一处，位于澳门艺术博物馆（见表 3–2）。

表 3–2 北京故宫博物院文化创意产品销售区域

功能分区	商店名称	地理区位
北京故宫内文化创意产品固定销售区域	故宫文化产品商店	分布于故宫博物院的各个角落
	故宫文化街	神武门北宫墙下东厂房 8 个文化创意体验馆

❶ 张晓宇．故宫博物院要去天猫和阿里旅行开旗舰店了［N］．好奇心日报，2016-04-22.

续表

功能分区	商店名称	地理区位
北京市内其他展示和销售区域	文化展示项目	2012 年，“文化国门——故宫印象”文化展示项目在北京首都国际机场 T3 航站楼落成
	故宫博物院文化产品专卖店	2007 年，国内首家“故宫博物院文化产品专卖店”落户白孔雀工美大厦；2014 年，故宫文化产品专卖店落户王府井工美大厦四层
	故宫博物院精品文物馆	2015 年，北京奥林匹克公园瞭望塔的故宫博物院精品文物馆开张
北京市外固定销售区域	故宫纪念品商店	澳门艺术博物馆与故宫博物院合作开设，店内销售的纪念品均为北京故宫博物院生产的文创礼品

五、结语

北京故宫博物院文创产品从研发到生产，再到销售这一流程，渗透着北京故宫博物院先进的理念、艰辛的付出、明确的分工、严格的生产、广泛的渠道等诸多必备要素，为中国其他博物馆走出一条适合自身发展的文化创意产品开发之路提供了先进的经验。目前，北京故宫博物院文创产品开发无疑取得了巨大成绩，不论在国内还是国外，故宫博物院都是佼佼者。未来，故宫博物院应继续保持一贯的态度和付出，同时，密切关注文创产品研发、生产、销售各环节中潜在的问题，及时加以改进，这样才能在文创产品开发的道路上走得更远。

浅析数字化展览特征及其开发路径——以“圆明园·沉浸式体验展”为例

高紫晴 *

摘　要：近年来，我国文化产业的发展进程可谓日新月异，而数字技术在文化产业领域的应用更是使其内容及形态都产生了裂变。“数字创意产业”已被列入我国五大战略性新兴产业。传统展览业也受到了数字化冲击，开始探究数字化展览发展新形式。作为具有前沿性特征的新业态、新模式，数字技术与展览的融合将促进文化消费，改变人们的观展方式、增强观展体验，唤醒人们对文化的情感，打造高阶文化生态。

关键词：数字化展览；数字圆明园；文化产业；文化＋科技

一、引言

《文化部关于推动数字文化产业创新发展的指导意见》指出：“以文化创意内容为核心，依托数字技术进行创作、生产、传播和服务，呈现出技术更迭快、生

* 高紫晴，中国传媒大学文化产业管理学院硕士研究生。

产数字化、传播网络化和消费个性化等特点。”

大数据、云计算、物联网、区块链、5G及VR、AI、AR等新技术的蓬勃发展，正在深刻地影响社会生活的每一个领域。当数字技术的热浪吹向展览行业时，给传统展览的升级转型带来了无限活力。数字化技术丰富了展览品的叙事空间，为展览吸引了更多受众，使受众能够与展览品进行对话：人们的视觉与听觉感受得到满足的同时，也能够更加了解展览品的故事；通过交互技术沉浸在展览品的世界里，去追踪展览品的前世今生。

需要说明的是，广义的数字化展览包括线上虚拟数字化展览和线下实体数字化展览，本文所讨论的数字化展览是线下数字化展览。纵观其发展历程，数字化展览这一概念最早出现在20世纪90年代末，当时部分企业希望通过数字化展览来宣传产品、展示企业形象。[1]进入20世纪后，数字化展览得到了广泛应用，具体而言，可以将其发展分为两个阶段，每十年为一个发展时期。第一个十年（2000—2010），表现为数字技术与展览的表层结合，数字技术多被应用于公立博物馆的说明系统中，作为传统文字或人工说明的补充，以数字技术为核心的展览形式在我国尚未成熟。第二个十年（2010—2020），随着数字技术日益先进，展览的数字化趋向势不可当，数字化博物馆、数字化展览的概念在这一阶段被正式提出。数字技术的应用方式得到了拓展，除了用作展览品说明方式的补充，也可作为展览空间的主要呈现方式；与此同时，数字化展览开发的探索不再局限于传统博物馆，各式各样为商业机构所开发的沉浸式展览、TeamLab、交互体验展览开始进入大众文化视野，成为文化消费市场上一股难以忽视的力量。

数字化技术作为展览展示的核心要素，具有拓展展览边界、丰富展览内容、增强互动体验等创新功能，理清数字化展览的概念、意义、特征，重视其科技基础，探究其创新发展路径，对于推动科技与文化资源融合并致力于突破核心技术难题，提高数字经济的发展程度，充分利用数字化展览的优势来讲好中国故事，提升文化软实力等具有重要意义。

---

[1] 体验数字化展览［J］. 互联网周刊，1998（12）：37.

二、研究对象

（一）“重返·万园之园”

“重返·万园之园”展览以“重返·万园之园”为主题，以光影展为主、学术展为辅将近20年学界关于圆明园的研究成果进行了一次可视的数字化展示。光影展采用环形成像技术在巨幅屏幕上呈示光影内容，光影内容包括“重返·海晏堂”“光影时光仓”“武陵春色”“星空漫游”4个篇章构成。光影展每一章各有侧重，“武陵春色”通过光与影的映照流动给予观众强烈的视觉、听觉震撼，置身其中的观众仿佛看到圆明园未经战火时的模样，感受到圆明园曾经花好月圆、春华秋实的繁荣景象，“重返·海晏堂”这一篇章则还原了利用圆明园遗址碎片复原圆明园的过程；学术展利用8块电子屏向参观者呈示了百余份海内外搜集而来的圆明园相关文献资料，旨在通过学术资料的陈列来辅助光影展，让参观者在享受视听盛宴之余回归现实、严肃思考。

（二）案例选择说明

本文以“圆明园·沉浸式体验展”为例展开数字化展览的相关研究和论述。

首先，“圆明园”的实体毁于战火，目前以废墟的形式存在于人们生活的现实时空，具有较为特殊的存在方式及历史意义。作为中国古代园林与西方园林结合的产物，圆明园本应是中华民族璀璨文明的结晶，已然损毁的历史事实令人心痛也令人反思：在当代，圆明园可否利用数字技术重现于世？数字化展览作为新兴展览形式，能否以去物质化的方法“复兴”圆明园？数字化展览的形式能否丰厚圆明园的叙事方式？故而，与一般的展览文化资源相比，“圆明园”更能体现数字化展览的优势。

其次，圆明园实体被破坏的现实情况与当代数字化展览形式的诞生引导人们去思考完全数字化展览所创造的“数字客体”与自然客体、观赏者之间的关系。李三虎曾指出：不同于传统意义上的物质存在，从本质上说，数字物不同于自然物，而属于技术人工物，可以被称为“数字人工物”。数字客体使人们在瞬间陷入视觉与听觉甚至是触觉的奇观体验之中，是威胁到了真实存在的自然客体的意义，还是令参观者更加渴望回到现实来关注自然客体，都是急需思索的问题。

三、数字化展览的特征分析

（一）技术赋予展览科技性特征

数字技术是数字化展览存在、发展的根本要素，数字化展览因具有科技性而从本质上区别于传统展览。科技元素为展览业带来了前所未有的生产力：用光影特效营造出一片璀璨星空，用全息投影将千百年前的历史人物带到参观者的身边并与参观者进行对话，或者使用VR、AR、MR等技术令参观者进入如梦似幻的童话世界，这些都是传统展览无法创造也无法为参观者提供的。

目前，应用于数字化展览的科技成果主要有多通道投影（环形成像）、激光投影显示技术、3D全息影像技术及VR、AR、MR技术。先进科技成果的引入使得展览从内容到形式、从局部到整体都更富有科技性魅力。首先，环形成像和激光投影显示技术以其显示系统的优化和突出的色彩表现力使展览具备前所未有的视觉冲击力并带给人沉浸感。2010年，上海世博会中国馆数字化展出巨幅动态《清明上河图》（长128米，高6.5米），为观众带来了一次前所未有的视觉享受。其次，3D全息影像技术以其逼真度和立体度极大激发了观众的新奇感，打破了展品叙事时间及空间的限制，而VR、AR、MR技术的应用则使展览为参观者创造了一个“虚实相生”的新世界，以计算机为技术载体营造虚拟环境或将虚拟信息投射于现实，打破虚拟与现实的边界。在“黄山”这一数字化展览项目中，通过技术手段实现了视频与计算信号随时叠加，参观者在展览之中体验到了飞跃云海、亲扶奇石的感觉。

“重返 · 万园之园”光影特展应用环形成像技术和激光投影技术为参观者营造出视觉奇观。场馆内三块巨幅幕布连接与多台投影仪共同组成弧形列阵，在传统投影的基础上把计算机图像投射于高精度的弧形屏幕上，于光影流转之间将圆明园的历史娓娓道来。

（二）展览叙事方式多样化

展览经过数字化开发增强了趣味性，由沉闷的物质存在形式转化为灵动的、有趣的数字化形式。传统展览中展品仅仅作为呼应主题而存在的一件物品，自我表达也仅限于枯燥的文字介绍或人工讲解。如今，在数字技术的影响下，文化资源能够以更为灵活的叙事方式表达自我，例如，以第一人称讲故事的方式诉说展品的历史、呈现关于展品过去及未来的影像等。正如哈威·费舍所说："虽然数字王国的本质是技术和二进制码，但它释放了人类在各个领域最天马行空的想象力。"[1] 数字技术打破了以往展览叙事的单一性，深入拓展了展品叙事空间。对于文化资源本身而言，它们的存在是凝固的、停滞的，需要借助其他媒介来对它进行说明补充、深度挖掘其历史意义与当代价值。数字技术广泛应用的背景下，采取多种叙事方式去讲述展品背后的故事，表现展品特有的个性已然成为数字化展览的显著特征之一。

圆明园的独特历史价值，以废墟的形式呈示给当代人的特征等都是可挖掘的潜在叙事空间。制作方在"重返·万园之园"的光影展中以虚拟影像的形式将圆明园复原之后的面貌展示出来，影像中华灯初上、花好月圆的圆明园与现实中的断壁残垣形成对比，观众也无形中被卷入历史与现实的冲突中，"沉默的文化开口说话，使一个孤立的展品构成一个完整的话语体系"[2]，由衷地唤起家国情怀。

（三）交互体验增强展览新奇性

数字技术在实现人与作品之间的互动、增强展览新奇性方面有着独一无二的优势，交互体验的引入是数字化展览区别于传统展览的独特标志，从而使数字化展览更富有吸引力。数字化展览中的交互设计由传感艺术、电子艺术发展而来。交互体验目前主要有语音交互、感官交互和行为动作交互等方式。语音交互是依靠语音输入、语音合成及合成之间的相互配合来交流信息，这种方式对展品的智能化要求较高；感官交互指展品调动观众的感受器官去感受展品，"重返·万园之园"主要是调动观众的视觉、听觉，除此以外，在数字化展览开发过程中还可以调动嗅觉、触觉等多种感官来感受；行为动作交互则是指观众可以通过肢体语言与展品进行互动，有交互游戏体验、小型行为模拟体验等形式，行为动作交互极具趣味性，即使是对展品知之甚少、兴趣寥寥的人也很容易被吸引，从而产生

---

[1] 哈威·费舍．数字冲击波［M］．黄淳，等译．北京：旅游教育出版社，2009.

[2] 蒋含韵．虚实之间的观看——艺术展览的数字化趋向［J］．民族艺术究，2017，30（2）：63-70.

了解展品的欲望，这是数字化展览中交互设计所关注的主要方面。

交互体验是依赖于数字技术而存在的，人与展品相互作用调动了观众的主观能动性并引导观众走近展品，有时候甚至令观众成为展览的一部分。究其本质，交互是人与物情感交流的活动。虽然传统展览也追求思想感情的表达，但传统展览传递信息、表达感情的方式往往是单一、单向且枯燥的。数字化展览应用交互技术打破了这种单向进行信息传递的阻碍，为观众和展品提供了对话的场所。巴赫金指出：一切莫不都归结于对话，归结于对话式的对立，这是一切的中心。一切都是手段，对话才是目的。对话场所的建立给予信息传播更高的效率，观众完成由被动接受展品信息到主动学习探索、与展品双向交流的转化过程。交互体验是数字化展览以人为本理念的外化方式之一，用融合科技、人文、艺术的方式令科技有了温度。

（四）隐含特征：展览文化大众化转向

如前所述，数字化、信息化的普及及应用不仅影响着博物馆、公立美术馆、科技馆等官方机构，也深刻地影响着商业美术馆、商业展馆等非官方机构。在数字技术浪潮的裹挟之下，官方与非官方展览从业者所策划的数字化展览皆呈现出文化大众化转向特征。

对于博物馆等官方机构而言，数字化展览这一模式出现之前，藏品的信息仅仅以文字的形式罗列在藏品之侧，观众可能并没有能力或者耐心去仔细阅读，即便观展过后也不能对藏品有更深的了解，更无从谈起与藏品进行对话或者唤起情感体验，知识仍旧封存在博物馆内，为知识精英所独有。而数字技术的引入，大大降低了观众理解藏品的门槛，大众与文化精英共享信息，精英知识成为流动的大众知识。博物馆、藏品、观众的身份发生了转变。博物馆不再是陈列藏品的空中楼阁，而是分享知识、讲述知识的官方机构；参观者摆脱了对知识被动接受或者无法接受的困境，成为知识的主动理解者甚至是传播者，在这种角色转变和展示空间的互动中，文化的大众化转向完成了。商业美术馆、展馆作为承担艺术品流动展示的场域，其严肃性虽然不及官方博物馆，却一度因其展品的高度艺术性对观众的艺术素养提出了较高要求。艺术品“灵韵”的存在阻碍了大众对艺术的接受，数字化展览无形之中消解着艺术品的“灵韵”，观众在数字化展览时代通过多种方式去理解、接触艺术品，甚至被允许进入艺术品中成为其的一部分，对展品朝圣式膜拜的时代正在过去，欣赏艺术展品或对展品进行再创作因数字化展览的出现成为大众文化活动的重要组成部分。

曾几何时，对展品的修复过程是隐秘的，资料更是不可对公众展示的。“重返·万园之园”将学界对圆明园的学术研究成果和修复尝试以光影展和学术展的方式呈现给大众，这一尝试则表明了数字化展览形式对推动文化大众化转向的作用和意义。

四、数字化展览开发路径讨论

（一）跨界合作，从源头增强生产力

数字化展览开发过程中涉及诸多要素——技术要素、文化资源要素、市场要素等，所以数字化展览开发绝非一家之事。在对展览文化资源进行整合、挖掘并进行数字化开发时，博物馆、美术馆、展馆自身的力量可能有限。展馆原本只是作为文化资源展示的地点而存在，对引入数字技术、进行市场宣发或者叙事方式设计等方面并不全然擅长。考虑到这种情况，数字文化资源的开发无疑是需要其他专业机构参与的。专业数字技术公司可以提供更优质的文化资源数字开发提案，研究如何将前沿的数字技术成果与文化资源深度结合，以及采取什么样的方式来呈现等；[1] 若涉及市场宣发，公关宣传公司或咨询公司则有更多样的宣传途径和资源，数字化展览固然要靠精品出圈，但在互联网经济时代，站在宣传的风口更能推动其乘风直上。跨界主体互相协作以激发展品的无限生机，不同主体从自身所处的专业角度出发，彼此碰撞合作，令数字文化展览的每一个要素维度都达到最佳状态，最大化推动数字化展览的发展。

在跨界协作的过程中，展览主办方、展览机构既要有海纳百川的胸怀，顺应数字化展览发展趋势，更应起到统领全局的作用。展览从业人员对文化资源或者展品特性的了解程度直接奠定了数字文化资源开发的调性，这要求展览从业者在积极引入外界力量对展品进行数字化开发的同时，坚持保持文化资源自身特色，避免数字化展览开发陷入同质化陷阱，使粗制滥造带来的千展一面、形式重复、工具理性逾越文化价值的低劣数字文化产品充斥文化市场。

---

[1] 花建，陈清荷．沉浸式体验——文化与科技融合的新业态［J］．上海财经大学学报（哲学社会科学版），2019，21（5）：18-32.

“重返·万园之园”光影展的开发由清华大学建筑学学者团队及其下属数字研究所共同完成，此外，宣发过程中积极，他们联系了 MCN 公司并争取建立合作关系，以寻求宣传渠道的拓展。

（二）对技术进行创新利用，开发多种交互体验方式

如前所述，交互性是数字化展览区别于传统展览的突出特征，对于数字化展览的开发而言，完善交互设计、开发多种交互体验方式是重中之重。展馆需要创新利用数字交互技术，开发多种交互体验方式，达成吸引受众、充分凸显展品艺术价值的目标。

目前，数字化展览的交互体验设计创新方向主要有三种：展品人机交互设计、场景超现实交互设计和空间智能交互设计。[1]展品人机交互设计是在人与物之间建立沟通渠道的直接方式，主要聚焦于展品的展示。利用数字技术在展馆内构建展品的三维立体模型，使参观者产生展品真实再现的错觉，从而使参观者在了解展品细节的同时，拉近与展品的心理距离，由衷地主动接受展品所蕴含的艺术内涵。人机交互是看似初级但应用广泛且有趣的交互方式。乌镇的皮影戏馆内，观众可以按照机器的指示做出手势并形成手影投射在屏幕上以启动《白蛇传》皮影戏表演并进行观赏，交互过程简单且生动有趣，同时又能够给观众带来通过自身努力获取知识的满足感，引导参观者了解传统文学、传统皮影戏，领略传统文化的魅力。场景超现实交互设计则通过借助多媒体设备配合真实环境，调动观众各个感官，使观众沉浸于模拟造景之中来体验展品内涵。空间智能交互设计是比较完善和高阶的数字化展览交互设计方式，最能够体现数字化交互设计满足参观者娱乐性、趣味性体验的初衷，也能使参观者与展品的心理距离最近，给予参观者震撼性展品观赏体验。空间智能交互设计涉及空间构造，将参观者置身于由展品、数字技术和场景共同塑造的虚拟空间中，参观者成了艺术品的一部分，拥有更多的参与性和互动感。

数字圆明园主要通过场景超现实交互设计来实现交互体验，借助巨幅屏幕和环形成像技术为参观者打造沉浸式体验空间，使参观者置身其中，见证圆明园数

---

[1] 包敏辰，张巧玲．交互设计理念在科技展览馆中的应用研究［J］．西部皮革，2019，41（18）：71-73.

字化虚拟复原过程，此种交互设计使参观者仿佛站在了历史与今世的交会点，颇为有趣又不失震撼。

（三）采用年轻化语态叙事，办新式趣味展览

年轻化语态，即贴近时代脉搏、能够与时代发展相适应、与新媒介多元文化包容且具有一致性的叙事语态。

数字化展览是年轻的，数字技术成果也是年轻的，数字化展览的大多数受众也是年轻人，数字化展览处处显示出年轻的迹象。如前所述，数字化展览的形式拓展了叙事空间，体现了文化的大众化转型，与之相适应的是年轻化语态叙事。借助年轻化语态，化枯燥为有趣，化严肃为生动。这些年来，台北故宫博物院坚持不懈地利用数字化手段开发出一系列具有年轻化叙事语态的展品，如“3D 虚拟文化动画短片系列”《国宝总动员》《再现传奇——故宫 VR 艺术体现》等，从虚拟故事的年轻化语态叙事到沉浸式互动体验，终于唤醒了台北故宫的文化资源活性。[1] 以数字技术为依托，以年轻化语态为叙事方式，台北故宫最终完成从复制文化、再现文化到虚拟文化的嬗变。

数字圆明园的构建也是学界一次以年轻化叙事语态面向大众的勇敢尝试，不同于曾经将关于圆明园研究的文字资料，图示资料（样式房图档、圆明园大木作定例、西洋楼铜版画资料）束之高阁的做法，清华大学数字研究所采用数字化光影展的方式向大众讲述了圆明园的前世今生，吸引了更多年轻人追溯圆明园的历史、了解圆明园之于民族复兴的意义。

---

[1] 吴杰的．从情境故事到沉浸体验——数字动画在台北故宫博物院的嬗变［J］．青年记者，2020（17）：82-83.

以体制为基让文物活起来——以苏州博物馆为例

薛纯子 *

摘　要：文以载道，任何一件文物、古籍、文字，背后都蕴含着丰富的历史文化故事，承载着中国智慧、中国精神和中国价值。如何从顶层设计与体制机制层面盘活文物资源，让文物活起来，让文物说话？本文试图以苏州博物馆为例，从馆舍、语言、网络、文创 4 个维度进行分析。以中小型、地市级博物馆为例探索让博物馆文物活起来的行之有效的办法，更有利于聚焦目前关注度较低的地市级博物馆，让古文物焕发新的光辉。

关键词：博物馆；文化创意产品；社会公众教育；民族精神

“让文物说话，把历史智慧告诉人们，激发我们的民族自豪感和自信心。”“让收藏在博物馆里的文物、陈列在广阔大地上的遗产、书写在古籍里的文字都活起来。”习近平总书记历来高度重视历史文化遗产和古文物的保护，身体力行地推动着文化保护和传承工作。在多元主义文化裹挟前行的当下，要想让文物活起来，更应重视体制作用，既要有行之有效的文化制度设计，同时还需要注重点滴细节，将文物置于多维的文化和文明体系中，从物质层面的活化扩展到精

---

* 薛纯子，中国传媒大学文化产业与管理学院硕士研究生。

神、行为层面的活化，使之成为人们生活的一部分。

一、让文物活起来大有可为

中华文化多元一体的格局是独一无二的，中华文明绵延不断的生命力是独一无二的，以物质形式表现出来就是各种历史遗迹。历史这座浩瀚的文物宝库，不仅彰显着中华民族的伟大创造，更是哺育中华民族的精神动力。一件历史文物，它包含了创作者、使用者和所有者的综合信息，记录了当时社会的政治、经济、文化和生产活动，反映了当时当地人民的风俗习惯、思维方式、审美观念和技术水平。通过对文物进行深入研究，来揭示历史、了解历史，从而指导我们的实践活动，进一步促进社会文明的发展和进步。

承载灿烂千古文明的文物，象征着脚踏实地、勇于创新、锐意进取的伟大民族精神，体现了中华民族的创造力、想象力和艺术美学。传统文化承载的许多优秀精神文明和文化内涵，已成为中华民族融入血液中的民族精神和道德规范。可以说，没有高度的文化自信和文化繁荣，就没有中华民族的伟大复兴。文化遗产作为民族精神和民族文化的载体，在传承历史文化、维护民族精神方面具有无可替代的作用，这对文化遗产工作提出了更为现实和紧迫的要求，即如何在保护和研究的基础上创新地实现文化遗产的传承和利用，充分发挥文化遗产的历史价值和文化价值，唤醒沉睡千年的古文物，让古文物“说话”，让文物真正地“飞入寻常百姓家”。

成立于1960年的苏州博物馆在2020年迎来了60岁生日。整个博物馆以太平天国忠王府为原馆址，于2006年10月由贝聿铭设计建成新馆并向公众开放。占地面积约10700平方米，建筑面积19000余平方米，总建筑面积26500平方米。苏州博物馆的布局共分为3个部分，分别为中区（大厅和博物馆花园）、西区（博物馆展区）和东区（教育画廊和服务设施等）。常设“吴地遗珍”“吴塔国宝”“吴中风雅”“吴门书画”4个展厅，以文物、书画和工艺品为馆藏特色。作为现代与古典并存、园林与山水交融的城市特色博物馆，苏州博物馆拥有高知名度和高人气，具有一定典型性和代表性。[1]

在 2014—2016 年国家一级博物馆运行评估中，苏州博物馆是唯一获“优秀”类别的地级博物馆，加之与拙政园、狮子园毗邻的优越地理位置，使苏州博物馆不仅成为“苏州市民的会客厅”，更创造了国内文博界的“苏博现象”——中小型博物馆可以通过不断的创新和发展发挥出日益显著影响力的现象。

二、让文物活起来的可行路径

（一）兼顾保护与发展，在馆舍中活起来

文物，是我国 5000 多年来积淀优秀历史文化的亲历者、鉴证者、幸存者。相较于经济价值，文物对当代社会的教育、生产及人们的生活的意义更大。从事文物工作的初心和使命不仅仅是为了保护和研究，更是要古为今用，把历史智慧和启示告诉人们，起到教化作用，即习近平总书记倡导的“见证历史、以史鉴今、启迪后人”。

因此在当前的工作中，应树立“藏”“用”并举的管理理念，发挥文物“用”的功能效应。但长期以来，我国文物工作重保护、轻利用，对文物价值的挖掘阐释和传播利用做得还不到位，文物的时代价值还没有得到充分利用。因此，如何激活文物的时代生命力，让文物活起来，是新时代馆藏工作的主要使命。

苏州博物馆充分认识到苏州地区根植深厚的明清书画文化积淀是策划展览的宝贵资源。在定期举办以吴门画派为主的馆藏精品书画展的同时，自 2012 年开始，还以借展为主或完全借展的方式连续举办了以“吴门画派”和“苏州收藏”为主题的学术展——“石田大穰——吴门画派之沈周特展”“衡山仰止——吴门画派之文徵明特展”“六如真如——吴门画派之唐寅特展”“十洲高会——吴门画派之仇英特展”“烟云四合——清代苏州顾氏的收藏”“梅景传家——苏州吴氏的收藏”等。[2] 曾有学者忧心，前几年，绝大部分观众是冲着苏博新馆的建筑，冲

---

[1] 苏州博物馆馆长致辞［EB/OL］.（2015-6-10）［2020-1-19］.http：//www.szmuseum.com/News/Index/GZZC.

[2] 陈瑞近. 中而新　苏而新——走进苏州博物馆［J］. 中华书画家，2013（10）：101-104.

着它的“高颜值”去的，人们爱“外表”胜过“内容”。这种处境直到“吴门画派系列学术展”举办之后才得以逐步扭转，并真正做到以“内容”赢得了社会的尊重。[1]苏州博物馆深刻分析其地缘优势和独一无二的资源优势，并致力于挖掘、研究与宣传苏州地区及周边丰富的艺术资源，使苏州地区的文化内涵不断地得到更新与宣传，从而有效地实现了“地方性的再生产”，不仅在海内外产生了良好的学术效应，赢得了社会各界的高度评价，而且使苏博成为中国乃至全球中国传统书画收藏、展陈与研究的重镇。

（二）讲好文物故事，在语言上活起来

“让文物活起来”的关键是讲好中国文物的故事。而讲好中国文物故事的前提是，必须构建完整、有效的文物故事讲述体系。首先，我们必须走出基于传统的考古学、文物学研究树立起来的逻辑“舒适圈”，应以知识的传播、文化共情力的渲染，以及对大众的公共教育为方向。并根据中国智慧、中国精神，提升中华文化的价值高度，深挖历史背后的故事，这将为讲好中国文物故事提供强大的学术支撑。

优秀的解说对受众而言是一种甜蜜的牵引，随着解说的深入，人们不仅能了解到文物背后的历史故事，还能通过故事切实感受到传统文化的精髓所在。要深挖文物古迹所蕴含的历史文化内涵，以更加生动活泼的形式讲好文物背后的故事，使文物古迹可亲可近。自 2008 年免费开放以来，苏州博物馆逐渐细分观众的需求，陆续开发了 App、微信语音导览和云观博等各种自助导览模式，让观众从声音、文字、图像等方面了解博物馆的馆藏。同时，博物馆也致力于打造教育品牌，从已有的品牌建设中，苏州博物馆寻找出特色资源，如建筑、展览、文物、地域，借助这些特色资源来开发教育产品，以“@ 苏博”为教育活动的品牌，将所有的活动都归结在这一品牌之下，开发出满足不同类型观众需求的不同教育活动，切实做到把学术性、知识性、教育性、趣味性和观赏性结合起来，将学术的东西通俗化、理性的东西感性化、知识的东西趣味化、复杂的东西简明化，将文物学术研究成果转化为大众看得懂、喜欢看、留得下印

---

[1] 傅军．“仇英特展”启示录——苏州博物馆靠什么赢得重？［N］．文汇报，2015-12-31（011）．

象的文化传播内容。

（三）**打造话题性爆点，在网络上活起来**

在网络上活起来，需要从两方面进行思索，一是如何足不出户，让更多人加入博物馆的“云”浏览；二是如何满足全媒体时代受众需求，拓宽传播面，吸引更多人参与到与文物相关讨论及建设中。

现实生活中，有些人群因为工作或地域、交通等方面的原因，或是受到疫情的阻拦，无法亲身到博物馆参观游览。创设数字博物馆，让人们不必身临其境也可自由地参观文物，学习与文物相关的知识。从另一个维度而言，数字博物馆作为虚拟化、数字化资源，可以更进一步提高开放度，增强展览内容的丰富性。不可移动文物及难以在博物馆展陈的文物，通过数字博物馆即可对实体博物馆进行有效的补充、完善。小巧、薄如蝉翼的文物可以“云”放大到看清毫厘。同时“云”游博物馆还可进一步增强文物分类及区域规划的灵动性。比如，既可以按照文物的历史，依据朝代划分为不同的模块，同时也能按照文物的出土地点，进行细化的区域模块划分，还可以按照当下流行的板块或大众的兴趣爱好，从个性化的角度进行划分。这样就能扩大覆盖面，整合更多、更全的文物资源信息，扩大网上博物馆的社会影响力。[1]

“酒香也怕巷子深”，传播在一定程度上决定了传承的可能性与方向。学者喻国明将新媒体的传播要素归纳为数字化、多媒体、互动性、网络化、个人化。[2]清华大学国家文化产业研究中心主任熊澄宇教授认为，当前让文物活起来主要依靠从一点到多点的传统大众传播，没有充分适应传播方式日益分众化的发展趋势。适应博物馆文物传播趋势，就是要承认差异，尊重个性。让文物活起来尤其要考虑分众传播。一是把用户进行仔细分类；二是采取多种传播手段，用更加多元、更加精准的方式进行文化传播与传承。[3]

从苏州博物馆的社交平台来看，苏州博物馆的官方微博粉丝数为 15 万，其热

---

❶ 陈刚 . 智慧博物馆——数字博物馆发展新趋势［J］. 中国博物馆，2013（4）:2–3.

❷ 喻国明 . 解读新媒体的几个关键词［J］. 广告大观（媒介版），2006（5）.

❸ 如何让文物活起来？听听专家怎么说——国家文物局“让文物活起来座谈会”部分专家发言选登［EB/OL］.（2019–9–17）［2020–1–17］.http：//www.sach.gov.cn/art/2019/9/17/art_722_156733.html.

门内容虽有 99 条，但总转发数和评论数均不过千。官博内容大多是公布消息和活动，热门内容大多与其发起的“摄影大赛”相关，但参与度不高。相反，苏州博物馆的相关旅游约拍笔记在小红书、马蜂窝、去哪儿旅行等 App 上的热度并不低，在小红书 App 中与之相关的笔记共计 1878 篇，有些笔记的收藏数及评论数过千甚至上万，是当之无愧的热门笔记。[1] 由此可见，苏州博物馆出现了对相关平台用户的兴趣点把握不准确，造成了互动性不足，难以形成话题爆点的情况。苏州博物馆绝不是单一的个例，传播话题性如何以精妙有趣的方式吸引更多受众参与平台乃至博物馆的整体建设，仍是大多数博物馆需要摸着石头过河进行探索。事实上，无论以何种方式进行交流互动，均能不同程度地让“沉默不语”的历史文物活起来。而交流越频繁，人们对文物的了解就愈加充分，在逐渐培养人们喜爱文物、了解文物的同时，也潜移默化地让文物走向广大人民群众。

（四）工匠精神、时代精神并举，在文创上活起来

随着社会发展和大众需求的多元化，博物馆教育的娱乐性成为不可忽视的问题。“博物馆从诞生之日起，就显现出它在满足观众娱乐性需求方面的独特作用。”[2] 让文物活起来，需要寻找和凝练文物蕴含的中华优秀传统文化基因，通过创意产品的设计与开发，推动文物价值向现代价值的深层次转变。中国传媒大学文化发展研究院院长范周教授认为，在此过程中，要注重将“工匠精神”渗透到文创产品研发、制作、营销的各个领域，让人们可以直接触摸和感知到中华优秀传统文化。更要在文创产品呈现中彰显“时代精神”，坚持社会主义核心价值观的引领，去除浮躁和单纯的逐利心理，通过文创产品将文物背后的人文情怀、艺术造诣、时代精神播种在社会公众心中，引导大众树牢文化自信。

然而，目前文博单位在文创产品开发中暴露出一些问题，一是文化安全隐患问题，当下流行的文创产品承载的多是帝王文化符号，缺乏对新时代主流价值的关照与反思。二是同质化问题，一些文博单位在文创产品开发过程中过于注重销售额的提升，为打造“爆款产品”而出现抄袭、仿制现象。三是文化传播问题。

---

[1] 吕晶晶．苏州博物馆品牌建立对策研究［J］．视听，2019（11）：221-222.

[2] 项隆元，陈建江．博物馆观众娱乐性需求的认识与博物馆娱乐功能的确立［J］．中国博物馆，2003（1）：74-78.

很多文博单位采用了贴近时代、吸引年轻受众的宣传方式，但是也陷入了青少年追明星，而非追传统文化的窘境，直接表现在不少文博纪录片的网络弹幕上，关于明星的讨论远远多于对文物和传统文化的讨论。❶

让文物活起来，需要从顶层设计出发，既关注文创产品开发的体制机制问题，也要在文创产品的综合应用中强化“工匠精神”和“时代精神”。2014 年，苏州博物馆推出的一款以馆藏文物“莲花碗”为原型制作的创意食品“国宝味道之秘色瓷莲花碗曲奇”，为国内博物馆首创，先后在苏州博物馆的网店和艺术品商店进行销售，上架即销售一空。宫廷食文化的创新，展现了苏州博物馆的另辟蹊径和独具匠心。与此同时，苏州博物馆也在跨界营销中成为地市级博物馆里“吃螃蟹的第一人”，2016 年 6 月，苏州博物馆与淘宝首次合作，推出了“型走的历史”主题活动，以 24 款由该馆多种元素设计开发的服装为卖点，吸引了近 300 万次的页面浏览，苏州博物馆的网店在三天内也吸引了 80 多万次点击，达成 2000 多单订单。2019 年 3 月，苏州博物馆与天猫联手跨界造势使用江南四大才子的形象 IP，与天猫上的 8 款茶品牌推出春茶合作款，这一系列茶品牌在天猫上线首发后大受年轻用户的欢迎，“有趣”一词频频出现在天猫和各大“种草”社区平台的评价中。2019 年 5 月 20 日，苏州博物馆与网易游戏合作，在游戏“天下”将馆藏品进行游戏化开发，做到了线上和线下资源的联动，共同打造了全新文化品牌。苏州博物馆正紧跟时代潮流，涉足更多的领略，真正促使文博文创产品从“数量增长”向“质量提升”转变，持续推动中华优秀传统文化的传承与发展。

三、结语

让文物活起来，需要将文物引导至教育领域，发挥文物的教育功能，如文物本身渗透的道德情怀、规则意识、人文精神、思想观念等。将文物引导至文化领域，释放文物所蕴含的传统优秀文化，洗涤心灵，陶冶情操，增强人们的民族自信心、自豪感。将文物拓展至经济领域，可以让文物发挥出活跃社会经济的作

---

❶ 如何让文物活起来？听听专家怎么说——国家文物局“让文物活起来座谈会”部分专家发言选登［EB/OL］.（2019-09-17）［2020-01-17］.http：//www.sach.gov.cn/art/2019/9/17/art_722_156733.html.

用，成为社会经济的重要组成部分；将文物拓展至生活领域，让文物出现在人们日常生活中，讨论文物、研究文物，继而有所思、有所得。[1]文物活起来是系统性工程，并非一朝一夕能速成的，而是要在长期的工作实践中，在体制、政策的配合下，加强探索、研究工作，推陈出新，才能切实让文物活起来。

---

[1] 单霁翔．关于新时期博物馆功能与职能的思考［J］．中国博物馆，2010（4）：4–7.

文化遗产的数字化发展研究——以敦煌莫高窟为例

于天歌 *

摘　要：本文的研究对象为敦煌莫高窟，研究内容为文化遗产的数字化发展。文章将对相关学术研究进行综述，基于 PEST 模型分析莫高窟数字化发展的宏观背景，以文化产业学科视角论述莫高窟数字化发展的内容和意义，并对文化遗产数字化发展问题进行了思考。

关键词：文化遗产；数字化；莫高窟

敦煌，位于中国甘肃省，是古丝绸之路的重要驿站，也是东西方文明交会的节点城市。作为中国重要的历史文化名城之一，敦煌共有三处文化遗址被联合国教科文组织列入世界文化遗产名录，其中，始建于公元 366 年的莫高窟，是世界上现存规模最大的佛教艺术圣地，拥有数量丰富、种类多样的文化艺术遗产。作为不可再生、不能永生的文化遗产，莫高窟的当代发展需要平衡好“有效保护”与“合理利用”的关系，自 20 世纪 90 年代开始，在以敦煌研究院为主的国内外诸多机构组织的推动下，莫高窟文化遗产逐渐向数字化方向发展。一方面，数字技术应用于文化遗产的保护领域，以“数字敦煌”和“国际敦煌项目”

* 于天歌，中国传媒大学文化产业管理学院硕士研究生。

（International Dunhuang Project，IDP）为代表的资料库建立，并通过互联网进行传播与共享；另一方面，科技与文化的结合不断催生出新的业态，旅游路线的数字化升级，保护模式的数字化参与，传统文化资源同游戏、音乐、动漫等数字产业的融合发展，使古老的莫高窟焕发出新的活力。

一、相关研究综述

（一）文化遗产数字化的开端与发展

根据联合国教科文组织于1972年颁布的《保护世界文化和自然遗产公约》，文化遗产主要包括具有突出普遍价值的文物、建筑群和遗址。作为全人类共同的财富，各国有责任对本国的文化遗产进行评估、保护、保存、展示和传承，并利用科学和技术手段制订行之有效的保护方案。在中国，文化遗产包括物质文化遗产和非物质文化遗产，物质文化遗产是具有历史、艺术和科学价值的文物，主要分为不可移动文物、可移动文物、历史文化名城/街区/村镇三类。[1]目前，世界范围内的文化遗产都在进行着不同程度的数字化工作，而国际上最早开始使用数字技术对文化资源进行保护的是图书馆行业。1990年，美国国会图书馆顺应数字技术发展的潮流，开展了名为“美国记忆”（American Memory）的项目，该项目将具有极高价值的图书、报纸、影像、录音等文化资源进行了数字化存储，并利用互联网进行传播与共享，使历史文化资源转化为公共信息资源。[2]“美国记忆”项目使图书馆行业开始了数字化发展历程，同时也使数字技术和数字理念应用于文化遗产的保护和发展领域。此后，联合国教科文组织于1992年开展的“世界记忆”（The Memory of World）项目，英国文化、媒体和体育部（DCMS）于2003年开展的“文化在线”（Culture on Line）项目，新加坡新闻、通讯及艺术部（MICA）于2011年开展的“新加坡记忆工程”（Singapore Memory Project），2012年起谷歌与世界各地博物馆合作开展的“艺术计划”（Art Project）等，均是文化遗产数字化发展的国

---

[1] 国务院关于加强文化遗产保护的通知［EB/OL］.（2005-12-22）［2020-1-1］. http：//www.gov.cn/gongbao/content/2006/content_185117.htm.

[2] 张叶.全国文化信息资源共享工程资源建设模式及其保障机制研究［D］.西安：西北大学，2014.

际实践。在先进理念和先进技术的引领下，中国的文化遗产也逐渐开始了数字化发展的进程。1993 年，敦煌研究院牵头开设了“敦煌壁画计算机存储与管理系统研究”科研课题，应用数字技术对莫高窟第 45 窟的壁画进行了采集与存储，开启了文化遗产数字化发展的初步探索。[1] 此后，“数字故宫”“数字长城”、秦始皇兵马俑数字化展示、大足石刻数字化保护、丽江古城数字化保护等项目陆续开展[2]，紫禁城虚拟漫游、端门数字博物馆、秦始皇兵马俑数字博物馆、中国国家博物馆数字展厅等数字文化遗产展示平台建立。数字技术的应用，使文化遗产得到了科学有效的保护，而数字理念的介入，则带动丰富的文化遗产资源进行创造性转化和创新性发展，我国文化遗产数字化发展的实践不断丰富。

（二）莫高窟文化遗产的数字化发展研究

首先，喜马拉雅进行的市场化运作，具有市场化优势，具体表现在喜马拉雅的创新能力、经济和技术实力等方面，这些优势能为公共文化服务注入强大的新鲜力量。喜马拉雅参与公共文化服务建设能有效克服公共文化服务存在的内容供给不足，供需不匹配，服务形式落后、单一等问题。其次，公众、政府都是喜马拉雅的利益相关者，积极承担社会责任有利于树立喜马拉雅的正面企业形象，提升喜马拉雅的品牌价值，甚至直接帮助喜马拉雅提升了用户数量、扩大了用户群体范围。文化产品本身就具有社会和经济双重属性，作为互联网文化产品，协调社会效益和经济效益是喜马拉雅可持续发展的必然考虑。最后，喜马拉雅品牌价值的提升又能扩大其竞争优势，形成有机的良性循环，这既有利于喜马拉雅自身的发展，又有利于社会公共文化服务的建设。

莫高窟大约始建于公元 366 年，是集建筑、壁画和塑像为一体的石窟群，拥有历代洞窟 735 个，壁画 4.5 万多平方米，彩塑 2415 尊，木结构建筑 5 座，具有极高的历史、文化和艺术价值。[3]1961 年，莫高窟被中华人民共和国国务院列入第一批全国重点文物保护单位。1987 年，莫高窟被联合国教科文组织列入世界文化

---

❶ 李最雄．敦煌石窟保护工作六十年［J］．敦煌研究，2004（3）：10-26+111.

❷ 杨生举，周明全，赵凡．新丝路经济带文化遗产数字化保护及发展对策研究［J］．甘肃科技，2016，32（16）：65-69.

❸ 封立．佛教艺术宝库敦煌莫高窟［J］．甘肃教育，2013（14）：96.

遗产名录。在长期的历史进程中，由于人为因素和自然因素的影响，莫高窟遭到了一定程度的破坏，其不可再生、不能永生的遗产性质，决定了莫高窟必须寻求科学有效的保护方法。为了永久保存、永续利用文化遗产资源，莫高窟主动采取了预防性保护措施，在国际经验的引领下，于 20 世纪 90 年代陆续实施了各类数字化保护和利用项目。[1]

通过阅读并整理相关文献，国内目前对莫高窟文化遗产数字化发展的研究主要分为两类。第一类是从人文社科角度对莫高窟数字化发展历程和内容进行研究。李最雄在其研究中总结了自 1993 年开始莫高窟进行数字化保护利用的主要项目，他将莫高窟数字化发展的内容分为数字技术研究、壁画的数字化存储、壁画数字化成果应用三部分。[2]技术是保存的基础，保存是应用的前提，数字技术的研究为文化遗产的数字化存储提供了支持，而文化遗产的数字化存储催生了虚拟洞窟游览、多媒体展播等应用成果。敦煌研究院名誉院长樊锦诗在其研究中总结了数字技术在莫高窟中的主要应用，分别是石窟艺术存储、石窟考古测绘、石窟环境监测和游客数量统计、敦煌学信息资料建设、莫高窟数字展示中心建设。[3]此外，樊锦诗认为科学技术是最大限度延缓文化遗产寿命的必要条件，莫高窟应该进行多学科的综合性保护，充分发挥遗产的价值。[4]第二类是从科学技术角度论述某一特定技术在莫高窟数字化发展中的应用。吴健等人以莫高窟第 158 窟为研究对象，进行了雕塑数字化艺术呈现的研究，并阐述了雕塑数字化呈现的制作流程；[5]李大丁、宋立良、葛蓉等人分别论述了体感技术[6]、全景漫游技

---

[1] 吴健．石窟寺文物数字化的内涵——融学术、技术、艺术于一体［J］．敦煌研究，2015（2）：125–129.

[2] 李最雄．敦煌石窟保护工作六十年［J］．敦煌研究，2004（3）：10–26.

[3] 樊锦诗．敦煌石窟保护与展示工作中的数字技术应用［J］．敦煌研究，2009（6）：1–3.

[4] 樊锦诗．为了敦煌久远长存——敦煌石窟保护的探索［J］．装饰，2008（6）：16–21.

[5] 吴健，余生吉，俞天秀．莫高窟雕塑数字化与艺术表现——以莫高窟第 158 窟三身雕塑为例［J］．敦煌研究，2009（6）：109–111.

[6] 李大丁，杨梦琴，等．体感技术在敦煌艺术交互展示中的应用初探［J］．敦煌研究，2015（5）：115–119.

术[1]及实时浏览技术[2]在莫高窟数字化发展中的应用；刘刚等人分析了美国、英国、日本、韩国的数字文物展示案例，综合比较了多种数字技术，列举了适合莫高窟使用的几种数字技术。[3]

二、基于 PEST 模型的莫高窟数字化发展宏观环境分析

PEST 分析模型，通常用于分析影响某一行业或某一企业发展的外部宏观环境，主要包含政治（Political）、经济（Economic）、社会（Social）和技术（Technological）4 个要素。自 20 世纪 90 年代开始，莫高窟开始了数字化保护利用，文化遗产保护模式和发展模式的改变，同样受到了宏观环境的影响和推动。

（一）相关政策的支持

作为世界文化遗产和国家重点文物保护单位，莫高窟的保护与发展得到了国家和地方层面的政策支持。自 1993 年开始，国家及甘肃省的各级组织多次投入资金，为莫高窟的数字化保护利用提供经费支持，经过一系列课题和项目的研究与攻关，在国内外诸多研究机构的协助下，敦煌研究院逐渐掌握了文化遗产数字化保护利用的技术，具备了独立开展数字化项目的能力。2002 年，甘肃省专门出台了《甘肃敦煌莫高窟保护条例》，明确了莫高窟保护利用的方针，提出“莫高窟保护和管理工作中的所需经费主要由国家和省财政拨款予以保障，莫高窟的保护利用纳入全省国民经济和社会发展计划及敦煌市城乡建设总体规划”的要求。[4]2008 年，国家发展和改革委员会审批通过了“敦煌莫高窟综合保护利用工程”的可行性报告，包含数字展示在内的四项工程启动，数字展示中心的建立使莫高窟成为

---

[1] 宋利良，李大丁．敦煌石窟数字化工作中的洞窟全景漫游技术初步应用［J］．敦煌研究，2010（6）：93-97.

[2] 葛蓉，许端清，等．高精度壁画图像的实时浏览技术［J］．敦煌研究，2010（6）：98-103.

[3] 刘刚，郑新．敦煌石窟壁画大型数字展示技术选择［J］．敦煌研究，2005（5）：112-116.

[4] 甘肃敦煌莫高窟保护条例［EB/OL］．（2002-12-07）［2020-01-01］.http：//wwj.gansu.gov.cn/content/2002/1163.html.

我国第一个使用数字技术进行洞窟实景展示的文物单位。此外，在产业融合的时代背景下，科技为文化的传播提供了新的手段和新的载体，文化的植入则赋予科技人文关怀。国家文物局等五部门于2016年联合颁布了《“互联网+中华文明”三年行动计划》[1]，科学技术部、文化和旅游部等六部门于2019年联合颁布了《关于促进文化和科技深度融合的指导意见》[2]，相关政策明确提出要加强文化遗产的数字化保护与传承，推动文物信息资源开放共享，进行文物的数字化展示和利用，并推动文化遗产与教育、创意、动漫、游戏、旅游等产业的融合发展。

（二）经济结构的调整

根据敦煌市统计局公布的统计公报，在过去的三年中，包含旅游业在内的第三产业快速发展。2016年，敦煌市第三产业增加值为64.75亿元，占全市生产总值的60.86%，全年接待游客801.52万人次，旅游业收入78.36亿元；2017年，敦煌市第三产业增加值为66.14亿元，占全市生产总值的65.53%，全年接待游客900.45万人次，旅游业收入91.33亿元；2018年，敦煌市第三产业增加值为72.66亿元，占全市生产总值的73.56%，全年接待游客1077.3万人次，旅游业收入115亿元。作为中国著名的历史文化名城，敦煌市拥有丰富的文化遗产资源，当地旅游收入和接待人数逐年提升，旅游业逐渐成为敦煌市的支柱产业，不仅带动了当地经济结构的转型升级，在提升居民收入、提供就业岗位、基础设施建设、促进城市发展等方面也发挥了重要的作用。但是，在敦煌市旅游业快速发展的背景下，莫高窟遗产保护与旅游开发的矛盾凸显，游客数量的增多给莫高窟脆弱的遗产生态造成了严重的影响，数字化逐渐成为平衡遗产保护与开发矛盾的手段。一方面，数字技术应用于游客管理、环境监测、遗产存储，为旅游业的可持续发展提供了必要条件；另一方面，数字技术丰富了莫高窟旅游路线的内容，带给游客全新的体验，在保护的基础上充分发挥了遗产的文化价值。

---

[1] 五部门关于印发《“互联网+中华文明”三年行动计划》的通知［EB/OL］.（2016-12-06）［2020-01-03］.http：//www.gov.cn/xinwen/2016-12/06/content_5143875.htm.

[2] 科学技术部等六部门印发《关于促进文化和科技深度融合的指导意见》的通知［EB/OL］.（2019-08-27）［2020-01-01］.http：//www.gov.cn/xinwen/2019-08/27/content_ 5424912.htm.

（三）社会观念转变与科学技术发展

首先，社会观念的转变为文化遗产的数字化发展提供了契机。根据国家统计局发布的《2018 年国民经济和社会发展统计公告》提供的数据，2018 年，全国居民消费价格上涨 1.6%，其中，教育文化和娱乐的消费价格上涨幅度达到 2.2%。[1] 这一数据反映出我国居民在可支配收入增多且基本物质需求得到满足的背景下，逐渐形成新的消费观念，对包含文化艺术产品在内的精神消费产品的需求不断提升。在一系列文化发展规划的引领下，文化遗产在保护的基础上开始了活化利用，优质的文化内容、文化产品、文化体验增多，数字产品成为人们接收文化的新媒介。同时，许多有影响力的企业树立了助力文化发展的观念，例如，国家文物局在 2017 年与百度、腾讯、网易达成合作协议，共同推进文物资源与互联网的融合发展；腾讯分别于 2016 年和 2017 年与故宫博物院、敦煌研究院达成战略合作协议，为"数字故宫""数字敦煌"的建设贡献了社会力量。

其次，科学技术的进步为文化遗产的数字化发展打下了基础。自 1990 年美国国会图书馆开展"美国记忆"项目后，全球范围内的文化遗产逐步开始了数字化保护与利用，数字化采集、数字化存储、数字化展示、数字化传播等技术的进步，为文化遗产的当代发展提供了新的手段。此外，互联网和移动互联网技术的发展，也为文化遗产的数字化工作带来了新的发展内容。根据中国互联网络信息中心第 44 次《中国互联网络发展状况统计报告》发布的数据，截至 2019 年 6 月，我国网民规模达 8.54 亿，互联网普及率达 61.2%，手机网民规模达 8.47 亿。[2] 在互联网和移动互联网用户逐年增多的背景下，文化遗产逐渐打破时空界限，在 PC 端和移动端进行共享与传播，"数字敦煌"、秦始皇兵马俑全景体验、故宫博物院数字文物库等平台相继建立。

---

[1] 2018 年国民经济和社会发展统计公报［EB/OL］.（2019-02-28）［2020-01-03］. http：//www.stats.gov.cn/tjsj/zxfb/201902/t20190228_1651265.html.

[2] 中国互联网络信息中心 . 第 44 次《中国互联网络发展状况统计报告》［EB/OL］.（2019-08-30）［2020-01-03］.http：//www.cnnic.net.cn/hlwfzyj/hlwxzbg/hlwtjbg/201908/t20190830_70800.htm.

三、莫高窟数字化发展的主要内容

（一）文化遗产的数字化存储与共享

受到人为和自然双重因素的影响，世界范围内的文化遗产均受到了一定程度的破坏，作为不可再生、不能永生的珍贵资源，文化遗产的当代发展首先要建立在保护的基础上。以敦煌莫高窟为例，为了永久保护莫高窟珍贵的文化遗产信息，敦煌研究院自 1993 年开始利用先进技术对文化遗产进行采集与存储，经过多个课题的研究，莫高窟文化遗产的数字化存储工作有了初步的进展。但是，由于当时国内科研技术和科研设备的局限，早期采集与存储的信息质量不足以满足莫高窟后续发展的需要，敦煌研究院积极拓展国际合作模式，同美国、英国、日本、澳大利亚等国的研究机构展开合作，学习并引进先进理念和先进技术，遗产保护工作逐步同国际接轨。1998 年，敦煌研究院同美国梅隆基金会、美国西北大学共同开展了“数字化敦煌壁画合作研究”项目，采用覆盖式拍摄和虚拟现实技术，对石窟内的文化遗产进行高精度、高清晰的采集、加工和存储。为了顺应互联网技术发展的潮流，满足人们对各类文化信息的需求，“数字敦煌”项目的成果已通过互联网进行了传播与共享。截至 2016 年，“数字敦煌”的共享资源包含 30 个洞窟、4430 平方米壁画，人们可以在互联网进行高清晰的实时全景浏览。数字技术为遗产保存提供了新手段的同时，也为遗产的共享与传播提供了新渠道。

此外，大英图书馆于 1994 年发起了“国际敦煌项目”，项目旨在将敦煌和丝绸之路考古遗址的手稿、绘画、纺织品、工艺品等信息和图像进行采集，并通过互联网免费共享，为各国教育和科研领域提供珍贵的遗产信息。目前，包括大英图书馆、大英博物馆、圣彼得堡东方研究院、法国国家图书馆、敦煌研究院在内的 22 个文化文物机构参与其中，数据库中的图像信息数量超过 53 万（见表 3–3）。IDP 促进了世界范围内敦煌文化遗产的存储与共享，为莫高窟文化遗产的数字化发展提供了支持。

表 3–3 截至 2020 年 1 月 21 日 IDP 数据库中的图像数量

总数	英国	中国	敦煌	俄罗斯	日本	德国	法国
534041	173811	191177	2875	22672	17364	71061	55081

数据来源：国际敦煌（IDP）官网（http：//idp.bl.uk/idp.a4d）

（二）文化旅游路线的数字化升级

作为中国著名的历史文化名城，敦煌市丰富的文化遗产资源带动了当地旅游业的发展，根据敦煌市统计局《2018 年国民经济和社会发展统计公报》发布的数据，2018 年，敦煌市第三产业增加值为 72.66 亿元，占全市生产总值的 73.56%，全年接待游客 1 077.3 万人次，旅游业收入 115 亿元。在旅游业成为城市经济发展支柱型产业的背景下，莫高窟作为敦煌市重要的旅游景观，其遗产保护与旅游业发展的矛盾逐渐凸显。莫高窟虽然整体规模宏大，但 85% 以上的洞窟面积小于 25 平方米，游客数量的增多改变了洞窟内的温度、湿度、二氧化碳浓度，影响了壁画和彩塑的保存，增加了文化遗产保护的难度。在解决文化遗产保护与旅游业发展矛盾的过程中，数字化理念起到了关键作用。2014 年，敦煌市投资建设的莫高窟数字化展示中心投入使用，莫高窟的文化旅游路线得到了数字化升级。从旅游模式来看，莫高窟从单一的洞窟参观升级为“数字体验 + 洞窟游览”的模式。游客来到景区后，首先前往数字展示中心进行体验，通过数字电影《千年莫高》了解莫高窟的发展历程，并通过超高清 8K 球幕电影《梦幻佛宫》对最具艺术价值的 7 个主要洞窟进行虚拟漫游。在数字体验结束后，游客将在导游的带领下前往实体洞窟参观。旅游路线的数字化升级，使莫高窟的文化遗产得到了活化利用，并借助新技术为游客提供了更丰富的文化体验。从旅游时长来看，在数字展示中心开放后，游客在实体洞窟中的参观时间由 120 分钟缩短至 75 分钟，但整体的参观时间却由 120 分钟增加到 150 ~ 180 分钟，减少了人为因素对石窟环境的影响，为解决文化遗产保护与旅游业发展之间的矛盾提供了新思路。

（三）文化资源的数字化创新利用

在文化遗产工作中，数字化发展理念不仅有利于遗产的保护与存储，新技术、新理念、新媒介的产生，更为文化遗产的当代讲述和当代传播提供了条件，文化遗产正以多元化的形态融入人们的日常生活和审美体验。2016 年，敦煌研究院以莫高窟第254窟中的壁画《降魔成道图》为素材，创作了时长32分钟的动画作品《降魔成道》，以通俗易懂的艺术形式讲述了莫高窟的文化故事，是文化遗产活化利用的一次成功实践。此外，在互联网企业助力“文化+科技”融合发展的背景下，敦煌研究院在2017年与腾讯达成战略合作协议，共同推动遗产的保护与利用：在遗产保护领域，“数字供养人”计划上线，用户可以通过社交媒体对莫高窟进行捐赠，通过数字化众筹的保护模式面向社会普及遗产保护的理念；在游戏领域，腾讯吸纳并创新敦煌壁画元素，在拥有近6亿用户的现象级手游《王者荣耀》中推出了“敦煌主题皮肤”，手游《寻仙》也加入了“敦煌任务”和“敦煌地图”，文化遗产以年轻人喜欢的方式进行传播；在音乐领域，敦煌研究院、腾讯QQ音乐、上海音乐学院联合发起的“古曲新创大赛”，鼓励年轻创作者关注敦煌音乐文化，征集并遴选出一批基于敦煌文化元素创作的优秀音乐作品；在文创产品设计、数字智慧旅游等领域，莫高窟丰富的文化IP同样得到了有效的活化利用。

四、关于文化遗产数字化发展的思考

文化遗产是一个地区或一个国家历史文明的集中体现，也是在人类生产生活过程中诞生的智慧成果。在长期的历史发展中，受到人为和自然因素的影响，世界范围内的文化遗产正面临着不同程度的保护难题，特别是在文化和旅游活动逐渐走进日常生活的背景下，如何协调好“科学保护”与“合理利用”的关系，成为当下文化遗产发展需要解决的首要问题。既不能因为追求经济效益而置遗产保护于不顾，也不能因为保护而阻止人们对遗产文化进行了解。在长期的研究与实践中，数字化发展逐渐成为文化遗产领域的自觉选择，科技和理念的进步，为文化遗产带来了新的机遇并引发了新的思考。

首先，“科学保护”是“合理利用”的前提条件。作为人类文明发展的成果，文化遗产的珍贵性，一方面体现在其蕴含的历史、文化和艺术价值中；另一方面体现在其无法复制、不可再生甚至不能永生的特性中。在文化遗产数字化发展的进程中，不论数字化展示、数字化体验，还是借助游戏、动漫、音乐、文创产品等业态进行数字化传播，从接收角度来看，文化遗产的再开发与再利用，都具备丰富的文化内涵，但从直观性和真实性角度来看，“间接体验”永远无法取代“直接体验”。因此，对于文化遗产的数字化发展来说，保护是利用的前提条件，借助先进的数字技术对遗产信息进行保护、采集、分析、存储，是后续发挥遗产价值的基础。

其次，“合理利用”是另一种形式的“科学保护”。悠久的历史赋予了文化遗产独特的价值，但随着社会的变迁，即便在同一地区，思想、文化、语言、习俗等也会发生不同程度的变化。可以说，文化差异不只存在于不同地区，相同地区的“古与今”也存在巨大的文化差异。这种差异使受众很难靠自身准确了解遗产的文化价值，有时甚至会产生理解偏差。文化遗产的文化属性决定了“科学保护”，不仅仅是对遗产实体的保护，更要对遗产的文化内容进行当代传播与当代讲述，在精神层面进行传承并丰富遗产的价值。因此，在文化遗产的数字化发展中，“科学保护”是“合理利用”的前提条件，借助新技术、新媒介、新产业对文化遗产进行“合理利用”，是另一种更深层次、更具难度的“科学保护”。

中国传统文化在“国风”游戏中的转化与创新

蒋　篮*

摘　要：“国风”，指蕴含大量中国传统文化元素并与现代表达结合的艺术形式或生活方式。中国“国风”游戏已有30多年历史，《轩辕剑》《仙剑奇侠传》等大量标志性游戏作品，拥有3亿用户，年市场收入超300亿元。除巨大的市场价值外，“国风”游戏已经成为中国传统文化与现代流行文化形态对接的主要渠道，是在青年消费群体中传播中国美学精神、传统价值观的重要载体。本研究通过梳理“国风”游戏的发展历史和主要类别，总结了中国传统文化在“国风”游戏中转化和创新的途径和误区，提出对“国风”游戏中传统文化元素进行更高质量、高层次的转化，增强“国风”游戏的趣味性及娱乐性，扩大其国内外市场尤其是东亚地区市场受众群体范围等建议。

关键词：中国传统文化；“国风”游戏；网络游戏；转化创新

现代科技的发展促进了游戏产业的壮大，尤其是智能设备和网络通信技术的新型发明为网络游戏的风靡和规模化提供了技术支持。20世纪末，游戏产业进入中国并取得了巨大的反响，但从总体规模上来看，欧美及日韩的游戏市场份额

---

* 蒋篮，中国传媒大学文化产业管理学院硕士研究生。

占比较大。2004 年，网络游戏正式进入国家“863 计划”[1]，并实施了“中国民族网络游戏出版工程”，文化部对开发具有“中国历史文化内蕴、代表中华民族传统道德及价值观念、凝聚民族精神与情感”的民族游戏进行了积极的鼓励和支持。

在国家政策的扶持和鼓励下，相关企业在行业中积极表现，一大批具有中国特色、体现中华文化的网络游戏不断被研发出来，如《轩辕剑》《梦幻西游》《仙剑奇侠传》《剑侠情缘网络版》等，在游戏市场上攻城略地，吸引了大批玩家，开始拥有自己的忠实粉丝，他们将此类游戏亲切地称为“国风”游戏。从 1990 年发行的中国第一款“国风”游戏《轩辕剑》开始算起，“国风”游戏已有 30 多年的发展史。值“国风”游戏周年发展之际，特在此回望“国风”游戏的发展历史，分析中国传统文化在“国风”游戏中的转化与创新，为“国风”游戏进一步的发展及国际化传播提供建议。

一、“国风”游戏的定义及其发展

（一）“国风”游戏的定义

“国风”指的是中国风格，主要是指建立在中国传统文化的基础上，蕴含大量中国元素并与现代流行趋势结合的艺术形式或生活方式。“国风”的内涵并不是一味地复古，而是“古为今用”，是将中国传统文化中适合当今社会价值、艺术审美、文化需求的优秀传统文化元素与现代艺术表达形式相结合，经过二次创作的具有中国古典元素的现代风格。

近年来，“国风”被广泛应用于流行文化领域，如游戏、音乐、影视、动漫等，具有强消费性、年轻化和普世性的文化特点。[2]“国风”游戏就是带有中国传统文化元素风格的游戏。

从中国传统文化元素在游戏中的运用方式来看，“国风”的体现主要有以下两种。

---

❶“863 计划”即国家高技术研究发展计划，是中华人民共和国的一项高技术发展计划。这个计划是以政府为主导，以一些有限的领域为研究目标进行基础研究的国家性计划。

❷ 国风重光·国风游戏发展研究报告——中国传统文化在游戏领域的转化与创新［R］. 腾讯研究院，2019-02-15.

第一种是元素运用类，该类游戏的主题架构设计与中国传统文化并未有较强关联性，但会将中国传统文化元素作为一阶段的主题来开展活动。如在DOTA2中推出的至宝级别的头饰擎天大圣及春节限定活动、腾讯《刺激战场》在2019年春节推出的年兽限定活动等。但因其只作为短期活动类型出现，并没有更多地体现中国传统文化元素，故不作为主流“国风”游戏加以参考和分析。

第二种就是主题架构类，该类游戏的故事架构、艺术设计、人物设定、背景音乐等都融合了传统文化元素，并结合现代审美和流行进行再创作。或者游戏的世界观架构、主题设定、朝代背景等都直接取材于神话传说、历史故事、武侠著作等。如以《王者荣耀》为代表的历史英雄人物及技能设定的MOBA（多人在线战术竞技游戏）类、以《剑侠情缘网络版叁》为代表的主题架构及艺术设计的RPG（角色扮演游戏）类、以《绘真·妙笔千山》为代表的传统文化艺术科普展示类手游等。此种因带有较多传统文化元素且呈现效果带有明显的“国风”特色，故本文将此类游戏作为“国风”游戏的主要案例进行讲解和分析。

（二）“国风”游戏的发展阶段

随着电脑开始在全世界范围内普及，一些人开始以电脑操作系统为基础设计游戏。在游戏市场发展初期，实力较强的日韩游戏充斥着中国的网络游戏市场，国产网络游戏在激烈的竞争中苦苦挣扎。[1]在这种环境下，很多本土网络游戏的研发商开始注重对网络游戏内容的研发，将网络游戏题材与历史背景、故事情节、历史文化等中国传统文化元素相结合，网络游戏的开发需要丰富的素材，历史悠久的传统文化正是网络游戏取之不竭的素材宝库。[2]

从游戏的玩法类型及游戏影响力上梳理“国风”游戏30多年的发展历程，大致可分为3个发展阶段（见表3–4）。

---

[1] 李森．论网络游戏与传统文化融合的必要性［D］．合肥：安徽大学，2010.

[2] 涂锐．中国传统文化在网络游戏中的表现与运用［J］．东南传播，2009（2）：114–115.

表 3-4 “国风”游戏的发展阶段及代表作品

时间	阶段	代表作品
1990—2002 年	初始起步	《轩辕剑》《仙剑奇侠传》《金庸群侠传》《大话西游 online》《笑傲江湖网络版》
2003—2014 年	蓬勃发展	《梦幻西游》《剑侠奇缘网络版》《完美世界》《天龙八部》《剑侠奇缘网络版叁》《寻仙》《醉逍遥》《古剑奇谭》
2015 年至今	多样精品	《倩女幽魂》《王者荣耀》《天涯明月刀》《古剑奇谭三》《逆水寒》《绘真·妙笔千山》《青璃》

1990 年，大宇资讯股份有限公司制作发行了系列游戏《轩辕剑》的第一部，虽然只是半成品，且主角们只是由当时正热播的电影《倩女幽魂》而得名燕赤霞、宁采臣和聂小倩，游戏故事设定与电影无半点关系，但因游戏的主题设定为玄幻武侠，现被研究界视为中国第一款国风 RPG 游戏，由此开启了“国风”游戏的发展史，也被认为是我国游戏行业从无到有的开端。“国风”游戏从无到有，从单打独斗到开始形成规模。《轩辕剑》的制作公司在 1995 年推出被称为“旷世奇作”的角色扮演类单机游戏《仙剑奇侠传》，为“国风”游戏的发展添了一把柴火。之后，又陆续推出了《笑傲江湖网络版》等作品。

2003 年，网易出品的《梦幻西游》及西山居出品的《剑侠情缘网络版》两部“国风”巨作出现，迅速吸引了大批的玩家且成为忠实粉丝，直接导致后续“国风”游戏以武侠、仙侠类为主要题材。[1] 此阶段还有如《完美世界》《天龙八部》等“国风”游戏。“国风”游戏的类型从端游到开始拥有大规模的玩家社群，且开始了 UGC（用户内容创作），以多种传播手段和媒介促进游戏及相关内容的二次甚至多次传播。西山居出品的《剑侠情缘网络版叁》推动了玩家社群和游戏同人的概念成型，实现了玩家与玩家、玩家与系统程序、玩家与游戏企业之间的互动，以丰富的互动性提升了玩家的主动地位，满足了玩家的人际交往需求，而且还增强了趣味性、丰富性和可变性[2]，并且以多重手段鼓励用户对内容进行创

[1] 韦天聪．国产 RPG 游戏中的中国仙侠文化传播分析［D］. 南宁：广西大学，2017.

[2] 吴冠华．中国传统文化在网络游戏中的运用研究［D］. 北京：北京邮电大学，2013.

新演绎，以内容促进游戏的反向传播。❶

从 2015 年开始，“国风”游戏进入类型多样化、内容丰富化、运用灵活化的精品化发展阶段。手游领域出现了《梦幻西游》《倩女幽魂》等大体量作品，虽然大部分为网游的手游化，但也都一度成为现象级产品。轻量级手游作品有《尼山萨满》《绘真·妙笔千山》等。单机游戏出现了《古剑奇谭 3》和《太吾绘卷》等佳作。一些国外的游戏厂商也试图在游戏中加入中国风元素，如育碧推出了《刺客信条编年史：中国》，比较讨巧地将“国风”元素作为进入和抢占中国市场的着力点。

二、中国传统文化在“国风”游戏中的运用

我国是具有 5000 多年发展历史的文明古国，在历史的漫漫长河中凝结了无数先人智慧的结晶。尤其是优秀的中国传统文化，为后世提供了经验借鉴和文明滋养，是我们取之不尽、用之不竭的资源宝库，数量众多的物质文化遗产和非物质文化遗产更是其他国家无法比拟的文化发展资源。❶ 国风正是对中国优秀传统文化的一种现代化解读与传播的方式，以多样的传统文化元素的借用、民族符号的提取、文学诗词的意境借用等，从视听观感、世界架构、底蕴氛围等多重角度为游戏受众带来了沉浸式体验感。

（一）传统美术

独具中国传统风格特色的画风是“国风”游戏区别于其他类型游戏的最典型也是最显著的特征，让玩家及受众能够在第一时间从视觉上辨认出“国风”游戏。直接借用传统美术元素是“国风”游戏对文化元素转化中采用较为广泛的一种方式。场景的搭建、人物的形象、道具的模型、色彩的选择等都可以被设计者直接在游戏界面中选择与功能、性质、用途等相匹配的图形和元素或者将整个器物的形态直接运用到设计中，使之不但在视觉上具有传统特色，而且在用途和内

❶ 腾讯研究院．中国传统文化在游戏领域的转化与创新：国风游戏研究报告发布［EB/OL］．(2019−02−16)［2019−5−17］.https：//baijiahao.baidu.com/s？ id=1625602342415002165&wfr=spider&for=pc.

涵上符合整体的世界观设计架构，使用户能够更好地融入游戏环境当中。

《绘真·妙笔千山》的美术设计是以青绿山水画《千里江山图》为整体的世界架构和色彩风格基调，界面呈现出强烈的青绿山水画风。游戏中人物的造型风格基本符合传统服饰形制，蜡烛、背篓、绘卷、画笔、屏风等道具运用合理，造型古朴，与游戏场景融合自然，独具特色。《天涯明月刀》的游戏场景采用了中式庭院及纯木建筑、小桥流水等园林景观，也用类似皇家宫廷的建筑风格来体现不同派别，用户可在强烈的视觉体验中把握游戏的世界架构和价值内涵。

（二）传统音乐

音乐也是营造“国风”氛围，让玩家感受游戏整体氛围的基础体验。“国风”游戏中的背景音乐多应用于中国传统民族乐器演奏中，也可借鉴已有民乐旋律，如《步步高》《彩云追月》等结合现代音乐进行改编。或以现代音乐演奏出古典味道，曲风偏向传统的东方演奏，有着东方的传统美感，结合中国风歌曲发展成为“古风音乐”。大部分“国风”游戏背景音乐比较简单，在编曲上大量运用中国乐器，如二胡、古筝、琵琶、笛子等，具有鲜明的民族色彩。[1] 中国乐器种类繁多，单一乐器的使用技巧也博大精深，以不同的乐器和节奏的组合来表达不同的情绪，识别度极高。《剑侠情缘网络版叁》中“江南小镇”的背景音乐，运用了扬琴、琵琶等具有江南特色的乐器，以较为紧密、活泼欢快的节奏营造出江南小镇白日里生机勃勃、市井繁忙的活力感。

（三）传统文学

“国风”游戏中对传统文学内容的转化运用体现在多方面，从故事题材到诗词歌赋，再到节庆风俗，每种都有较为经典的传统文化元素被提炼成元素符号，渗透到“国风”游戏的骨骼和肌理之中。纵观“国风”游戏的发展历程，历史和武侠题材一直都是“国风”游戏中长盛不衰的题材类型和最受欢迎的世界观架构。从最初神话和武侠题材的结合之作的《轩辕剑》，到后来大爆的《仙剑奇侠传》《剑侠情缘》《天涯明月刀》等作品，都是以神话与武侠结合的玄幻武侠为

---

[1] 王鑫华．国产游戏音乐的“古典”风格特征及其影响［J］．流行音乐文化，2016（4）：96-100.

主。此外，三国题材也备受游戏策划的喜爱，被改编成《三国志》《三国群英传》等系列游戏。

除了故事题材，诗词歌赋也是“国风”游戏中运用较多的传统文学元素。在《仙剑奇侠传》中，每个主要人物出场后都会有相应人物诗词来介绍人物生平和性格。如李逍遥的人物诗词为：“翩翩潇洒美少年，灵岛求药结仙缘。千里崎岖不辞苦，仗剑江湖为红颜。”赵灵儿的人物诗词为：“仙灵岛上别洞天，池中孤莲伴月眠。一朝风雨落水面，愿君拾得惜相怜。”一些游戏中还根据古典诗词中所描绘的意境来打造场景和游戏世界。如在《剑侠情缘网络版叁》中就有“落霞与孤鹜齐飞，秋水共长天一色”的场景营造，从画面意境体现出游戏的精良制作。

民俗节庆也是运用较多的元素符号之一。我国传统文化中特殊的二十四节气因其独特的民俗习惯和丰富的节庆文化也受到游戏策划的重视。在《倩女幽魂》手游中，如若男女玩家在游戏里结为夫妇，就会举行传统的婚礼仪式，还可以在游戏中体验“抢亲”活动。随着现实生活中节气的交替，不只“国风”游戏，其他类型游戏也都会推出节庆限定活动。如各大游戏都会在临近春节的时候推出春节限定活动、元宵节限定活动等，将饺子、爆竹、元宵、春联等物品作为活动物品进行发放和交易。

（四）学派哲学

中国传统文化在历史悠久的发展中孕育了许多优秀的哲学思想和学派，每个学派有着自己的核心思想和教义，自然也有与之相对应的为人处世准则，这些不同的思想也就转化成不同的元素符号，往往也会被游戏策划转化成丰富游戏玩法的策略和方式。

在众多的“国风”游戏当中，对于佛教、道教和儒家文化都有所继承，而且对于道教游仙文化的继承尤为显著。游仙文化观念的形成过程，实际上就是仙与道融合的过程。缥缈天庭、飘逸法术、超凡想象等具有浪漫主义色彩的传统文化元素的运用正是游仙文化的体现。[1] 如在《仙剑奇侠传》中，徐长卿带领的蜀山派带有明显道教及道学色彩。《绘真·妙笔千山》中的主角一修和尚就是典型的佛教代表，头发剃光，身穿青色佛袍，万事都以仁爱慈悲为出发点。不同的派别

---

[1] 于春媚．道家思想与魏晋文学［D］．北京：首都师范大学，2008.

林立，玩家共享同一个世界，这便构成了游戏中的“江湖”。

三、传统文化元素符号的创新方式归纳

（一）古典元素与现代审美的结合

“国风”游戏作为中国传统文化与现代网络游戏相结合的游戏，具有中国古典元素和现代风格的双重属性。它不是纯粹的复古，不是对传统古典元素的照搬照抄，而是将符合游戏定位与设计的古典文化元素进行筛选后，结合现代审美和表现手法进行创作，是用现代手法来表现古典元素。在此理念基础之上，游戏制作者可将不同的古典元素进行结合，塑造出新的艺术形象，丰富游戏的画面感和视觉感，增加游戏的内涵层次，增强游戏的娱乐性。

如对传统音乐元素的运用，脱离了传统宫、商、角、徵、羽的五音表现形式，而是以现代七音为基础进行编曲。有些曲子将传统诗词作为歌词，结合现代流行唱法进行演绎，便成了如今火热的“中国风歌曲”。在人物画风上，“国风”游戏大多采用的也是偏现代写实的漫画式人物造型和风格。以偏年轻和流行的方式拉近游戏所面向的受众，也就是年轻人之间的距离。而优秀“国风”游戏企业西山居也正是凭借“尝试用年轻人的方法包装传统文化”这一理念深入打造现象级“国风”游戏《剑侠情缘》系列产品及其他国风游戏作品。

（二）先进科技与传统内容的结合

游戏产业作为新兴文化产业中对科技依赖程度最高、创新性最强的产业，其与科技的紧密结合程度也是技术先进性的体现之一。游戏也在很大程度上反映了一个国家的“软实力”，体现的不仅仅是科学技术的进步，更是国民生活方式的改变。随着智能手机和移动互联网的发展，智能手机游戏也逐渐崛起并成为新的发展领域。尤其是网络游戏，其本身与高科技手段密切联系，是建立在计算机、互联网、电子技术等高速发展的基础之上的。“国风”游戏作为游戏产业和传统文化内容的结合，不仅是对技术的内容性填充，更是提供了传统文化内容继承与传播的多样化呈现方式，让普通大众尤其是游戏玩家可以通过游戏的方式了解甚至欣赏到传统文化的魅力。

《绘真·妙笔千山》的制作团队为了还原《千里江山图》这一中国传统绘

画瑰宝，多次前往故宫研究《千里江山图》原作，反复试验，通过自研的 NeoX 引擎和专有游戏技术开发平台，将游戏地表、山石、植被等拆分开来，结合手绘和 3D 建模，使用独特的渲染技术，使画面呈现效果更为灵动逼真，游戏画面较有表现力，较好地呈现了青绿山水画风。《绘真·妙笔千山》团队制作此游戏的初心，是希望能通过游戏让更多人了解和接触这一久远而美丽的艺术形式。借助新的技术和表现形式，给古老的绘画作品重新注入生命活力，让艺术形式焕发新的生机，向艺术前辈们致敬。

（三）游戏娱乐与文化科普的结合

游戏这一概念既古老又新潮，游戏本身所表现的娱乐需求是人类从诞生那天起就一直存在的。西方美学中也有观点认为艺术起源于人的游戏本能，艺术活动是无功利无目的的自由的游戏活动，是人与生俱来的本能。席勒甚至认为，游戏不仅是审美活动的根本特征，还是人摆脱动物状态达到人性状态的一种主要标志。相较于死板灌输和正规学习，游戏娱乐和文化科普相结合的方式更能打破受众与知识之间的壁垒，拉近思想与学习的距离，使玩家在游戏中潜移默化地接受知识的熏陶，以亲身感受和体验完成积累过程，加深对知识的印象。

游戏设计者通过游戏来讲述故事，玩家就是故事的听众与体验者，通过游戏情节和背景接受相关的传统文化，传统文化元素可以通过网络游戏这一载体得到传承和发展，玩家间的交流使传统文化元素再一次得到传承，在一定程度上推动了传统文化的发展。[1] 有些玩家在体验游戏之后会对游戏角色的背景和历史产生兴趣并且前去了解和寻找。手游《王者荣耀》中就选用了各种拥有神话和历史背景的游戏角色，如在中国传统神话故事中较少被大众所知的东皇太一，该角色的爱好者却能说出这个神话人物的相关知识。这款游戏还催生了促进传统文化的一些其他衍生作品。由腾讯打造的一个脱口秀节目邀请了专家与观众分享《王者荣耀》中的历史文化元素，该节目已经有超过 3 亿次的网上观看量。

---

[1] 涂锐 . 中国传统文化在网络游戏中的表现与运用［J］. 东南传播，2009（2）：114–115.

四、“国风”游戏中运用中国传统文化的反思与总结

在全球化时代的背景下，文化成为综合国力竞争的重要因素，它不仅是一个国家文化历史的智慧硕果，也是民族凝聚力和创造力的重要源泉。但随着国家开放程度的不断提升和国际化趋势的增强，中国传统文化不断受到外来文化的强劲冲击，优秀传统文化的继承和发展问题越发深刻地暴露在我们面前，中国传统文化也应寻找能与现代传播手段相结合的传播方式。中国传统文化宽厚的包容性和强大的同化力也使其具有与游戏结合的可能性和无限发展潜力。

但在“国风”游戏的发展过程中也出现了一些问题及误区。大部分游戏的“国风”还只是个壳子，对传统文化的体现和传播过于肤浅，仅仅停留在视听效果具有中国特色的层面上，其玩法和内核还是以欧美及日韩的主流游戏模式为主。一些游戏策划者可能存在策划运用传统文化时，其自身的知识水平和专业素养使其对传统文化内在的价值了解不够深入，会影响到中国传统文化在游戏传播过程中的准确性和真实性。此外，“国风”游戏的本质还是游戏，有些游戏对传统内容的开发过于深刻难懂，玩法系统设置容易走向过于简单和过于复杂两个极端，容易使玩家产生厌烦心理和抵触心理，没有很好的兼顾“国风”游戏中文化传播与游戏娱乐之间的权重关系等。虽然“国风”游戏在发展中存在诸如此类的问题，但是其整体的发展趋势还是朝着精品化、优质化的方向努力前进。

针对以上提及的一些问题和误区，笔者想从优质化、娱乐化、国际化 3 个角度提出建议，为国风游戏更高质量、更深影响的未来发展建言献策。

（一）优质化：严格筛选和梳理，优质 IP 深度开发

中国传统文化元素包罗万象，其所产生的历史背景和代表的文化内涵也不尽相同，在未来“国风”游戏对中国传统文化元素的开发和利用上必须进行严格筛选和梳理，取其精华，去其糟粕，对优质 IP 进行深度和广度相结合的挖掘与开发。且传统元素的使用必须是在理解其所蕴含的文化内涵及含义符号，基于大众共同的审美基础上配合主题进行设计转化，形成具有鲜明特色的视觉符号，塑造出兼具美感和文化底蕴的游戏人物并进行场景设计。手游《王者荣耀》就曾与敦煌研究院共同合作为游戏角色杨玉环研发制作了一款“遇见飞天”角色皮肤，以

敦煌壁画飞天的造型来装饰角色杨玉环，原画中杨玉环是在空中仰卧飞翔的姿势，将琵琶倒背在身后，背景图是敦煌壁画中的群山。画面整体色调鲜明，服装和飘带都以红、蓝为主色调。以古代四大美女之一搭配敦煌壁画飞天造型，强强联合，突出了优势。

（二）娱乐化：与流行元素结合，运用流行玩转经典

“国风”游戏产品本身不断成长完善，随着游戏的不断更新，游戏的内容和设定也需要给玩家带来新鲜感，利用好节假日期间玩家空闲时间更多、更集中的特点，呈现出当下流行元素或者传统节日特色，为玩家营造文化氛围。[1]与此同时，也要兼顾游戏的娱乐性，毕竟一款游戏娱乐性的强弱决定着这款游戏的火爆与否，也是决定实现寓教于乐功能大小的因素。[2]

科技时代的发展使当下的流行趋势多变，业态的复杂性和多样性也给未来的发展提供了无限可能。在未来的发展中，要勇于并乐于接受新鲜事物，尽早与当下流行元素进行结合，打造年轻人及更多人喜闻乐见的具有独特风格的“国风”游戏。《阴阳师》虽然是网易打造的一款 3D 日式和风回合制 RPG 手游，但是在游戏推广之初，网易就明确以制作精良的日式画风加日本知名动漫声优角色配音为主打卖点，获得了一大批动漫声优支持者和日式画风爱好者的喜爱与支持，甚至衍生出“非酋”“欧皇”等流行词汇，一度成为霸占热搜的现象级产品。

（三）国际化：普世思想内涵，传播文化内容

国风游戏所承担的传统文化传承与传播的责任不应该只是面对国内这些受中国传统文化熏陶的中国人，更应该面向东南亚地区有共同的文化底蕴及欧美等没有共同文化基础底蕴的人民，使其也能对“国风”游戏、中国传统文化乃至中国现代文化产生兴趣，开始了解中国、认知中国。这需要游戏策划者们深入市场调研，以直观的数据形式调查并梳理国际上最受欢迎且能最大限度接轨传统文化的

---

[1] 徐春霞．中国传统文化在网络游戏中的表现与运用［D］．成都：四川省社会科学院，2013.

[2] 姚笛．中国元素在虚拟游戏道具设计中的应用研究［D］．武汉：湖北工业大学，2017.

元素，尝试以中国风格讲述普世故事，扩大“国风”游戏受众市场及范围。好莱坞的动画电影《功夫熊猫》是以中国功夫为主题的美国动作喜剧电影，影片以中国古代为背景，其景观、布景、服装以至食物均充满中国元素。该影片讲述了一只笨拙的熊猫立志成为武林高手的故事。电影所讲述的故事在本质上仍然是好莱坞英雄的故事，但其极具中国风格的画面呈现及人物设定，被认为是中美元素结合效果最好的影片之一。

中国传统文化博大精深，源远流长，然而其继承和传播一直是需要思考的问题。游戏不再是过去单一的娱乐产品，而是作为文化价值符号出现。[1]游戏产业的良性有序发展需要传统文化为其丰富内涵，而传统文化的继承与传播也需要运用更符合现代传播方式与特点的、更容易被群体尤其是年轻人群体所接受的方式，这样才能实现游戏产业与传统文化双赢的局面，网络游戏与中国传统文化的结合也能够创造出更大的文化价值。两者各取所需、互补发展，由此来看，“国风”游戏未来的发展道路是宽阔且充满希望的。

---

[1] 袁静娴.网络游戏中的中国优秀传统文化传播研究——以国产角色扮演类网络游戏为例［D］.重庆：西南政法大学，2017.

金融业支持文创产业发展的国际经验与相关建议

周丽娜 *

摘　要：伴随着信息通信技术、互联网的发展和世界经济一体化的扩张，文化产业全球化浪潮席卷全世界的每一个角落。每当经济发展遇到阻力的时候，文化产业能够迅速成为支柱性产业并且带领一个国家的经济走出低谷。自2008年金融危机以来，文化产业发展战略成为经济发展的突破口，因此，从金融业的角度来研究文化产业的问题具有重要的现实意义。本文以文化产业的金融支持问题为突破口，将研究的重点问题概括为我国金融支持文化产业的现状、金融业支持文创产业的国际经验、文创产业与金融业融合过程中存在的问题及其分析、金融支持文化创意产业发展的建议。本文采取“对比研究、经验总结、对策研究”等方法，在充分吸取前人文献和研究成果的经验基础上，结合世界文化产业的金融支持案例来进行对比和分析，对我国目前文化产业的金融支持问题进行研究和探索，并提出了解决建议。

关键词：金融业；文创产业；文化产业

* 周丽娜，中国传媒大学文化产业管理学院副研究员。

一、研究背景

文化创意产业（Cultural and Creative Industries）是一种在经济全球化背景下产生的以创造力为核心的新兴产业，强调主体文化或文化因素，依靠个人（团队）通过技术、创意和产业化的方式开发、营销知识产权的行业。

文创产业作为一种“绿色产业”，资源消耗少、环境污染小、发展潜力大、附加价值高，相对于传统产业具有较强的拉动性和“溢出效应”，被公认为21世纪极具发展潜力的朝阳产业。党的十九大报告指出，中国特色社会主义进入新时代，我国社会主要矛盾已经转化为人们日益增长的美好生活需要和不平衡不充分的发展之间的矛盾。这表明满足人们日益增长的美好生活需要已成为我国奋斗的目标。而人们日益增长的美好生活需要离不开精神文化生活的提升，丰富的精神文化生活需要以文化产业的繁荣为支撑。当前，我国文创产业发展势头良好，但文化产业的金融支持程度却有待进一步提升。在当今时代，任何一个产业的发展，都离不开金融的支持。文创产业作为一个以“轻资产”为主的产业，在其发展过程中，金融支持尤其重要。内源资金、政府投入、金融支持、社会融资、外资引进是文创产业的五大资金来源。伴随着一系列利好政策出台，我国文创产业迅猛发展，其资金来源越来越广泛，融资方式越来越新颖。但总体来说，金融支持还远远满足不了文创产业的需求，具体表现为政府投入不足、银行贷款力度不够、其他渠道不畅通、外资受到政策制约、内源资金不足等。而且更加重要的是，我国文创产业发展的滞后性、经营的风险性都导致了文创产业和金融支持对接体制不成熟、相关评级机制不完善、文创产业担保方式不足和制约金融支持力度等问题。怎样从文创产业的特点出发，有效借鉴国际先进经验，寻找适合我国文创产业发展的金融支持道路，是目前需要解决的重要课题。同时，我国的文创产业与发达国家相比还有较大差距，尚处在发展的初级阶段，具体表现为产业链尚不健全、市场不成熟、创新能力不强、需求不够稳定、企业规模偏小、盈利模式不清晰。造成这一局面的原因很多，其中最突出的是融资难问题，融资约束成为影响文创产业进一步发展壮大的“瓶颈”因素。通过金融创新形成支持文创产业融资的机制，缓解文创产业的融资难，具有重要意义。目前我国从理论界、企业到政府部门在中国文化发展方向上已经达成的一项共识就是，要尽快让中国在文化产品贸易中逐渐处于领先地位，成为世界文化产品生产和出口的主导国家，并且让文化产业成为拉动我国经济增长的“发动机”。

二、金融业支持文创产业的国际经验

随着文创产业的蓬勃发展，世界主要发达国家的文创产业大多数达到 GDP 的一成以上，美国甚至达到 1/4。文创产业在各国经济中的地位越来越重要，成为各国的支柱性产业之一。而在拥有丰富的文创底蕴和大量文化资产的中国，文创产业仅仅约占 GDP 的 3%。这反映出中国文创产业还有很大的发展空间。我们可以对金融支持文创产业发展的国际经验进行分析和研究，得出可借鉴的经验。

（一）美国的文化产业发展及金融支持对中国的启示

1. 充分利用金融全球化的支持作用

20 世纪 70 年代以后，国际市场的金融支持主体为了进行资产组合调整，在全球范围内开展的交易活动体现为全球性资本配置，使各国金融业务、金融机构、金融交易方式跨越国境，使得金融支持跨国流动，国际社会也建立了一种有制度性特征的金融自由化支持制度。1997 年 12 月 13 日，世界贸易组织（WTO）第二轮金融服务贸易谈判达成最后协议[1]，包括美国在内的56个成员方（代表70个国家和地区）正式通过了《全球金融服务协议》。美国已经和 102 个国家签订了《全球金融服务自由化》协议，促使全球 95% 的金融市场实现一体化，容纳了 18 兆美元的证券市场、38 兆美元的银行贷款市场和大约 2.5 兆美元的保险市场。在此基础上，美国的文化产业者们必然要进入全球金融市场寻求金融支持，并且在金融支持的基础上寻求文化产品的主流化。此外，美国的文化产业利用信息高速公路的便利，使得文化产业的金融支持更加便利，通过网络和软件技术使很多金融资源以极低的价格可被使用，从而大大降低了成本。这种变化是传统经济条件下无法想象的。

2. 美国文化产业的金融支持采用“压强原则”和“主流化原则”

美国的各个金融支持机构一旦选定了某个文化产业项目，为了使它具有主流化特征，就会给予这个项目以超过竞争者几倍强度的资源配置，极大地集中银行贷款、资本市场和基金等各个方面的金融资源，实现重点突破。就像在第二次世界大战后期美军集中数千门火炮、数千架次轰炸机、20 万精锐部队，一举突破德国境内的易北河一样。这样的指导原则使得美国的文化产业可以最大限度地扩

[1] 曹勇．论我国银行业的开放与稳定［J］．广西金融研究，2004（10）：4-7.

张市场。

3. 美国“连环套”式的金融支持方式

美国文化产业是最有实力的，这是一个不可回避的事实。包括迪士尼、时代华纳和维亚康姆等在内的 9 大媒体娱乐产业的“巨无霸”，通过 CNN（美国有线电视新闻网）、环球等 50 家媒体和娱乐产业大公司，控制了全球 90% 左右的文化消费市场，成为影响全球文化产业的巨大力量。[1] 意味深长的是，许多美国文化产业公司，是从别人认为没有什么油水的地方，果断地投入巨资，经过数十年的努力，终于打造出巨大的“金矿”。其中的奥妙之一就是美国的金融机构在文化产业领域形成独特的金融支持模式，这些金融机构抓住“机会窗”，即别的竞争对手暂时还没有进入，或者不具备同等竞争实力的时候，金融机构领先一步支持这些潜在市场，并且依靠后续研究和开发获得核心技术、核心专长和性能价格比的领先优势，通过大规模的席卷式的市场营销，在最短的时间内充分获取“机会窗”的超额利润。特别是对于文化产业来说，它的投入—回报过程很长，其利润区常常和最初的金融支持区不是对应的，也就是说，不是在哪里打井，就在哪里出油；也不是在哪里给予支持，哪里就有巨大收获。有的时候，金融机构恰恰需要先在 A 地钻井，在获得主动权之后，逐步延伸到 B 地，又到 C 地，最后在 C 地获得巨大的利润产出，形成一个非常有效的“连环套”。

4. 美国的文化产业出台了一套可以吸引国际金融支持的政策

一是利用贸易保护主义，吸引国际上的直接金融支持。说来具有讽刺意义，美国是世界上对“自由贸易”“唱”得最响的国家，却是奉行单边主义，动辄采用贸易保护主义，对别国的进口产品课以重税的国家。在这种情况下，别的国家要把文化产品打入美国市场，是极为困难的，不得不采用“市场寻求型”策略对美国的文化项目给予直接支持。另一方面，贸易壁垒政策限制了进口，造成了市场封闭，限制了国际竞争国内化，在一定程度上促成了美国国内比较高的利润回报率，并且吸引了大量闲散的金融支持资金进入美国，比如，一些中国香港企业投资美国电影业，其妙处正在于此。

二是利用区域经济一体化发展的优势，吸引国际上的直接金融支持。美国、

---

[1] 赵轩．全球化时代美国文化输出战略研究［D］．长春：吉林大学，2014.

加拿大、墨西哥所签署的北美自由贸易协定于 1997 年 1 月正式启动[1]，它包括 4 亿人口、约 20 万亿美元的经济总量，是世界上规模最大的区域性经济共同体之一，任何一家跨国公司，只要进入了其中一个国家，就能够以最优惠的条件，进入另外两个大国，从而在广阔的市场空间纵横驰骋。由于区域一体化使贸易保护的平均程度提高了，就吸引域外加大了对北美地区的金融支持力度。特别是原先各国对流入的国际直接金融支持数量加以限制，那么，因为区域一体化而使各个分裂的市场集合成共同的大市场。

三是利用北美自由贸易区的“中心—辐射”式区域协议驱动国际上的直接金融支持。也就是说，自由贸易区的成员国可以同若干非成员国签订自由金融支持协定。在这种情况下，成员国具有更大的吸引力，使跨国金融机构一旦进入某一个成员国，就可以同时以比较低的运作成本进入区域的所有市场，这在一定程度上使得美国文化产业的金融支持成本下降。

5. 美国细化了文化产业的金融支持分类

美国文化产业的金融支持分类如下：一是竞争性项目的金融支持，对收益比较高、市场化程度充分、具有竞争能力的项目给予金融支持；二是基础性项目的金融支持，对具有自然垄断性且建设周期比较长，资金量大而收益率低的项目给予金融支持；三是公益性项目的金融支持，指以公益性为主，满足全社会文化需求的项目的金融支持。这种细化方式为文化产业获得专业化金融支持提供了基础，并且提高了金融支持的可靠性和运行效率。

6. 通过预先对文化产业的知识产权进行运作，提前获得金融支持

在美国完善的知识产权制度的运行下，很多文化企业把自己的知识产权及其派生出来的巨大产业链抵押给银行，或者进行资产证券化、发行债券和进入产权交易所进行交易。例如，电影公司的知识产权利可以在二级市场上提前寻找大量买主，如无线电视网、有线电视网、录像带制作公司和发行公司、出版社、游戏机和游戏卡制作和发行公司等，这样就重新构建了电影公司的现金流，并且根据这些推算出未来的收益，这样就可以把这个产权进行抵押或者进入产权交易所进行交易，从而提前获得金融支持。美国文创产业主要金融支持方式，如表 3–5 所示。

---

[1] 李向阳.“北美自由贸易协定 10 周年回顾”专辑——全球区域经济合作的发展趋势与中国的战略选择［J］. 拉丁美洲研究，2005（2）：19–24.

表 3–5 美国文创产业主要金融支持方式一览表

子领域	成功经验	主要金融支持方式
出版	实力巨大的财团支持，有力的版权保护为出版业的发展保驾护航	（1）版权证券化 （2）税收优惠，对非营利性出版机构免征所得税，并对所有出口书刊免税 （3）政府出资建立基金会 （4）政府资金 （5）社团基金 （6）民间捐款
影视	一流的创意、流水线生产模式、先进的制作技术、雄厚的资金支持和文化的多元性是影视业成功的制胜法宝	（1）组合投资，一次性投资多部不同类型的影片，以分散风险 （2）“放映商采购”，即先自行投资，购买数字放映机，再由数字电影推进组织在 10 年中向其返还虚拟的拷贝费 （3）私募基金
动漫	动漫制作的高投入、专业化，设计—制作—播映—衍生品—主题公园的完整产业链是动漫行业成功的秘诀	（1）多元化文化帝国投资，通过多元化经营，降低风险 （2）组合投资 （3）预售产品融资
艺术品	融资渠道众多，金融创新能力优越使得艺术品领域快速发展	（1）私人美术馆 （2）政府资金 （3）投资基金 （4）银行支持 （5）企业投入

（二）英国的文化产业发展及金融支持对中国的启示

1. 把文化产业的金融支持纳入地区可持续发展战略

一方面，这种金融支持只有与地区发展战略相结合才能实现最大经济与社会效益，实现利益最大化；另一方面，这种金融支持对提升地区形象，促进社会和谐，推动整个社会经济发展确实有积极的影响，所以，文化产业的金融支持与地区发展相结合是以一个“双赢”的投资策略对新兴文化产业的扶持。在加强文化遗产保护的同时，英国对文化产业尤其是一些新兴的文化产业的发展也给予了必要的关注，并且给予了巨大的金融支持以推动新兴文化产业项目的开发，如 2005—2007 年的区域重点战略“旅游与文化”获得了结构基金的支持。该项资金主要用于地区旅游市场调研，编制地区文化资源调查目录，以及游客中心、宾馆、博物馆和其他文化机构等旅游设施的投资。

2. 加大跨国跨行业的金融支持力度

英国对文化产业的金融支持力度主要表现在以下几方面。

（1）资金来源渠道多。合作项目的资金通常由欧盟各国政府和各国的私人资本构成，确保各方面资金的广泛参与。

（2）资金合作机构多元化。合作项目通过建立合伙人金融支持基金的方式，发挥各行各业（包括地方艺术家、技术工作者、商业人士等）的闲散资金力量，确保资金的正确流向。

（3）提高企业间进行金融支持和合作的主动性。英国政府在整个金融支持的计划中基本上只起到审批、协调与监督作用，不过度干涉各项目参与的具体实施方案，这样有利于最大限度地调动各个行业和地方的参与热情和积极性，真正发挥合作的优势。

3. 先进的金融支持理念

（1）树立社会价值优先考虑的投资理念。与政府支持不同，金融机构对文化产业的支持必须顾及它本身的收益，必须对它的股东收益负责。在这一点上，参与文化产业的金融机构都能有一个明确的定位，把社会效益放在优先考虑的位置，兼顾文化产业的特点，资助被主流银行所排斥的，有利于社会发展与社会弱势群体的文化项目，这一投资思路对商业性较强的金融机构来说是难能可贵的。

（2）从上述金融支持理念出发，各金融机构采取不同的方式，在确保社会效益的同时，也尽量避免财政上的亏损。通过把营利性项目与非营利性项目相结合，针对文化项目的特点制订灵活的金融支持方案，也建立多种贷款模式（包括大量无息贷款与捐赠），以及贷款人之间的横向合作等各种投资方式，确保金融机构本身的财政平衡，使文化投资成为有利可图的投资。只有这样，文化产业才能吸引源源不断的资金，而形成可持续发展的长期金融支持。

4. 参与文化产业的金融支持机构多元化

包括商业银行，金融合作组织（机构、协会等）和基金会等各种类型，根据不同的机构性质与运作模式，制订了各自不同的金融支持策略。

（1）银行作为主要的金融机构，是参与文化金融支持的主力。比如，德国的GLS社区银行就通过向非典型部门投资，以创新性和先锋性而著称。GLS银行在给予文化机构金融支持方面具有丰富的经验，构建了一些有独创性的金融支持模式，把银行对生产性文化活动的贷款和用于支持文化开支的津贴或捐赠结合在了一起。

（2）除了银行，还有一些联合组成的金融合作支持性组织，也在英国文化投资中扮演着重要的角色。比如，克雷达尔机构是由“非政府组织”和储户集团成立的金融合作机构。克雷达尔机构只对那些有明确社会价值（包括社会整合、增加就业机会、相关研究、以公众为对象等因素），并且被主流银行拒绝接纳的文化项目进行投资。2007 年，该机构的资本额已达 1030 万欧元，近年来受到财政资助的社会项目和社会组织数量达到 600 个。获得资助的文化项目涉及范围广泛，包括街头戏剧、电视中心、电影院、文化中心、书店、读书会等，这些文化项目通常在社会文化落后的地区开展。

（3）基金会也是参与文化产业的主要金融支持机构之一。例如，“循环贷款基金”由英国诺福克郡的“文化就业与创业训练中心”于 2005 年创立，为那些寻求文化创业机会的人提供贷款。该基金来源包括英国彩票基金、欧洲结构基金、诺福克郡议会与诺里奇市议会的捐款和纳特威斯特银行为贷款基金提供的赞助。“循环贷款基金”的特色在于，多渠道的资金来源和基金组成，集合了政府、社会、银行等各方面的投资；明确把文化创业者作为基金的投资对象，资助社会文化群体的创业活动和经济自主；建立一套独特的贷款模式，通过贷款人之间横向合作互助的方式，保证有限的资金能得到循环利用，提高基金还贷率。

5. 创新性地使用彩票资金给予文化产业金融支持

英国政府创新性地把彩票的投机行为成功地引入艺术殿堂。从 1994 年 11 月 19 日英国发行地第一期国家彩票抽奖到 2009 年上半年，国家彩票累计发行总额已高达 314 亿英镑，有超过 108 亿英镑的资金被用于公益事业，其中，2005—2009 年间，超过 1000 个文化产业的项目从“彩票基金资本计划”中获得了超过 30 亿英镑的金融支持。完善的基金分配体系保证了彩票基金能用于最需要它的地方，向尽可能多的社会组织机构开放。英国文化、传媒与体育部管理的国家彩票分配基金会负责从彩票发行商那里按比例抽取前一周的彩票发行收入，并负责向各具体分配机构按一定比例放款。1993 年确定的从国家彩票中获得投资的 5 项公益事业，包括体育、艺术、文化遗产保护、慈善事业和千禧年活动。1998 年，加入了有关健康、教育和环保的新机会基金。各项公益事业分别由各专业委员会负责拨款事务。

（三）韩国的文化产业发展及金融支持对中国的启示

1. 文化产业的金融支持是韩国国家发展战略的一个重要组成部分

韩国文化产业受到了韩国政府的高度重视。在韩国，金大中任总统期间就已经确立新的文化产业发展战略，并且认为文化产业可以振兴韩国的经济和社会。1998 年金融危机出现后，韩国受到了严重的打击，很多部门的失业率频创新高，只有文化产业部门的就业人数不降反增。除增加了文化产业的投入外，韩国国会还在法律上支持文化产业，比如，颁布了“文化产业促进法”，表示要大力推动和支持文化产业，在法案中重点强调了文化产业中金融支持的重要性，并且对金融机构对文化产业的经济活动给予了必要的支持。[1]

2. 韩国对文化产业实行组合性金融支持，分散金融风险

在金融活动过程中，有收益就必然带来风险，金融支持的基本原则就是在收益既定的条件下，使风险最小或者在既定风险的条件下，使金融支持的收益最高。根据这个原则，许多企业都采取了组合金融支持的策略，也就是将不同类型的金融支持方式搭配起来，或者联合不同的金融主体，以分散文化项目的金融风险。许多精明的证券投资者都懂得“分段投入，交替兑现”的战术，这是防范证券市场风险的一种重要手段。因为股市变幻莫测，如果集中在某一个价位段投资，随时会有翻船的危险。所以，金融支持往往采取分段进入的办法，这样，即使在某一个价位段上被“套住”，也可以在其他价位段上兑现，补偿损失。同样，文化产业也需要这样的分段投入策略，而且由于文化开发有许多延伸产品，前期的支持还可以在延伸性开发中得到回报。[2]

3. 民间资金给予文化产业巨大的金融支持

在韩国，民间资金主要来自企业和财团。它大多用于应用、开发和创造。韩国也非常重视自己产品的文化开发，在这方面乐意给予金融支持。据调查，韩国文化产业开发总额 2008 年为 1399 亿韩元，比上一年增长 2.5%，呈连续 4 年上

---

❶ 李美智．韩中文化产业发展比较及对中国的启示［D］．上海：华东师范大学，2011.

❷ 曹杰．二元经济结构下中国文化创意产业融资对策分析［D］．北京：北京第二外国语学院，2009.

升的态势；占 GDP 的比例为 3.26%，比上一年增长 0.14%。据调查，日本政府负担的研究经费占 GDP 之比在西方国家中是最低的，只占 0.62%，而法国、德国、英国、美国则分别占 1.1%、0.95%、0.91%、0.67%。从支出源看，民间部门为 5933 亿韩元，占 78%，政府研究开发经费只占两成，因而显示出“民间主导”的特征，这在先进国家中实为罕见。

4. 韩国设立了各种专项基金会以便给予文化产业金融支持

专项基金会可以接受社会团体、企业和个人资助，广泛吸收和整合各种社会资源，包括资金、证券、专利、不动产等，通过有效而规范的资金运作，通过设立多种专项基金，扶持文化产业的发展，如文艺振兴基金、文化产业振兴基金、信息化促进基金、广播发展基金、电影振兴基金、出版基金等。专项基金会运作文化产业“专门性金融支持组台”，广泛动员社会资金，采用官民共同合作的金融支持运作方式。[1]

三、文创产业与金融业融合过程中存在的问题及其分析

虽然目前我国金融业与文创产业的关系日益密切，但传统金融机构的服务模式和文化产业轻资产的产业特点存在冲突，导致双方无法更好地进行融合。具体表现及原因如下。

（一）文化产业特性导致的资金配置问题影响整个文化产业结构平衡

文化产业在资产结构、风险性、商业模式、内部管理等方面不同于一般的制造业和服务业，因而对资金配置及产业结构平衡发展带来了一定的影响。一是文化产业资产结构存在特殊性。由于提供的是精神产品和服务，缺少固定资产等抵押物，且无形资产估值不确定，从而造成文化企业尤其是中小企业的融资受到约束。二是存在高风险性。由于文化产品的创作者很难准确预测市场反应和需求，其收益存在很大的不确定性，且还面临着产业政策风险。三是商业模式不清晰。文化产品大多消费周期性短、实时性强，不能产生长期和持续的投资收益。另外，产业集中度低、市场化程度不高，产业链条上原创、制作与发布环节分割

[1] 陈辉. 中韩文化产业政策比较研究［J］. 学海，2005（4）：187-189.

明显，都不利于产业链的发掘和延伸。此外，企业内部管理弱，资本运作随意性大，这些都将提高投资的风险，也增加了与金融对接过程中的交易成本。

（二）金融环境不利于产业融资合理发展

由于我国文化产业发展的历史较短，与金融机构联系不紧密，特别是一些转制的文化企业，其盈利模式不是很清晰，因而金融机构提供的金融产品和金融服务也非常有限。具体表现如下，一是缺乏有效的抵押品，使得银行信贷较难开展。很多银行为规避风险很少开展针对知识产权、版权等无形资产的质押贷款。因而大部分文化企业很难从银行获得信贷资金。二是资本市场融资条件不成熟，增加了企业融资的难度。大部分文化企业的商业模式和财务业绩难以达到上市融资的要求。很多文化产品消费周期性短，不能产生长期和持续的现金流，很难被投资者认可，因而，股权融资和债券融资的难度较大。三是金融配套体系不完善。如专业的评估机构缺位，抵押担保和信用保险缺乏，无法实现分散风险的功能，文化企业的融资能力和融资规模因此受到了重大制约。四是各类融资渠道风险与收益不匹配。信贷投资利率相对固定，但银行不能分享企业的成长性收益；尚处于起步阶段的中国文化企业群体绝大部分难以满足上市条件。债券市场也只有极少数文化企业具备发行资质；风险投资基金占比过小，很多产业基金是债券类投资，投资周期短，不利于满足中小微企业成长需求等。

（三）政策法规尚未完善，阻碍文创产业发展

目前，我国已颁布多部与文化创意产业密切相关的法律法规，但内容无法跟上文化创意产业快速发展的步伐。其中，文化创意产业版权保护制度不健全，文化创意产品侵权行为严重，司法救济可操作性差，知识产权交易渠道不畅，挫伤了创意企业技术创新和文化创新的积极性，也为企业的融资带来了较大的不利影响。另外，其他相关的配套法律制度也不健全，在企业融资模式、风险防范机制、专用基金使用原则和范围、文化创意产品交易法律制度、执法部门管理机构和办法、司法实践操作、社会中介服务机构的职能和水平等方面没有做出明确规定，这影响了文化创意产业的发展速度和规模。综上所述，文化产业融资的基础性制度不健全、无形资产评估体系不成熟，金融机构受制于传统风险文化，重抵押、重财务报表，文化企业普遍是轻资产企业，发展方向不清晰等，这些因素大大限制了文化与金融的融合发展。

四、金融支持文创产业发展的建议

目前，文创产业最突出最棘手的问题就是金融支持的问题，这一问题已经严重地影响到该产业的和谐发展，造成这一难题的原因是多样化和多元的，所以解决这个问题需要全社会的协力合作，核心是要在企业、金融机构和政府三者之间找到一个稳定平衡的关系点，建立健全专门针对文创产业的金融支持体系和社会信用体系，积极推动文创企业的金融支持战略向渠道多元化、方式市场化、手段规范化和结构合理化快速稳定迈进。

（一）建立支持文创产业发展的政策性金融支持体系

1. 成立文创产业的专门金融支持部门

在现有政策性银行的基础上，成立文创产业的专门金融支持部门，并且制定出支持法案，用来保障和规定文创产业能够获得政策性金融支持的比例。可以进一步思考当前政策性银行功能拓展的问题，规定其可以把一定比例的资金投入文创产业，使其成为支持文创产业发展的坚强后盾。当然，资金问题可通过财政担保或者向社会发放企业债的方式来解决。

2. 新设专业政策性文创产业银行

在有条件的地方，可以成立文创产业类政策性银行，其资金可以由地方政府的财政发债和担保发债来共同承担。当然，这种专业的政策性银行可以委托地方其他金融机构来进行资金的运作，如在某家商业银行开设一个专门的委托贷款账户，这个账户的资金只能专款专用，即只能让文创产业专项使用，并向这些委托代理商业银行支付一定的代理费用，通过这种委托代理关系，商业银行寻找贷款的需求者，并且负责收回贷款，贷款利率严格执行市场利率，其风险可以由商业银行和专业的政策性银行共同分担。这种方式的关键是必须在代理费和风险分担比例上达成一个合适的匹配点，这样既能解决商业银行如何放好贷的问题，又能解决商业银行乱放贷的问题。值得注意的是，在使用这些来自专业的政策性银行的低成本资金时，不是把利息直接补贴给商业银行，而是补贴给文创产业，这样可以最大限度地降低商业银行在这种委托代理关系中的道德风险问题。

（二）建立健全有效的文创产业担保体系

建立和健全文创产业的信贷担保体系是很有必要的。首先，文创产业的信用担保体系不是由政府出面，以国家信用为基础的政府行政担保活动，而是在政府指导下进行市场化担保活动，政府承担的仅仅是和自己出资额度相匹配的有限责任。这样做的好处是可以在银行与文创产业之间达成一种良好的合作约定，改善文创产业的信用资本，推动信用制度建设和信用体系建立。建立这套信用担保体系的根本目的是为文创产业的金融支持找到突破口，可以通过对文创产业的信用征集、信用评价和信用担保来实现这一目的。但是在具体的实践活动中，通过抵押、质押和获得较高的信用记录来获得银行的金融支持还是文创产业的首要模式。其次，加快成立国家级文创产业的再担保机构。这样做可以为文创产业信用担保机构提供再担保服务，增加其获得金融支持的信用资本。

（三）向文创产业主动介绍现代化金融支持理念

文创产业难以获得金融支持，不仅仅是资金缺口和债务缺口的问题，更是一个如何在市场中寻找资金的知识问题。目前，很多文创产业都缺乏专业的金融支持理论知识，如每当企业的现金流紧张时，首先想到的是向政府求援，然后就是向银行求援，但是这种求援往往是徒劳的，因为由于金融支持的理论不普及，这些文创产业不了解获得银行金融支持的具体条件和要求，那么它难以获得金融支持也就有了合理的解释。另外，我国企业的金融支持渠道和金融支持方式已呈现多元化趋势，各种渠道和方式的规则和管理办法有很大差别，所以向文创企业普及这些金融支持的知识是很有必要的，使他们能够适应市场经济发展要求和拥有现代化金融支持意识和理财观念。

（四）积极创造条件以拓宽直接金融支持渠道

在传统的经济体制的影响下，很多文创企业形成某种金融支持的思维定式，即企业一旦具有金融支持需求，就马上想到银行贷款。这种定式的思维方式已经阻碍了文创产业的发展，因此我们应该明确意识到，银行的信贷支持只是企业获得金融支持的方式之一，并不是所有的金融支持方式，而且全世界的传统信贷业务有不断缩小的趋势，而进行 IPO 或债券直接发行等直接性金融支持渠道逐渐走进众多文创产业的视野并解决了很多棘手的问题。因此，持续发展多层次的资本市场体系势在必行。一般说来，主板市场对 IPO 的条件比较严格，限制也比较多，目前的资料显示，现有的上市文创企业都具有业绩稳定和经营规模很大等特点，普通的文创企业不具备这样的条件。而创业板和三板市场对上市企业的要求较低，因此，可以很好地解决普通文创企业在创业阶段获得金融支持的问题。因此，继续完善我国证券市场的创业板和三板是很有必要的。我们可以推论，一旦某家文创产业通过创业板或者三板上市后，它自身的资金情况将得到很大改善，从而减少其所需资金的占比，把更多的资金留给更加需要的企业，甚至通过企业的商业信用把资金重新拆借给其他文创产业。此外，积极改进企业债券管理办法，允许文创产业向社会发行债券（包括可转换债券和可认股权债券），切实降低企业的资金成本。在对文创产业进行直接金融支持方面，除了建立和健全场外交易系统和交易制度，我们应该积极鼓励文创企业上市融资，给予文创企业更加宽松的上市条件，增加文创企业在 IPO 中的比例。另外，恢复并规范发展文创产权交易市场是至关重要的，这可以在很大程度上解决文创产业难以获得金融支持的问题。事实上，专业的产权交易市场可以从很大程度上解决文创产业知识产权缺乏流动性的问题，把很多难以变现的文创知识产权变得具有流动性，把其内在的固定价值充分被挖掘出来并且进行交易。我们虽然现在还缺乏这方面的经验，应该大力进行探索和实践。

（五）完善制度、加强组织建设，加大金融机构对文创企业的扶持力度

从目前来看，我国文创产业的主要金融支持渠道还是金融支持机构的信贷资金。由于目前正处于金融机构的制度升级期和体制完善期，金融机构很容易出现忽视对文创产业金融服务的倾向。为了克服这种倾向，关键是要处理好文创产业与金融风险之间的关系，必须在思想上认识到，只有发展创新，才能在金融风险和文创产业之间达成统一。过分地关注金融风险只会给金融机构和文创产业带来不利影响。可以从以下几个方面入手。[1]

---

[1] 傅冰．我国文化创意产业与金融业融合模式探讨［J］．中国集体经济，2019（17）：115-116.

1. 改变“存款立行”的观念，改进银行信贷管理制度

“存款立行”在我国传统的金融观念中占统治地位，如今，我们应该从“贷款立行”的观念出发，在市场中主动寻找那些具有金融支持需求的企业，科学合理地考核信贷人员，提高人员素质。应认真地考核各个经济区域的发展需求及当地各个基层的信贷情况，运用不同的分类指导原则和不同的考核标准，下放企业授权，增加企业授信额度。采取具有区别对待的审批规则和抵押担保办法，对不同文创企业采用不同金额、不容期限和不同规模的考核办法，使其既能够有效地控制信贷风险，又可以扩大选择方式，降低文创产业的贷款管理成本，促进文创产业又好又快地发展。

2. 对目前的信用等级制度进行改革

目前，信用等级评定标准有不完善的地方，尤其是企业经营规模（资本规模、人员规模和生产规模）考核所占考核项目的权重过大这一事实，对文创产业相当不公平，因为文创产业的特点本身就是轻规模、轻数量和重创新，所以在对文创产业的信用等级评估中，弱化企业规模这一权重指标的系数是非常有必要的，把重规模、重数量的扭曲事实转变为重效益、重成长和重创造的理性评价，这对许多处于创业阶段和成长阶段的文创产业非常重要。另外，基于文创产业的特点，这些企业所需要的贷款也具有笔数多、数量小的特点，将其他企业逐户评审的方法运用到文创产业，必然会导致贷款成本高、资金运行低效率的缺点。鉴于此，我们可以学习国外经验，对文创产业信用资料进行累计统计，实行专门面向小额贷款的信用评分制度。各家银行可以在深入调查的基础上，为文创产业建立起一套专门的信用资本评价体系。

3. 适当扩大贷款抵押率

为了防范企业由于道德风险和信息不对称所带来的金融风险，银行在给予企业金融支持的时候要求将企业财产作为抵押是非常有必要的。但由于目前银行可供抵押的资产总量所占银行资金总量的比例差距过大，如果继续实行这种严格的信贷模式可能使银企关系和银行内部关系的扭曲加大，因此采取必要的弹性措施来缓解这一矛盾至关重要。例如，金融机构可以采取不同的抵押物弹性系数以增强抵押物的灵活性。这种方式既可增加一些信用贷款的比重，有利于市场前景看好的企业的发展，有利于中西部地区经济的快速增长，也不致使风险失控，同

时，与现有贷款原则也可衔接。[1] 当然，这是一项重大措施，是在金融风险和高失业风险之间所做出的选择。对此，只能采取平衡策略，使两者之间保持一定的张力。由于经济转型期的特殊性，在商业化改造完成之前，国有银行必须履行部分政策性银行的职能。

4. 加大金融产品创新力度，增加文创产业的资金供给

对文创产业的贷款品种，我们要加大创新力度，争取让文创产业和金融实现完美的对接，如可以对文创产业开办“国内信用证”业务、“文创企业创业贷款”业务和“并购贷款”业务及应收账款抵押贷款、存货抵押贷款和权证质押贷款等业务。[2] 在信贷方式上，可以考虑开展“循环贷款”和“账户透支便利”业务。同时，也要大力推广票据和融资租赁等发展严重不足的间接融资方式。

5. 建立一套完善的贷款风险管理制度，为文创产业提供可靠保障

为处理好支持文创产业发展与防范金融风险的关系，当文创产业信贷风险加大的时候，银行除提取足够的呆坏账准备金外，还应该遵循谨慎会计的原则，提取防范金融风险的特别准备金。当然分散风险也是种行之有效的办法，可以在条件成熟的基础上推进文创产业的贷款证券化，既把银行发放的贷款作为抵押，然后通过证券标准化后发行，在资本市场上进行运作。[3] 对一些条件优良的文创产业提供贷款保险业务，当贷款出现问题时，保险公司能够给予一定的补偿。

（六）借鉴典型国家金融支持文创产业的先进模式

1. 把金融支持文创产业规划纳入国家和地区的发展战略

从英国和韩国的经验中，我们可以得出把金融支持文创产业规划纳入国家和地区的发展战略具有现实意义，一方面可以突出文创产业在经济社会发展中的重要性；另一方面有利于为各地繁荣文创产业扫除政策性障碍，更加有利于各种文创产业获得支持，有利于提高金融机构对文创类产业的核准力度。从战略的高度

---

❶ 任红卫．对中小企业融资问题的探讨［J］．山西财税，2007（7）：35-37.

❷ 何志勤．外资银行在华南地区的中小企业融资策略研究［D］．武汉：华中科技大学，2009.

❸ 刘利．中小企业融资模式——比较与借鉴［J］．贵州大学学报，2007（11）．

去把握这一问题，可以使金融业提高对文创产业的支持效率。[1]

2. 进行组合型专项基金支持

从美国、英国和韩国的经验中，我们可以学习到专项基金支持对文创产业的重要性，比如，英国的彩票基金支持，这一基金将对文创产业的支持范围扩大了，通过这一中介，能够充分提高全民对文创产业的重视并且使之成为现实，而该基金的来源是多样化的，这样就把风险分散了。韩国在分散基金风险的问题上，做到了组合型资金来源和组合型投入，这样使对文创产业的投入风险大大降低了。

3. 细化文创产业的金融支持分类并且建立新的金融支持理念

细化文创产业的金融支持分类是很有必要的，这种分类的主要目的是能够理清对金融支持的次序和重点。例如，可以通过对文创产业的服务功能将它分为市场性、基础性和公益性文创产业，并且按照需要和重要性给予不同的金融支持。另外，新的金融支持理念的建立也很重要，例如，我们可以学习英国的社会价值优先的经验，对一些有利于社会文创建设的弱势企业优先给予支持。

4. 充分利用全球化资本的配置和民间资本的支持

通过总结美国的经验，我们发现在资本全球化流动的今天，要发展和繁荣文创产业必须充分地发挥全球化资本的配置作用，在宏观的策略上以一种开放的态度和世界资本市场对接，但是在微观的方法手段上对国外一些文创产业的直接投资要增加限制，通过文创产业门槛或者文创产业壁垒来把外国资金对外国文创产业的直接支持，转化为外国资金对我国文创产业的间接支持，也就是说，外国的文创产业想要在中国市场获得利润，必须通过我国的文创产业这样一个中介才能获得，这样，国外的金融支持机构想要获得利润，只有间接地支持我国的文创产业。另外，民间资本的金融支持力量不可忽视，如最近小额贷款公司的兴起，将把很多民间资本积聚起来，通过一些专业性很强的文创产业小额贷款公司，把这些民间资本引到合适的地方去，这样对一些较小的民间文创产业来说无疑是雪中送炭的好事。

---

[1] 刘康．文化产业发展的金融支持研究［D］．北京：中央财经大学，2012.

第四篇 文化交流与文化传播

跨文化语境下华语电影全球化的路径研究

邢 拓*

摘 要：华语电影全球化步伐的加快，与“互联网 +”革命的到来、中国电影产业的增量大爆发密切相关。出于国与国之间软实力博弈的需要，中国电影肩负着传播中华文化、传递中国声音的使命。而移动互联技术的普及，中国电影年产量与质量的不断提升，又使华语电影能广泛地、大规模地输出海外，实现全球化的路径选择。然而，囿于跨文化语境、文化差异等因素，华语电影的远征路充满着坎坷艰辛，海外票房不及内地票房零头，斥巨资的宣发打了水漂，艺术片市场难觅中国身影……种种现象的出现，直指华语电影及电影工业体系自身。基于现状与存在的问题，本文以艺术理论为支撑点和出发点，提出旨在有效挖掘华语电影全球化的实现路径。具体路径分为跨文化语境、电影产业、IP 开发三个维度，并进一步提出了三个创作步骤、三种影视作品、三组市场策略，使华语电影全球化创作与作品效益社会化之间能形成良性互动，使电影 IP 的开发输出与行业生态的有序发展并行不悖。

关键词：华语电影；全球化；跨文化语境；走出去

* 邢拓，中国传媒大学文化产业管理学院硕士研究生。

产业的升级换代已成为当今世界不可逆转的发展趋势。文化产业作为产业升级换代、新旧动能转换中“崭新”的一部分，在国际贸易中发挥着极为重要的作用。许多学者称，21 世纪，“创意性文化内容的时代”已经到来，在各国纷纷将文化产业作为支柱性产业的前提下，以在文化市场攻城略地为目标的国际文化贸易的“热战”也会愈演愈烈。

在“文化贸易战”中，以电影为代表的影视产业成了国家和地区间文化输出的“领头羊”。电影作为视听结合的第七艺术，不仅能在文化、精神层面感染人、鼓舞人，还能作为一种强有力的社会力量，推动公共议题与决策的改变。基于此，越来越多的国家和地区开始推动电影产业“走出去”，希冀通过电影产品与服务的输出，达到自身发展的目的。“世界电影第一大国”美国的电影出口产值仅次于航空业，占据了全球电影市场高达 80%的份额。而在美国大片称霸全球的时候，华语电影出现了“内热外冷”的局面。一方面，华语电影在内地市场增长势头异常迅猛。2019 年，内地影视市场取得了电视剧产量世界第一、电影银幕数第一、电影票房第二的好成绩。另一方面，华语电影“走出去”长期处于不温不火的境地，“叫好又叫座”的影片寥寥无几，同时还遇到了日、韩、印度、西欧等抢占剩余电影市场份额的劲敌。因此，将华语电影在本土市场积攒的势能顺利转换为输出海外的动能，实现当前影视作品逐步全球化的目标显得尤为重要。鉴于此，笔者从供给端入手，在跨文化语境中深入探究华语电影全球化现状，提出影视作品“走出去”的具体实现路径，以期为有效解决当前电影产业国内、国际两个市场不平衡的问题，为华语电影的全球化路径、电影产业供给侧结构性改革的顺利进行及文化强国的建设提供一些有益借鉴。

一、华语电影全球化的概念界定

当前，资本大规模入局影视市场，人人企图在大项目上分一杯羹。实际上，他们中的一部分属于“门外汉”，对与电影全球化相关的文化贸易概念与规律知之甚少，甚至一窍不通，贸然入局自然也不会成功实现文化输出。鉴于此，在进行电影创作、发行之前，需要理清相关概念的内涵与定义，只有把握住事物的本质，才能更好地认识事物发展的规律。

（一）华语电影

20 世纪末，在关于两岸的电影学术研究上，出于规避意识形态的目的，“华语电影”的概念首先被提出，并流传开来。随后，美籍华人学者鲁晓鹏与叶月瑜较为完整地提出“华语电影”的独立概念，鲁晓鹏将华语电影表述为：“是一个涵盖所有与华语相关的本地、国家、地区、跨国、海外华人社区及全球电影的更为宽泛的概念。”目前，针对“华语电影”这一概念，学术界仍存在争议，但在媒体与民众间已获得广泛认同。笔者认为，“华语电影”指的是所有全球运用华语（汉语、汉语方言、少数民族语言）创作的电影作品。

（二）跨文化语境

何谓语境？国内外很多语言学家对此进行了解读。我国语言学家胡壮麟把语境分为情境语境和文化语境。文化语境包括政治、历史、哲学、科学、风俗习惯、宗教信仰、地理环境等诸多要素。[1] 而不同地区往往存在不同的文化语境，人们到其他地区去交流、学习，往往存在跨文化语境。“跨文化语境”是指第二语言学习者在学习和交际的过程中所要正确理解与认知的第二语言的文化背景及以此为基础形成的语言表达习惯。将本课题置于跨文化语境中讨论，具有重大意义。影视工作者站在对方的文化语境角度对电影作品进行编码，进而创作出可供全球受众欣赏和消费的文化产品。

跨文化语境的文本要进行转换，可能出现高语境文化与低语境文化的转换问题。美国人类学家爱德华·霍尔根据信息在传播过程中对语境依赖的程度不同把文化分为高语境文化和低语境文化。[2] 所谓“高语境文化”（High-context Cultures）是指对语境的依赖程度较高，主要借助非语言符号进行交际的文化；所谓“低语境文化”（Low-context Cultures）是指对语境的依赖程度较低，主要借助语言符号进行交际的文化。通常情况下，人们认为低语境文化的代表是美国、英国等西方国家，而中国、日本则是典型的高语境文化的代表。基于此，要想顺

---

[1] 吴珊．浅议文化语境与语词翻译［J］．赤峰学院学报（哲学社会科学版），2010，31（10）：123–124.

[2] SAMOVAR L A，PORTER R E. Communication between cultures［M］. Beijing：Foreign Language Teaching and Research Press，2000.

利实现华语电影的全球化，就不得不具体分析当地的语境文化特征。除此以外，跨文化语境还存在文化折扣、文化接近等具体情况，下文将逐一进行分析。

二、华语电影全球化的发展现状

华语电影全球化的历程，不过才短短 20 年的时间。而在这段时间里，华语电影的全球化经历了起起落落，从走出国门伊始的初露锋芒，到大放异彩，再归于沉稳与理性，反映的是时代的变迁与产业的升级变革。本文将梳理华语电影全球化的发展历程，分析其发展现状和存在的主要问题。

（一）华语电影全球化的发展历程

华语电影已走过了 100 多年的风风雨雨，而其真正走出国门的历史并不长。以 2000 年、2005 年为界，将华语电影全球化的历程分为 3 个阶段。

1.2000 年以前：初露锋芒

第一批走出国门的华语电影来自中国香港。20 世纪 70 年代初，功夫巨星李小龙开创了中国功夫片的先河，并掀起了世界范围内的功夫片热潮。他所在的协和公司与美国华纳合拍的《龙争虎斗》，是美国电影史上第一部成功的好莱坞式中国功夫片。[1]

20 世纪 80 年代后，中国内地第五、第六代导演群体开始登上国际舞台，他们导演的作品斩获多项国际大奖，华语电影进入国际市场，并取得了较好的成绩，初露锋芒。代表作有陈凯歌的《黄土地》《霸王别姬》，前者标志着第五代导演的真正崛起，为日后华语电影的美学风格推向全世界奠定了基础；后者则是唯一一部获得戛纳金棕榈奖、美国金球奖的华语电影，打破了中国内地文艺片在美国的票房纪录，是中国百年影史上前所未有的享誉世界的经典之作。在千禧年之前，华语电影凭借艺术质量已经走向国际，并在世界影坛占有自己的一席之地。

2.2000—2005 年：大放异彩

进入 2000 年后，华语电影在国际舞台上迎来了新的篇章。2001 年，中国加入了世界贸易组织，国家广播电视总局开始实施“广播影视走出去工程”，文化

---

[1] 薛华．中美电影贸易中的文化折扣研究［D］．北京：中国传媒大学，2009.

贸易进入一个全新的阶段。大量华语电影走出国门，远赴北美商业院线上映，获得了可观的票房收益与较好的口碑，大放异彩。2000 年在全球上映的《卧虎藏龙》，是迄今为止唯一一部获得奥斯卡最佳国际影片奖的华语电影，当年在全球斩获了 2 亿美元的票房，至今“无人能敌”。

华语电影的良好势头一直延续到 2004 年，如图 4–1 所示。

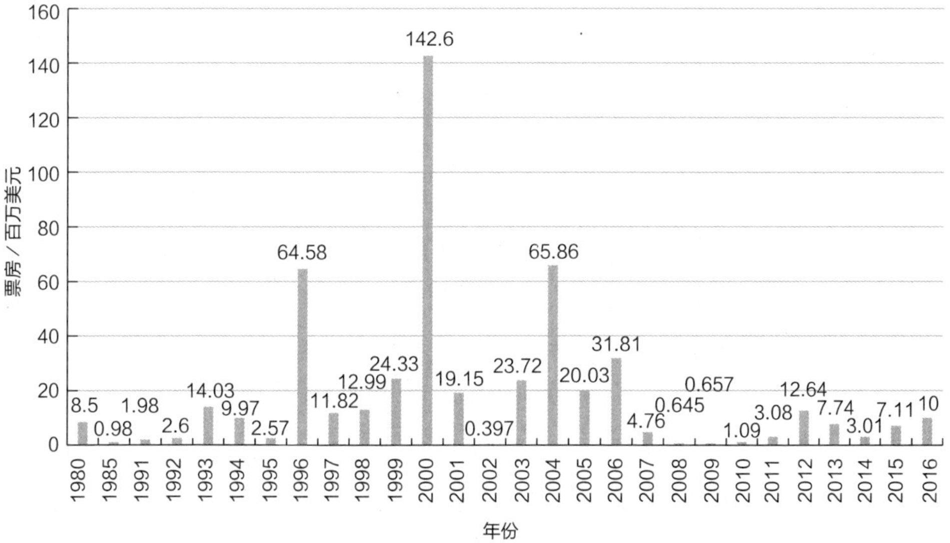

图 4–1　华语电影在北美的票房表现（1980—2016 年）

3.2006 年至今：平稳中前进

2006 年至今，与内地高歌猛进的电影票房市场形成鲜明对比的是，海外电影市场“辉煌不再”，华语电影的全球化进入了一个平稳的发展时期。

这一时期，我国加快了对外开放的步伐，华语电影的海外输出力度不断加大，输出的国家与地区逐年增多，市场占用率不断提升。尽管自 2007 年以来，华语电影在北美市场的票房萎靡不振，难以重现 2000 年、2004 年的辉煌，但由于出口地区增多，华语电影的海外市场总票房仍呈现逐年增长的态势。

我国文化产业领域的第一部法律——《中华人民共和国电影产业促进法》自 2017 年 3 月起正式实施。《中华人民共和国电影产业促进法》中明文规定：“国家对优秀电影的外语翻译制作予以支持，并综合利用外交、文化、教育等对外交流资源开展电影的境外推广活动；国家鼓励公民、法人和其他组织从事电影的境外推广。”政策法规的制定，能为华语电影的“走出去”保驾护航，华语电影的全球化定能在平稳前进中迎来新的高峰。

（二）华语电影全球化的现状

1. 发展趋势：形式多样与内容真实

从形式上看，华语电影全球化朝着多样化、多元化发展。在创作阶段，合拍片成为当前一大创作方向。随着电影工业和合拍机制的不断完善，中国电影开始寻求与海外的头部影视企业、知名影人进行联合制作，通过西方的制作班底和知名艺人，来提升华语电影的国际影响力；在推广阶段，通过在境外举办公益性中国电影展、参加国际电影节和组织商业性海外推广营销活动，来提高华语电影的国际知名度与市场占有率。与此同时，我国也通过大力举办电影节、影展等活动，促进华语电影与国际电影界的对话交流。2017 年 10 月，导演贾樟柯发起的“平遥国际电影展”在平遥古城拉开帷幕，该展览为华语电影与非西方、发展中国家电影的对话交流搭建了良好平台。

从内容上看，近年来，一度成为中国电影符号的古装武侠片少了，取而代之的是一批反映时代风貌、揭露社会问题的类型片。比如，引起广泛热议的现实题材作品《我不是药神》《驴得水》，注重快节奏叙事的悬疑片《烈日灼心》等。同时，随着中国电影工业技术的进步,《战狼 2 》《红海行动》《流浪地球》等重工业战争、科幻题材的电影开始在银幕上涌现，并跻身国产电影总票房前列。随着社会的发展和青年导演能力的不断提升，未来一段时间内，现实主义和重工业题材的作品仍将是华语电影创作的主流之一。

2. 作品存在的问题：类型跟风与口碑低

第一，近些年来，走出去的华语电影不少，但多数面临着口碑、票房与上座率“扑街”的局面。一方面，国外受众对华语电影作品的阅读、理解存在一定的文化障碍。东西方由于其文明肇始之初确立的根本价值原则的分歧而导致各自有着不同的文化模子，包括不同的“观念模子”“美感经验形态”和“语言模式”等。[1] 基于此，华语电影从本质上难以进入西方市场，即便是口碑爆棚的作品，也因其间存在的中西方文化差异而让观众望而却步，故票房收入低便见怪不怪了。另一方面，部分全球化的电影作品本身内容质量就难以过关。张艺谋导演的

---

[1] 叶维廉．东西比较文学中模子的应用［J］．中外文学，1975，4（3）：4-22.

中美合拍片《长城》，虽然有美方制作团队与主演马特·达蒙的号召力加持，但在国际市场上的口碑与票房均“惨不忍睹”。有媒体称,《长城》是有史以来好莱坞与中国最昂贵的合拍片，是一出巨大的文化“败笔”。

第二，近两年的电影作品朝着“一窝蜂”趋势发展，类型同质化严重。《战狼》系列影片火爆内地屏幕后,《空天猎》《中国蓝盔》等军事题材片便纷纷抢滩上映。“一窝蜂”现象本不是坏事，但应建立在作品质量过关、制作过硬的前提下。没有这个前提，任由其发展下去，影视作品模式只会一味地走向僵化。

第三，在抢夺稀缺注意力的时代，影视作品的创作，摆脱不了流量与资本的桎梏。一是流量的桎梏，自带流量的往往是明星、艺人。前些年民间盛传的明星“天价片酬”现象因电视剧制作产业协会等四协会的一纸限酬令而有所遏制，但流量艺人对影视作品商业变现的重要性还是不言而喻的。在流量决定作品成败的规则指导下，制作团队往往需要花费一大笔钱来支付艺人的酬劳，真正留给制作的费用则大幅度缩水，导致电影市场上许多有热度无口碑的劣质作品出现。二是资本的影响，资本堆砌之作往往忽视了内容的打磨，最终可能面临着票房收入不如预期、难以收回成本的风险。比如，号称 5 亿元投资、集结国内一线明星的大 IP 电影《封神传奇》，除了满屏幕山寨特效与走过场的“流水线”明星，再也不能感受到这部“巨制”带来的满满“诚意”了。不少观众将其封为“2016 暑期档烂片之王”，最终《封神传奇》“不负众望”，以 2.8 亿元的票房惨淡收场。

三、华语电影全球化的实现路径

在分析了华语电影全球化的发展历程、现状及存在的问题的基础上，本文将具体探讨华语电影全球化的实现路径，将艺术理论作为出发点，从跨文化语境、电影产业、IP 开发 3 个维度来详谈具体路径的建设。

（一）跨文化语境的维度——创作逻辑构建

华语电影想要“走出去”，跨文化语境是不可回避的首要问题。提前处理好跨文化语境下可能出现的种种问题，才能顺利地实现电影创作。以艺术理论中的创作论为出发点，笔者提出了 3 个全球化创作的步骤，助力于跨文化语境的艺术创作。

1. 选择合适全球化对象，进行高语境文化叙事

并非所有的电影作品都能满足进军海外市场的条件。在项目研发初期，应建立起多层次、高标准的评估体系，这一体系分为作品本身和文化边界两大部分。作品方面，应考虑到作品本身的质量与口碑，以及能否经受住市场的检验。而文化边界指的是一种文化区别于其他文化的差异的总和，文化边界过大，项目本身承载的本土色彩过于浓厚，与海外文化的差异过大，那么是否选择“走出去”则有待商榷。

在选择好合适对象的基础上，再进行本土文化语境叙事。这是合理进行全球化探索的关键，是重要准则。需要说明的是，文化产品的全球化基于服务和形式的全球化，不等同于内容的“全球化”或者全盘“西化”。以儒家文化为核心的东方思想文化是华语电影最具代表性的文化意象，任何时候都不能摒弃、丢失。因此，要坚持高语境文化叙事，不能一味为了“走出去”而生搬硬套他国的文化内容，同时，架空原有体系另起炉灶的做法也不可取。总之，要防止从全盘复制的极端走向另起炉灶的极端，在有限的空间内完成华语电影的创作和合理全球化。

2. 合理利用文化接近，走进同源文化市场

在进行电影创作时，应针对不同的目标市场采取不同的创作策略。针对日本、韩国和新加坡等属于东方文化圈层的国家，应合理利用文化接近的优势，进入东亚、东南亚等国的文化市场。

“文化接近”的概念由 J. 斯特劳哈尔于 1991 年首次提出，指的是受众基于对一定区域内地理、文化、民俗的熟悉，较倾向于接受与该地理、文化、民俗相近或相似的节目。日韩与中国一衣带水，地理、文化、民俗较为接近，相对于欧美等西方国家，中国的文化产品更容易进入日韩市场。文化接近的理论是从传播、接受论的角度去建构的，而在创作层面，基于文化接近，创作者可以选择创作带有复杂信息的文本，如历史片、爱情片。在同样的文化语境下，输出国的受众能基于相似的历史背景、文化观念进行解读，而不会产生较大的阅读障碍。故从业者应该尽可能地利用这一优势，向日韩等同源文化国家输出我国优秀的电影作品，提高市场出镜率，提高日韩观众接受度。2019 年 5 月，韩寒导演的作品《飞驰人生》在日本热映，成为最快在日本上映的国产电影，刷新了中国电影“走出去”的纪录。

3. 降低文化折扣，讲述普世话题

针对北美、西欧等属于西方文化圈层的国家进行华语电影输出时，难免遇到文化折扣的问题。文化折扣，也称文化贴现，由美国学者科林·霍斯金斯和拉尔夫·米卢斯首次提出。他们认为:“特定的电视节目扎根于其依存的文化环境。进入其他文化环境时，节目风格及它们反映价值观、信仰、风俗习惯、行为模式等方面的差异，会降低观众对节目的认同。同时，配音和翻译字幕也降低了原节目的吸引力，这些因素叠加在一起就产生了文化折扣。”[1] 文化折扣在跨文化语境中是无法避免的，它也无法从源头、根基上消除，唯有从外界寻求方法来降低文化折扣。

讲述全球共同话题，传递普世价值观，是降低电影作品文化折扣的根本手段。现阶段，我们在追求平等、伸张正义及反对战争等共同议题上与其他国家达成了高度一致，因此，将蕴含人类普世价值与普遍真理的内容通过独特的中国范式表达出来，既能达到降低文化折扣的目的，得到大范围的接受和认同，又能体现出华语电影的创造力。2000 年在全球上映的武侠电影《卧虎藏龙》之所以能大获成功、名垂影史，最大的原因在于其将中国传统文化融入了西方的审美价值观，从而征服了国际观众。章子怡饰演的玉姣龙身上“带有的‘现代女性主义’和‘青春叛逆气息’，更贴近西方电影潮流和西方审美观的处理方式”[2]，从而得到观众与影评人的一致认同。

采用融通中西的现代手法，降低电影文本的复杂性，是降低电影作品文化折扣的有效手段。如何将中国高度发达的文明形式以融通中西的现代手法表达出来是中国电影走出去有待思考和解决的问题。针对欧美等低语境文化国家，利用通俗易懂而又喜闻乐见的现代手法去进行创作，将电影文本中需要了解特定的历史背景、拥有知识结构才能解读的晦涩难懂的信息去除，降低文本的复杂性，以此来贴近西方受众，满足市场需求。张艺谋导演的《英雄》《十面埋伏》之所以能在北美市场受捧，是因为通俗简单的故事便于西方观众体会电影的主题，华美炫

---

[1] 郑雪梅．中国电影在美国的文化折扣现象及因素分析［J］．商品与质量，2010（6）：143.

[2] 梁良．中国电影年鉴［M］．北京：中国电影出版社，2001.

丽的场景使人们的目光流连。[1]电影《英雄》的投资人江志强在采访中也曾表示，《英雄》的目标观众在好莱坞，而不是中国人。

（二）电影产业的维度——三种作品表达

在流量、资本与技术的推动下，电影产业表现出新的时代特征。在新的时代引领下，如何从产业自身的维度突破当前华语电影全球化的困境，赢得平稳向前的发展态势呢？以艺术理论中的作品论为出发点，笔者提出了三个时代、三种作品，以便对新时代的影视作品进行正确表达。

1. 口碑时代与内容为王

票房与上座率向来是电影产业的晴雨表，而观众口碑则日益成为票房收入的保障。大场面、大 IP、大卡司的制作未必能成为市场的“香饽饽”，而精良的制作、扎实的剧本功底与饱满的剧情反而能赢得口碑，进而成为市场爆款。2019年，《流浪地球》《哪吒之魔童降世》等影片先后跻身内地电影票房榜前三，凭借的便是“过硬”的制作班底和丰富的故事内容。

内容为王是口碑时代影视作品的通行证。知名电影发行人讲武生曾经谈过，一部电影有 3 个要点，即好的故事吸引人、好的细节尊重人、好的情怀打动人。倘若没有“好的故事”，无论有多么好的画面包装、情怀致敬，都无法让多数观众心甘情愿地买单。而“好的故事”的创作取决于编剧。我国影视行业体系以导演为中心，影视项目围绕着导演、投资方来运转，而编剧在这个体系中鲜有真正的话语权，导致创作力由于这样那样的原因而遭到破坏，或者受限。不同于内地，美国、韩国的影视工业体系以编剧为中心，有着“编剧大过天”的说法，以编剧的创作理念为主导，剧本能真正反映出创作者的审美素养和洞察力，更有利于创作者去接受市场检验和审美批评，进而有所改进。美国好莱坞的电影文化之所以能进入到全球的每一个角落，大部分功劳要归于编剧的创作。

基于现状，在体制机制内寻求导演、投资方与编剧三方的利益契合点，提高编剧的权益保障和福利待遇，建立多元化影视作品评估考核体系，加强与西方国家的艺术人文交流，推动内容行业品牌的建设，更好促进华语电影的类型化、分众化、多样化。

---

[1] 薛华．中美电影贸易中的文化折扣研究［D］．北京：中国传媒大学，2009.

2. 分众时代与类型至上

与口碑时代一同到来的还有分众时代。世界电影市场体系庞大，不同地区的市场需求不同、目标群体各异。编剧安东阳曾提出，在分众时代，“不仅是创作多元化，发行上映体系多元化共同建立才能形成中国电影产业的完整闭环”❶。

创作上谋求多元化，必须有自主创作的意识。创作者应具备独特的眼光和睿智的头脑，不是看到国外火什么我们就拍什么，而是市场需要什么我们就拍什么，市场缺乏什么我们就拍什么。在全球还未消失殆尽的人口红利和庞大的细分市场面前，找准创作的定位和目标市场尤为重要。在此基础上，才能打造出既有本土特色，又不乏国际视野的原创项目。

类型至上是分众时代影视创作的一大趋势。近些年来，重工业、悬疑、主旋律影片让人眼前一亮。逐步固定化的类型片，成为电影产业持续增长的新业态、影视消费的新动力。此时重新审视西方那些享誉全球的影片，值得我们学习的便不再是单个作品的开发经验，而是一种类型片的运营经验，包括项目孵化、项目摄制、宣发推广乃至衍生剧集开发，以培育长期品牌。

3. 资本时代与艺术当道

分众时代的到来，少不了资本力量的推波助澜。资本能洞察制作人的创作方向，解读消费者的时代诉求，深谙媒介的传播手段，可以说，现阶段电影产业的繁荣，相当一部分是由资本造就的。

而艺术似乎天生与资本是背道而驰的。没有了艺术性的内容产业，资本的一味堆砌最终也只能演化成华丽的泡沫，资本时代需要艺术的支撑，艺术当道是任何时代发展电影产业都应当遵循的定律。《故事：材质、结构、风格和银幕剧作的原理》一书中提到：“‘保证商业成功’的剧本却是一种结构性过强、复杂化过度、人物设置过多的感官刺激，全然割断了与生活的任何联系。”作者麦基认为，这种剧本“就像游乐园的过山车一样，其愉悦只能是短暂的”❷。当前国产电视剧中仍然存在商业广告泛滥的现象，电影产业的发展应以电视剧行业为鉴，主张让商业广

---

❶ 安冬阳．中国电影“七宗最”［EB/OL］.（2018-05-06）［2021-01-03］. https：//mp.weixin.qq.com/s/iDOC-fPH7VToiupWi4SL_Q.

❷ 麦基．故事：材质、结构、风格和银幕剧作的原理［M］．周铁东，译．天津：天津人民出版社，2016.

告为故事服务，而不是喧宾夺主，影响到作品的完整性和艺术性。

（三）IP开发的维度——三组市场策略

不少业界学者将2015年定义为IP元年。IP概念自2015年开始流行以来，“IP热”的现象便迅速蔓延至文化产业的每一个领域，影视行业尤甚。综观当今世界影视版图格局，谁利用好IP，谁就占据了内容行业的核心优势。故从IP开发的维度详谈华语电影的全球化，能从源头处探究电影作品向外推广的道路，达到追本溯源的目的。

电影IP的孵化、开发需要一个过程，如何才能提升IP价值、延长IP产业链条呢？北京大学艺术学院的向勇、白晓晴在《新常态下文化产业IP开发的受众定位和价值演进》一文中建立了明星IP基本要素的洋葱模型，该模型由内向外依次排列的因素为：价值观、形象、故事、多元演绎、商业变现，如图4–2所示。[1]

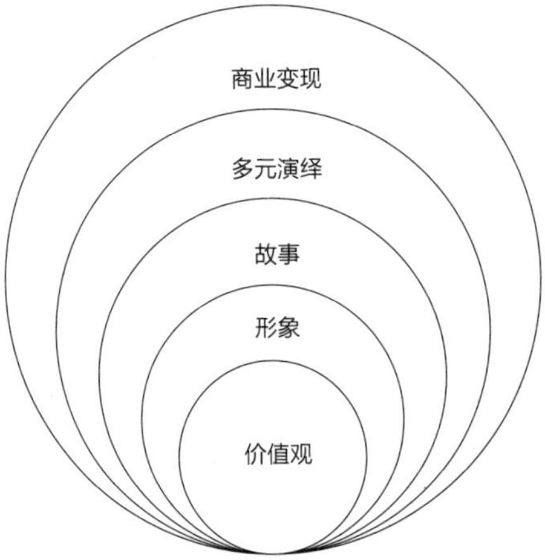

图4–2 明星IP基本要素的洋葱模型

向勇、白晓晴认为，明星IP是具有较高曝光度、知名度和稳定粉丝群的优质IP。实际上，当前能够走出国门的电影IP基本上也是在本土具有一定知名度和固定受众市场的IP。因此，笔者在此处借用明星IP基本要素的洋葱模型，重点阐述形象、故事、多元演绎三个要素，并针对性地提出三组市场策略，以艺术

[1] 向勇，白晓晴.新常态下文化产业IP开发的受众定位和价值演进［J］.北京大学学报：哲学社会科学版，2017（1）：125.

理论中的接受论为落脚点，助力全球化电影作品的开发与运营。

价值观是华语电影进行全球化开发的第一步。对于电影 IP 而言，创作者首先需要对 IP 固有的价值取向与语境文化进行衡量。因为该部分与跨文化语境维度部分略有重合，故暂不详谈。

1. 以“特”取胜的策略

形象是构成洋葱模型的基本单元。有一个特色鲜明、真实可感的 IP 形象，更有利于 IP 的广泛发行与传播。基于此，在 IP 的全球化进程中，采取以“特”取胜的策略。电影剧本中，大到题材、形式、主题、人物，小到台词、细节、道具、配乐，都可以有自己的特色。其中，人物是电影 IP 的主心骨。没有了有特色的人物，就无法塑造人格化的形象，更毋论可视化的完整作品了。

塑造特色鲜明的 IP 形象，采取以“特”取胜的策略，能满足受众的猎奇心理。直至今天，在西方人的眼里，中国还是一个神秘的国度。通过打造有特色的 IP 形象，讲述真实的东方故事，能够满足不同地区不同受众的猎奇心理，最终收获一批拥趸，进而占据市场份额。

2. 创意第一的策略

向勇、白晓晴认为，故事在某些创作语境中又被称为世界观，是具有共鸣性的内容表达。有一个既符合现实逻辑，又具真实质感的故事，更有利于 IP 的持续发酵和产业链的长久建构。基于此，在 IP 全球化的进程中，可采取创意第一的策略。创意是故事行业最核心的竞争力。中规中矩地完成作品，最后的成果可能只是及格而已，当前电影市场体量庞大，显然不缺这么几部及格的作品。因此，应采取创意第一的策略，鼓励创意思维和创作创新，通过创新形式和革新内容来取得突破。

打造具有真实质感的故事，采取创意第一的策略，才能满足观众越来越挑剔的审美需求。在高度市场化的国际市场中，面对海量来自全球各地的影片，创意和内容质量无疑是观众进行选择的标准。因此，创意对作品的重要程度不言而喻。只有通过创意，才能获得观众的支持与选择，收获固定市场。中美合拍的第一部“重工业电影”《长城》一味追求中华符号和文化元素的堆砌，而无意去讲好一个基本的中国故事，剧情老套，欠缺创意，故该片在海外市场的公映成绩差强人意，观众“不买账”。

3. 可持续发展的策略

多元演绎是在形象塑造、故事创作的基础上，对内容和形式进行再延伸。对于内容而言，可进一步开发 IP 的衍生品、衍生系列，构建超级 IP 体系；对于形式而言，应尝试与音乐、动漫、演艺、旅游等多种泛文化业态进行合作，通过产业融合进一步发挥 IP 的溢出效应。基于此，在电影 IP 全球化的过程中，应采取可持续发展的策略。

可持续发展是 IP 产业化的核心内涵和最终目标。进行 IP 的多元演绎，采取可持续发展的策略，能在占据市场份额、收获固定市场的基础上进一步扩大市场，吸引更多受众。在可持续发展的基础上，实现洋葱模型第五层面的内容——商业变现。商业变现涉及产品的营销和发行，而多元演绎能推动营销的规模化和发行多元化，更快实现商业变现；商业变现的资本又能更大力度地支持多元演绎的升级。从某种程度上来说，第四层与第五层是并行不悖、相互影响的。当前华语电影 IP 的全球化，应尽快走出简单叙事意义的前三层，走向具有多元布局与价值的更高层。

总之，以华语电影的“走出去”为契机，提高电影 IP 的竞争能力和创新能力，进而延伸产业链条，扩大目标受众市场，打造以大 IP 为核心的泛文娱生态，提升电影产业的可持续发展水平。

华语电影的全球化路径研究主要解决了两个问题。

一是如何在跨文化语境中实现华语电影全球化。综览现阶段输出海外的作品，成名者屈指可数，失败者数不胜数。而其中成名的作品，或多或少都带着争议在前行。跨文化语境是它们所面临的第一道难题，其中又会牵扯出文化折扣、文化接近、文化分类、高低语境文化等一系列问题。需要注意的是，这一现象并非只出现在影视领域，它是普遍存在的，世界贸易体系下，各国、各地区、各民族的文化交流与互鉴都需要正视这一现象。电影产业可以与其他行业进行充分交流与合作，汲取先进经验，谋求更好发展。

二是如何引领华语电影的创新发展。全球化过程需要摒弃一味地进行模仿，那种原封不动的生搬硬套无益于行业的发展，它只会浪费行业资源，助长不良风气，让电影产业链陷入恶性循环，故全球化一定要建立在创新的基础上。而创新离不开积累，离不开创作人对生活的观察，现实主义的创作永远是创意迸发的起点。架空历史、架空现实的科幻题材作品同样需要现实的支撑，只有扎根于现实的土壤才有自圆其说的可能。同时，创新也离不开模仿。美国的好莱坞电影工业依旧占据世界“霸主”的地位，韩国电影的社会反响一度热烈，印度宝莱坞的电影也深受欢迎……总的来说，电影要想“走出去”，我们需要学习借鉴的东西还有很多。

华语电影的全球化只是手段。它存在的最终意义，是呼吁原创，呼吁创新的力量。只有通过创新，才能走出一条中国电影产业的可持续发展之路。

基于4C营销理论的中国传统文化产品“走出去”策略分析——以中央民族乐团民族器乐剧《玄奘西行》为例

魏思慧　彭　健*

摘　要：本文以4C营销理论为基础，对中央民族乐团在海外营销民族器乐剧《玄奘西行》进行了分析，分析了中国传统文化产品“走出去”的营销策略。《玄奘西行》从海外观众的需求出发，根据海外观众对视觉艺术的重视进行了形式上的创新；考虑了海外观众的综合成本制定价格和促销策略；在演出地点选择和宣传上充分考虑海外观众的便利程度；加强与海外观众的沟通，让文化作品真正走近海外观众。本文以期通过案例分析为中国传统文化产品海外营销提供经验借鉴。

关键词：国际文化贸易；4C理论；传统文化产品；《玄奘西行》

* 魏思慧，中国传媒大学文化产业管理学院硕士研究生；彭健，中国传媒大学文化产业管理学院副研究员、硕士研究生导师。

一、民族器乐剧《玄奘西行》的内容、形式与海外演出

《玄奘西行》是中央民族乐团以中西文化交流使者玄奘西行的历史故事为题材创作的大型民族器乐剧，讲述了玄奘西行路上的故事和中国音乐的前世今生。在内容上以玄奘西行所体现出的互学互鉴、共融共赢的文化精神为主题；在形式上体现了不同艺术门类、不同民族文化的互鉴与融合，开创性地探索了“戏剧”与“乐器”的融合，突破了传统器乐表演中管弦乐队的形式，将乐器演奏和舞台戏剧表演有机融合在一起，首开民族器乐剧形式，将笛、胡琴、阮、箜篌、冬不拉及新疆木卡姆演唱等不同的乐器与艺术表现形式集中呈现在一起，既充分展现了汉族、维吾尔族、印度等不同民族，不同国别，不同风格特征的音乐文化，又深刻阐释了丝绸之路沿线各民族音乐在历史上开放包容、互鉴共融的特质。

该剧于 2018 年和 2019 年先后在英国和美国首演。在英国首演的三场票房成绩不俗，观众共计 2292 人，最高上座率达到 70%，且高价票的销售数量远远高于低价票。演出后，欧洲最大的学生报纸《伦敦学生》报道称，中央民族乐团最新作品《玄奘西行》的音乐表现只能用一个词来形容，那就是史诗，就像拉明·贾瓦迪在《权力的游戏》中的首曲和詹姆斯·霍纳的《大海赞美诗》中的交叉表演一样精彩。❶

二、新营销理论，从 4P 到 4C

20 世纪 60 年代，美国密歇根大学杰罗姆·麦卡锡提出的 4P 理论认为，市场营销作为围绕市场而全面开展的企业经营活动，是产品（Product）、价格（Price）、渠道（Place）、促销（Promotion）的组合。❷4P 理论将企业营销所面临的影响因素划分为两类，一类是企业不可控的因素，如法律、政治、经济等；另一类是企业可控的因素，包括产品、价格、渠道和促销等。企业营销就

❶ 王义彬，朱国庆．艺术管理视角下谈民族器乐剧《玄奘西行》海外首演［J］．黄河之声，2019（21）：134–136.

❷ 冯毅．新营销理论下的广告策划［J］．广东第二师范学院学报，2013，33（2）：115–118.

是合理地安排自身可控的因素，从而使企业适应整个营销环境。4P 理论以企业为中心，而在以顾客为中心的潮流下，20 世纪 90 年代，罗伯特·劳特朋提出了 4C 营销理论，即顾客（Customer）、成本（Cost）、便利（Convenience）、沟通（Communication）。与 4P 理论相比，4C 理论更加强调以顾客为中心。站在顾客的视角思考商品与服务对于顾客的成本、对于顾客的便利性及如何更好地与顾客沟通。4C 理论与 4P 理论具有内在的相通性，4C 理论以顾客需求为中心的理念也要落实到产品制作中，考虑对顾客的成本、便利性和沟通最终也落实到 4P 中具体的定价策略、与顾客接触的渠道和向顾客推销的方式上。4P 理论侧重营销的具体策略和手段，4C 理论更偏重于树立以顾客为核心的理念和制订营销标准。

中国传统文化产品通过国际文化贸易"走出去"，也应树立以海外顾客为核心的营销理念，充分研究并把握海外顾客的需求，降低海外顾客获得文化产品的综合成本，包括心理成本，为顾客提供最大的便利，与顾客进行有效的沟通。

三、民族器乐剧《玄奘西行》的海外营销策略分析

与民族管弦乐队、个人演奏家独奏或合作协奏等以往的民乐表演形式截然不同,《玄奘西行》是一个拥有深刻鲜明的主题、完整的人物故事与首创的民族器乐剧形式的独立 IP 的传统文化产品，从而形成新的海外传播话语体系。

（一）**顾客**（Customer）

顾客要素，最重要的是研究顾客需求。艺术演出的海外营销要研究海外观众欣赏中国艺术作品的需求是什么、他们为什么会选择投入专门的时间、精力与经济成本去剧院观赏中国艺术演出。

任紫薇对美国民众对中国音乐的认知进行的调查显示，最喜欢的中国音乐类型方面有 31.5% 的美国被试者选择民族音乐，占比最高。[1]然而，流行音乐、西洋技法音乐的海外演出更有优势。海外观众投入专门的时间、精力与经济成本消费中国艺术演出，最感兴趣的当然还是最具中国民族特色的作品。中央民族乐团向海外观众演出中国民族音乐作品，已经积累了丰富的经验。早在 1996 年，中央民族乐团第

---

[1] 任紫薇．中国音乐跨文化传播的路径探究［D］．北京：中国音乐学院，2019.

一次在美国卡内基音乐厅进行了中华民族音乐精华的完整表演，此后，又多次以民族管弦乐的形式登上维也纳金色大厅的舞台。在海外演出中，中央民族乐团发现海外观众固然对中国传统音乐作品有兴趣，但在接受习惯上还需要对走出国门的民族音乐形式进行大胆的创新。为此，中央民族乐团在创作《玄奘西行》之前，就尝试以视觉元素来丰富中国民族音乐，创作了中国大型乐剧作品——《又见国乐》。2015年,《又见国乐》在美国华盛顿肯尼迪艺术中心演出。演出后，当地观众表示十分喜欢这种演出形式——有中国传统服装，音乐也十分大气磅礴。当时三场演出门票全部售罄，证明当地观众喜欢视听结合的中国民族音乐剧。《又见国乐》的探索为中央民族乐团创作《玄奘西行》这一精品力作奠定了基础。

《玄奘西行》进一步进行创新，在音乐演绎中加入人物、故事、情感，并运用技术增加视觉的呈现效果，借鉴了歌剧这一西方主流艺术形式的特色。将舞台表演和民族器乐有机融合在一起，让演奏者也变身为剧情中的角色，通过人物独白和乐器独奏的形式来展现每一件中国传统乐器，让观众更加清晰地认知传统音乐和来自不同民族的乐器。更为重要的是，将玄奘西天取经的过程作为主线打造了乐剧，让海外观众在大饱“耳”福的同时，更观看了一场戏剧表演，使他们不仅聆听了中国民族音乐的旋律，还了解了中国的传统故事和历史。

演出的顾客是观众，创作者从顾客的需求与接受习惯出发调整演出产品，能够让产品更好走入观众心中。

（二）成本（Cost）

成本是考虑顾客的消费成本，包括投入的金钱、时间、精力甚至情感等各种有形和无形的成本。音乐演出要根据受众对成本的需求与感受进行票价的定位和分配，需要合理的定价来使观众接受消费演出的经济成本。《玄奘西行》在英国沙德勒威尔士剧院的首演，体现了其的顾客成本策略。据表 4-1 可知，音乐厅分为三块区域，前排（Stalls）、第一圈（First Circle）、第二圈（Second Circle），三个区域中不同位置对应不同的档位。最高无折扣票价为 45 英镑，最低为 15 英镑。[1]《玄奘西行》比同档期英国知名演出皇家芭蕾舞团降低了 20 英镑，英国皇家芭蕾舞团

---

[1] 王义彬，朱国庆. 艺术管理视角下谈民族器乐剧《玄奘西行》海外首演［J］. 黄河之声，2019（21）：134–136.

更符合当地观众的观赏习惯，对于当地观众而言更加知名，所以，面对这样的竞争对手，必须采取低价策略。但《玄奘西行》的票价又比更加小众的阿根廷舞团 Che Malambo 平均高出 5 英镑。这一定价策略反映了《玄奘西行》从海外观众的认知基础与消费习惯来判断顾客的成本感受，充分考虑了海外观众对相对冷门艺术形式的接受性，将自己降票价为中档的演出。根据经济学中的价格锚点理论，如果英国观众将价位较高的皇家芭蕾舞团和价位较低的阿根廷舞团都作为自己的参考项，会更加偏向于中间档票价的《玄奘西行》。

表 4-1　《玄奘西行》2018 年英国首演票价汇总表

单位：英镑

档位 / 区域	前排	第一圈	第二圈
1	45/36*	无	无
2	35/28	35/28	25/20
3	25/20	25/20	15/12
4	无	15/12	无

*：45/36 表示 45 是正常票价，36 是折扣票价

剧场艺术具有即时性与顾客的现场性，这意味着顾客在决策消费剧场演出的时候，要考虑的消费成本不仅是金钱，也包括所需投入的专程往返剧场及在剧场观看的全部时间与精力。这些综合成本最后体现为顾客的心理成本（Psychological Costs），心理成本指顾客购买产品时，在精神方面感受到的耗费与支出。顾客购买产品是一个从产生需求、寻找信息、判断选择、决定购买到实施购买及购后感受的复杂过程。对于一场演出而言，无论在演出预售阶段还是演后谈等形式的安排上，都应当充分考虑海外观众的心理成本，这样才能让海外观众更加容易接受。

（三）**便利**（Convenience）

便利是为顾客提供最大的购买和使用便利。在哪儿、以哪种方式，让消费者能更快地、更方便地接触到产品与服务，完成购买欲消费行为。对演出而言，便利性包括观众获得信息的便利性、购票的便利性、观看演出的便利性，涉及购票

渠道、演出地点、交通出行等。

《玄奘西行》的海外首演选择在英国沙德勒威尔士剧院（Sadler's Wells Theatre）上演。中国国家京剧院、苏州昆剧团、中国台湾舞团“云门舞集”等中国艺术机构先后在此剧院演出过，在中国艺术方面，该剧院有着良好的观众基础。而且该剧院位于英国伦敦的伊斯灵顿（Islington），地理位置优越，是伦敦的中心地带，环绕着众多的高校与社区。在沙德勒威尔士剧院演出，方便对中国传统音乐感兴趣、常看戏剧的当地观众前往观看。

《玄奘西行》在演出信息传播方面，也为当地观众提供了获取信息的便利。中央民族乐团与英国皮乌娱乐公司（Piu entertainment UK）合作，在优兔上传中文原版、英文简版两段宣传片以便于观众在做出购票决策的时候，进一步了解演出信息。在美国,《玄奘西行》选取《百老汇世界》期刊、“East of the river”等本地网站公布节目剧情和购票信息等。首演地点选择之前演出过《又见国乐》的美国华盛顿肯尼迪艺术中心，选择同样的演出地点，考虑之前的观众基础，方便观众在心理层面建立同一个乐团在同一个地点演出同系列中国传统文化作品的认知。

（四）沟通（Communication）

沟通强调企业要与顾客进行有效交流。沟通应该是双向的，而不是企业单方面的促销和劝导顾客。沟通的目的是建立基于共同利益的新型企业——顾客关系。

《玄奘西行》在与海外观众的沟通方面，首先是立足演出内容与观众进行沟通。中央民族乐团在《又见国乐》和《玄奘西行》系列作品的演出中，高度重视演出后演奏家与观众的现场对话环节，由作曲家、演奏家向当地观众讲述作品创作背后的故事，传递中国传统文化的内涵，并邀请美国华盛顿育英学校的40名各种肤色的小学生合作演出《鸿雁》，在演出过程中，演奏家会走到观众席，让观众近距离地观赏乐器演奏和接触演奏家，加强与观众的互动。

其次，在宣传方式上，在美国华盛顿肯尼迪艺术中心演出的海报设计上，采取了海外观众更容易理解的译名“Xuanzang's pilgrimage”（玄奘的朝圣之旅）及符合美国人口吻的宣传语“the stunning US premiere of China's first concert drama with a company of more than 100 performers”（由100多位表演者组成的中国演出团体首次惊艳的美国音乐会演出）。在首演前一周，中央民族乐团依托中国对外演出集团的“中华风韵”平台与美国华盛顿肯尼迪艺术中心合作，在脸书、推特和照片墙上开展活动，通过免费赠票来激励观众参加讨论，获得赠票的条件就是观众要对该剧进行评论："你为什么想看这部剧"，而且必须是有效评论才可以获得赠票。通过让海外观众评论与阐述为什么要看这部剧，一方面可以增加其他海外观众对这种相对冷门的剧目的了解，减少心理距离感；另一方面，也能收集到较为真实的海外观众的需求，为今后的海外推广进行积累。首演结束后，《玄奘西行》邀请中国国际电视台（CGTN）新闻报道进一步跟踪当地观众对演出的评价，并通过当地的媒体播出，让当地还没有观赏该剧的潜在观众能够对演出的效果进行初步的判断，从而发酵口碑。

四、中国传统文化产品"走出去"策略探析

（一）作品符合海外观众的审美需求

中国传统的舞台艺术是"从简"，一桌二椅，讲究意境和留白。西方戏剧强调视听结合，尤以视觉艺术见长，多以现代科技手段强化戏剧效果。在20世纪中下叶就出现了"音乐剧"这种音乐与戏剧相融合的艺术形式。如英国国家剧院的"NTlive"系列，用现代视角和服装演绎古希腊戏剧《美狄亚》《圣女贞德》等，往往是对小剧场进行上下分割，运用多媒体技术，以舞台精巧的布置和灯光、用心精良的道具制作，在小空间创造出多维变换的视觉感。中国的传统文化中所蕴含的东方故事对海外观众来说充满诱惑力，但如果处理不当会让海外观众感觉晦涩难懂。所以，传统文化产品走向海外要充分考虑海外受众熟悉的视听感受、对作品的审美心理。传统文化作品的海外推广者要深入了解海外受众的需求。

（二）通过营销降低海外顾客的心理成本

海外顾客对中国传统文化产品存在好奇，但如果中国传统文化产品没能达到他们心理预期，他们的心理账户就会感受到更高的成本。降低顾客的心理成本，有两种策略。一种是提升顾客的心理收益，让顾客感受到更多的收益，意味着相应的心理成本降低。为此，中央民族乐团做出了诸多努力：演出前举行艺术沙龙，与当地音乐厅交流，每场演出后设置与观众互动的演后谈，开展演奏家现场签售CD活动，与美国当地小学生合作演出等，让海外观众感受到演出消费超值，从而促进消费。另一种是降低顾客感受到的各种成本，比如，通过科学合理的定

价策略，让海外观众感受到演出消费合理，通过对售票渠道、演出场所的选择，降低顾客在购票、观摩过程中投入的时间与精力成本。

（三）加强与海外观众的沟通

文艺演出不同于其他产品，顾客对文化演出的消费带有不可试用性与不可撤销性。所谓不可试用性，就是顾客不可能先试用某种文艺演出产品，再决定是否选用这种文艺演出产品。观众不可能走进剧院看《玄奘西行》15 分钟，判断这个演出是否能让自己获得审美享受，再决定是否付费。而其他很多产品，如服装、电器，顾客可以试穿、可以试用。这样，顾客的风险很低，对不满意的产品可以不付费。所谓不可撤销性，就是顾客对文艺演出产品一旦进行消费，哪怕走进剧场的一瞬间，就决定离开，也不可能退款，而且顾客需要专门离家赶赴剧场进行消费，从顾客从家动身的那一刻起，这个消费行为已经开始了，即使顾客中止消费，也会产生经济成本、时间与精力成本，这些成本不可能撤销。因此，说服顾客消费文艺演出比消费其他可试用、可撤销的产品难度更大，必须加强沟通。中央民族乐团通过媒体宣传、中英文简介及赠票激励观众参与讨论的互动活动，与海外观众沟通，都是为了让顾客更充分地了解《玄奘西行》这部作品及作为演出主体的中央民族乐团，从而降低顾客的决策风险。通过演出后与观众进行沟通、媒体持续报道来进行舆论发酵，也是以口碑进一步吸引其他潜在顾客。

（四）以系列作品培育文化企业 IP

自 1996 年起，中央民族乐团就代表国家走出国门，登上美国的舞台，此后每年在海外均有商演。2013 年起，中央民族乐团陆续出品了大型民族乐剧《印象国乐》《又见国乐》，逐步形成国乐系列作品，将中央民族乐团的国乐系列打造成文化 IP，成为中国传统民族音乐作品“走出去”的品牌，不再单纯依靠某一部作品独自“走出去”，而是形成一组中央民族乐团的国乐名牌矩阵。中央民族乐团的国乐系列作品都选择在美国肯尼迪艺术中心表演，也是在强化这一品牌。

文化企业海外营销，树立科学的营销理念非常重要。根据 4C 理论，传统文化产品和服务应转向以“受者”为中心，充分研究受众的审美需求，创造符合其需求的作品，并从顾客的角度出发进行营销，系统考虑顾客的消费成本、消费的便利性，加强与顾客的沟通，真正走进顾客的内心，是成功“走出去”的关键。

中国电视节目模式“走出去”的新思考
——以《我就是演员》为例

曹　峰*

摘　要：近年来，中国文化贸易整体规模逐年增长，贸易结构也在逐步升级，但是相关产业领域仍然处于产业链下游。2018 年 11 月，浙江卫视就《我就是演员》原创节目与美国 IOI 公司签署模式销售协议，这是中国原创节目模式“走出去”的重要一步。其成功输出到欧美国家的有益经验对中国电视模式“走出去”具有极强的借鉴意义和路径启发。本文在对其经验进行分析的基础上，探讨了中国电视节目模式发展的出路。

关键词：电视节目模式；文化“走出去”；《我就是演员》

进入新时代，在第四次工业革命浪潮的推动下，文化贸易在国际贸易体系中占比愈加凸显，成为国际贸易的重要组成部分，全球文化贸易总额呈逐年递增趋势。2016 年 3 月，联合国教科文组织统计研究所发布了《文化贸易的全球化：消费的转变——2004—2013 年国际文化商品和服务流动》报告。该报告显示，

---

* 曹峰，中国传媒大学文化产业管理学院硕士研究生。

早在2010年，中国就已经是全球文化产品出口第一大国，但文化产品出口结构不尽如人意，主要集中于视觉艺术和工艺品。基于中国文化产品出口的现实情况，国家“十三五”规划纲要中明确提出要“培育出口新优势”，同时指出“文化产业成为国民经济支柱性产业”。2018年6月，在杭州举办的文化贸易培训班暨国家文化出口基地推进会上公布了首批13家国家文化出口基地名单并举行了授牌仪式。首批文化出口基地的对外公布，标志着中国文化外贸的发展进入了一个全新阶段，体现了国家对文化“走出去”的高度重视。

一、中国电视节目模式发展的现状

在国际文化贸易中，电视节目产业规模相对较大。21世纪以来，电视节目模式版权贸易增长加速成为电视节目行业的鲜明特征。电视节目模式是以独特的叙事元素为核心，以具体的形式细节规定（如时间长度、布景、灯光、台词脚本、音乐、特效、主持人风格、制作安排等）为内容，且经过市场检验具有可移植性与可贸易性，能服务于特定节目内容再生产的制作程序。[1]

（一）优势

电视节目模式作为电视节目成品的一个构成部分，在其中居于基础地位，较少受到“文化折扣”的影响，也就造成了电视节目模式的出口与成品相比具有优势，中国近年来也较多引进国外电视节目模式来制作本地化节目，其中不少节目受到欢迎。

在当今全球化语境下，视听节目已经成为最受市场青睐的文化产品，尤其是电视节目，更加具有市场属性和推广价值。“电视节目模式”基于易复制的生产原则，突破了地域文化的桎梏，形成符合商业利益诉求的世界文化景观。视听节目借助简单易懂的固定程式、人们喜闻乐见的叙事模式、角色设定、情绪类别等标准化生产方式，带来了具有人类共同性的文化体验，进而将节目下沉到普通用户群体。在以消费为视角的大众文化发展中，节目模式的推广和交易加速了全球

[1] 张建珍，彭侃.电视节目模式国际贸易发展简史［J］.新闻春秋，2013（2）.

文化贸易的互通，成为文化工业环境下实现商业利益的一种途径。[1]

（二）问题

虽然，电视节目模式出口有很多优势，也有很大的市场需求；但中国电视节目出口核心竞争力不强，缺乏原创性作品，国际贸易持续逆差。

中国庞大的人口数量和巨大的消费潜力推动中国的电视节目市场规模逐年增长，但是，中国一度成为戛纳电视节模式交易市场上的“购买大户”，在模式产业链中扮演下游买家角色，这给中国的视听节目发展带来不少弊端。

从盲目探索、“摸着石头过河”，到认识到电视节目模式的重要性，进而开始模仿电视节目模式，再到主动购买电视节目模式，这是中国视听节目发展必然要经历的一个艰难的过程。当然，对国外成熟节目模式的“拿来主义”是市场经济条件下加快节目迭代更新、降低创新成本的“最经济”的一种方式，对中国以电视媒体为代表的视听行业走向技术与市场的成熟有着重要意义。

对购买电视节目模式的长期依赖，极大地减弱了节目制作领域从业者的创作激情和创新动力，长此以往，影响了这一领域创新能力的发挥和提升；同时，盲目追逐国外热门节目模式，导致市场上视听节目同质化。因此，提升中国电视节目制作自身的研发能力和创新能力，运用新理念、新方式、新意识，从根本上转换思维方式，从被动地“引进来”到积极地“走出去”，再到深入地“走进去”，是中国视听节目获得长久生命力的正确选择。

（三）新形势

法国戛纳电视节作为全球影响力最大的视听节目展，一直以来被认为是世界视听行业的风向标，引领着最前沿的行业风尚和最新锐的模式创新。过去几年，中国在这样的国际性展览平台上只是作为买家，只有“输入”，未见“输出”，与同为亚洲国家的日本和韩国相比，在国际舞台上缺乏自己的原创节目。2018 年戛纳电视节上，中国共有 100 余家公司参展，并举办了“中国智造”原创节目模式推介会，介绍了《朗读者》《声临其境》《明日之子》等 9 大优秀原创模式。11 月 11 日，浙江卫视就《我就是演员》原创节目与美国 IOI（Is or Isn't

---

[1] 吴迪．原创节目模式创新对提升文化软实力的价值［J］．青年记者，2018（5）．

Entertainment）公司签署电视节目模式销售协议，授权IOI公司及其合作伙伴HMP（Hollow Men Productions）公司在美国、英国、加拿大等诸多英语地区制作《我就是演员》国际版——*I AM THE ACTOR*。[1]这是中国原创节目模式“走出去”的具有里程碑意义的一步。

本届戛纳电视节上中国军团的优秀表现及《我就是演员》节目模式输出海外，正是当前中国电视媒体领域进行角色转换和使命切换的集中体现，中央卫视、地方卫视和网络视频制作机构开始将输出中国的原创节目模式作为目标，逐步向节目模式产业链上游拓展，完善内容产业的自主研发体系，形成“中国智造”的国家形象品牌。

二、《我就是演员》节目模式成功输出的经验

《我就是演员》是浙江卫视节目中心2018年制作推出的演技竞演类励志综艺，于浙江卫视首播，腾讯视频线上独家播出。张国立担任演员推荐人，章子怡、徐峥等担任常驻演技导师，邀请著名导演、专业评审团、现场观众对表演嘉宾的演出进行投票和点评，将经典作品、表演技巧、真情实感融为一体，为观众演绎出精彩绝伦的感官盛宴。节目的播出效果证明，《我就是演员》是一档具有创新意义的电视综艺节目，是中国电视节目模式的一种突破。

（一）以原创独特性为核心

该节目由浙江广播电视集团、浙江蓝巨星国际传媒有限公司、喀什欢乐嘉娱文化传媒有限公司、北京真乐道文化传播有限公司、北京兴盛天亚文化传播有限公司五家单位联合出品，由浙江卫视单独研发，并非由海外引进版权。可以说是全球演技竞演类节目的集大成者，其本质是非常纯粹的原创节目。在节目内容上，以表演嘉宾的多类型表演技巧、表演风格、表演呈现为核心，将经典影视作品段落重新呈现在舞台上，极大地增强了节目的故事性和观赏性。在环节设计上，节目分为挑战赛和分组赛，不仅是演员之间的演技PK，又是演员与导师之

---

[1] 浙江卫视．中国蓝“双十一”海外大订单今日正式签订！《我就是演员》进击好莱坞［EB/OL］.（2018-11-11）［2019-10-16］.http：//www.zjstv.com/zcloud/4968808.html.

间的 PK。完整闭合的赛制提升了节目的淘汰性和对抗性，既可以让演员的演技得到最大限度的发挥，又可以确保节目影视化呈现的效果；既保留了电视综艺节目的底色，又形成节目进展的合力推动。在舞美效果上，借助高科技手段，将舞台造型、灯光呈现进行创新性设计，节目最大的创意亮点在于营造了一个多元可变的剧场空间。虽然演员们身处同一个舞台空间，但工作人员却能够通过移动开合屏和 70 多块升降冰屏实现不同的舞台空间效果，这不仅增强了演员表演、观众欣赏的场景代入感，也更有效地消除了单一场景带来的观众审美疲劳。导师监视器和观众大屏幕设计，体现了节目对演技的重视，彰显了节目对细节的打磨。

在综艺节目“引进海外版权”大行其道的今天，这种独特的原创性节目无疑会让人眼前一亮，留下深刻印象。当下很多综艺节目都是借助“流量小生”来吸引粉丝的眼球，过分注重流量的作用，忽视了对内容的打磨。而《我就是演员》反其道而行之，邀请的表演嘉宾并不是大众眼中的“流量王”，但都是对表演有着深切执念的演员。

（二）跨界整合性是关键

《我就是演员》邀请的嘉宾具有极强的“跨界性”——不仅是“地域跨界”，还是“专业跨界”。在地域分布上，大陆占据了极大一部分，共有 108 人，中国台湾地区 3 人，中国香港地区 4 人，美国 1 人，英国 1 人。在专业领域上，既有导演，也有编剧；既有高校教师，也有专业制片人；既有演员推荐人、常驻导师、飞行导师，又有参谋官嘉宾、BOSS 团、主演嘉宾；既有青年演员，也有老戏骨，演员年龄段覆盖老、中、青三代。节目人员跨界如此巨大，首先拓宽了节目作品的选材范围，能够为观众呈现更多元的影视作品。其次促进了演员与导师之间的双向交流，表演风格、表演类型、表演技巧更加丰富。再次，专业领域分布之多，几乎遍布影视各个细分领域，能对演员的表演做出更加准确的判断，提供更加专业的指导。

节目人员跨界如此之广，体现了节目制作的精益求精。相比于《我就是演员》，其他电视综艺节目往往缺乏这种追求极致的价值精神，缺乏“工匠精神”，在节目制作过程中急功近利，盲目追求所谓“效率”，无法真正沉下心来制作一档人民群众喜闻乐见的节目。

（三）以专业本真性作引领

以往专业类综艺节目将戏剧性、刺激感、娱乐性作为节目的制作理念，但如今却成了阻碍节目前进的枷锁。依靠嘉宾选手的颜值与流量，依靠导师和选手的冲突与碰撞，都无法让一档专业类综艺节目变得“专业”。《我就是演员》抓住演员演技这个核心关键人物，因此成就了一档纯粹的专业节目。

《我就是演员》探讨了戏剧表演和影视表演之间的深层次关系。戏剧表演和影视表演作为表演艺术的重要的组成部分，二者的表演形式和表演空间都不相同。戏剧表演更加注重矛盾冲突在舞台上的瞬时表达，影视表演则更加注重人物性格的细节塑造。《我就是演员》借助戏剧表演呈现内容，所探讨的专业表演技巧则能够直接作用于演员的影视表演，节目因而实现了戏剧表演和影视表演的融会贯通和转化升级。

节目设置了“导演机制”，陈凯歌、许鞍华、陆川、贾樟柯等著名导演，不仅能够给演员提出权威的建议和进行指导，还让节目对演技的探讨上升到了专业高度。导演对演技的点评注重表演的派别之争，借由一个具体演技问题便可牵连出深刻的学理探讨，甚至导演亲自去为演员示范，这就体现出好导演、好演员的职业精神和专业素养。节目升级后丰富了导师阵容，徐峥、章子怡等人各具特色、各有所长，他们的多重身份也能让其从不同的角度去看待演员的表演，从而增强节目的丰富性和专业性。

三、中国电视节目模式的出路

《我就是演员》的成功“出海”说明中国在电视节目模式原创方面取得了一些进步，但依然无法改变中国处于国际节目模式产业链末端的劣势地位。为了在激烈的国际电视节目产业竞争中占有一席之地，提高中国电视节目产品的国际竞争力，就必须强化原创电视节目的生产力。《我就是演员》成功输出到欧美国家的有益经验对中国电视模式走出去具有极强的借鉴意义和路径启发。

（一）持续推动制播分离

在电视综艺节目领域实现制播分离，逐步减少限制，努力推动独立制作公司的发展，优化节目模式产业链的整体布局。制播分离不仅可以促进节目模式的不断创新，也可以推动节目模式实现专业化、产业化和市场化相统一。由于制播合一，专业分工不够深入，中国电视业尚处于粗放式经营阶段，电视创意产业的发展难以摆脱低层次复制的窠臼，节目跟风现象严重，抄袭模仿之风不绝，加之国外节目模式“咄咄逼人”，导致本土原创动力衰竭，人才流失。必须从发展本土电视创意产业的全局出发，通过采取积极可行的政策引导、灵活的组织机制创新、人才资金资源的激励扶持、完善版权与知识产权保护等相关措施，激发创新、鼓励创新、扶持原创，为本土原创节目营造一个良好的生存环境。

（二）打造专业制作机构

创造条件以扶持公司制节目模式制作机构的发展，形成创意竞争的长效激励机制。加快实现电视节目领域的专业化、产业化与市场化，关键是要以公司制为组织结构形式，从现有自制自播式、分散式、个体或小团体的零星创意制作，走向专业化、市场化、公司化的电视节目模式运营体制，发展专业的模式创意研发公司，使各节目模式研发机构或公司成为创意人才和创意资源的聚合地。作为播出平台的电视频道，可每年以一定的资金额度通过招投标等市场化运作形式挖掘本土原创节目模式，促进大大小小的独立制作公司研发并提供各类创新节目模式，形成创意产业竞争格局，通过优胜劣汰的竞争，助力优质节目模式快速占领市场，有效推动本土原创节目模式的发展。

（三）建立国际合作模式

有针对性地适当引进若干节目模式生产线（而非单纯引进节目模式版权），通过与国外研发机构合作研发本土节目模式，推动节目研发制作的专业化、精细化与标准化制作流程。节目模式主要的创新路径是整合式创新，需在国内外已有电视节目基础上，对多种节目模式的题材取向、定位归属、节目形态及形式技巧、结构安排等优质元素进行创造性的重新组合和编排，超越原有的意义藩篱，重新界定创意元素之间的关系，聚合形成新的节目模式。[1] 由于中国电视制作机构研发力量薄弱，市场经验不足，因此，通过与市场经验和制作经验丰富的国外

---

[1] 袁靖华．电视节目模式创意［M］．北京：中国广播电视出版社，2010.

节目模式研发机构开展多种形式的合作，引进节目研发生产线来培养人才，提高专业研发水平。但是，电视节目模式的成功来自对社会现实生活与民众内心需求的持续探索。本土原创节目要想受到观众的喜爱，并走出国门，必须在植根于本土文化土壤的同时，寻找到与当今时代发展、当代青年文化、民族性格相契合的创作基点。

大运河文化的国际传播策略浅析

孙欣桐 *

摘　要：中国大运河作为世界上最伟大的人工工程之一，于2014年申报并被列入世界遗产名录，关于大运河文化带的规划与建设正在紧锣密鼓地进行中，力图打造绿色生态平衡，物质遗产传承、文化遗产活化、文旅品牌优秀的大运河文化带。与此同时，大运河作为世界运河史上最早开凿的运河之一，在世界运河体系中占据着极其重要的地位，社会各界也积极探索着如何促进中国大运河文化在国际层面的传播，提高中国大运河在世界运河文化中的影响力，为世界运河的开发提供中国道路与中国经验。本文将从核心价值凝练、文化品牌探索、传播手段革新等方面对这一问题展开探讨。

关键词：大运河文化；国际传播；文化遗产

一、大运河文化资源的价值

在国家倡议“一带一路”大背景下，国际交流与合作必将更加欣欣向荣，目前关于大运河文化资源的相关研究已经成为社会各界特别是学术界的关注热点。

* 孙欣桐，中国传媒大学文化产业管理学院硕士研究生。

习近平总书记在2017年2月视察通州运河时指出："要古为今用，深入挖掘以大运河为核心的历史文化资源。"

作为中国古代为联动南方经济中心和北方政治军事中心而修筑的运输干线，大运河自古以来便是极具战略重要性的政治举措和统治需要。大运河漕运系统的不断更新迭代，也促进了中国东部地区经济的发展与繁荣，稳定了古代中国的政治经济格局，保障了国家的统一与安全，同时也加强了地区间、民族间的文化交流。大运河对运河沿线地区人民的风俗习惯、传统文化、生活方式等方面都产生了深刻的影响，使得在运河沿岸及各重要节点诞生的城镇、村庄都在运河的基础上不断发展、繁荣，衍生出具有独特文化气息的历史文化街区。

从科学技术方面来说，大运河是人类史上延续使用时间最久、空间跨度最大、超大规模的水利工程杰作，被《国际运河古迹名录》列为世界上"具有重大科技价值的运河"，在农业文明技术条件下体现出人类的非凡创造力，是世界运河工程史上的里程碑。除中国大运河外，世界遗产名录中其他5项运河，如法国米迪运河、美国伊利运河等，均为17—19世纪工业革命时期，借助动力能源等技术和材料的革命性突破而建造的水利工程技术典范。相比之下，中国大运河在明显较原始的农业文明、农耕技术发展阶段中，克服了地势高差、水源供给、水深控制、会淮穿黄、防洪减灾和系统管理六大难题，只以人力畜力作动力，土木石草等为材料，在缺少现代测绘、动力学科学技术的支撑的情况下，长期依靠实践经验、无尽的想象力和智慧建造了这个实现了多项开创性技术成就的大型枢纽工程，充分证明了大运河是人类农业文明时代杰出的运河工程。

从文化遗产来说，大运河文化遗产包括物质文化遗产和非物质文化遗产。大运河申报世界文化遗产涵盖31个遗产区、27段大运河河道遗产、58处遗产点，包括运河水工遗存、配套设施、管理设施、相关古建筑群、历史文化街区等85处遗产分类要素，承载着漕运文化、造船文化、水工文化、钞关文化等具有地域特征和人文历史特色的文化内容。除此以外，大运河在历史的长河中还流淌着丰厚的非物质文化遗产，拥有国家级非物质文化遗产450项，在生活习俗、传统工艺、传统饮食、文艺戏曲、礼仪规制等方面无时无刻不在影响着在运河沿岸世世代代人民的生活，共同构成了运河历史中传承的文化基因。

二、大运河文化对外传播的必要性

弘扬运河文化精神，推动大运河文化带建设。历经千年风雨，古老的中华文明留下了两处令世界瞩目的人造工程，横亘东西的雄伟长城和纵贯南北的大运河，它们象征着静固巍峨的历史和流动变迁的文化。当然，大运河不仅仅是流动的历史，更是当代的行动。2019 年 2 月,《大运河文化保护传承利用规划纲要》出台，大运河文化带建设上升为国家战略，在南北方向与东西走向的“一带一路”和长江经济带体形成“南北贯通、东西相连、内外呼应”的全新发展战略大框架，为大运河沿岸的文化遗产保护与传承、经济可持续发展、生态环境建设等问题提供了解决思路。这不仅体现出鲜明的中国特色，还为世界运河文化的建设开辟了中国道路和中国模式。

传承中国传统文化，增强民族自信心。中国大运河始建于春秋时代，分别在隋朝、元朝完成全线贯通，跨越五大地理片区，涵盖六大文化高地，是人类历史上开创时间最早、沿用时间最久、地理跨区最大的运河。它见证了中国历史的雄浑壮阔、中华文明的源远流长和中华民族的勤劳智慧。传承和弘扬运河文化，有利于运河文化的继承与发扬，有利于中华优秀传统文化精神内核的发掘，更推动了大运河传统文化与时代步伐实现统一。

助力“一带一路”发展，构建人类命运共同体。中国大运河自古以来便是东方世界国际交通路线的重要组成部分，从宁波通往海外诸国，从洛阳接丝绸之路，畅通了亚欧大陆交通。古代中国由此与欧亚大陆在政治、经济、文化等方面产生了紧密的联系。联合国教科文组织的考察报告中有这样一句话:“从雄厚的历史中流淌而来的大运河，打通了文明的水路，促进了国内各民族及中国与邻近国家和地区人民之间的文化交流，逐渐形成了大运河的精神内涵——城市与自然、人与自然、人与人之间和谐共处，对人类文明产生了重大影响。”这种合作发展、互利共赢的文化特质与“一带一路”文化发展的基本原则相统一，与中国正倡导的人类命运共同体理念相契合。

三、大运河文化国际传播策略

（一）挖掘大运河文化内核，讲好大运河故事

美国学者爱德华·霍尔认为：文化分为“高语境”和“低语境”，而东西方文化交流之间的差异可以用高语境和低语境的不同来理解。中华文化是典型的高语境文化，更加注重营造的意境与氛围，常常是“言有尽而意无穷”，而西方文化则恰恰相反。[1]因此，西方受众在对中华文化不甚了解的情况下，往往出现解码错误的情况，最终使受众失去耐心，导致文化交流失败。因此，我们在大运河文化的国际传播过程中，切忌为追求意境高深而选择过于晦涩难懂的传播内容，要注意对大运河文化内核进行挖掘与凝练，同时选择具有普世价值观、放之四海皆准的文化主题，降低文化理解门槛，进而更好地讲好大运河故事，弘扬大运河精神。

首先，提升国际上对大运河的文化认同离不开对大运河文化的挖掘和凝练。这项工作难度高、兼具时代性，需要对大运河所承载的文化价值和精神内核进行高度概括，能够体现大运河旺盛的文化活力和无尽延续的生命力，并随着大运河的历史变迁而不断革新、精进。这是大运河文化进行国际传播、扩大大运河文化国际影响力的前提和基础。

其次，要推进大运河文化的国际传播，需要找到双方共同的文化意义空间。“一部优秀的纪录片，为什么能够被不同国家，不同语言，不同政治背景的人所接受，唯一的缘由就是人类情怀”，国际上的文化交流也是如此。在跨文化交流过程中，文化环境、历史传统、价值观、交流习惯、信仰、沟通方式等因素的不同会造成信息解码错误而产生传播障碍。这就要求我们秉承“中国内核、世界话语、人类胸怀”的理念，在选择传播内容和表达方式的过程中，找到大运河文化进行国际化传播的“着力点”，将传播对象的本地文化习俗纳入参考范围，从普世价值观出发，用国际性话语讲述中国故事。

最后，为博大精深的大运河文化寻找实在的载体，使受众能够在脑海中产生

---

[1] 朱佩芬，裴登峰．北京文化符号的对外传播策略与世界城市建设［M］．北京：中国社会科学出版社，2015.

构想，从而逐渐了解并产生共鸣，进而引导受众产生深入了解的兴趣。在新媒体盛行的媒介环境下，讲故事往往是一种令人产生极大兴趣的有效方式。例如，常在社交媒体上突然刷屏的泰国广告，其语言、所贩售的商品并不为我们所熟知，动真情、小幽默、强反转的一个个创意故事才是吸引众多年轻人转载和关注的内核。由此看来，引人入胜的人物、历史故事无论在哪个国家、何种文化中都能够引起一系列共鸣。因此，梳理大运河文化人文历史故事并加以遴选、凝练，同时适当加入生活化和故事化语言，包括在国际语境下灵活运用多种语言形式，都将有效提升大运河文化国际传播的效力。

（二）创新大运河文化精品，打造国际运河文化品牌

1. 积极开发大运河产品，活化运河文化传承与创新

大运河文化在国际上的传播与发展离不开优秀的运河文化作品，保持创新性是提高运河文化国际竞争力的关键。2009 年，中国商务部的“中国制造”系列广告在 CNN 播放，一度引起热议。近几年，无论中央电视台推出的《舌尖上的中国》《航拍中国》等纪录片在国际媒体上的投放[1]，还是《白夜追凶》《河神》等影视作品陆续登陆网飞平台，都展现了越来越强劲的文化传播力。因此，要鼓励文艺工作者在运河文化的背景下，充分利用 VR、AI 及 5G 等现代科学技术与艺术表现形式，创新创作出有中国大运河特色的文化艺术作品。例如，杭州歌剧舞剧院的《遇见大运河》，通过舞蹈语汇、戏剧手法等元素，拟人化生动展现了现代人对中国大运河文化历史的追寻，同时也将主题升华到人类对文化遗产现实命运的思考[2]，成为大运河文化国际传播的一个成功作品。

2. 利用国际文化、体育活动，营造运河文化交流氛围

由 2018 年北京奥运会到 798 艺术节对北京产生的一系列影响可见，各类国际性文艺、体育赛事、国际会议等活动的助力对提升大运河文化国际知名

[1] 范佳宁．新媒体时代中国对外传播渠道的特点研究［J］．新闻研究导刊，2019，10（4）：224-225.

[2] 武艳芹．从《遇见大运河》舞剧看中国大运河文化遗产“走出去”战略［J］．安徽理工大学学报（社会科学版），2018，20（3）：9-14.

度和文化影响力会产生很大的促进作用。[1]目前在中国举办的世界运河城市文化论坛便已具有一定的国际知名度和影响力，大运河沿岸的各城市可配合论坛进程，组织一系列文化交流活动，如世界运河文艺作品联展，包括世界运河影视节、世界运河文化水上音乐会、世界运河文学奖、“运河气象”画展、运河非遗文化路演展等系列展出[2]，生动活化地展示了流淌伴生、传承不息的运河文化。

2014 年，国务院下发文件，将体育产业作为绿色产业、朝阳产业培育扶持，我国的体育产业在未来也将成为推动社会经济与文化发展的重要力量。目前，国内已纷纷开始进行大运河体育赛事的打造，如北京通州运河马拉松、京杭大运河自行车超级挑战赛、京杭大运河桨板公开赛等。随着国内各类体育赛事策划体系的完善，各方也要着眼国际视角，打造以大运河为主题，以运河沿线文化景观为廊道的高能级、精品化、有国际影响力的品牌体育赛事，如世界运河大学生皮划艇大赛、大运河国际马拉松等，通过举办精品文体活动，吸引世界人民关注的目光，提高大运河品牌的知名度。

（三）实施国际性媒介策略，多方位进行国际传播

1. 建设国际化传播平台，官方自营媒体共同发力

美国学者南波利曾说：“我们处在一个媒介嘉年华时期。”世界媒体极速发展，以互联网为代表的新媒体技术后起而秀，媒介种类日益多元，信息传播的时间与空间距离日益缩短，这为文化的跨国传播提供了媒介基础。[3]这一过程中，政府与主流媒体依然作为塑造国家形象的排头兵，发挥着最高的影响力。但中国媒体目前在国际传播方面的影响力依然受制于以 BBC、CNN、《纽约时报》为主的西方主流媒体，无法不打折扣地向世界传达中国声音、塑造运河形象。

在传统媒体层面，CCTV 等官方媒体依然肩负着对外传播我国官方政策及解决

---

[1] 朱佩芬，裴登峰．从文化艺术节角度看北京“世界城市”区域品牌建设［M］．北京：中国社会科学出版社，2015.

[2] 黄杰．建设大运河文化带的历史价值、时代意义与可借鉴的国际经验［J］．档案与建设，2019（2）：67-70.

[3] 王春枝．新媒体环境下的传统文化传播策略研究［M］// 朱佩芬，裴登峰．北京文化传播策略研究，北京：中国社会科学出版社，2015：33-59.

我国当前经济社会发展的重大问题的任务，为了加大央视对外传播的力度，增设了若干语种的对外广播频道。[1]放眼世界，俄罗斯联邦政府也通过推动建立自治非营利性媒体——“今日俄罗斯”电视台（Russia Today，RT），逐渐成为当今国际舆论场中不可忽视的一方声音，一度被希拉里·克林顿认为抢夺了 CNN 和 BBC 的新闻资源。因此，为有效促进大运河文化的对外传播，可以增设“中华大运河”国际频道，播放高质量、有特色的大运河文化节目，通过卫星电视、广播电台等途径，多语种、全方位展示中国大运河的文化魅力，向世界传达中国声音。

在新媒体层面，以多媒体对外报道、外文网站、移动客户端和海外社交媒体账号等为主要方式的新媒体传播手段会极大地提高国际传播效果。近年来，中国官方媒体也纷纷进入海外社交网站，探索传播中国声音的新方式和新手段，众多自媒体也充分发挥网络传播和人际传播的优势，在优兔、推特、脸书、照片墙等海外视频网站和社交媒体上产生了不小的影响。首先，应由运河文化管理部门牵头，建立中国大运河国际官方网站，发布大运河权威新闻，整合运河科普信息，增加趣味文化内容，建立世界运河文化交流社区等。其次，提高中国大运河官网在海外视频网站和社交媒体上的运营水平。在发布媒体内容的过程中，要深入分析目标受众的媒介使用习惯，有的放矢地制订传播策略，运用文字、图片、动图、短视频等多元传播方式，设计生动有趣的运河文化内容。同时，与《人民日报》、新华社、央视新闻等中国官方媒体在海外社交媒体上建立“国家队”媒体矩阵，以转发、点赞、话题等方式加强账号间的互动，增加互通联动概率，从而提高在运河海外媒体的关注度。

2. 建立运河数字文化体系，打造运河文化数字博物馆

中国大运河历经 2000 余年在中华大地上流淌至今，其孕育的传统文化与现代精神是博大精深的。想要促成大运河文化在新媒体平台的传播，就要建立运河数字文化体系，打造运河文化数字博物馆。将大运河文化遗产的相关资料内容以图片、视频、音频等形式进行数字化、虚拟化处理，建立档案数据库。对其中的物质文化遗产部分进行三维扫描、VR 展示等数字化处理，探索馆藏式资源数字

---

[1] 张力，杨卫娜．中国主流媒体 Twitter 账号传播分析报告［J］．对外传播，2016（11）：4-6.

化技术方法。同时，采取音频讲解、沉浸式场景模拟、VR 立体展示等创新生动的展示方式。如此既有助于文化资源的留存和管理，又极大地突破了传统博物馆时间、空间的限制，让来自全世界的人们全方位、身临其境般地体验运河文化，成为大运河文化向世界展示、向国际传播的数字舞台。

从“李子柒”看新时代中国文化跨境传播策略

王孟憬 *

摘　要：中国文化在跨境传播的过程中经常“遇冷”，而“李子柒”在海外社交媒体的现象级爆红，为创新中国文化跨境传播方式提供了借鉴。本文以“李子柒”在海外优兔等平台的传播情况（粉丝数、播放量、评论情况等）为研究对象，分析了“李子柒”在跨境传播中的特点和技巧，审思新时代中国文化的跨境传播策略，以讲好中国故事，在国际文化贸易语境下不断提升中国的文化影响力。

关键词：文化“走出去”；国际文化贸易；李子柒；跨境传播

中国文化“走出去”一直是中国亟待解决的重要命题之一，近几年，中国的对外传播在发展中国家取得了比较好的效果，一些影视剧在东南亚很受欢迎，中国的现代生活剧《媳妇的美好时代》在非洲取得了不错的收视效果，所以不同的区域具有不同特点，传播内容和方式也不相同，中国文化对向西方的成功输出还有很长的路要走。2019 年，“李子柒”这个个人账号在外国社交媒体的异军突起引起了广泛关注，成了火遍全球的“中国网红”。截至 2020 年 2 月 21 日，李子柒在优兔平台的中国区排名第一，拥有 895 万余粉丝，上传的 100 余条视频的

*　王孟憬，中国传媒大学文化产业管理学院硕士研究生。

累计播放量超过10亿次，单条视频播放量达4 292万次。这一现象引起了包括《人民日报》、新华网、央视新闻在内的众多主流媒体的关注，它们称之为讲好中国文化故事、对外传播中国文化的典范。李子柒以“古风野食类”短视频为载体，探索出一条中国文化的跨境传播之路。分析李子柒个案的跨文化传播特点与技巧，挖掘此现象对中国文化跨境传播的启示，对讲好中国故事，推动中国文化“走出去”，提高中国的国际影响力具有现实意义。

一、“李子柒”的跨境传播特点与技巧

（一）以视听符号呈现中国文化

索绪尔的符号学理论将人际传播中的符号大致分为语言类符号和非语言类符号，非语言符号的通义性让这类符号成了某种意义上的“世界语”。[1]李子柒正是借用非语言符号，将中国文化进行视听化符号呈现，打破了不同国家、地区的文化壁垒，实现了中国文化的跨境传播。

李子柒对中国文化进行了视觉化的符号呈现。李子柒的视频主题几乎都围绕着传统美食和传统技艺，对传统漂染文化、桑蚕文化、手工面制作、糕点制作、胭脂眉黛制作、造纸工艺、制鞋工艺、竹器工艺、木工工艺等进行了详细展示。除带有传统文化元素的主题外，李子柒短视频中也随处可见汉服、古代美食、古法的工序、古老的传统、典雅的厨卫等传统文化元素；木质结构的古朴宅院、传统的厨房用具、和李子柒身着的传统手工制作的古装，将中国的传统文化元素视觉符号化。

在声音方面，李子柒也运用了听觉符号来展现中国元素。为配合画面的古风意境，李子柒常采用同期声的录音方式，由于深处山中杂音很少，自然环境音和社会环境音在视频中都非常清晰，虫鸣鸟叫、树叶摩擦、小溪流动的声音都给视频营造了世外桃源的意境。同时，视频中搭配的背景音乐也十分考究，每个视频都与背景音乐长度刚好吻合，以丝、竹、管、弦为主要乐器的背景音乐与环境音的交织，为观众呈现出听觉的田园风光。此外，李子柒视频的背景音乐也不是一贯到底，而是在必要时进行了留白，让观众更专注于画面，也有了更多的想象空间。

---

[1] 张国良．传播学原理［M］．上海：复旦大学出版社，2009.

（二）以美学包装表达共通情感

从实践来看，跨文化传播中，脱颖而出的内容都承载着人类共通的价值和情感。李子柒正是将价值观不动声色地融入作品，引起了不同文化背景观众的共鸣。

第一，营造了全球都市人对乡野田园生活的期望景象。海外受众在观看李子柒的视频后，会基于自己的审美经验形成新的“读者文本”[1]，从每一条视频的留言中可以看出，经过美学包装后所构建的视觉景观，让长期生活在城市中的“读者”产生了对乡村田园生活的向往。李子柒以都市人群为目标受众，突出乡野生活的美好细节，甚至连辛劳、污浊都被赋予了诗意，这种构建出的完美影像，恰恰契合了城市人审美的愿望，而这种愿望是在世界城市化进程中，都市人所共有的。

第二，表达了人类与自然和谐共处的共通价值观。原生态和绿色健康是李子柒视频的特色之一。很多海外网友都对这种美好的自然生活产生了向往，也萌生了与自然和谐共处，保护环境的美好愿望。李子柒展现了食材的来源，食材的生长过程，以及变成食物的步骤，海外受众认为李子柒在日常生活中将环保理念进行了展现。而这一层面的价值解读，是有别于中国受众的。由此可见，在中国文化跨境传播过程中可以适当增加保护环境的主题隐喻，与海外受众产生情感共鸣。

第三，亲情关系的展现拉近了主创与受众的距离。亲情、友情、爱情是链接海内外网友的纽带。在网络发达的虚拟交流变多而人际关系日渐淡漠的时代，李子柒视频中出镜并不多的奶奶成了视频的亮点。奶奶与李子柒不多却暖心的对话，李子柒为奶奶亲手弹的棉花被，对奶奶无微不至的照顾，让海外网友感受到了平凡朴实的亲情之美。

第四，为充满焦虑的现代社会提供了诗意的理想国。飞速发展的科技和急剧变化的社会，使得旧有意义、价值不断被消解，焦虑感让所有人感到无所适从，李子柒对解决现代社会焦虑提出了“中国式”的方案。在接受《南华早报》采访时，李子柒这样概括她的创作意图：“现在整个社会，很多人是特别浮躁的，生活压力很大，我希望他们在忙碌一天以后，打开我的视频，能给他们减轻一些焦虑和压力感的东西。”而这种焦虑并非中国独有的，“舒适”“减压”等词经常出

---

[1] 刘海．主体隐喻·文本空间·读者拓展——关于文本诠释与过度诠释的思考［J］．乐山师范学院学报，2008（2）：61-63.

现在外国网友的评论中，李子柒对现代焦虑的缓解也是为外国网友所接受的原因之一。

（三）以网红经济反哺文化跨境

李子柒不断加强对自身的 IP 化打造。从第一个视频起，身着汉服，劈柴生火、下田上山，织布弹棉……李子柒以温婉的古风形象让人眼前一亮，用行云流水和自带美感的动作深入人心。不同于一般的美食类短视频的制作者，李子柒努力将自己塑造成“charisma 式”人物，“不仅是 KOL，更是造梦者，是平凡生活的光荣与梦想，具有吸引大批信徒的能力”。在短短三年的时间内，李子柒将自己打造成了一个极具特色和辨识度的超强 IP，“清新脱俗”“无所不能”已经成为她的形象代名词，跨平台、跨国界的发展让她受到了千万海外人士的关注，成了一个形象化的超级 IP。

而超级 IP 的红利不仅让她获得了更多受众的认同和忠诚追捧，同时也为品牌的后续开发带来了更多便利。2018 年，李子柒正式下水电商，不到一周销售额就突破了千万元人民币。2019 年，李子柒与故宫食品、国家宝藏等伙伴达成合作，实现了传统文化与现代消费的对接。此外，在优兔上，李子柒每月的广告费达到 367.41 万美元。相较于其他文化跨境传播的案例而言，李子柒在传播中国文化的过程中真正实现了以网红经济的红利反哺中国文化的输出。[1]

对于李子柒视频跨境传播的技巧与特点，国际关系学院院长助理黄日涵教授用“接地气”3 个字概括：“李子柒能够用现代化的拍摄手段和剪辑方式来呈现她在农村生活的故事，而这个故事的主轴是非常清晰的，即她和她婆婆及美食的故事。吃是人类共同的主题，但她的呈现方式是现代的，虽然其海外媒体上的视频没有英文翻译，但大家都能看懂她的故事，让人感受到不一样的中国文化，这可能是她的视频突然在海外平台走红的原因。”[2]

---

[1] 任孟山，李呈野. 中华文化对外传播的新时代经验与可能路径——李子柒爆红海外给国际传播带来的思考［J］. 对外传播，2020（1）：16–18.

[2] 赵萌. 让“中国声音”在世界有效传播——“李子柒现象”的启示［J］. 世界知识，2020（3）：52–54.

二、“李子柒”给中国文化跨境传播的启示

解读“李子柒”现象最重要的角度之一，就是如何通过李子柒的成功，研究讲好中国故事的方法，如何让中国文化在国际文化贸易的语境下更好地“走出去”。传播中国声音是一个宏大的命题，官方、民间力量和外国受众都是不可或缺的因素。

（一）宏观把握，抓住平台契机

在宏观层面，国家要发挥对文化传播的引领力和塑造力。借势新媒体力量，将中国的文化理念通过官方载体进行有效传播。目前，数字平台的迅猛发展，也为中国文化、中国故事提供了新的、高效的传播载体，以抖音平台为例，其在国外的市场和受众规模不断扩张，皮尤官方数据显示，社交媒体已经成为美国公民获取信息的主要渠道，这一信息表明社交媒体在当今传播格局中占据了相当重要的地位。因此，官方应该率先抓住新媒介革命的机遇，顺势而为，另辟蹊径，合理利用新媒体平台、扶持平台发展，通过新媒体平台的影响力发出更多的中国声音，就像李子柒那样，采用更多新形式，创造更多新方式，来传播中国文化、讲述中国故事，由此带动中国文化跨境传播。

（二）民心相通，民间个体发力

结合李子柒的成功，转变传播思路，才能向世界讲好中国故事。向世界发出中国声音，不只是政府和文艺机构的责任，也是每个中国人民的责任，并且相较于政府主导的对外文化传播，民间力量、个体发声可能效果更好。

原因有以下两点。

第一，民间的传播形式往往更加灵活，内容丰富，题材广泛，群策群力才能更好地推动中国文化走出去。再加上如今社交媒体平台的日渐发展，每个中国人民都可能成为中国文化的对外输出口，实际上，个体发声传播中国文化的案例已经不在少数，2019 年初，一条短视频在国外社交平台上疯传，视频里，从青春活泼的孩子到步履蹒跚的耄耋老人，四代人在一声声“妈”的呼唤中，依次出场。这温暖幸福的场面让外国网友感动不已。他们在点赞转发之余，也从中读懂了中国的“家文化”“孝文化”。

第二，个体传播形式更容易打破文化壁垒，规避文化折扣。在互联网实现“去中心化”的时代，以个体为主体，以人际传播为手段的跨国文化传播更加不容忽视，传播世界中“沉默的个体”正在被唤醒，技术赋权带来的传播权利使这些个体能够在互联网时代下成为跨越不同国家和文明的传播明星。[1]除此以外，个体拥有着宏观主题不具有的情感温度，这种温度传达了人类共通的情感价值，就如李子柒和奶奶的亲情、话语中对父亲的怀念等，这样的情感价值中潜藏着深刻的中国文化，这种力量也牵引着外国受众不断了解中国文化。

（三）借船出海，向外国受众推广

中国故事，官方要讲，民间力量要讲，也要影响外国受众讲。李子柒在外网上就影响了一些拥有相当数量级的海外人士，他们不仅对李子柒的视频进行转发评论，还会录制观看李子柒视频的反应，向更多的海外人士介绍了李子柒，使越来越多的人了解了李子柒。由此可见，让外国受众了解中国，帮我们讲好中国故事，对中国文化的跨境传播助力很大。黄日涵说，要更多地鼓励民间力量“走出去”，让大家有更高的积极性和自主性来讲好中国故事；还要影响一些有影响力的海外人士，让他们真正了解中国，进而帮我们讲好中国故事。

三、结语

李子柒的成功，为中国文化的跨境传播开辟了一条新的道路，她的成功虽意外，却也是意料之中，正如习近平总书记在中共中央政治局在人民日报社就全媒体时代和媒体融合发展举行第十二次集体学习的讲话中所提出的：“把握国际传播领域移动化、社交化、可视化的趋势，在构建对外传播话语体系上下功夫，在乐于接受和易于理解上下功夫，让更多国外受众听得懂、听得进、听得明白，不

---

[1] 任孟山，李呈野．中华文化对外传播的新时代经验与可能路径——李子柒爆红海外给国际传播带来的思考［J］．对外传播，2020（1）：16-18.

断提升对外传播效果。”[1]

现象后的审思同样重要，网络上有不少言论称，李子柒的爆红是由于她向世界展示了落后的农耕文化，迎合了海外观众的对中国的刻板印象，这种原因确实存在，因为外国人不会对中国的最新现象高铁、5G 产生惊讶。因此，如何在跨文化传播中摆脱“自我东方化”的局限性，避免加深海外世界对中国文化的刻板认知，挖掘和对外传播具有新时代特征的中国文化符号是急需开拓的方向。

[1] 中国记协网 . 人民日报社副总编辑许正中：提升“四力” 构建全媒体传播格局［EB/OL］.（2020-03-25）［2021-01-22］.http：//sx.people.com.cn/BIG5/n2/2020/0325/c189132-33903339.html.

从视角转换到平台转型——建立我国对外文化交流的传播导向

蒋　多*

摘　要：经过多年发展，我国对外文化交流已经构建起全方位、多层次、宽领域、多渠道格局，在中国特色文化外交理念和加强国际传播能力建设的目标导向下，为推动中华文化“走出去”、提高文化开放水平做出了重要贡献。但是，从提升文化软实力和塑造国际形象的角度来看，我国对外文化交流整体上还处于初级阶段，尤其是面对格局转换、体系变革的世界局势，需要从视角转换和平台转型两方面，建立对外文化交流的传播导向，寻求一种可持续、实效性强的发展模式。

关键词：对外文化交流；传播视角；传播平台

国际文化交流是一个既古老又非常具有时代性的领域，随着经济全球化的发展，世界各国在角逐“安全高地”“经济高地”的同时，在“人文高地”也展开了“竞赛”，愈加重视提升海外人文影响力，人文交流已成为各国提高国际话语权的重要途径和国家软实力的重要支柱，成为发展潮流。

---

* 蒋多，中国传媒大学文化产业管理学院讲师。

在中国特色文化外交理念和提升国际传播能力目标的指引下，我国对外文化交流已进入全面发展时期，构建了覆盖全球的网络，初步形成了全方位、多层次、宽领域、多渠道格局。然而，从提升文化软实力和塑造国际形象的角度来看，我国对外文化交流还处于初级阶段，面对格局转换、体系变革的世界局势，如何建立对外文化交流的传播导向，寻求一种可持续、实效性强的发展模式是必须思考和解决的紧迫问题。

一、视角转换：树立以受众为核心的传播理念

长期以来，我国对外文化交流奉行的是“从我出发、以我为主、为我所用”的发展模式，主要表现为密切配合国家领导人出访等重大外交活动，同时派遣众多各类文化团组和展览进行大规模、长时间联袂展演。以最为常见的“文化年”为例，一般都有国家领导人出席开幕式，数十乃至上百个项目同时或陆续开展，内容涉及文化、艺术、烹饪、武术、中医、民俗等领域，如举办舞蹈、太极拳、书法、烹饪讲座，放映电影等。这些活动场面隆重，声势宏大，气氛热烈，对促进国家间友好关系的建立和人民间相互了解与友谊的进步，有着一定的影响。

但是，集中运动式交流和一切服务于政治出访活动的意图，往往容易忽视文化交流的真正本质，缺乏长效机制，发展后劲不足。过于浓厚的政治色彩和宣传思维也不利于传播效果的提升，容易给人留下一种刻板、空洞和生硬、僵化的不良印象。不仅如此，我国对外文化交流长期重投入、轻产出，甚至只顾投入、不问产出，缺乏受众层面的反向思考。“重宣传轻沟通、重形式求热闹、轻内涵缺深度”所引发的问题是具有传导性和结构性的，导致“文化折扣”现象依然显著。

一方面，表现在对文化传播内容各构成要素及其关系的认识和理解不到位。根据多年来对孔子学院和海外中国文化中心的参访，我们发现，除了一般的汉语语言教学，传播中国文化主要通过举办文化讲座与开展文化体验活动进行，具体内容多聚焦于浅层次的中国传统民俗、民族和民间文化。这些文化源于生活、基于生活，具有很强的草根性，因此也具有一定的大众性和亲和力，易于被理解、体验与接受，但缺乏思想上的高度与持久的吸引力，导致国外民众对中华文化的了解和认知大多还停留在功夫、美食、服饰等具象和器物层面，对中华文化思想观念和价值观等却基本不了解。

值得深思的是，当我们在大力传播中国传统民间文化时，海外民众真正切实接触到的，特别是通过本国具有广泛受众面、良好公信力与较高影响力的媒体所认知的，99% 都是与我国国民生活及生存质量息息相关的政治形势、市场经济、社会现象、民生社稷等内容。这方面在文化传播和思想交流意义上的价值恰恰没有得到我们应有的重视，既谈不上提炼和挖掘，又对相关负面报道多采取回避态度，因而在内容表达上显得支离破碎，甚至常常引发对中国文化形象和内涵认知的偏见和误解。

通过对“丝路书香”工程重点翻译资助项目的历史分析，我们发现，2015—2018 年获得资助的出版物总数为 1918 种，从主题来看，政治、文化、文学、经济、历史、少儿图书出版数量最多，合计占比高达 89%，其中，政治主题图书的总数最多，达到 443 种，而且在各年度所占比重也都最高。相反，工业、地理、医学、建筑、农业、科技等较少有意识形态特征和接受障碍的主题图书合计占比只有 8.7%，法律、艺术、哲学、教育、宗教等更能体现文化价值观和精神世界的主题图书合计占比仅为 2.3%。从亚马逊线上书店的实际销售数据来看，实用类图书在中国主题图书中总占比高达 59.9%[1]，主要包括参考书、童书、商业与财富、计算机技术、饮食与健康、旅游等，在畅销书排行榜上名列前五并且获得较高星级评价的均为中医、气功、汉语学习及考试用书，不得不说外交导向和传播导向之间存在的冲突对市场效应产生了一定的负面影响，也反映出目前海外读者对中国主题图书的阅读需求还停留在将他者文化当作知识理解与兴趣满足的层面，未能实现跨文化交流的“互惠性理解”。[2]

另一方面，这种文化折扣还体现在对外文化交流内容的精准度和创新性不足。中医药被认为是最具代表性的中国文化元素，近年来，借助各类活动、项目或平台走出国门，但其国际传播仍处于自发阶段，远不及印度的瑜伽和日本、韩国的汉方药。中医药文化的海外传播是以针灸文化为先导的，中药则主要以食品添加剂和营养保健品的身份进入海外市场。很多国家对中医药的概念还只是植物药、针刺、推拿，而对中医药文化仅仅停留在“有所耳闻”和屈指可数的几次中

[1] 张岩，何珊，梁耀丹．中国主题图书海外销售状况分析——以亚马逊“中国书店”数据为基点［J］．中国出版，2017（7）：60-64.

[2] 单波．跨文化传播的问题与可能性［M］．武汉：武汉大学出版社，2010.

医药展览上。究其原因，主要是中医药理论很多来源于博大精深的中国传统文化，深奥晦涩、难以准确译介，加上中西方文化存在诸多差异，国外民众的认知习惯难以与我们的惯有表达对接，更多的文化知识远未达到理想的传播效果，文化的国际影响力与本身的内涵和厚度相去甚远。

众所周知，我国对外演艺交流基本上是以“功夫杂技产品”为主，而当前这类产品在价值导向、文本精神性、海外市场适应性及舞台技术应用性方面均出现了问题。以近年来火爆的旅游演艺为例，“走出去”的剧目仍然主要服务于出国旅游的中国游客，面临着开展跨文化深度融合、本土化运营和当地观众的认可度等问题，一些演出还因为没有充分尊重他国文化传统、遵守相关法律法规而被迫暂停。杂技演出一直是我国文艺表演团体海外巡演的主力，但是，近两年来，中国杂技演出在海外市场收入未见增长，甚至一度出现下滑趋势，主要原因是中国杂技重技巧、轻内容的表达缺乏故事性和趣味性，单纯的高难度技巧展示已经难以满足观演需求，尤其是受到国外大型传媒机构的影响和舆论话语权的制约，我国很多优秀剧目的海外营销空间和力度往往不足。

评价对外文化交流活动或者项目成功与否的关键在于国际传播效果的优劣。日益开放和发生深刻变化的中国，尚处在西强我弱的国际文化传播机制之中，国际传播的主体已经超出传统媒体和传统认知的范畴，呈现出多样化态势，国际传播效果的优劣已经不再由单一主体——政府或媒体决定，而是由多元主体形成的合力决定。多元主体之间合力的形成，即国际传播能力的“共建”，需要上升到国家战略层面予以统筹考虑，综合运用大众传播、群体传播、人际传播等多种方式展示中华文化魅力，努力使现代传播体系成为展现真实、立体、全面的中国的全新平台。

因此，我国对外文化交流急需从注重传播广度向注重传播深度转变，针对不同国家和民族的文化接受习惯与消费特点，实行差异化、有针对性、多维度的传播策略。第一，调整传播理念，强化运营思维和市场导向，树立成本意识，避免盲目追求数量和范围而不顾资金投入。第二，转换传播视角，提高对受众的重视程度，把受众的利益放在传播活动的首位。尤其应当尊重“核心受众”，包括在华外国记者、商人、来访政府官员和来华学习、旅游的外国人等。第三，注重文化交流内容的融入性、亲和力和满意度，从单向输出到合作生产，再到建设全球化布局，整合本地要素，实现本地化传播。第四，转变译介策略，既要体现中华文化特征，又要考虑对译入语受众产生的理解障碍，将翻译中的异化与归化要素相结合，必要时可以提高异化程度，追求传播的有效性和接受效果，进入对象国话语体系和思想文化体系。第五，加强网络文学、动漫游戏、数字音乐、短视频等数字文化内容的海外布局，借助新兴媒介与传播方式开辟文化交流互鉴的新路径，提高年轻受众对中国文化的理解程度与信任，塑造更有辨识度和时代性的国家人文形象。

二、平台转型：形成多元协同的传播格局

我们熟知的德国歌德学院、法国法语联盟、英国文化协会、西班牙塞万提斯学院、日本国际交流基金会等，都是担负着塑造国家形象、传播本国文化职能的非政府组织。非政府组织是对外文化交流的媒介与使者，最先捕捉到新的社会需求，在政府还没有认识到这一问题并且没有推出相关政策和建立相应的机构进行处理和解决时，先行组织起来，整合资金和力量，开展有效率的工作，极大地推动这一事业的发展脚步，促使政府在国家层面明确文化交流对公共利益的重要性，把对外文化交流视为国家整体对外政策的重要组成部分，进而促进政治和经济等其他层面的国际交流和合作。[1]

随着中外文化交流和合作的深入，特别是国家政策积极鼓励中华文化的海外传播，以孔子学院和海外中国文化中心为代表的具有政府背景的准官方机构逐渐成为我国对外文化交流的主要平台，在数量、覆盖范围和规模等各方面都是入了快速发展时期。2018 年，是海外中国文化中心建设的第 30 个年头。随着拉巴特中国文化中心的揭牌和里加中国文化中心的运营，海外中国文化中心总数在“而立之年”达到了 37 个。自 2004 年全球第一所孔子学院在韩国首尔揭牌，孔子学院就以语言教育为媒，架起了各国人民相遇相知的桥梁，并日益走向系统性和组织化，形成当今的全球性网络，掀起了世界范围内前所未有的“汉语热”。2017 年，除中国外，全球学习和使用汉语的人数就已达到 1 亿人，包括 6000 多万海外华人华侨，以及 4000 多万各国主流社会的学习和使用者。截至 2019 年 9 月

---

[1] 唐虹．非政府组织和对外文化交流——以英国、法国和德国的经验为例［J］．欧洲研究，2009（2）：51-60.

30日，全球已有158个国家（地区）设立了535所孔子学院和1134个孔子课堂。

然而，面对由服务于国家利益和西方价值观的大众媒体与快速引爆负面话题的社交媒体所构成的国际舆论环境，孔子学院近几年在欧美国家遭遇了一系列瓶颈：所在国或地区政治、经济、社会、法律、宗教等突发事件或非传统安全威胁所带来的不确定性，使得孔子学院的全球发展与国内对其寄予的高期望之间存在不小的差距；由于孔子学院布局及合作办学方的选择，受到其他国家和机构举办意愿和条件的制约，孔子学院的发展存在不均衡、不充分的问题；在发展目标、教学活动、师资配备、教材配送、办学经费等方面总体不足，单向输出痕迹较重，创新发展空间有待拓展等。[1]

与孔子学院相比，海外中国文化中心先发后至，近年来，才开始受到关注。与孔子学院以语言教育为主不同，海外中国文化中心更加强调文艺交流，多采用外交渠道，官方色彩较浓，虽与国际通行的公共外交模式一致，但多年来进展缓慢，不温不火，虽没有受到过多的批评，但在他国民众中影响力还比较小。由于国家计划导向和财政来源，国家支持力度随着国际关系和国家政策的变化不断调整，致使海外中国文化中心的布点及运作不够均衡。[2]

针对存在的这些差异和不足，我们应当积极推动孔子学院和海外中国文化中心的转型。一方面，逐渐弱化政府组织性、控制性的直接介入，从单纯追求国家正面形象建构转向营造良好的舆论环境和构建友好话语体系，不断开拓新的对象、区域和领域，增进外国公众对我国的了解，改善对我国的态度。另一方面，充分发挥其灵活性、创新性和专业性，尤其是利用其在海外强大的人际网络，通过与政府签订合作协议或提供资金支持的方式，以保障正常运作，或通过跨部门协同，整合相关资源，形成跨文化对话和深层次交流，提高在国际社会上的“知名度”和“可读性”。

具体而言，当前海外中国文化中心正值加速扩张的关键时刻，需要进一步明确海外中国文化中心作为公共外交平台的角色与功能。首先，脱离简单的培训、

---

[1] 李宝贵．新时代孔子学院转型发展路径探析［J］．云南师范大学学报（哲学社会科学版），2018（9）：27-35.

[2] 郭镇之，李梅．公众外交与文化交流——海外中国文化中心的发展趋势［J］．对外传播，2018（2）：47-49.

展演和讲座模式，向“大文化”领域拓展，而且以高品质的文化区别于一般性文化交流活动，特别是商业性大众表演市场。积极审慎地参与到各种涉及思想、价值观的文化讨论与中国话语的构建中，以树立正面的中国形象，但不应造成威胁感，把握柔性传播节奏，引导海外其他文化活动朝着有利于中外关系的方向发展。其次，创新建设思路，统筹利用各类文化中介机构、文化营销组织及海外社团组织等各方面力量，尽可能开掘经济资源，提高商业机构的积极性，追求市场的合作共赢，同时，选择有社会关怀及公益心的合作对象，警惕并抑制商业机构的营利冲动。最后，充分利用网站、社交媒体等新兴媒介，加强与公众的互动，尤其要进一步凝聚旅居海外、心系祖国的华人、华侨、留学生等，网罗既了解海外市场又了解中华文化并熟悉海外文化传播事务的人才，让他们讲述中国故事、发出中国声音，以民促官，官民并举。

2018 年，《关于推进孔子学院改革发展的指导意见》出台，该意见提出要将孔子学院打造成集教育合作、文化交流、学术研究、职业培训等功能于一体的国际一流的中外人文交流基地，可以说正式拉开了孔子学院转型的序幕。因此，有必要探索孔子学院对外文化传播的整合路径。第一，积极把握中国国情话语权、承担话语责任，开设中国国情课程，将中国的态度、主张和价值观介绍给国际社会。第二，加强对各国安全态势、全球语言生态、孔子学院舆论和法律环境等的关注、研究和决策分析，以此指导全球发展布局，形成快速处理危机机制，规避舆论风险。第三，探索更多元化、更特色化、更高层次的合作模式，加大与知名跨国公司、中资企业、当地企业、华人社团、文化交流机构、社区服务中心等的合作办学力度，形成多元化办学主体和孔子学院发展共同体。第四，定期获取海外舆论和媒体反馈信息，特别是有影响力的舆论监测机构和主流媒体，探索建立多角度比对、主客观调查相结合的受众研究和效果评估机制，完善对海外媒体报道倾向的预警机制，提高舆情处理和应对的时效性，有效减轻负面国家形象引发的跨文化沟通障碍，加深海外机构对我国国情文化的理解。

公共外交的力量在于个体的可信性和交流的非功利性，民间交往才是跨文化对话和深层次交流的真正主体，理应成为政府主导和企业市场行为之外中国文化全球推广的重要力量。因此，推动孔子学院和海外中国文化中心转型更重要也更现实的意义在于，除了坚持高级别人文交流机制，促使对外文化交流从过去政治家的文化外交扩展到包含政治家、政府部门、智库等社会组织、经济文化主体，甚至是公民个体均广泛参与的人文交流，调动企业、社会组织及个人的积极性，发挥各主体的力量，建立合理的联动机制与合作关系，形成政府、社会组织、企业等多主体共同参与的新格局，开拓由正式渠道、大众媒体和民间交往构成的全介质、全平台、全方位传播渠道，营造对外文化交流的广阔空间。

古以文载道，今以文聚力。当今世界多极化和文化多样性趋势为开展对外文化交流提供了有利契机，同时，当前中国与世界的相互认知处于重要磨合期，精准塑造和树立新时代中国国家形象也处于关键窗口期，我们应当抓住时机，大力开展对外文化交流工作，在多元多极的国际话语平台上，重塑独特魅力的中国国家人文形象，营造有利于中国经济社会全面发展的国际环境。

网络文学海外传播的挑战与应对

王婷宇 *

摘　要：近年来，中国网络文学海外传播的势头越来越强劲，其中，北美和亚洲其他国家成为两个主要输出地，因文化亲缘性等原因，对网络文学表现出较为明显的偏好。本文首先对这种偏好进行了梳理分析。其次总结了网络文学海外传播过程中面临的主要挑战，即版权问题和翻译问题。最后提出了两个提升网络文学海外传播质量的可行方法：一是拓宽传播渠道，多层次开发IP，将成功作品的影响力进一步扩大；二是注重在网络文学中进行价值观传递，提升海外受众对中国文化的认同感。

关键词：网络文学；海外传播；问题；建议

2019 年 10 月 22 日，中国作家协会和浙江省人民政府在乌镇举行了 2020 年中国国际网络文学周的新闻发布会及中国网络文学海外传播圆桌会议。[1] 近年来，网络文学海外传播的范围越来越广，方式愈加多样化，影响力也大幅提高，随之而来的挑战需要我们谨慎应对。

---

* 王婷宇，中国传媒大学文化产业管理学院硕士研究生。

[1] 夏烈．故事的世纪红利与网络文学“走出去”[N]．文汇报，2019-12-23（W01）．

一、网络文学海外传播情况分析

中华人民共和国国务院《关于加快发展对外文化贸易的意见》出台后，我国文化贸易迈上新台阶，文化产品进出口连续多年保持顺差，优秀的中国文化产品在海外同样大受欢迎。[1]在国际文化贸易中，网络文学已成为中国的主要输出产品之一，在海外收获了大量拥趸。

（一）网络文学海外传播的类型

下面选取北美和亚洲其他国家两个主要输出地区，对输出的网络文学的题材形式等方面进行比较分析。

1. 北美

2016年，中国网络文学在北美兴起，这与一家名为Wuxia World（武侠世界）的小说翻译网站有很大的关联性。该网站于2014年年末创建，在建站两年后，迅速蹿升为全球Alexa排第954名的大型网站。网站创始人是生长在美国的华裔，名叫赖静平，曾是美国驻越南大使馆的一名外交官。在网站上，他的网名是RWX，是金庸小说《笑傲江湖》中“任我行”的姓名拼音缩写。最初在美国掀起中国网络文学热潮的是由我吃西红柿创作的《盘龙》，这部小说作为武侠世界翻译的第一篇中国网文，从上架到2015年11月全本译完，赖静平收到了广大粉丝的支持和捐赠，这本小说也收获了近10万条评论，包括一万多条长评。《盘龙》的火爆不乏文化亲缘性的影响。这部小说以西方魔法世界为主要背景，将西方魔法知识作为理论框架，人物有西方风格的名字，他们从事魔法师、战士等职业，这就使得西方读者在阅读时能够产生熟悉感，更易接受剧情。可以说，《盘龙》在故事架构上的西方元素让中国网文被更多的北美网友注意到，之后，更加多样化的网文开始在北美流传。

武侠世界选取的网文，以《盘龙》为代表，多为所谓燃文（网络用语，表示令人感到激情、热血沸腾的文章）。燃文中的主角往往是生活中原本不引人

---

[1] 范周，杨矞．改革开放40年中国文化产业发展与成就［J］．社会科学文摘，2018（11）：115-117.

注目的小人物，因为机缘巧合，有了一系列奇遇。这种模式在对主人公的塑造上容易引起读者的共鸣，更能给读者带来亲近感，在阅读作品时也更易产生代入感并且沉浸于跌宕起伏的故事中。燃文中的主人公杀伐果断，更能触碰到人心的“爽点”。

在北美颇受欢迎的中国网络文学以武侠、奇幻题材为主，这与东方古国的神秘感有一定关联。“功夫”“仙侠”常常是西方人眼中最能代表中国的元素，长久以来，基于地域、人种、文化差异及往来造成的陌生催生了此种建立在天马行空的猜测上的好奇心，使北美地区受众更易被中国“神话”所吸引。

2. 亚洲

亚洲由于地域接近和文化亲缘，早在北美之前，就是中国网络文学作品国外传播的重要基地。其中，中国网文流传最广、影响力最大的莫过于越南。早在2009 年就已经有越南翻译者把中国网络小说引进国内。在越南，网络文学传播的类型相当丰富，不仅有天下霸唱的《鬼吹灯》系列、蔡骏的《诅咒》系列，明晓溪、步非烟、饶雪漫、青衫落拓等言情作家的作品也都有越南语译本。

同时，网络文学的广泛传播还带动了越南人对中国电视剧、电影乃至电子游戏的热爱，由中国网络文学 IP 改编的影视剧几乎无一例外都大受欢迎。这些影视剧不只在越南大放异彩，在日韩也同样广受欢迎。2015 年，由网络文学改编的电视剧《琅琊榜》在韩国上线，轰动效应不亚于热播韩剧《太阳的后裔》在中国引起的轰动，甚至有不少韩国著名艺人都成了《琅琊榜》的忠实粉丝；无独有偶，《琅琊榜》在日本官网展示的海报中，被介绍为“超过《半泽直树》的中国宫廷复仇剧”。2016 年，中日两国联合制作的动画片《从前有座灵剑山》在日本上线，收视火爆，有爱好者表示一开始因为看不懂作品的世界观，而专门跑去看了小说，然后就成了中国网络文学的忠实读者。去年在国内热播的网络文学改编剧《陈情令》也已输出海外并大受欢迎。

因具有亚洲国家文化上的亲缘性，越南、泰国、日本、韩国等国家的受众对中国网络文学感兴趣的题材更为宽泛，其中，言情类作品格外受欢迎，并经由网络文学的传播，带动了电视剧等其他版权的输出，提高了经济效益。

（二）网络文学海外传播的运营

网络文学的海外传播起初是个人行为。近些年来，国内的企业也发现了海外市场的商机，开始批量输出版权。2014 年，在北戴河举行的全国网络文学理论研讨会上，来自晋江文学城的刘旭东介绍说，2011 年，晋江文学城签订了第一份越南版权合同，晋江的网站首页现在有专门的海外及繁体出版最新签约板块，已同 40 余家港台出版社、20 余家越南出版社、两家泰国出版社、一家日本企业展开合作，海外版权签署量达到了每个工作日一本的速度。

据中国网络小说行业巨头阅文集团 CEO 吴文辉介绍，从海外布局上看，中国网络文学海外版图逐渐扩大，目前已覆盖亚洲文化圈，并涉足欧美国家。自 2005 年起，阅文集团旗下起点中文网等多家网站的原创小说已向日韩地区、泰国、越南等东南亚多国，以及美国、英国、法国、俄罗斯等欧美多地授权数字出版和实体图书出版，其涉足十多个国家和地区。

2019 年，仅阅文集团、掌阅文学、中文在线、纵横文学、咪咕阅读、晋江文学城等文学网站对外授权作品已有 3000 多部，网站订阅和阅读 App 用户有上亿人，覆盖世界大部分国家和地区。[1] 目前，虽然网络文学海外传播呈现出欣欣向荣之势，但也面临着重重问题，急需解决。

二、网络文学海外传播面临的挑战

（一）版权问题

网络文学海外传播在当下面临的突出问题主要有两个，先是版权问题。事实上，这不仅是网络文学在海外传播面临的问题，在国内，网络文学产业也长期受到盗版的困扰。法律方面对作者在电子版权和实体书版权上的保护还不够完备、合理，使作者损失了大量利益，大大打击了他们的创作积极性。国外的网文翻译网站大多源于个人的自发行为，版权意识普遍比较淡薄，常常做出侵权行为而不自知。即便在形成规模后，保护与否及保护的程度也与

---

[1] 程天翔 .2019 文学网站发展综述——新趋势·新机遇·新挑战［N］. 文艺报，2020-01-20（5）.

该国的版权环境有比较紧密的关联。早在2014年，在俄罗斯各类网站上就已经有超过400多部中国网络小说流传，其中的大多数都是盗版的。

针对版权问题，在我国，由国家版权局、网信办、公安部、工信部四部门联合开展的打击网络侵权盗版剑网行动已经开展了十余年，网络文学作品数字标识管理系统已投入试运行，该系统能够动态反映新增网络作品的数量、品种、信息及规模，并标注了核心机构和发表机构等信息，对于建立高效的日常监管体系，打击恶意侵权有非常重要的意义。对于国内来说，网络文学的正版化仍然是一个漫长的过程，要想彻底解决这一问题，需要培养全民的版权意识，并将相关政策法规进行完善和落实。要想解决海外传播的版权问题，就要付出更大的努力，需要各利益相关方长久地共同努力。

（二）翻译问题

网络文学是我国本土化的文学类型，其中有可能涉及诸多未被西方人理解与转化的我国传统文化，如何消除语言障碍，准确传达原著精髓，保障对外输出作品的品质，是一个急需解决的难题。此前，有些作品因多人自发翻译而出现多重版本的情况，翻译质量也是良莠不齐，基于兴趣的译员甚至因为疲累，对自己翻译的作品越来越不负责。长此以往，不仅不利于作品的统一传播，还会影响读者的阅读感受，减损海外读者对我国网文的阅读兴趣，成为中国网络文学作品海外传播的一个障碍。

要想解决这一问题，根本有效的途径在于培养一支具备专业素养的翻译人才队伍。一方面，可以考虑适当倾斜翻译资源，增加翻译补贴，高校也可以建立相应的人才培养机制，并与企业联动，明确市场需求，培养出可以从事网文翻译的工作高质量人才；另一方面，政府可以与境外政府实施“优秀网文翻译人才培养计划”，针对网文翻译的特殊需求，增设关于中国文化方面的课程，培养出国外可以从事网文翻译工作的高质量人才。

另外，随着网络文学海外传播的力度加大，翻译人员的工作任务也日益艰巨，人工智能与人力相结合的翻译模式会更加适用。2018年，推文科技推出了基于人工智能研发的翻译生产系统，有关数据显示，人工智能在翻译领域的应用，可使行业效率提高 3600 倍，成本降低至原来的 1%。[1]

三、网络文学海外传播的深化方向

2018 年，我国文化产品出口总额为 925.3 亿美元，较上一年增长了 4.9%。[2] 其中，网络文学的海外传播也创造了不小的经济效益，但考虑到文化类产品作为中国文化载体的特殊性，在接下来的对外传播中，更应对传播内容、传播效果等进行精心设计，以在当前国际文化贸易背景下，更好地发出中国声音。

（一）拓宽传播渠道

尽管近两年 IP 热的趋势有所减缓，但较深层次的 IP 开发仍然是未来一大趋势，在海外传播也不例外。在 IP 趋势下，在对一个极有前景、极具发展潜力的海外市场进行开发时，内容挖掘是基础，渠道建立、进入市场是关键。首先，可以通过亚马逊出版系统等平台进入西方类型文学的主流市场。要想进入主流市场需要高质量的作品和高质量的翻译，国内的网文网站在提高自身作品质量的同时也要注重与境外网站的合作，阅文等在这方面已经取得了一定成果。同时，要通过 IP 开发，让网文的影响力不仅仅局限于网页上的文字。近年来，网络文学作品改编的影视作品与游戏动漫等备受瞩目，针对海外读者，也可以充分利用 IP 的热度，在复制国内已经成功的案例和模式的基础上，因地制宜，帮助网络文学的影响力突破亚文化空间。更多形式的 IP 开发已在其他亚洲国家取得了一定成果，但在欧美国家，虽然中国元素越来越多地体现在其影视作品等各类文化产品中，但大多是由当地人主导开发的。中国网络文学兴起的态势可能是向欧美进行文化产品输出的机会。

（二）讲好中国故事

有人将中国网络文学与美国好莱坞电影、日本动漫和韩国电视剧并称为“世

---

[1] 夏烈．故事的世纪红利与网络文学“走出去”［N］．文汇报，2019-12-23（W01）．

[2] 范周，祁吟墨．深度融合，守正创新——助推新时代中国文化产业高质量发展［J］．出版广角，2019（9）：6-10．

界四大文化奇观”，虽然这种说法有夸张的成分，但网络文学的潜力已然不可小觑。海外读者在网站的留言中不乏要学习中文、来中国旅游等内容。

尽管在北美等地区，最受海外用户喜爱的中国网络小说主要是玄幻、武侠、仙侠等类型，与现实相距甚远，但优秀的文学作品，不论题材，都可以其内核影响读者，达到文化输出的目的。以上述玄幻、武侠类网络作品为例，其灵感往往来源于在中国流传、演变了上千年的神话传说、历史典故，作品中蕴藏的世界观根植于中国传统文化，而这与西方世界的文化背景截然不同。一方面，这会带给海外读者带来新鲜感；另一方面，也能将中国传统文化以更加轻松的方式传播出去。作品中常有涉及布阵炼丹等道门修行、刀剑扇梭等传统兵器、青龙朱雀等神话瑞兽的内容，也不乏对于宗族、血亲的描写，单纯以图文介绍相关知识并不足以使外国人打破文化差异的壁垒、了解我国文化的内核，反而会使他们增加疏离感，然而，妙趣横生的网络文学作品能够促使他们主动认识中国文化，并在剧情的发展中更深刻地理解其内涵，从而提高对中国文化的认同。

此外，网络文学的传播还能够打破国外尤其是北美等地区对我国封闭、落后的刻板印象，在一定程度上展示出我们源远流长的历史文化和蓬勃的创造力。

在网络文学的海外传播征途中，要坚持表达文化自觉、文化自信和文化自强的立场与态度，进一步确立我国文化产品的话语权，坚定我国的价值立场。[1]

---

[1] 范周．思考与判断——在文化和旅游部政策法规司集体学习中的发言摘要［J］．人文天下，2018（23）：2-5.

英国版权法律制度对英国文化产业的影响

叶子悦　薛纯子 *

摘　要：英国可谓是第一个提出“文化产业”概念的国家，而英国的文化产业，又分为“直接依赖于版权的产业”和“主要依赖于版权的产业”❶，可见版权与文化产业的关联。既然是依据人类的智力成果而形成的产业体系，其发展蓬勃自然脱离不了对知识产权的保护。这在文学作品、音乐、电影、动画等的创作保护、精神权利、物质权益的分配方面，录音录像制作者表演、现场表演等文艺表演活动的表演者权的保护和利益分配方面，以及当代最流行的电子游戏的版权保护与利益分配方面等均有所体现。本文拟就英国版权法律制度如何促进其文化产业发展做出介绍和分析，愿他山之石，可以攻玉。

关键词：英国版权法；文化产业；启示

有学者对 1991—2013 年中国的样本数据进行实证分析，发现版权出口与文

* 叶子悦，中国传媒大学文化产业管理学院硕士研究生；薛纯子，中国传媒大学文化产业管理学院硕士研究生。

❶ 张丽艳，颜士鹏．国外创意产业知识产权保护的法律与政策评析［J］．黑龙江省政法管理干部学院学报，2010(9)：60.

化产业之间存在长期均衡关系，版权出口对文化产业发展具有积极影响，文化事业经费支出和文化机构从业人员增加都有利于文化产业发展。[1]党的十八大以来，国家版权局和地方版权行政部门全面贯彻落实中央各项决策部署，综合运用法律、政策、行政等手段，推动中国版权产业实现较快增长。从2013年至2018年，我国版权产业的行业增加值已从4.27万亿元人民币增长至6.63万亿元人民币，产业规模增长了55%；从对国民经济的贡献来看，中国版权产业占GDP的比重已由2013年的7.27%提高至2018年的7.37%，提高了0.1个百分点，占比呈逐年提高的态势。作为创新驱动发展的重要推动力，版权产业对我国改变经济发展方式发挥了重要作用，为我国经济高质量发展提供了有力支撑。[2]

党的十九届四中全会对坚持和完善繁荣发展社会主义先进文化的制度进行了深刻阐述、对重大任务做出了部署，强调发展社会主义先进文化、广泛凝聚人民精神力量，是国家治理体系和治理能力现代化的深厚支撑。为完成“到2020年，把我国建设成为知识产权创造、运用、保护和管理水平较高的国家”这一宏伟目标，我们必须进行新时期文化产业发展的体制机制研究，而英国作为文化产业大国必然有值得我们学习的经验。本文拟就英国版权法律制度如何促进其文化产业发展做出介绍和分析，愿他山之石，可以攻玉。

一、英国版权法律制度

著作权法，又称版权法，是确认作者对其创作的文学、科学和艺术作品享有某些特殊权利，并规定因创作、传播和使用作品而产生的有关人与人之间权利和义务关系的法律规范的总称。有些国家（如苏联）把著作权法纳入民法之中，而有些国家（如英国、美国、法国、德国）则单独立法。而本节则通过对英国著作权的法律构成及特点进行简述，为研究其对英国文化产业发展的影响做好铺垫。

---

[1] 王丽.版权贸易与文化产业发展之间的关系研究——基于中美两国的经验数据考察[J].价格月刊，2019（9）：53.

[2] 中华人民共和国国家版权局.2018年中国版权产业增加值已占到GDP的7.37%[EB/OL].（2019-12-30）[2020-01-11].http：//www.ncac.gov.cn/chinacopyright/contents/518/410158.htmll.

（一）英国版权法的起源

印刷机被引进到英国之后，给书籍出版商们带来了巨大的市场竞争，同时英国皇室开始担心书籍的出版革命有可能为他人鼓吹异端邪说和发表政治分歧言论提供渠道。1534 年，皇室为了有效防止上述可能的发生，通过了一项新的法案，这就是著名的《书籍印刷者与装订者法令》（以下简称《许可法》）。该法案要求任何想要出版文字作品的人都应当首先获得国家的许可，于是造成了一些英国书籍出版商和销售商的垄断，如当时著名的出版公会。

1557 年，英国通过了《许可法》的修改案，它要求所有书籍都应当通过出版公会进行登记，并以这种方式获得“复制出版的权利”（能够复制作品的权利）。《许可法》无疑促使出版公会在出版业获得了垄断地位。该公会同时也取得了政府授权，享有对那些违反法令的作品进行甄别、扣查和销毁的权力，因此从性质上来说，出版公会已经成了政府控制出版业的机构。这种版权的初期形式，从根本上来说并不是对作品创作者的保护，而是政府对于作品的一种审查制度。《许可法》终于在 1694 年被废除，其他出版商以更加低廉的出版费用和成本争取到了很多之前属于出版公会的货源，使其面临了激烈的竞争。为此，出版公会在国会中进行了游说，试图通过立法保护来维持其垄断地位。然而，其致命的错误就在于试图说服国会，因为法律不但需要确保国家能从出版业中获利，而且应当鼓励作者使其不断创作新的作品。这次游说造成的直接结果是产生了世界上的首个关于版权的成文法。这当然不是出版公会所希望的结果，因为相比之前其虽然丧失了垄断地位，但是在出版业上仍然拥有着巨大而广泛的权利，而如今新的法律制度却使其必须将作品的所有权割让给作者。

在 18 世纪早些时候，重商主义的政治体制使得国家对工商业采取了较为松散的监管制度，在这种大环境下，公民个人的思想和创作意识在没有强权干预的情况下自由而快速地成长与发展起来。正是这种环境让人们认识到了作者权利的重要性，从而促进了版权法的产生。新的观点认为，应当将艺术作品的创作者同赋予在该作品上的所有权紧密相连，作者拥有所有权的观点建立在其艺术作品中所具有的独创性。

英国国会在 1710 年通过了《安娜女王法》，它的全称是“为鼓励知识创作而授予作者及购买者就其已印刷成册的图书在一定时期内之权利的法”。在该法令中这样叙述其立法目的：

出版商、书籍销售者和其他获得印刷、复印、出版书籍和其他文字作品自由的人，在没有作者及上述书籍和其他文字作品所有人的同意下出版该书籍和文字作品，并使作者和权利所有人遭受重大损失，以及由于多次侵权而对他们自身及家庭产生了伤害，为了防止在今后产生这种不良影响，为了鼓励学者撰写有用的书籍，为了保佑我们的陛下，通过法律规定：任何书籍的作者及他的代理人和受让人应该获得从首次印刷之日起 14 年期限的专有许可权，用以进行对该书籍的印期和复印活动。

虽然《安娜女王法》批准了出版公会对于其现有书籍仍然享有 21 年的特许出版权，但是它给予了作品创作者们新作品的保护机制，作者可以通过在出版公会注册他的作品而获得版权保护。由于高额的书籍印刷和传播费用，作者们一般会将他们的作品一次性卖给出版公会，而出版公会则用自己的名字注册该作品并不再支付额外补偿。

《安娜女王法》提供给作者们一个 14 年的版权保护期限，并且当这个期限结束时，如果作者仍然在世，那么他将得到新一轮的 14 年期限。将版权保护期限分割为两部分是为了保证即使作者将版权转让给了出版商，该权利在第一个 14 年期限的结尾仍然会回到原作者手中。为了权利的保障，版权所有者在出版之前必须将作品的名称登记在出版公会。而侵权的发生是指非作者或权利所有人在未获得有效授权的情况下擅自出版书籍，但是如果书籍的版权到期，任何人都可以自由地复制、发行该作品。

相较于当今社会的版权法律，《安娜女王法》具有时代的局限性，它依旧给出版商和销售商提供一定的专有性权利，其中包含了对出版物进行复制的权利，并且阻止他人在未经同意的情况下生产复制品。《安娜女王法》的内容对音乐作品的保护并没有直接涉及，虽然在其后法院对约翰·塞巴斯蒂安·巴赫的儿子提起的诉讼案证明了《安娜女王法》可以适用于音乐作品，但真正意义上对音乐作品的版权特性给予肯定的是英格兰 1842 年通过的维多利亚法令。

（二）英国版权法的发展及构成

自《安娜女王法》问世后，英国版权发展史上，曾出现过许多综合性版权法，如 1814 年、1842 年、1911 年及 1956 年的《英国版权法》。1956 年的《英国版权法》主要分为六个部分："原作品的版权""录音作品、电影、广播和公开出版之作品的版权”“版权侵权的赔偿”“表演权法庭”“法律适用的范围或限制”“综合、补充条款”。[1]

除此之外，英国还发布了很多单行的专门版权法，如《雕版印刷品版权法》（1734 年）、《图片版权法》（1777 年）、《雕塑版权法》（1814 年）、《戏剧版权法》（1833 年）、《演讲版权法》（1835 年）、《文学版权法》（1842 年）、《音乐版权法》（1902 年）、《外观设计注册法》（1949 年）、《外观设计版权法》（1968 年）和《表演者保护法》（1958 年）。

1977 年，为了解决新技术的高速发展所带来的版权问题，英国成立了以高级法院专利法庭法官威特福得为主席的版权法修订委员会，即闻名于世的专门负责修订 1956 年版权法的修订委员会。在这种背景下，经过政府与威特福得委员会（Whitford Committee）多年的共同努力，一部新的有关版权的法律于 1988 年交由议会讨论通过，这便是《版权、外观设计和专利法》。

顾名思义，这部法主要包括三大部分：版权法、外观设计法和专利法。但是在该法中，版权与表演权被分列为两部分。其中版权法包括十章，共 179 条。此外，该版权法新增了版权所有人的权利、精神权利、版权许可、版权保护的条件和程度、版权法庭等大类。[2]在“版权所有人的权利”这块，1988 年版权法对作者进行了较为详尽的定义（第 9 条第一、二、三款），扩大了“作者”这个权利主体的内涵，并且在第 11 条中一改往日将委托人定为委托作品所有人的态度，将委托作品版权（皇家、议会版权除外）的第一所有权赋予了作者。在“精神权利”这块，该版权法考虑到英国《伯尔尼公约》参加国的身份，增加了四款作者精神权利的条款，分别是：申明作品来源之权利、坚持作品完整性之权利、反对冒名之权利及保护某些照片和影片的非公开性之权利。法条中还分别增加了以上精神权利的保护期限和生前不可转让及死后转让的相关规定。但是这四条精神权利还有种种例外和限制条件，可见英美版权法系强调著作商业属性而非天赋人权的特点根深蒂固。而该法中最有英国特色的部分莫过于皇家版权和议会版权（第 165 条）的相关规定，当作品出现于政治场合时，基于其复杂性，一般的版权保护条款就不再生效。总而言之，1988 年版权法是一部适应性更强的英国特色版

---

[1] 王清，黄安乐．谈谈英国的最新版权法［J］．法学杂志，1991，4（27）：37.

[2] 同[1].

权法。

2014年，由于现行版权制度中有关版权例外制度的规定过于严苛[1]及其能更好地顺应国际版权制度改革的需求，英国公布了新修改的版权法。此次修订可谓对英国版权法的重构，对私人复制例外、研究及个人学习例外、文本和数据挖掘例外等九个规则进行了修订和完善，使该法在适应新技术发展需要的同时，实现了版权人利益与公众获取及利用作品利益的平衡。[2]

在私人复制例外（第28B条）方面，英国允许公众在非商业目的下，对其合法获得的版权作品实施以个人使用为目的的包括备份、格式转换等在内的复制行为。在研究及个人学习例外方面，首先从作品的范围来看，可供研究及个人学习的作品范围不再局限于文学、戏剧、音乐及艺术作品；其次，从提供者的范围来看，大学、图书馆、档案馆及博物馆等机构都被允许为公众提供作品。也就是说，个人学习及研究在版权方面的限制都被否定。在文本和数据挖掘例外方面，任何人都可以在无须征得版权人同意的情况下出于非商业目的而对其所读到的材料进行文本和数据挖掘。在引用例外方面，此次修改，引用例外范围不再局限于批评、评价或新闻报道，而被扩大到任何非营利目的的引用。在滑稽模仿例外方面，该法认定该行为属对原作品的转换性使用，因此为了促进娱乐作品创作者的创作，在不损害在先作品作者的财产利益的情况下，认定对该作品的滑稽模仿是合法的。除此之外还有教育使用例外、保存及收藏例外和公共管理例外。

总而言之，该版权法为促进英国版权产业的发展，进一步扩大了公众利用作品的权利，且起到了良好的促进作用。

（三）制度整体特点

1. 早期英国版权法特点

根据上述起源，加之英国属于英美法系（也称判例法系）可知，英国著作权法属于“版权法体系”，具有浓厚的判例法系特点。早期英美法系版权法的主要特点是：

---

[1] 胡开忠，赵加兵．英国版权例外制度的最新修订及启示［J］．知识产权，2014（8）：73.

[2] 同[1].

（1）从实用主义出发，英国的版权保护的侧重点是作品的物质客体，而非智力创作本身。它们要求作品必须以物质形式固定下来以便于对作品的利用。

（2）早期英国的版权法中强调对作者经济权利的保护，而没有规定作者的人身权利，尽管作者的人身权利可以通过其他的法律加以保护。

（3）早期英国版权法体系中没有邻接权的概念，对于表演者和录音制品制作者的保护，是通过对保护“录音作品”而实现的。

（4）英国在版权保护实践中，与其法律制度和传统相一致，重视司法判例的作用。

除此之外，在具体的权力构成方面，英国所属的版权体系与大陆法系国家著作权保护所属的“著作权体系”相比，也有着自己的特点。例如，在构成作品的原创性方面，早期英国的标准通常低于著作权法体系的标准：只要作者付出了技能、判断力和劳动，流了汗水，有关的表达才能构成了作品（汗水理论）。又如，在著作权的归属方面，英国的版权法一般对于雇佣作品和委托作品的版权，规定由雇主和委托人享有。此外，在权利的转让和许可方面、保护期限方面，早期英国的版权法体系都与著作权法体系之间存在着这样或那样的差距。

总而言之，早期的英国著作权法主要立足于实用主义，即通过各种措施防止版权所有者的作品被他人擅自复制，从而保护版权所有者应有的权益。

2. 现今英国版权法的特点

上述早期英国版权法的特点，很大部分也延续至今。但是，进入 20 世纪 80 年代以后，由于科技、文化的交流日渐频繁，加上各种科学、文学、艺术作品之间的相互渗透，世界各国在著作权法立法方面也出现了新的特点，主要包括：

（1）各国著作权法立法的出发点和一些基本原则趋于一致。世界上绝大多数国家制定了自己的著作权法，而且越来越多的国家参加了国际版权公约，步入了国际版权保护的行列。

（2）英国在制定或修改自己的著作权法时，越来越多地借鉴国际上通行的做法。尤其值得注意的是，所有新近制定著作权法的发展中国家，都给作者的人身权利和财产权利提供了恰当和全面的保护，以便与两个国际版权公约的规定保持一致。因此，英国等英美法系国家也着手或考虑在著作权法中保护作者的人身权利。

（3）发达国家所规定的一些高水平的保护内容逐渐为其他一些国家所接受，但与此同时，发达国家在发展中国家的顽强斗争和要求下，也对发展中国家使用外国作品的问题做出让步。

综上所述，随着时代发展，为了更好地在世界范围内保护本国的知识产权，英国加入了国际版权公约，其版权法体系逐步与著作权法体系融合；后又为了解决欧共体市场商品自由流动与成员国地域性知识产权之间的冲突，其对欧共体范围内一体有效的知识产权体系做出了妥协；经济全球化也使得其对与发展中国家交往中的版权问题做出了些许让步。最终，其形成了一个在实用主义传统下，逐步与国际通用标准融合的英国版权体系。

二、英国文化产业

英国是世界重要的创意文化产业大国，每年的版权输出量在全球范围内都位居前三。在英国，每 10 英镑的出口额中，便有 1 英镑属于创意产业。根据英国 2001 年《创意产业发展报告》可知，创意产业包括广告、建筑、艺术和文物交易、工艺品设计、时装设计、电影、互动休闲软件、出版及广播电视等。版权产业是指以版权为交易对象的产业，因此，出版、广播电视、电影、音乐、软件等又属于版权产业，版权产业是创意产业的核心部分，而创意产业中的其他部分也与版权有着密切关系。[1]

（一）整体状况

英国的文化产业始于 1997 年，当时其政府产业政策未能刺激经济发展，经济走势低迷，就业压力极大。[2]受澳大利亚的启发，由英国首相布莱尔担任主要负责人的“新英国”计划自 1997 年正式开启，该项计划的开启可谓为英国的城市发展注入了活力，而次年的《创意产业路径文件》则真正开始利用公共政策推动英国创意产业的发展。该文件明确地提出了“创意工业”（ Creative industries ）的概念，要求政府“为支持文化创意产业而在从业人员的技能培训、企业财政扶

---

[1] 李丹林 . 英国创意产业的发展与启示［N］. 中国新闻出版广电报，2013-8-1（6）.

[2] 简海燕 . 用法律促进文化产业发展的域外经验与启示［J］. 四川理工学院学报（社会科学版），2008，23（1）：1.

持、知识产权保护、文化产品出口等方面”做出积极努力。[1]

“新英国”计划开始实施的三年内，英国创意产业的 GDP 增加值超过 500 亿英镑，占全国 GDP 的 7.3%。2002 年，英国创意产业实现出口 115 亿英镑，约占英国外贸出口总额的 4.2%。[2] 而至 2014 年，文化创意产业每小时可以为英国创造 960 万英镑（约为 8500 万元人民币）的收入。至今英国的文化产业成为仅次于其金融服务业的第二大产业，但其已经是容纳就业的第一大业及英国 GDP 最新和增速最高的点。[3] 该产业促使英国经济从制造型向创意服务型顺利转变。

（二）种类与特色

截至 2013 年，英国文化产业的门类从 1998 年的 13 个（广告、建筑、设计、电影、游戏、互动软件等）增加到 22 个，包括广告与市场营销，建筑，手工艺，产品设计、绘图设计和时装设计，电影、电视、广播和摄影摄像业，IT、软件和电脑服务，出版，博物馆、美术馆和图书馆，音乐、表演和虚拟艺术。[4] 体育及周边产业也有作为文化产业的一部分日趋活跃之势。英国依托其丰厚的历史底蕴人文氛围及优美的自然环境，主要发展了博物馆文化产业、文化旅游产业和表演艺术产业。而博物馆文化产业甚至成为英国文化产业的基础。

英国可谓是世界文物的宝藏，在这片资产阶级革命兴起的土地上，存在着 2500 家博物馆，其中官方认证的就有 1860 家，而国家级博物馆数量则有 28 家。其亦可谓是全世界博物馆密度最大、体系最健全、历史最悠久的国家。在这个人口不到 6200 万的国家，其博物馆等文化馆藏的参观年访量最高竟可达 4200 万人次，其博物馆及展览馆的年营业额超过 90 亿英镑也就不足为奇了。但除了境外游客的功劳外，英国人自己也贡献了极高的博物馆参观率，据统计，全英国有

---

[1] 简海燕．用法律促进文化产业发展的域外经验与启示［J］．四川理工学院学报（社会科学版），2008，23（1）：1.

[2] 张丽艳，颜士鹏．国外创意产业知识产权保护的法律与政策评析［J］．黑龙江省政法管理干部学院学报，2010（9）：60.

[3] 曹金焰．文化创意在城市发展与人才培养中的作用——以英国文化创意产业为例［J］．应用新闻研究，2016（2）：104.

[4] 同[3]：105.

43% 的国民一年至少去一次博物馆或展览馆。[1]

优美的英格兰风光也为英国带来了位居世界第五位的旅游业收入。当然，吸引国内外游客的除了自然风光，还有其深厚的人文气息。以莎士比亚故居为例，斯特拉福特小镇当地政府充分利用了这一文化资源，高起点、高水平、大投入、大规模地策划与建设；从外环境配套建设，到旅游设施的完善，建设田园式古朴小城镇，恢复历史风貌，将其作为国家级文化产业项目进行了全方位的延伸性开发。[2] 除了历史名人带来的文化效益，其也因英国自身教育事业而形成文化积淀，牛津作为世界著名大学城，就很好地利用了游客崇尚敬仰名校的心理，打造了学术风满满的风光旅游点。除此之外，英国独特的政治体制也可以作为旅游业发展点之一吸引大批游客，其中涉及长久存在的王室文化，以及随着时代推进的各类王室庆典活动等。

而由芭蕾舞、话剧、交响乐、音乐剧等表演艺术形式构成的表演产业则贯穿了文化产业创作活动、改编活动、制作活动、演出活动，乃至道具设计、舞台设计、特效制作等产业。而各类传播产业：电视、广播、音乐、电影等，更是对于英国文化的输出和经济的增长起到了巨大推动作用。以苏格兰地区为例，从 1947 年起，英国北部城市苏格兰首府爱丁堡每年夏秋季节都要举行为时 3 周的著名的爱丁堡国际艺术节。届时，世界各地著名的文化团体、演员和歌星云集于此，爱丁堡变成展示音乐、戏剧、芭蕾、电影等艺术的大舞台，吸引了大批访问者赶赴这一历史名城欣赏艺术表演。其间，公园、广场会搭起棚子，专业和业余艺术家会免费教跳苏格兰民间舞以吸引众多游客。爱丁堡国际艺术节意在突出本地区民族的文化特征，以提升人们对其文化的认同感，推动苏格兰文化的发展。[3]

（三）成功原因与发展趋势

英国文化产业如此成功，离不开其国内政策与法律的大力支持。英国政

---

[1] 刘水．欧洲文化产业系列研究（一）——英国国家博物馆董事会专访［J］．建筑与文化，2009（10）：70-77.

[2] 陈美华，陈东有．英国文化产业发展的成功经验及对中国的启示［J］．南昌大学学报（人文社会科学版），2012，43（5）：64.

[3] 同[1].

府的创意产业政策，可谓是目前国际上产业架构最完整的文化创意产业政策。1998 年，英国的首个创意产业的政策性文件《创意产业路径文件》，除了明确该产业的概念和分类，还提出政府应对从业人员进行技能培训、对企业财政进行扶持、对知识产权进行保护等。其中，税收激励政策最为重要，明确规定了要在组织管理、人才培养、税收优惠、资金支持等方面加强创意产业机制建设，以及对文化产品的研发、制作、经销、出口等实施各种系统性政策扶持。❶而从之后的创意经济增长率就可看出该政策实施之利。英国 1999 年发布的《地方的发展维度》研究了文化创意产业的地区发展；2000 年发布的《未来十年》从教育培训、扶持个人创意及提倡创意生活等方面，研究如何帮助公民发展及享受创意；为实施“创意英国”战略，2008 年主管创意产业的 DC-MS（Department for Culture、Media and Sports）发布了《新经济下创意英国的新人才战略报告》，其提出了包括人才培育在内的 26 条促进建成“全球创意中心”的行动计划和相应目标。❷

在立法方面，英国相关的重要立法有《1988 年版权、外观设计和专利法》《2002 年企业法》《2003 年通讯法》《2010 年数字经济法》和《2012 年现场音乐法》等。❸自《安娜女王法》颁布起，经过近 300 年的建设，英国已经形成了以《版权法》为核心的知识产权保护立法，从法律的制定、执行及处罚等方面为文化产业保驾护航。

除此之外，公平的发展环境也是英国文化产业得以发展的必要条件之一。政府不干预市场运作规律，将相关政策制定和实施的主要权力都交付于文化产业所属的文化相关部门，部门可以为文化产业的发展制定方向，引入国际资金，吸纳公共赞助等。

而高效率资源利用更是其文化产业成功的一大原因。如上文所述，不论博物馆文化积淀还是莎士比亚故居等名人效应方面，不论牛津大学城等学术品牌还是

---

❶ 李丽萍，杨京钟．英国文化创意产业税收激励政策对中国的启示［J］．山东财经大学校报，2016，28（2）：48.

❷ 张丽艳，颜士鹏．国外创意产业知识产权保护的法律与政策评析［J］．黑龙江省政法管理干部学院学报，2010（9）：61.

❸ 李丹林．英国创意产业的发展与启示［N］．中国新闻出版广电报，2013-08-01（6）.

苏格兰文艺表演区等地域资源方面，合理利用自然与文化资源都是英国文化产业如此具有本土特色从而吸引人的原因之一。

在英国文化产业成功过程中，不能忽视的一点就是英国政府在这期间对文化产业人才的培养。例如，对学生免费开放三馆（现被很多国家效仿）；将英国数量众多、馆藏丰富的文化艺术遗产转化为取之不竭的艺术教育资源，让学生从中得到形象生动的艺术教育；在大学针对电影、电视和多媒体行业实施为期 3 年的人才再造工程，为学生提供电影摄制、编剧、动画、导演、作曲、录音等 10 个专门学科上百门学习课程。其使影视业 66% 和多媒体行业 24% 的从业人员达到研究生水平，从而有效地提高了这些行业的创新潜能。[1]

而通过对这些政策的前瞻性，及英国文化产业的实例和数据进行分析，笔者认为，英国的文化产业会继续促进城市发展，促进就业，以及促进教育。因为在文化产业的发展过程中，城市的一半居民也会受到影响，逐渐接受和尊重具有设计理念的物品和思维方式。除此之外，公民也会发掘自身的自我价值，寻求在城市认同和文化交流之间的自我作用。而作为城市细胞的公民得到发展，自然就会带动整个城市的发展。更不用说其带动的大批产业带来的大量就业机会，与高校的人才对接举措，都会为英国的人才培养搭建平台。综上所述，英国文化产业可谓具有值得他国学习的成功之道。

三、英国版权法对文化产业的影响

（一）保护客体界定清晰

英国作为典型的普通法系国家，其 1988 年《版权、外观设计和专利法案，CDPA》，制定了版权客体的“封闭式清单”。CDPA 授权对 8 种类别的作品予以保护，只能是 8 种。[2] 要获得版权就必须使其创作进入这 8 种的范围内，否则，作品的保护就会遇到阻碍。CDPA 中的类别范畴，在不同程度上，通过成文法的定义作了详尽的规定。一些定义在性质上很详细，如对于“艺术作品”，CDPA

---

[1] 陈美华，陈东有．英国文化产业发展的成功经验及对中国的启示［J］．南昌大学学报（人文社会科学版），2012，43（5）：65.

[2] 文学、艺术、音乐与美术作品、录音制品、影片、广播，以及 CDPA。

第 4 节规定：①一种平面美术作品、图片、雕刻，或美术拼贴，不论艺术的质量如何；②作为建筑物或建筑物模型的建筑作品；③手工艺术作品。

第 3（1）节详细界定了“音乐作品”，即“由音乐组成的作品，不包括为了说、唱或表演音乐使用的任何文字或行为”。但显然，除了突出乐曲与歌词要分别保护外，定义的规定几乎没有任何指导意义。

法律也对其他类别进行了概括性的界定，这也是最低限度的界定。如 CDPA 第 3（1）节规定，“戏剧作品”包括“舞蹈或哑剧作品”。对“含有或没有语言或音乐，但能够被表演的行为作品”可否作为戏剧作品，则交由法院来完善戏剧作品的定义。在诺罗之安诉方舟有限公司 *Norowzian v Arks* 一案中，上诉法院认为这一定义包括电影作品。其他一些概括性定义帮助性更大，如 CDPA 第 3（1）节规定的“文学作品”指“戏剧或音乐作品之外，任何能够写、说、唱的作品”，以及计算机程序、计算机程序的预备设计资料、数据库、图表或其他非数据库的汇编。尽管如此，对于什么构成“文学作品”，法院有时也会诉诸一般标准，它提供了“说明信息、愉悦，以一种文学享受的形式”，而不考虑其文学表现力，在是否包括语言要求方面，必须能够确定计算机程序的边界。

对于文学、戏剧和音乐作品构成，英国版权法的另一个重要特点是“只有其能够以写或其他方式记录”，才构成版权。CDPA 第 178 节中对“写”进行了广泛的界定，其包括“以任何符号或代码记录，无论采用何种方式或媒介”，重要的是作者记录了作品，或允许他人进行记录。英国法院对“艺术作品”没有明确的固定要求，但法院对这一类别的解释使其成为某种类型艺术作品的默示要求。如在美国销售公司诉哈邦德一案中，面部妆由于缺少持久性，成为上诉法院拒绝将其归为“绘画”的重要因素。

最后，CDPA 规定的商业作品，如录音制品、广播、出版物版式都可以界定为版权作品。但其原创性要求与作者作品不同，其原创性要求不能从其他先前同类作品上复制而来，且在保护范围上也比作者作品更窄。

（二）独创性标准较低

文化产业离不开创作者，而对作者独创的保护则能进一步激发其进行创作，从而引领行业蓬勃发展。作为版权体系的重要术语之一，独创性的概念一直备受争议。对于独创性的把握，一直以来两大法系都被认为存在着一定的差异。一般而言，相对于普通法系的版权法体系，大陆法系的著作权法体系中的独创性有着相对较高的评定标准。此外，尽管一些国家或者地区已经在其版权法中规定了独创性，但由于独创性这一概念本身较为复杂且实务中需要根据具体案情进行评定，一些法域（如英国）主要将确定一项作品是否具有独创性的任务交由法院来完成。

通常来说，独创性这一概念关涉作者与作品之间的关系。在英国，由于立法较少给出明确的指引，独创性的概念主要由英国法院通过案例进行明确。总体来说，由于英国法院给独创性设定了一个较为宽泛的外延，因此人们很难准确地确定何为英国版权法上的独创性。

在著名的 Walter v Lane 案中，由于在做记录时涉及了“行业收集工作”（Industrious collection effort），法院认为记者关于他人演讲的记录具有独创性，从而应获得版权保护。在之后另一个重要的 *University of London Press Ltd v University Tutorial Press Ltd* 案中，法院认为如果一件作品源于作者且并非来自其他作品，那么该作品也具有独创性。该案指出：“作品应当不是从另一个作品复制而来……它应当为作者原创。”换言之，在 University Tutorial Press 案中，独创性的概念与作品起源于作者这一单纯的观念类似。随后，根据之前的案例，“劳动、技能和判断”（Labor, skill and judgment）这一关于独创性的更高标准被英国法院所采纳，而这一标准代表了英国关于独创性判断最为重要的组成部分。

尽管传统上，英国的独创性概念涉及作者的“劳动、技能或者判断”，但通常英国法院会采用其他不同的术语或者措辞来判定一件作品是否具有独创性，如“资金”（Capital）、“勤勉”（Industry）、“时间”（Time）、“知识”（Knowledge）、“投资”（Investment）等。

由于英国法院对独创性有较为宽泛的理解，不同标准的独创性会同时出现在英国的版权司法实践中。同时，尽管英国的独创性可以被视为一个包含了多种标准的大杂烩，但是从通常意义上来看，特别是与欧洲大陆法系国家相比，英国的独创性仍归属于标准较低的类别，因为劳动是确定一项作品是否具有独创性的关键，而非创造性，就造成英国独创性标准较低的原因而言，笔者认为可以归纳为以下几点：

首先，由于英美法系判例法较为传统，人们从复杂的案例中总结出容易把握的法律原则或者概念相对比较困难。当具有不同独创性标准的多种作品出现在了同一版权法领域，英国法院势必会使用不同的独创性标准去确定是否存在版权。而为了给大多数作品提供版权保护，英国法院采纳了一个标准相对较低的且具有较大灵活性的独创性概念。

其次，从更为宏观的立法视角来看，与一些著作权法体系的国家相比，英国缺少专门的反不正当竞争法。由于版权法的理念接近于反不正当竞争法，英国的版权法部分地承担了反不正当竞争法的功能。由此，采纳较低的独创性标准使得更多的作品可以在版权法中获得保护，尽管有些作品无法在一些著作权法体系的国家获得版权保护。

更为重要的是，英国版权法的法哲学基础直接影响了如何定义独创性。在英国，洛克的“劳动理论”一直以来被视为解释知识产权正当性的重要理论之一，即通过保护某人的财产，他的自由、劳动和他自身也会获得间接的保护。对于英国版权法中的作品而言，由于一件作品体现了作者的劳动、技能或者判断，因此该作者值得获得一定的保护。据此，这项保护逐渐延伸至作者的投资。因此，英国版权法的法哲学基础一定程度上导致了英国较低的独创性标准的产生，因为只要作品体现了作者的劳动，那么该作品就应当获得版权保护。

（三）客体保护期限体系完备

1952 年英国的版权法制定以来，已经经历了几次修订，但都坚持保护私人财产权的这一基本原则。虽然这与英国的条约义务相一致，但也导致了极为复杂的情形。

1. 原创文学、戏剧、音乐与艺术作品

（1）文学、戏剧和音乐作品。1996 年 1 月 1 日后，对于文学、戏剧和音乐作品，无论出版或未出版的，基本版权期间是从作者死亡当年年末起算 70 年。这些条款适用于既存的版权作品（如 1996 年 1 月 1 日前版权即存在的作品），也适用于 1996 年 1 月 1 日后才首次适合版权保护的既存作品及 1995 年 12 月 31 日前版权在英国已经届满，但到 1995 年 7 月 1 日仍然在欧盟成员国依版权及有关权法受到保护的既存作品，这样的作品版权取得恢复保护。恢复版权的所有人是版权届满之前的版权所有者，如果依据 1988 年法规定的版权届满日期晚于新规定届满的日期，版权依照较晚的日期存在。

这就意味着在1996年1月1日以前大量在英国仍处于公有领域的作品又重新获得了版权，版权恢复情形要求特殊的对待。如果版权期间延长，版权期间少于1988年法规定完整期间的所有者不会受益：因为版权期间的延长只是版权恢复的一部分，1996年1月1日之前的版权所有者可以是任何情况恢复的所有者。

对于作者去世时尚未出版的作品，在1988年法生效之前（1989年8月1日），版权可以无限连续。依据1956年法，版权可以连续存在，直到从下列事件发生当年年末后50年，以最先发生的事件为准：①出版；②公众表演；③为公众销售进行的作品录音；④广播或包括在有线节目中的作品。

《爱德华七世夫人的国家日记》的版权，就成为非常成功的商业客体，尽管作品写于20世纪早期，形成版权的日期却是1977年，因为其在1977年前并未出版，版权50年期间从该年年末起算。这一作品即构成文字作品，也是艺术品，笔者会在下面研究艺术品的版权期间。依据1988年法的过渡期间条款，作者去世时未出版作品的版权，在法律生效时的1989年末起50年届满。但需要注意，1989年8月1日之后1996年1月1日之前创作的作品，如果未出版或者匿名，仍然具有潜在的无限版权。

（2）艺术作品、可知作者。按照1956年法，无论是否在1957年1月1日出版或存在，版权期间都是从艺术家去世当年年末起算，且通常为50年。但对于文学、戏剧和音乐作品，按照版权期间规则对1988年法的修改[1]，期间将增加到作者死后70年。匿名艺术作品的情况在下面阐述。

1956年法第10节（1968年外观设计版权法修订）的效力是，将作为外观设计注册的艺术作品保护期间降低到15年，未注册的外观设计享有完整的保护期间。1956年法第10节将删除对已注册外观设计提起侵权诉讼权利的效力推迟了15年，现在第10（3）条中规定的期间是25年。1988年法第51节的效力是撤回对功能性作品的保护，目前按照外观设计权进行保护。按照过渡条款，类似作品中的版权继续存在，从1989年1月1日起可以执行10年。版权期间规则并未影响到这点。

---

[1] 1988年《版权、外观设计与专利法》的过渡条款第1段第12（2）（a）条未指艺术作品。

（3）使用匿名或笔名的作品、文学、戏剧或艺术作品。对于一个理性的人来说，匿名作品是没有充分的证据可以用来辨别作者自身身份的，确定其在 1996 年 1 月 1 日是否存在版权的规则如下：作品在 1957 年 6 月 1 日之前还是之后出版，从作品首次出版当年年末起算 50 年期间。依据 1988 年法（修订之前），是从公众可得的当年年末起算 50 年期间。文学、戏剧或音乐作品中的"公众可得"包括向公众表演、广播，或出现在有线节目中。而艺术作品，或包括公众展览，或包含在电影中向公众展示，或包括出现在广播或有线节目中。在 1989 年之前出版，依据 1956 年法版权届满时，则期间届满。但对于当时未出版作品的期间，是从 1988 年法生效的那一年，即 1989 年，或者从为公众可得那一年年末起算 50 年期间。规则中规定的新期间是从作品制作完成当年年末起算 70 年，则从公众可得当年年末起算 70 年期间。

在 1989 年 8 月 1 日与 1996 年 1 月 1 日之间完成的匿名作品看来可以享受持续版权。1996 年之后完成的匿名作品，按照 1988 年法第 12（3）条（修改后），期间是作品完成当年年末起算 70 年，或者如为公众可得，则从当年末起算 70 年。1988 年《版权、外观设计与专利法》附表 1 第 12（3）（b）条只适用于 1989 年 8 月 1 日之前完成的作品。

当然，如果在某日期作品作者的身份得以确定，将适用正常的作者死后 7 年的保护期间。

2. 衍生品

（1）录音制品（不包括电影配乐）。① 1957 年 6 月 1 日之前制作，从制作当年年末起算 50 年；② 1957 年 6 月 1 日之后制作，从首次发行年年末起算 50 年。

在 1957 年 7 月 1 日后，但在 1989 年 8 月 1 日前制作的未出版录音制品享有 1989 年年末起算 50 年的保护期间。按照版权期间规则修订的 1988 年法，规定了录音制品完成时起 50 年的保护期间，或者如果发行，从发行当年年末时起 50 年期间。

（2）电影作品。为了确定电影是否受 1996 年 1 月 1 日版权法保护，下列规则适用。需要注意的是，1911 年法发布之前制定的电影规则不同，在此处不做研究。对于在 1957 年 6 月 1 日之后，1989 年 8 月 1 日之前完成的制作，电影作品受 1956 年法保护，版权持续存在：如果依据 1960 年电影作品法第二部分（1938 年电影作品法第三部分）是可注册的，从注册时起；如果不必注册，版权自出版发行时起而存在，分别从注册或发行当年年末起保护 50 年期间。[1]1988 年法对于从注册或出版发行时起 50 年期间届满的电影作品，保留其原有的法律地位。按照 1956 年法，未出版、未注册版权的，电影作品持续受到保护。但 1988 年法过渡条款的效力是，除电影出版发行，自其出版当年年末起 50 年的情况，保护期从 1989 年 8 月 1 日起 50 年届满。

版权期间规则的效力是，自下列人员中最后一人死亡发生当年年末起，70 年版权保护期间届满：

①主导演；

②电影剧本的作者；

③对白的作者；

④音乐，特别是为在电影中使用的音乐的作曲者。

如果上述人员中一人以上的身份是可知的，一人或以上的人员身份是未知的，在此部分中的最后一人的死亡被解释为最后一位身份可知的人死亡。如果上述人员的身份全部不可知，保护期间从电影制作完成当年年末起 70 年，如果此期间电影通过向公众演示、广播或有线节目或服务为公众所得，保护期间从为公众所得时起 70 年。

这些规定与电影作品中版权所有权的变化是相联系的。

3. 版权的恢复

保护期间增加到 70 年，显然会对那些希望版权期间届满的人造成一些问题，例如，生产带有绘画性质物品的行为，现在或许会发现他们技术上侵权了。规则第 24（1）条相应规定：

如果在版权恢复的作品中存在任何版权所限制的行为，只要支付了合理的使用费，或版权裁决机构同意或在协议中默示确定的报酬，应当视为已为版权所有人所许可。

这种法定许可也延及那些虽然在 1996 年 1 月 1 日不涉及限制性行为但希望

---

[1] 1956 Acts. 13（3）（a）and（b）（as amended）. 1957 年 6 月 1 日之前，影片作为摄影作品和戏剧作品进行保护，对配乐有独立的保护，与前文阐述的录音制品相同。应当记住目前为止与公布仍然相关，许多影片不再出售或出租给公众，这种影片或许不是 1956 年版权法第 13（10）条意义上的“公布”，它们在 1911 年法中还没有涉及。

这样做的人。在这种情况下，若要利用这种法定许可，必须将此意图通知版权所有人，声明其想要开始这样行为的时间。如果没有做出通知，则这种行为会被视为未许可。一旦做出通知，必须交付上述说明的合理使用费。

四、结语

英国可谓是第一个提出“文化产业”概念的国家，而在英国的文化产业，又分为“直接依赖于版权的产业”和“主要依赖于版权的产业”[1]，可见版权与文化产业的关联。实际上，理论研究中“创意产业”“文化创意产业”通常与“版权产业”相同。

既然是依据人类的智力成果而形成的产业体系，自然脱离不了知识产权的保护。其中，包括文学作品、音乐、电影、动画等的创作保护、精神权利、物质权益的分配方面，录音录像制作者表演、现场表演等文艺表演活动的表演者权的保护和利益分配方面，以及当代最流行的电子游戏的版权保护与利益分配方面等。

从英国的成果经验中笔者得出结论：只有加强知识产权的保护工作，保护创新的智力成果权及其智力成果权，通过一系列的渠道把优秀的文化作品送到需要的群众中去，保障群众对文化产品与服务的使用权，才能更好地促进文化产业的发展。

文化产业需要建立一个集文化生产、发行与营销的产业链条，从文化产品与服务的创作者、作品、作品的有效使用环节上进行政策与法律的保护，国家在文化行业的准入及文化市场管理、文化产品的使用等环节都要有相应的法律来规范，形成一个有法可依的法治文化链的良性循环。政府的相关管制要有的放矢，在特定环境中政府介入文化领域的方式与方法要恰当；同时还应该进一步解放思想，对文化领域中一些领域撤销管制，在一定的时空范围内给予文化主体更大的空间，充分增强文化主体的自主性，确保文化产品与服务的创新。而对盗版盗印、非法出版、非法营销等侵犯知识产权的行为要进行打击，禁止未缴纳版权使用费或未

---

[1] 张丽艳，颜士鹏．国外创意产业知识产权保护的法律与政策评析［J］．黑龙江省政法管理干部学院学报，2010（9）：60.

经著作权人许可就擅自使用文化作品，建立音像、书籍版权有偿使用制度、版权认证制度。对群众正在使用的创新的文化作品也要进行维护，国家可以在政策法规中通过税收等优惠来对一些文化作品的创作与发行进行鼓励。

第五篇 文旅融合与乡村振兴

北京夜间文化旅游消费提升研究

齐　骥　亓　冉*

摘　要：根据北京夜间文旅消费需求分析，北京市夜间文旅消费的优化，必须把握消费升级契机和城市更新机遇，以文旅产品和服务的优质供给和有效供给为核心，以打破季节性制约和夜间出行观念掣肘为关键，以现代文旅消费市场为主导，以文化旅游产业和文化旅游消费的融合创新和迭代创新为两翼，以文旅产业管理创新和文旅消费服务升级为核心支撑，以加强文化场景互动体验与基础设施配套完善为主要手段，加强京津冀全域联动和跨界创新，重构北京市夜间文旅产业发展新秩序，推动北京市传统文化资源迭代升级，现代旅游资源融合创新，激发北京市文旅消费市场的内生动力，全面提高北京夜间文旅消费水平和文旅产业层级，为打造具有全球影响力的夜间经济的城市品牌做出示范。

关键词：夜间经济；文化旅游消费；文旅产业发展

* 齐骥，中国传媒大学教授、博士生导师，雄安新区发展研究院副院长，美国芝加哥大学访问学者；亓冉，中国传媒大学文化产业管理学院博士研究生。

随着文化消费的活跃和旅游市场的繁荣，夜间文旅消费日益成为城市经济新的增长动力，尤其是文化旅游融合背景下，文旅消费逐渐向纵深化、精准化、个性化发展，夜间文旅消费也开始成为许多城市塑造卓越的品牌，提高城市国际化水平，提升城市美好生活幸福感、安全感和满意度的重要维度。在这一背景下，我国夜间经济的发展，时间和空间特征更加突出，文化和经济特性更加明显。例如，城市居民消费夜间强于白天，东部远强于西部。约 60% 的城市居民消费发生在夜间。夜间经济消费存在“胡焕庸线”，东西差异明显，夜间消费绝大多数集中在哈尔滨—北京—成都—腾冲一线以东，北京与东南沿海最活跃，并在 18：00 左右和 21：00—22：00 出现夜间消费的双高峰。而根据滴滴网约车数据，北上广深和部分珠三角及东部沿海城市佛莞厦被定义为双高峰“不夜城”，北京成为为数不多的夜间消费活跃的北方城市。而在夜间出行城市排名中，北京也领先深圳、上海、广州而居于首位。[1] 这些因素都使北京在夜间消费领域具有较强的代表性。对此，课题组围绕北京夜间文化旅游消费展开了调研[2]，以期全面了解北京夜间文化旅游的情况、需求特征和存在问题，为提升北京夜间文旅消费，发展具有北京气派、突出首都文化的夜间经济，更好地满足百姓美好生活需求，提供有效建议。

一、北京文旅消费的整体情况

（一）文旅消费整体发展水平较高，进入精进增长阶段

当前，北京经济社会持续健康发展，经济发展质量不断优化提升，北京城乡居民的精神文化需求日益增长，文化中心建设发展空间更加广阔，对外文化交

---

[1] 北京第二外国语学院中国文化和旅游产业研究院 . 2019 年中国夜间经济发展现状、问题与对策［N］. 中国旅游报，2019-04-16.

[2] 本次调研采取线上和线下调研两种方式。在线上调研中，围绕北京市居民文化消费基本情况采用网络问卷调查的方法，分别通过性别、教育程度、年龄和收入四个指标进行配额，在网络 Panel 中选取样本，针对样本试点城市的常驻居民进行网络问卷调查，共发放问卷 421 份，收回有效问卷 388 份。在线下调研中，立足北京夜间文化旅游消费的重要场景和主要商圈，开展文化旅游消费需求的问卷调研和深度访谈，共发放问卷 409 份，收回有效问卷 376 份。

往日益广泛深入，文化中心建设国际舞台更加宽广，全国文化中心的影响力和辐射力不断增强，文化消费升级和文化产业优化的环境更加优越。北京市将文化创意产业作为疏解非首都功能、构建“高精尖”经济结构的重要支柱产业，近年来发展成效显著，产业规模扩大，对经济的贡献作用进一步提升，增加值占比、文化消费指数、对外文化贸易等多项指标在全国领先；行业发展稳中有进，文化科技融合业态发展强劲；文化与资本接轨深度推进，助力文化创意产业发展态势良好。数据显示，北京文化创意产业增加值由 2005 年的 671.4 亿元上升到 2016 年的 3581.1 亿元，占全市地区生产总值的 40%，成为重要的支柱性产业。北京市文化消费规模总量接近 900 亿元，位列全市服务型消费的前 3 位。2017 年，北京市全市新经济实现增加值 9085.6 亿元，按现价计算，比上年增长 9.8%，占全市地区生产总值的比重为 32.4%，比上年提高 0.2 个百分点。随着北京市产业结构不断优化升级，北京市居民文化消费的时间、频次、支出出现大幅度增加。随着恩格尔系数的不断下降，北京市居民对旅游、文化、体育、健康、养老、教育培训等“幸福产业”提质增效的要求进一步加强，对创意、科技、绿色和共享等“新兴业态”创新融合的要求也进一步提高，以传统消费提质升级、数字消费蓬勃兴起为主要内容的新消费，及其催生的相关产业发展、科技创新、基础设施建设和公共服务等领域的新投资新供给，将成为未来北京市文化创意产业发展的重要着力点。

（二）文旅消费基础设施相对较好，消费载体不断丰富

文化基础设施建设是文化消费的根基，反映了城市的文化精神风貌和文化品位。近年来，北京市以强化文化功能为基础，注重文化基础设施的品质提升、功能更新和均衡化布局，积极搭建多样便捷的文化消费平台。北京市居民夜间文旅消费调研的数据显示，北京市居民经常进行文旅消费和体验的场所排名前 5 位的分别是电影院 / 剧场 / 剧院 / 音乐厅、美食城 / 饭店 / 大排档、综合体 / 商场 / 便利店、景区 / 街区 / 夜市、酒吧 /KTV/ 迪厅，它们分别占比 89.58%、54.17%、50.00%、50.00% 及 31.25%（见图 5-1）。夜间消费已经成为北京居民消费结构的重要组成部分。

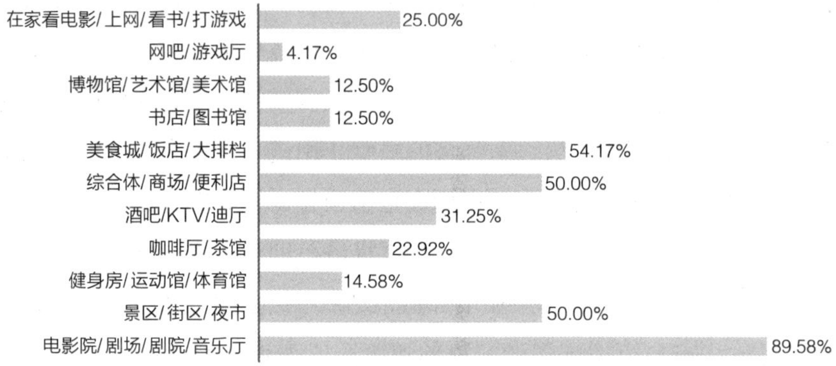

图 5-1　北京市居民夜间文旅消费场所

伴随互联网、多媒体和数字技术的兴起，文化创意产业和科技融合发展深入推进，文化产品和服务更加数字化和网络化，网络消费日益便捷，在线消费、线上支出、虚拟体验已成文化消费主流。调研显示，北京市居民进行文化消费的支付方式主要是支付宝和微信，分别占比 51.7% 和 43.5%，使用银行卡进行文化消费支付占比不到 10.0%。居民进行文化消费的购买方式也以网络购买为主，占比 57.9%，几乎为现场购买的 2 倍。在互联网时代，更多的文化资源从线下转移到线上，文化消费方式的深刻变革将进一步倒逼文化产品和服务与互联网进行全面嵌入和融合。在互联网消费中，夜间线上是北京市文旅消费的重要组成部分。

（三）文旅消费类别和动因合理，市场理性并富于弹性

近年来，北京市文化创意产业和旅游产业呈现融合、联动、集聚、创新的发展趋势。2018 年，北京市文化产业实现收入 9250.1 亿元，同比增长 13.1%；旅游总收入 5921 亿元，同比增长 8.3%；旅游总人数 3.1 亿，同比增长 4.5%；旅游购物和餐饮消费额占社会消费品零售总额的 24.2%；文化演出、精品文博、会议会展及文化遗产等文旅融合产品供给丰富。根据本文对北京市文化消费开展的数据调查，北京市文化消费支出占家庭消费总支出比例排名前 6 的分别是教育培训、休闲娱乐、旅游参观、影视欣赏、图书报刊和休闲娱乐，占比分别为 44.8%、32.7%、32.4%、28.2%、22.3% 和 12.5%。这也进一步说明，随着二胎政策的实施，儿童文创产品的供给将进入一个新的增长期，这既拉动了教育培训、文化艺术及图书报刊等相关领域的文旅消费，也为其他类别的文旅内容创造了广

阔的消费空间，高雅文化、精英文化的地位也将在教育和知识水平逐步提高过程中不断提高，对人们在文旅消费的价值取向方面起到正面引导作用。在未来，北京市居民计划提高的文旅消费支出类别排序前 3 位的是旅游参观、教育培训和文化艺术，占比分别为 62.4%、51.2% 和 40.9%（见图 5–2）。上述数据均表明，大多数居民的文旅消费意愿强烈，希望能在文旅消费中得到精神上的满足和愉悦，在文旅夜间消费中获得自由和幸福感。可见，北京城市居民“美好生活”的文旅需求进入了理性成长和弹性发展的阶段。

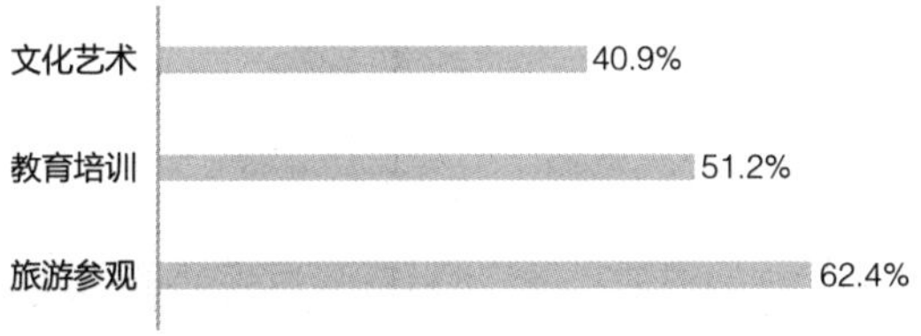

图 5–2　北京居民计划提高的文旅消费类别

（四）享受型和发展型消费增值，产品和服务供给升级

2009 年至 2018 年，北京市旅游区（点）的收入由 407070 万元增长至 867894.1 万元，年复合增长率为 8.8%。2018 年，北京市旅游区（点）收入增幅为近十年来最低，仅为 4.9%，首次跌破 5%。2018 年，北京市文化产业的规模突破了 1 万亿元，达到了 10703 亿元人民币，其中与旅游产业密切相关的休闲娱乐产业的规模达到了 99.8 亿元人民币。在文旅融合的大趋势下，北京市文化产业的优势将得以充分释放，“文化 + 旅游”的产业规模将进一步扩大。按照国家统计局颁发的 2018 年度统计标准（2017 年及之前年度沿用 2011 年统计标准），北京市 2018 年度规模以上文化产业的总收入达 10703 亿元，同比增长 11.3%，其中，文化核心领域总收入 9292 亿元，同比增长 14.1%。据公开统计资料，北京市 2017 年度规模以上文化产业的总收入为 16196.3 亿元（2011 年统计标准），同比增长 10.8%，其中与休闲旅游消费直接相关的文化休闲娱乐产业总收入为 1051.6 亿元，同比增长 1%，在文化产业总收入中占比 6.5%。

随着非首都功能的疏解和北京市城市发展品质的不断提高，北京市居民文旅消费的需求层次不断提高且日益多样化，文旅消费类型正经历从以中低端文化产品和服务为主的基本文化消费逐渐转向注重产品和服务的品质和体验的发展型消费，以及更加注重个性化与精品化的享受型消费。根据课题组调研数据显示，北京市居民文旅消费呈现出以享受型和发展型消费为主的文旅消费特征。在未来，居民更愿意提高的发展型消费（教育培训、图书报刊、文化艺术）总占比为50.4%，而享受型消费（旅游参观、休闲娱乐、影视欣赏）总占比为45.4%，几乎占据文化消费的半壁江山（见图5-3）。

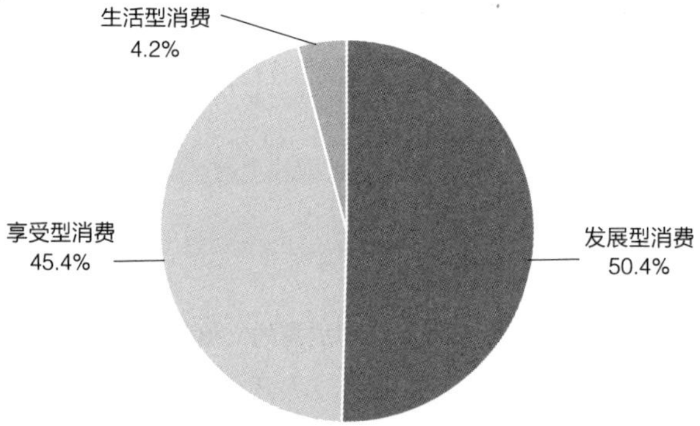

图5-3　北京市居民计划提高的文旅消费类别

与此同时，北京市居民对于享受型和发展型文旅产品和服务供给满意度相对较高。其中，享受型文化旅游产品和服务供给的满意度评分为72.2，发展型文化旅游产品和服务供给的满意度评分为71.4，两类文化旅游产品和服务供给均具有不错的满意度评分。但从匹配度来看，享受型文化产品和服务与消费的匹配度要高于发展型文化旅游产品和服务的供给。

二、北京夜间文旅消费的需求特征

（一）日常性文旅消费繁荣，夜间消费频次较高

调查显示，有75.5%的被访者日常有夜间消费活动，其中有81.25%的人每人每次平均夜间消费金额在300元以内。每人每次夜间消费金额在100元及以下的被访者占夜间消费的被访者的18.75%；消费101～200元的占43.75%；消费201～300元的占18.75%；消费301元及以上的占18.75%（见图5-4）。

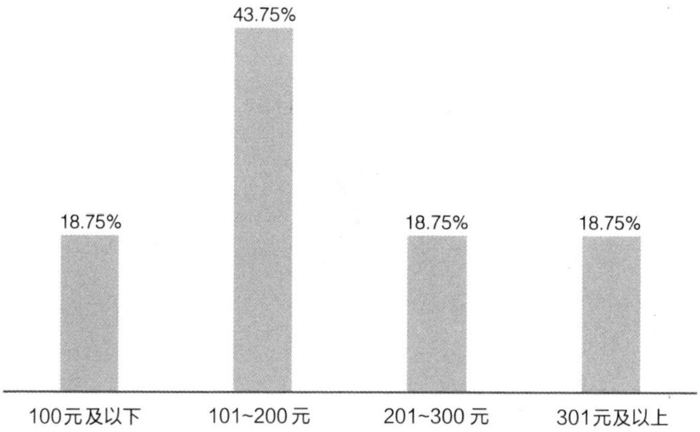

图 5–4 日人均夜间文旅消费金额

从被访者夜间消费活动频次来看，91.67% 的有夜间消费的被访者每月夜间消费活动在 5 次及以内；每月夜间消费活动 6 ~ 10 次的占 8.33%（见图 5–5）。

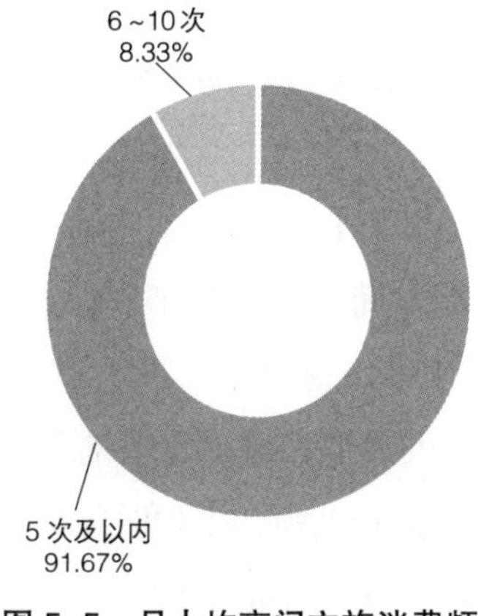

图 5–5 月人均夜间文旅消费频次

（二）**自由性消费时间较多，消费时段区段集中**

从北京市居民文旅消费的可支配时间看，夜间消费具有相对充裕的时间。按照国际惯例，居民的一天可分为五大部分——个人生理必需时间、工作时间、家庭劳务时间、学习培训时间、个人自由支配时间。从总体来看，2018 年北京市居民一天的时间分布情况如图 5-6 所示。[1]

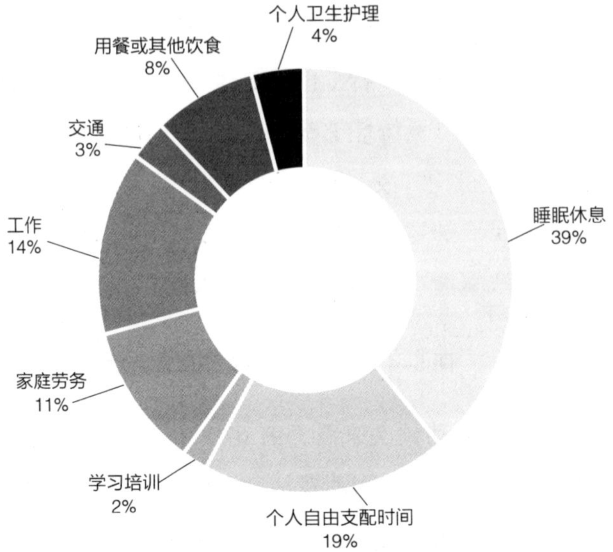

图 5-6 北京市居民一天的时间分布

在个人支配的时间中，老年人个人自由支配时间最多，青年人休闲娱乐时间更长。老年人的个人自由支配时间平均达到了 6 小时 45 分钟，中年人为 4 小时 32 分钟，青年人为 3 小时 41 分钟。看电视、健身锻炼和休闲娱乐是个人自由支配时间的三大模块。对于青年人来说，休闲娱乐是主要的个人自由支配时间，平均时间为 1 小时 36 分钟，其次是看电视，平均时间为 50 分钟；对于中年人来说，看电视是主要的自由活动时间，为 1 小时 52 分钟，其次是休闲娱乐，平均时间为 1 小时，健身锻炼也达到了 55 分钟；对于老年人来说，看电视是最主要的自由活动时间，为 3 小时 12 分钟，其次是健身锻炼，为 1 小时 29 分钟[2](见图 5-7)。

---

[1] 北京统计局调查总队对全市 1700 户（城镇 1280 户、农村 420 户）居民家庭开展了入户调查，调查对象为 15 周岁及以上常住成员，实际调查 4238 人，其中，男性 2063 人、女性 2175 人。

[2] 北京统计局调查总队对全市 1700 户（城镇 1280 户、农村 420 户）居民家庭开展了入户调查，调查对象为 15 周岁及以上常住成员，实际调查 4238 人，其中，男性 2063 人、女性 2175 人。

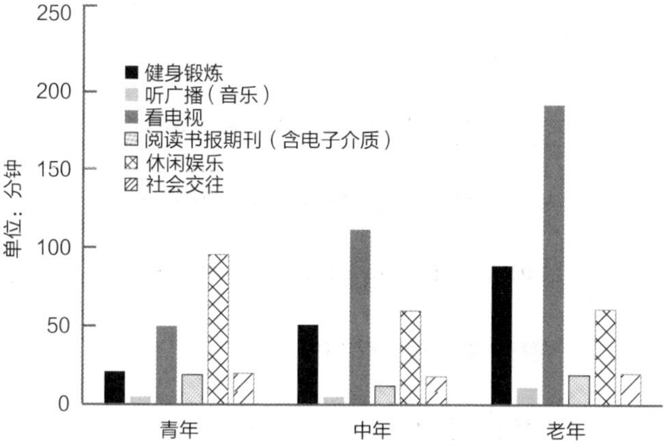

图 5-7　不同年龄段人群自由时间对比

调研数据显示，被访者一般每天用于夜间场所的消费时间平均在 3 小时左右，日平均的夜间活动时间在 3 小时以内的占比 93.75%（见图 5-8），个别场所如酒吧 /KTV/ 迪厅及美食城 / 饭店 / 大排档等会逗留 4 小时以上，同时也有相当一部分人选择更多的时间待在家里看电影、上网、看书、打游戏（见图 5-9）。

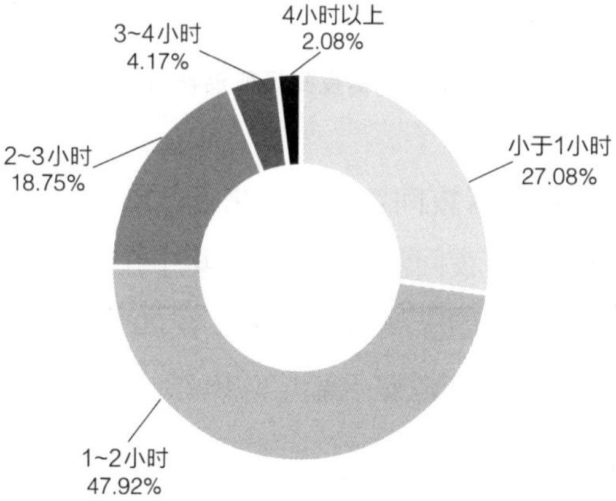

图 5-8　被访者日平均夜间消费时间

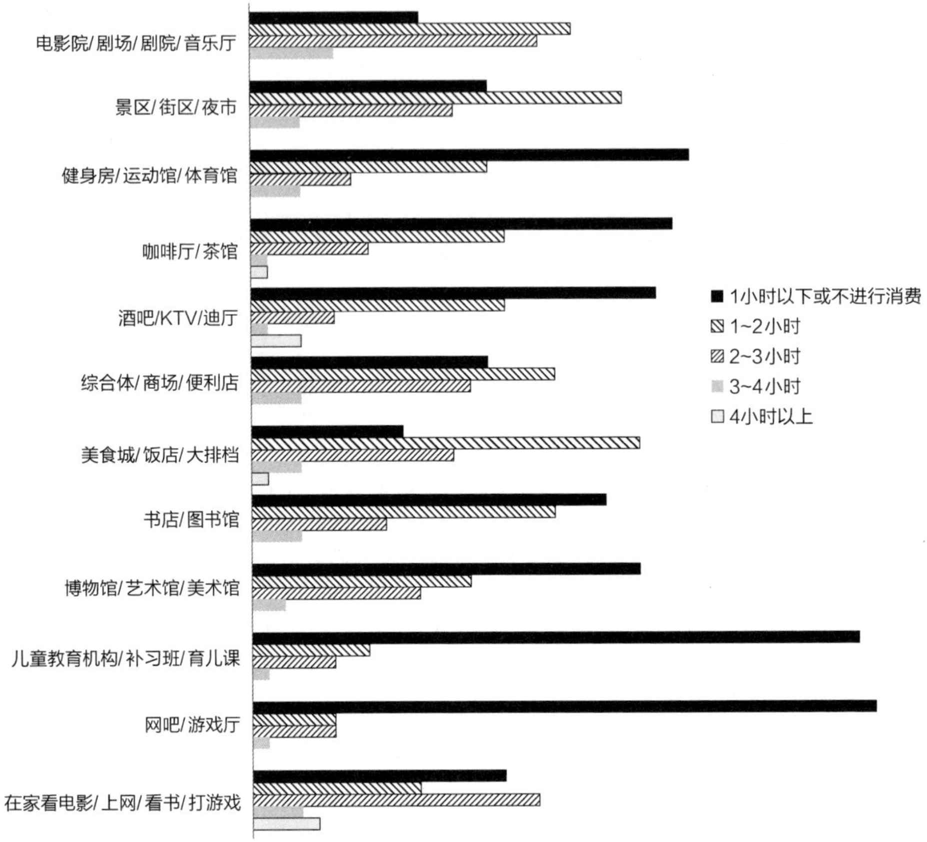

图 5–9　各类夜间场所消费时间

此外，从北京城市被访者夜间消费时段来看，18 点至 23 点是消费较为集中的时段。调查显示，逾 9 成有夜间消费的被访者集中在 23 点之前进行消费。其中，56.25% 一般在 18：00—20：00 进行消费；35.42% 在 20：00—23：00 进行消费，还有 8.33% 在 23：00 以后进行夜间消费（见图 5–10）。

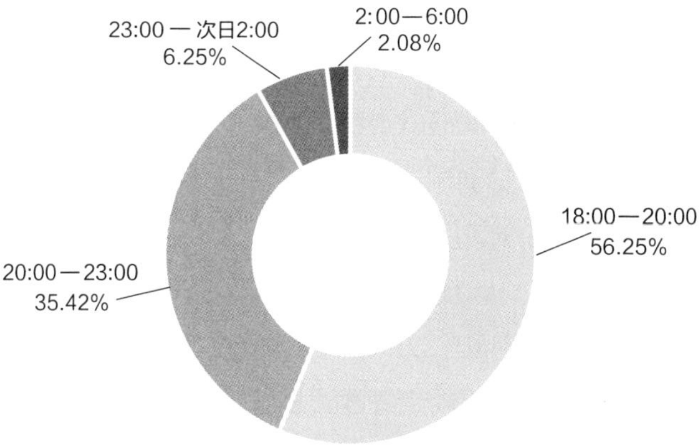

图 5–10　被访者夜间消费时段偏好

而从每周消费频次的调查数据看，被访者在周末进行夜间消费的热情显著高于工作日。62.50% 的被访者选择在周六、周日进行夜间消费；52.08% 在周五消费；周一至周四仅在 13.00% 左右（见图 5–11）。

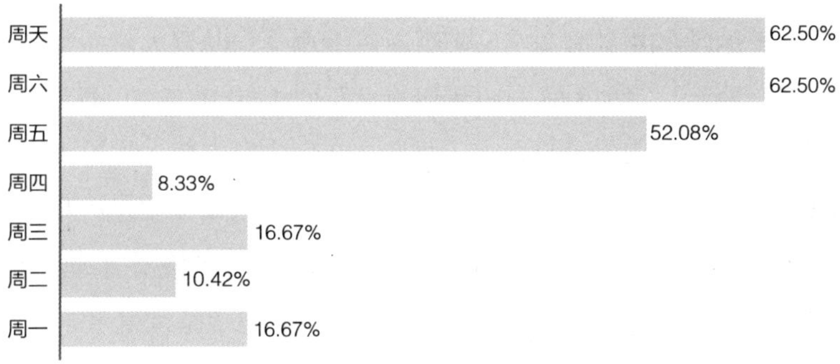

图 5–11　被访者周消费频次

（三）生活类餐饮需求旺盛，精神消费形态丰富

调查显示，北京市消费者夜间消费形式丰富多样。其中，精神消费最受夜间消费者青睐。有 75.00% 的被访者选择晚上看电影、话剧及音乐演出，31.00% 的被访者选择游览景区、体验风光、感受风情，也有 14.58% 的被访者选择晚上进行阅读学习和扩充知识。此外，美食和购物也是人们夜间消费主要形式，分别有 39.58% 和 52.08% 的被访者选择晚上品尝美食、聚餐和购物、逛街等活动（见图 5–12）。这也进一步表明，打造夜间消费“文化 IP”，开展以戏曲、相声、电影、歌剧、音乐、读书等主题鲜明的“夜京城”文化休闲活动，将成为夜间文旅消费

的新方向。

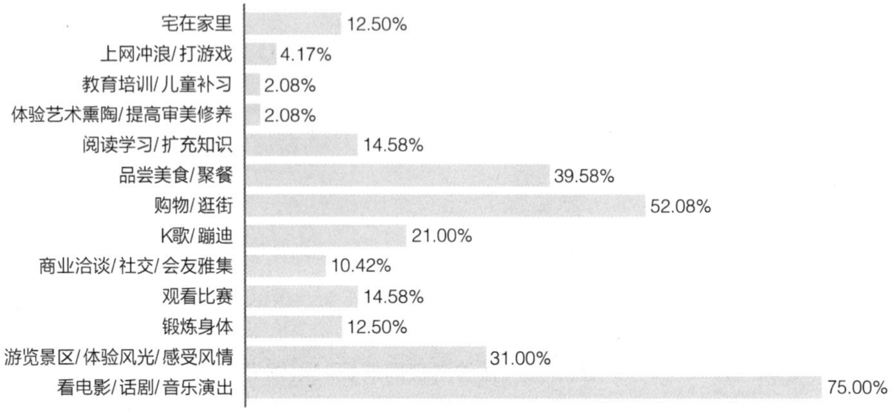

图 5-12　被访者夜间活动形式

调查也显示，首批“夜间经济十三条”对于北京市夜间消费促进作用已经显现出来。三里屯（41.67%）、国贸（33.33%）、蓝色港湾（29.17%）、朝阳大悦城（25.00%）等地标、商圈仍然是夜间消费的热门地点，此外，簋街（16.67%）、合生汇（14.58%）、五棵松（12.50%）、世贸天阶（12.50%）、前门大栅栏（12.50%）、食宝街（10.42%）、郎园（10.42%）、荟聚（10.42%）对消费者的吸引力均在10.00%以上（见图5-13）。而中粮·祥云小镇及奥林匹克公园的夜间消费吸引力还不尽如人意，这表明，北京市需要进一步丰富夜间消费业态，提升夜间文化活动的互动体验，创造激发夜间经济活力的新动能。

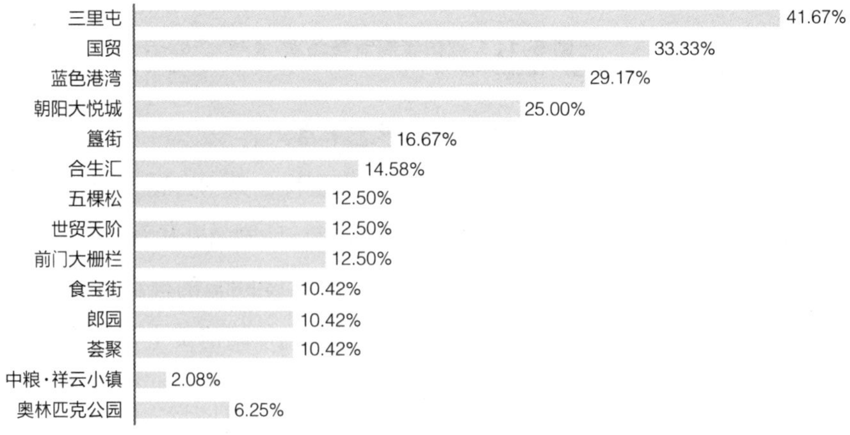

图 5-13　北京市“夜京城”消费统计

（四）城市群文旅消费活跃，新生消费主导市场

随着京津冀文化旅游市场的一体化，城市群间文化旅游消费的激增，促进了北京夜间文旅消费市场的繁荣。调查显示，人们夜间消费时，公交或地铁（75.00%）成为最常用的交通方式，其次为步行，有 41.67%，有 37.50% 有夜间消费的被访者选择了打车；选择自驾或代驾的有夜间消费的被访者为 27.08%；骑车的有 14.58%（见图 5–14）。在京津冀城市群内，特别是临近社群区域，商圈文旅消费成为主要的夜间文旅消费形态。例如，以北京文旅消费者的手机归属地为例，文旅主要集中于北京、上海、天津、江苏、广东、浙江、河北、四川、湖北、河南等地区。具体到城市，北京文旅消费用户主要集中于北京、上海、苏州、天津、广州、成都、南京等 20 个城市，用户规模合并占比 56.9%。用户归属地数据表明，北京本地居民（以手机归属地为准，不考虑户籍问题）的需求占比较高。

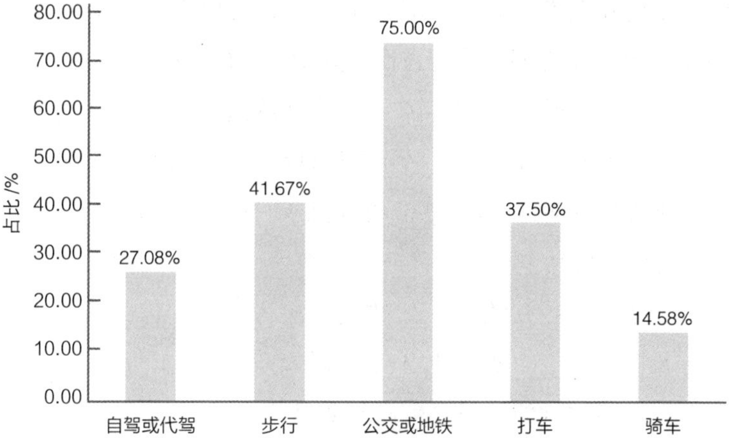

图 5–14　被访者夜间出行交通方式

而从北京市夜间文旅消费群体的特征看，夜间消费对 40 岁以下被访者的吸引力较强。“00 后”被访者的次均消费金额和月均消费频次均为最高，分别为 239.3 元 / 次和 5.2 次 / 月；其次为“90 后”，分别为 228.6 元 / 次和 5.1 次 / 月；次均消费金额最少的是“50 后”，为 145 元 / 次，月均消费频次最低的为“70 后”，为 4.3 次 / 月（见图 5–15）。

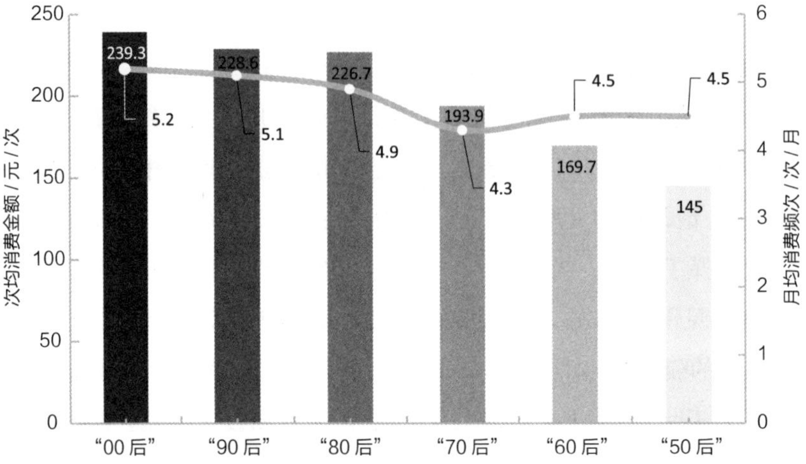

图 5-15　不同年龄段的被访者夜间消费情况

具体到文旅夜间消费的场景，剧场等北京市核心文化产品的消费人群性别结构基本与旅游产品的消费人群相同，但年龄结构有较大差异。同程旅游数据显示，剧场等北京文化核心产品（剧场等）的消费用户年龄整体相对偏大，40 岁以上占比 41%，19 岁以下的青少年占比仅为 1% 左右（见图 5-16）。

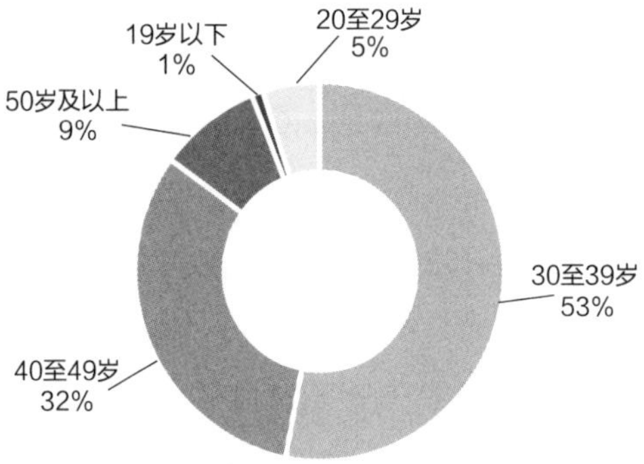

图 5-16　北京市核心文化产品（剧场等）用户年龄结构

数据来源：同城旅游

从北京夜间文化旅游产品的消费结构看，传统曲艺表演（相声、京剧表演等）占据绝对优势，占比 60.8%，其次是旅游演艺（打铁花等），占比 26.5%，艺术展（馆）类占比 7.6%，各类现代艺术园区等其他文旅产品占比 5.1%（以在线游客流量统计）（见图 5-17）。

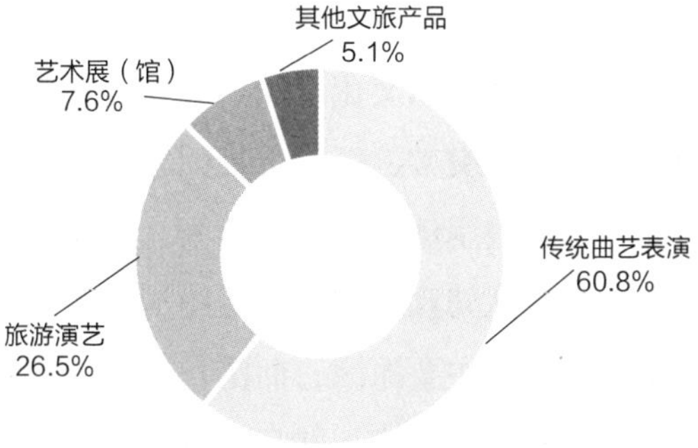

图 5–17　北京文旅产品消费分析

数据来源：同城旅游

但是，调查也显示，剧场消费的用户主要集中于北京本地，大约占比51.00%，此外，来自上海、济南、天津、广州、成都、武汉、深圳、唐山、郑州等地的用户也占有较大比例（见图 5–18）。这说明，以高铁、快速公交为代表的便捷的短途交通工具，为构建夜间文旅消费城市圈奠定了良好的基础。

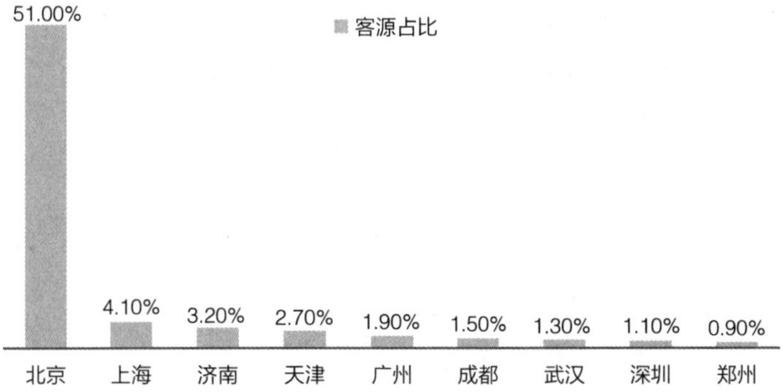

图 5–18　北京市核心文化产品（剧场等）十大客源城市

数据来源：同城旅游

三、北京夜间文旅消费的主要问题

（一）夜间消费认知不足，文化旅游供给侧亟待创新

文化的多元化使文化产业呈现出综合性、渗透性、关联性比较强的特征，文化生产、消费和传播也因此与多个产业存在天然耦合关系。[1] 正是因为文化消费

[1] 齐骥．文化产业促生经济增长新动力研究［J］．山东大学学报（哲学社会科学版），2017（3）：42–48.

的多元混合性，对文化消费的认知和实操一直以来难于界定并存在多重误区，如在文化活动的开展中，对文化消费和文化惠民、公共文化服务的关系界定边界不清，或在专项工作中存在着职能交叉、工作重复问题等。这也进一步凸显出文旅消费作为一种以产业引导释放内生动力的市场行为，所体现出的理论误区和现实困境。而在对文化消费本身的认知和理解上，传统消费观念和保守经济理念仍是当前制约北京市文旅消费升级的主要原因，而消费方式的升级和消费渠道的变化则不断对传统消费进行冲击并构成挑战，并且随着北京市人均收入和精神生活水平的提高，文化需求层次不断提高且日益多样化，更加注重个性化与精品化的发展型和享受型消费升级的需求更加强烈，文化消费的时代变化和发展方式之间的矛盾将愈加凸显。从调研情况来看，50.00% 的被访者之所以没有夜间文化消费活动，很大程度上在于其认为北京市夜间文旅消费活动的互动体验性不高、夜间文旅消费的信息获取不方便及夜间文旅消费设施不完善等（见图 5-19），在当前北京市非首都功能疏解、人口调控任务依然艰巨，区域发展不平衡、不协调、不可持续问题仍然存在，文化旅游产品和服务的供给与北京市构建高精尖产业体系实现提质增效还有一定的差距的境况下，北京市文化旅游产业全域供给创新势在必行。

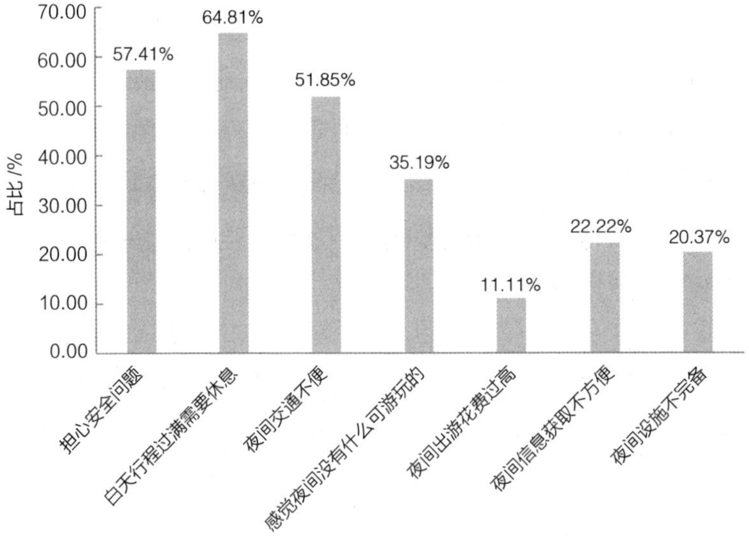

图 5-19　夜间消费活动影响因素

从消费的观念认知看，需求结构和经济结构对文化消费的触点爆发构成一定制约。当前我国居民需求结构仍然不够协调，投资率偏高，消费率偏低。加上我国的传统消费观念相对保守，趋于稳健性消费。居民边际消费倾向相对较低，发展型、享受型消费需求增长较缓慢。居民消费观念使我国整体居民消费率偏低，文旅消费的支出受到一定的制约，寻找新的产品和服务形态，以优质供给促进文化消费迫在眉睫。而从文旅消费的管理层面看，大多数政府部门对文旅消费的概念内涵、统计标准、发展路径还不太清晰，系统的文旅消费培训也急需提上日程，特别是针对夜间文旅消费的规划设计都不足。从文旅消费的方式和渠道看，消费方式的快速变化对北京市消费领域供给侧改革的时效性构成挑战。随着当前首都经济发展的新动力异军突起，数字经济和互联网消费构成了新经济发展的巨大动力。调研数据显示，在北京市居民文化消费的购买方式中，网络购买占据了 57.9% 的比重，互联网使服务可以跨越时空，网络购物、广告、租车、旅游、教育等网络消费兴起，一方面对北京在地文旅消费的实体、门店经营模式带来挑战，另一方面对北京在场文旅产品和服务的优质供给提出了更高的要求。

（二）内容消费高峰欠缺，特色精品类消费亟待挖掘

随着北京市文化创意产业发展环境不断优化，文化旅游融合不断深入，文旅消费产品和服务的供给内容和方式更加丰富，居民参与文旅消费的内容和形式也更加多样化。但整体来看，具有北京特色和首都风貌的文化资源缺少深度开发，具有北京文化特色和中华文化精神的文化服务的品牌性文化精品供给不足，尤其是夜间开放场馆中，体现北京文化旅游优势的场景尤为不足。

同程旅游大数据显示（见图 5-20），2018 年度北京旅游产品（旅游线路、景点门票等）消费中历史遗迹类占比最高，达 50.3%，以北京故宫、八达岭长城、圆明园、颐和园等为代表；其次是北京的各类公园（收费公园），包括综合性公园及动物园等，以青龙湖公园、北京动物园、香山公园、八大处公园等为代表；各类收费博物馆、美术馆等占比 12.7%，以北京汽车博物馆、中国古动物博物馆、北京古代建筑博物馆等为代表；城市观光类占比 6.9%，以鸟巢、水立方、中央电视塔等为代表；各类游乐场占比 2.8%，以北京欢乐谷等为代表；各类剧场及文艺演出占比 1.3%，以国家大剧院、朝阳剧场、德云社剧场等为代表。而在排名前 3 位的消费品中，夜间旅游几乎鲜有。

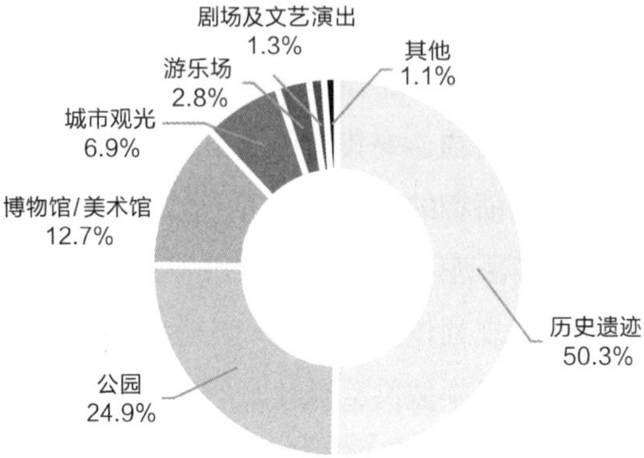

图 5-20　2018 年北京旅游产品消费结构

数据来源：同城旅游

此外，对北京市居民文化产品和服务供给满意度的调研数据显示，文化耐用品的满意度相对较低（倒数第二位），仅为 67.1%，而从计划提高的文旅消费类别来看，文化耐用品的占比仅为 8.8%（倒数第一位），这说明，相对于文化快销品，文化耐用品的市场前景堪忧，文化精品开发缺少高峰，精品力作的文化缺少长效影响力，居民满意度有待提高。以北京市 24 小时书店为例，以上海三联书店为代表的 24 小时书店因集阅读学习与休闲体验为一体广受上班族、学生等群体欢迎，但是调研过程当中我们发现，部分受访者表示在北京类似的书店有很多，特色不突出且书籍价格昂贵难以承受消费。从调研数据中我们也可以发现，81.25% 的被访者看重夜间文化活动的互动体验，52.08% 的被访者看重夜间文化活动的创新（见图 5-21）。因此，夜间文化产品如何更加凸显特色，以提升夜间文化消费活动吸引力和产品质量需要进行进一步思考。

对标国际数据可以发现，从文化消费支出占总消费支出比重上看，欧美发达国家文化消费支出占总消费支出比重长期保持在 15% 以上的水平，韩国、新加坡、英国、美国、日本等国家文化消费支出占总消费支出比重甚至已经达到 30%，而我国文化消费支出占总消费支出比重一直徘徊在 7.53%，远低于发达国家水平，尽管北京市文化消费支出超过 10%，但与国际水平对标，文旅消费仍有较大的推升空间。综观当前全国文化旅游市场，国内部分领域的旅游消费需求有所下降，而海外相关领域消费却不断激增，需求外移的速度也不断加快。而随着“互联网 +”的不断渗透，以互联网为载体和渠道的教育培训也不断激增。北京市居民文化消费潜在市场份额最大的消费类别，均遭遇海外市场和全国市场的双重挑战。

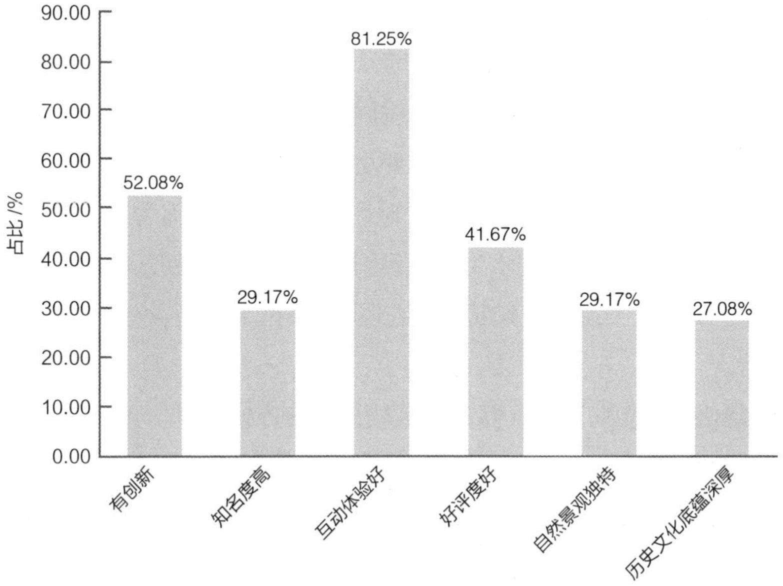

图 5-21　被访者看重的夜间文旅产品因素

（三）品质消费空间不足，虚拟体验型消费亟待完善

北京市人口众多且分布相对集中，线下文化消费多集中在人口密集地区，文化设施和文化场景也多分布在中心城区，从而导致中心城区人口密度较大，人均场地面积不足，可供开发空间狭小，部分文化基础设施、公共文化服务难以满足居民生产生活的需要，空间改造的制约性较强。调研数据显示，在对北京市文化消费目的和文化产品与服务供给满意度的评价中，以“获取知识”和“培养兴趣爱好”为主要目的的文化消费占比较高，分别达到 74.6% 和 73.9%，但居民对教育培训的满意度相对较低，仅为 62.5%。这说明，空间因素制约了提升型文化消费的拓展。

在针对北京市文化消费场景的相关调研中，我们发现，北京市尽管是文化中心和科技中心，但在消费中文化与科技融合及其所发挥的市场凝聚力和行业引导力尚未释放出来，主要表现在，传统场景和线下消费较多，虚拟场景和体验消费不足。调研数据显示，在北京市文化消费场景中，以电影院、图书馆 / 书店、旅游景区等为主导的文化消费，博物馆、剧场 / 剧院和美术馆等公共文化空间的消费，在北京市文化消费的排名中均较为靠前，占到半壁江山。这些消费方式相对于文化与科技结合的业态趋势和消费需求而言，较为传统刻板并缺少体验交互。尤其是在对消费服务的满意度调查中，我们发现，北京市文化耐用品和网络文化服务的满意度相对较低，虚拟消费和体验消费不足，影响了文化精品的长效供给和文化内容的优质供给。此外，北京市各大夜间文化场景的消费群体较为单一，如三里屯以酒吧一条街及时尚购物吸引的主要是上班族及学生等年轻群体，蓝色港湾则以儿童城主攻亲子市场，前门大栅栏则是以外地游客群体为主，而朝阳大悦城的细分群体则以居住在附近的学生及居民为主。因此，借助互联网不断丰富夜间消费类型以进一步扩大夜间经济市场，是北京市夜间文旅消费发展的下一个风口。

（四）跨区消费辐射不够，联动性区域消费亟待破题

形成京津冀协同发展、互利共赢的新局面，提高城市发展质量、人居环境质量、人民生活品质和城市竞争力，是北京市十二次党代会提出的发展要求。东城区文化消费的关注重点和实践路径尚未跳出辖区，全域型联动式消费亟待破题，以文化消费促进京津冀文化产业协同发展有待进一步突破。从北京市居民文化消费的区域对比看，发展不平衡不充分问题仍旧是文化领域的重要表现形态。北京市城六区经济相对较为发达，文化消费水平表现也最为突出。而对于平谷区、延庆县等生态涵养发展区，经济较城六区和城市发展新区相对落后，其文化消费综合指数排名也都相对较低。[1]从北京市主要文化消费集聚地区看，目前北京十大文化消费圈分别是长安街核心圈、东四剧场圈、工体潮流圈、鸟巢休闲圈、南锣文艺圈、潘家园古玩圈、798 新锐圈、首体演出圈、天桥演艺圈、五棵松文体圈。这十大文化消费圈主要集中在东城、西城、海淀和朝阳 4 个中心城区，在文化消费的形态上呈现出复合发展和融合发展的特点，但整体而言，以文化消费圈为主的线下消费，辐射范围有限，文化传播幅面较窄，文化消费也难以发挥共享机制。

一方面，北京市远郊区县的文化消费整体来说相对落后，公共文化场馆、文化场景的配套不足，现代文化消费产品和服务的优质供给相对缺乏，与中心城区的消费市场难以形成要素流动和资源共享。另一方面，京津冀三地之间的文化消费因为历史原因、现实因素和规制问题等，缺少有效的整合方式。一直以来，京津冀区域一体化的整体效率偏低，区域发展水平差异较大，文化产业的对接难度

---

[1] 金元浦，刘敏 .2014 北京市文化消费指数实证调查与分析［J］. 文化产业导刊，2014（10）：36-43.

也相对较大，在业态布局中难以形成线路性资源构架。同时，京津冀三地“条块分割”式行政管理模式弊端突出，缺乏高效的协调工作机制，文化产业发展所需的创意、人才、技术、资本等要素“倒流”，未形成统一的区域文化要素市场。[1]经济发展基础和产业合作环境也使京津冀文化消费市场联动和文化线路整合受到一定的制约，以特色文化线路和创意消费体验破解区域制约和发展掣肘，势在必行。

（五）交通安全影响较大，设施配套急需完善

北京市居民目前的夜间消费主要集中在周五、周六及周末的18：00—23：00，因此，交通出行与安全问题成为影响人们外出消费的两大重要因素。通过调研数据我们可以发现，在夜间文旅消费的影响因素当中，除去夜间文旅项目本身的多样性因素影响占到62.50%，有60.42%的被访者担心夜间交通出行是否方便，有62.50%的被访者则担心夜晚出行是否安全（见图5-22）。调研过程中我们也发现，在三里屯、前门大栅栏等夜间消费的热门场所，交通拥堵现象非常严重并且也影响了城市形象。

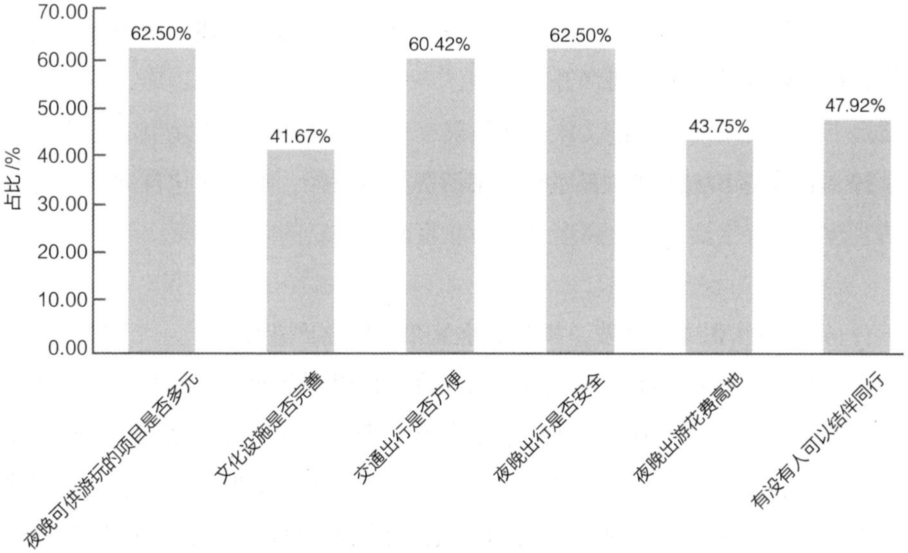

图5-22　夜间文旅消费影响因素

---

[1] 郭万超，马明．京津冀文化产业协同发展的路径选择［J］．中国文化报，2015-07-25.

此外，配套设施的不完善也是影响消费者消费体验的一大因素。以三里屯和前门大栅栏为例，厕所、停车场等配套服务设施的缺乏在很大程度上影响了人们夜间文旅消费的热情。在前门胡同，摩托车及自行车占道影响人流通行、游客在三里屯到处找不到厕所、汽车出租车拥堵的现象常见且严重影响消费体验。因此，完善设施配套，加强城市交通与安全监管，提升夜间文旅消费服务质量，优化人们夜间文旅消费体验，是下一步北京市促进夜间文旅消费工作的重点。

四、优化北京夜间文旅消费，更好地满足百姓需求的建议

北京作为首都和全国文化中心，在文化发展中起着重要的引领示范作用。当前，北京市大力实施京津冀协同发展战略，有序疏解非首都功能，为文旅消费升级和文化产业发展提供了良好的基础，也提出了更高的要求。尽管北京市文旅消费整体水平较高，文旅消费的载体不断丰富，供给不断升级，市场愈加完善，消费活力也持续加速释放，但北京市文旅消费仍旧存在着一系列的问题，如对文旅消费，尤其是“互联网 +”时代的消费本质和消费趋向认知不足，消费意图和消费习惯相对传统，消费渠道和消费场所缺乏创新等。如何把握全球经济文化一体化的时代特征，抓住世界消费升级的整体环境和发展态势，在正确认识文旅消费的前提下，以文旅消费促进文化产业发展，以文旅消费改进文化生活方式，通过科学的文旅消费市场研判和有序的文旅消费行动路径，塑造文化自觉，体现文化自信，建设美好生活的文化高地，成为北京文化创新的应有之义。

（一）重新认识文旅消费，构建健全繁荣的文旅产业体系

步入新时代，人民的美好生活需要从过去的以物质需要为主转向文化、精神、环境需要，文旅消费的内容更加丰富，形式更加多元。尤其是伴随互联网、多媒体和数字技术的兴起，在线消费、线上支出、虚拟体验已成文旅消费主流。调研数据显示，北京市居民进行文旅消费的支付方式主要是支付宝和微信，分别占比 51.7% 和 43.5%，居民进行文旅消费的方式也以网络购买为主，占比 57.9%。但从北京市居民对网络文旅消费的满意度看，网络文化服务整体满意度相对较低，虚拟消费和体验消费的有效供给不足和供给品质不高，影响了文旅消费的升级。重新认识互联网时代的文旅消费，推动文化产业供给侧改革，是实现

北京市文旅消费升级的关键。

明确文旅消费在北京文化建设和经济发展中的作用。文旅消费不是文化惠民，也不等同于公共文化服务，文旅消费的关键在于发挥消费的市场价值，激活文化的产业属性，重点是确立以消费为引领，以创新为驱动，以市场为主导和以政府为引导双轮驱动的文旅消费体系，从而释放出文旅消费对文化产业发展持续的内生动力。

围绕“北京 +”进行文旅产业供给侧改革创新。一是以北京传统文化为着力点，致力于构建以“老北京，新体验”为主题的不离本土的文化生态圈，弘扬传统文化、传承北京风貌，让人们在生生不息、日出而耕、日落而息的生活生态中，感受到文化自信的力量；二是专注于创造以“老胡同，新生活”为主题的不分彼此的美好生活圈，以疏解北京非首都功能，构建高精尖产业结构体系为重点，让人们在生活、生产和生态的融合及社区、园区和景区的融合中享受生活之乐；三是创造以“老传统、新阐发”为主题的不同凡响的创意产业圈，以北京建设全国文化中心为载体，以城市更新和文化复兴为驱动，让朝气蓬勃的创业者改造城市单元，让安心栖居的居住者体验创新创业带来的空间改变。

（二）改进文化生活方式，创设生动的夜间文旅消费场景

“十二五”期间，北京的文旅消费年均增速达到了 20%，发展势头向好。当前，北京市第三产业占比已经达到了 80.3%，全市文旅消费规模总量接近 900 亿元，位列服务型消费的前 3 位。这一趋势寓意着，我们即将进入个性化、多元化、数字化的文旅消费时代，人们的消费需求已经从“吃穿住用”转向“安享乐知”。以“安全、享受、娱乐、求知”为诉求的“美好生活”，进一步激发了生动文旅消费体验的市场需求。面向美好生活，重塑文化浸润百姓生活，文化植入城市更新，文化引领创新驱动的发展理念，是北京市消费升级的重要诉求。

“固本培元、主客共享”，重塑文化生活方式。一方面，针对北京文旅消费需求的现状，从目前浅层次的技术借鉴、媒介交叉、生产合作逐步向深层次的基础推进，将文化、创意、品牌、情感、价值观和科技融入产品和服务设计研发、生产传播、展示体验、营销策划、增值服务的每一个环节。另一方面，从推进技术创新向实现业态创新、内容创新、模式创新和管理创新的多维创造转变，进而促进文旅消费与日常起居、公共社群、街区空间、城市更新、乡村生态等有机融

合，创造居民和游客共享，生活和创业融合的文化空间。

"产融结合、联动发展"，创造生动的文化生活体验。要利用北京执行新一轮城市规划契机，将文化经济带、文化生活圈塑造成为文化氛围良好、文化环境优越、文旅消费活跃的发展空间。在长城文化带、运河文化带、西山文化带建设中，实现文旅消费线性串联和渐进式升级，在胡同更新、旧厂房改造、非首都功能空间腾退中，实现文旅消费的植入式营造和嵌入式更新，通过消费结构升级带动居民消费潜力有序释放，通过城市功能拓展拉动京津冀文旅消费一体化，形成以文旅消费为加速度的"美好生活"的蔓延。

（三）注重消费引导培育，培育持续的夜间文旅消费习惯

2016年，北京市人均教育文化娱乐消费支出达到3687元，占消费支出总数的比重首次超过10%，达到10.6%，高于全国文旅消费支出占比7.53%的平均水平。而对标国际数据可以发现，欧美发达国家文旅消费支出占总消费支出比重长期保持在15%以上的水平，韩国、新加坡、英国、美国、日本等国家文旅消费支出占总消费支出比重甚至已经达到30%，文旅消费仍有较大提升空间。把握文旅消费升级契机，加强对文旅消费意愿的引导和文旅消费习惯的培养，是实现北京市文旅消费升级的长期动力。

围绕消费意愿加强文旅消费的引导和培育。根据对北京市居民文旅消费支出意愿的调研数据可知，未来，居民计划提高的文旅消费支出类别排序前三位的是旅游参观、教育培训和文化艺术，占比分别为62.4%、51.2%和40.9%。大多数居民的文旅消费意愿强烈，希望能在文旅消费中得到精神上的满足和愉悦。"美好生活"的文化需求进入理性成长和弹性发展阶段。在这一阶段，必须把握文化产业的特征规律，搭建覆盖北京城乡居民并向京津冀辐射的文旅消费服务平台，吸纳文化企业广泛参与平台建设，通过文化产业与旅游、信息、制造、建筑、体育、休闲、会展、商贸、零售等相关文旅消费形态的深度融合，创造新消费形态，创造北京文化产业新供给。通过优秀传统文化与科技、创意、资本、市场、人才、品牌、渠道等相关消费要素的跨界融合，创造新的生活方式，开辟北京文化生活新体验。

围绕文旅消费相关领域进行协同优化。加强北京优秀传统文化和优势传统资源的整合，创造文化交流展示、文化博览交易、文化开放共享的全息体验平

台、科技阐发平台和嵌入生长平台，以更好地满足当前消费习惯和消费追求下城乡居民对美好生活的新期待。将文旅消费与文化产业、公共文化服务体系建设结合起来，以公共文化服务满足居民的基本文旅消费，保障基本的文化权益；以文化产业满足居民多样化、个性化的文旅消费，提供更高品质的文化享受，以文旅消费与城市发展融合，与居民生活融合，与首都构建高精尖产业结构体系融合，发挥消费升级对文化产业产品结构和服务形态优化的作用，提升北京整体文化竞争力。

（四）加强夜间经济治理，建设 24 小时美好生活体验高地

有数据表明，在我国文旅消费的潜在市场规模与实际规模之间存在着 3.7 万亿元的消费缺口；在人均 GDP 同等水平下，我国文旅消费规模也仅为发达国家的 1/3 左右。这既说明我国的文旅消费拥有巨大的发展空间，也反映出我国在文旅消费的有效供给和精准供给方面拥有巨大的提升空间。

加强文旅消费理论引导，发挥统计数据的科学性。目前，国内对文旅消费的系统统计和科学监测尚处于“空窗”阶段。作为首善之区，北京有必要将文旅消费列为经济运行的重要衡量指标，在全国率先建立起文旅消费统计监测体系，加强统计、监测、考核。该体系应围绕北京建设“全国文化中心”的城市战略定位和“一核一城三带两区”文化中心建设总体框架，建立健全展现北京“全国文化中心”各项建设的统计指标，全面反映、监测、评价北京“全国文化中心建设”进程。从统计制度和统计方法上完善对文化创意产业的监测评价分析制度，完善文创功能区、文旅消费、文创投资统计监测制度。

加强文旅消费试点实验，完善和创新文化管理方式。这就要求北京市文旅消费工作必须处理好“看得见的手”和“看不见的手”之间的关系，实现社会效益优化和文化资源配置有效升级，统筹推进体制机制和政策体系的系统性优化，着力加强供给侧结构性改革，以更加完善的体制机制引导和规范文化市场的主体行为，推动形成节约、理性、绿色、健康的现代生产消费方式，努力构建新消费引领新投资、形成新供给新动力的良好环境和长效机制。

未来，北京市需要实施更加积极主动的开放战略，更好地利用全球文化要素和世界文化市场，推动文化产业创新驱动和文旅消费结构升级，满足文化日益多元、文旅消费日趋追求高质量的消费需求，为把北京建设成为社会主义物质文明与精神文明协调发展，传统文化和现代文明交相辉映，历史文脉与时尚创意相得益彰，具有高度包容性和亲和力，充满人文关怀、人文风采和文化魅力的中国特色社会主义先进文化之都，进行创新探索和不懈努力，为全国做出文化样板和发展示范。

行动者网络理论视角下智慧文旅的困境与突破

陆梓欣 *

摘　要：随着全球新一轮信息技术变革的持续深入推进，智慧文旅已逐步成为文旅企业求生存、文旅产业求发展、文旅主体求体验的“必经之点”。但从当前现状来看，智慧文旅发展仍处于未成熟的初步阶段，存在关键行动者缺位、转译过程不畅通、网络搭建不完善等问题。要真正探索出切实可行的智慧文旅未来之路，行动者网络理论给出以下启示：找准不同阶段的关键行动者，做好顶层设计；营造更好转型环境，充分调动异质行动者积极性；培养吸引复合型人才，招募扶持运营主体；推进治理体系现代化，规范行业市场秩序；重视实践体验反馈，不断扩展智慧文旅发展网络，从而推动智慧文旅沿持续高质量发展的道路不断前进。

关键词：行动者网络理论；智慧文旅；困境突破

* 陆梓欣，中国传媒大学文化产业管理学院硕士研究生。

智慧文旅是以互联网、通信等数字技术促进文旅融合的现象总和。[1]作为“科技＋文化＋旅游”的新型产业形态，智慧文旅以5G、大数据、物联网、人工智能等新兴科技为手段，传播、彰显、创新旅游目的地文化内涵，通过对文旅服务、文旅管理、文旅商务、文旅政务全流程的系统智慧化，致力为文旅产业创新发展开拓更广阔的空间。毋庸置疑，消费群体对美好文旅生活的旺盛需求和先进高新数字技术的快速发展及应用正作为内在动力和支撑手段推动智慧文旅的兴起，“数字文旅的时代已经到来”。[2]尤其在当下疫情防控的常态化的背景下，文旅产业加速向数字化、智慧化转型的趋势日益彰显，智慧文旅已成为激发消费潜力、推进产业升级的重要切入点。

但总体来讲，我国的智慧文旅仍处于初步形成阶段。作为庞大复杂涵盖文旅全行业的系统工程，智慧文旅正面临着构建智慧文旅产业良性发展网络的种种问题，正有待相关理论的支撑和引导。行动者网络理论（Actor-Network Theory，ANT）是20世纪80年代由以布鲁诺·拉图尔为代表的巴黎学派提出来的关于当代科学知识社会学领域的重要理论。行动者网络理论作为颇具影响力的理论，虽在构建之初紧紧围绕科学研究领域，以集中探讨揭示科学知识与社会的复杂联系为核心命题。但凭借着其所随之构建的表达工具和研究转译的逻辑方法，行动者网络理论逐渐广泛应用于文化旅游、新闻媒体、人文地理、乡村建设等多个研究领域，对社会学甚至其他社会科学的理论范式、研究方法产生重要影响。借助行动者网络理论审视智慧文旅的发展，能以新的角度探索分析智慧文旅发展的现存问题和困境，并为其谋求突破找到新路径。

一、研究视角——行动者网络理论

行动者网络理论作为一种表达研究工具和逻辑方法，认为基于广义对称性原则，具有不同的行为逻辑与利益诉求，涵盖人和非人要素的异质性行动者在处于平等地位的基础上相互联系，相互作用，通过问题呈现、利益赋予、征召、动员

[1] 陈广仁.数字技术促成智慧矿山［J］.科技导报，2011（35）：8.

[2] 中国旅游研究院，旅享视界.2019中国数字文旅发展报告［R/OL］.（2019-08-12）［2021-01-11］.https：//www.sohu.com/a/333159636_124717.

和异议一系列转译环节相互界定彼此的角色，构建动态发展却相对稳定的行动者网络利益联盟。其中，行动者、转译、网络是其核心内容。

（一）行动者

行动者即所有在行动过程中发生作用的存在。行动者具有广泛性和能动性：广泛性体现在行动者的内涵不局限于行为人（Actor），还包括观念、技术、生物等许多非人的物体（Object），任何通过制造差别而改变了事物状态的东西都可以被称为“行动者”。[1] 涵盖人与非人要素的行动者各自具有不同的行为逻辑和利益诉求，但是他们具有对等性，广义对称性原则要求以对等原则平等地看待人类行动者与非人类行动者，消除主客体的二元划分。[2] 能动性则体现在其否定行动者是处于某个特定位置以完成该位置预设功能的“占位符”“中介者”，而是具有自身判断的“转义者”。在行动者网络理论中，行动者又可分为核心行动者和其他行动者两大类。相比于其他行动者，核心行动者在网络中发挥更大的作用，是共同目标和强制通行点（Obligatory Passage Point，OPP）方案的提出者，是网络中各个行动者之间矛盾中各个行动者之间矛盾与冲突的协调者。[3]

（二）转译

转译是行动者相互作用，连接行动者网络的基本方法，行动者组成的网络正是通过“转译”联结起来的。所谓“转译”，意为行动者经过努力将自己的问题通过商谈、翻译，转换成其他行动者的问题和利益，从而把其他行动者纳

---

[1] 吴莹，卢雨霞，陈家建，等．跟随行动者重组社会——读拉图尔的《重组社会：行动者网络理论》[J]．社会学研究，2008（2）：218-234.

[2] 邹明妍，周铁军，潘崟．基于行动者网络理论的乡村建设动力机制[J]．规划师，2019，35（16）：62-67.

[3] 王雪丽，彭怀雪．非遗扶贫项目合作网络的创建过程与运行机理探究——基于行动者网络理论的分析[J]．江淮论坛，2020（3）：18-25；张学义，倪伟杰．行动者网络理论视阈下的物联网技术[J]．自然辩证法研究，2011，27（6）：30-35。

入到共同的“行动者网络联盟”中来。[1] 转译包括问题呈现（Problematisation）、利益赋予（Interessment）、征召（Enrolment）、动员（Mobilization）及排除异议（Dissidence）5 个重要环节。转译成功的标志是构建出“必经之点”，即被转译者愿意接受这种唯一的选择，并满意于加入网络后的转变。通过越来越多的行动者加入、支持和结盟，行动者网络逐渐形成。

（三）网络

行动者网络理论中的“网络”更趋向是一个动词而非名词，它并不指代纯技术意义上的网络，如互联网，而是一种描述连接的方法，它强调工作、互动、流动、变化的过程。[2] 在网络建构这个动态的过程中，自然与社会、人与物及行动者之间的边界在不断地改变，同时网络的范围逐渐从局部扩展开来，力量由弱到强，边界由模糊到清晰并相对固定下来。正是通过这种建构，知识、社会、自然的区分也开始形成，但这些都只是暂时的成就，因为已有的网络不断地被改变，新的网络也在不断地生成。[3]

二、行动者网络理论视角下智慧文旅的困境

当下，智慧文旅已成为信息技术时代下文旅产业绕不开的发展方向，其充分发展对协助文旅企业在疫情防控常态化背景下复工复产，推动文旅全产业链转型升级，助力智慧城市的建设，满足大众美好文旅生活需要等方方面面均具有重要意义。但由于智慧文旅发展时间尚短，在顶层设计、技术应用、平台运营等方面仍存在不少问题。以行动者网络理论为分析框架，将为深入发现剖析其发展难题，寻求困境突破点提供思路。

---

❶ 王雪丽，彭怀雪．非遗扶贫项目合作网络的创建过程与运行机理探究——基于行动者网络理论的分析［J］．江淮论坛，2020（3）：18–25；张学义，倪伟杰．行动者网络理论视阈下的物联网技术［J］．自然辩证法研究，2011，27（6）：30–35。

❷ 吴莹，卢雨霞，陈家建，等．跟随行动者重组社会——读拉图尔的《重组社会：行动者网络理论》［J］．社会学研究，2008（2）：218–234.

❸ 郭俊立．巴黎学派的行动者网络理论及其哲学意蕴评析［J］．自然辩证法研究，2007（2）：104–108.

（一）大量异质性主体加入，但关键行动者缺位

智慧文旅的发展构建的主体正是各参与其中的异质性行动者。随着以 5G 为代表的新一轮科技革命的到来及文旅产业升级的迫切需要，文旅及相关领域的主体日益意识到发展智慧文旅的必要性，纷纷入场致力于推动智慧文旅发展网络的建构。早在 2015 年，国家旅游局便印发《关于促进智慧旅游发展的指导意见》，提出要引导和推动我国智慧旅游持续健康发展。2018 年，文化部和国家旅游局整合组建了文化和旅游部，以文化为内涵，以旅游为载体，以技术为动力的智慧文旅概念逐步形成。同时，提供 5G、大数据平台、人工智能等新基建的技术开发支持商；实现智慧文旅服务、商务及管理的平台运营商及提供智慧化文旅体验的酒店、景区等文旅服务供给商及游客等人类行动者和新型基础设施、技术、平台及文旅舒适物等相关非人类行动者也逐渐参与到智慧文旅的发展中。

智慧文旅发展阶段的主体要素已基本配备，但其中能在前期为其他行动者制定共同目标及方向路径，协调多方矛盾和争议的关键行动者仍处于缺失状态，造成智慧文旅发展中的认知上的困境，其中具体表现在以下方面：

在概念界定上，缺乏清晰明了的“脚本”。行动者网络理论认为网络的构建首先需要一个脚本，也就是告诉别人我们要建立一个什么样的网络，借助脚本让行动者认识了解所构建的网络并将其吸引进来。[1] 但目前对于“智慧文旅”概念及外延的界定，不同学者、不同政府部门及不同的企业均有各异的理解。智慧文旅在定义上的模糊则进一步引发企业炒作概念、盲目跟风，政府管理滞后，各地区智慧文旅系统不兼容，重复投资等乱象。

在构建规则上，缺乏顶层设计和相应的规范制度。据官方部门统计，我国 100% 的副省级以上城市、89% 的地级及以上城市、47% 的县级及以上城市提出了建设智慧城市的方案。此外，截至 2020 年 8 月，已有湖南、安徽、重庆、贵州等 17 个省、直辖市级政府提出要大力发展智慧文旅，着力提升文旅产业智慧化水平。各级政府已逐渐明确依靠新一代信息技术升级文旅产业的道路，却仍未在智慧文旅发展形成阶段对各类型相关企业、游客、基础设施、技术、平台、文旅资源舒适物及政府自身相关问题进行全面系统的诊断，缺乏重新界定各行动者

---

[1] 郭明哲．行动者网络理论（ANT）［D］．上海：复旦大学，2008.

角色，制定共同目标方案的顶层设计环节及界定多方行动规范的制度政策指导。

（二）行动者广泛应用实践，但转译过程不畅通

意识到智慧文旅是文化旅游的“必经之点”后，各行动者根据自身逻辑和利益诉求进行广泛实践。政府部门加快文化旅游智能化信息化建设，致力于搭建数据管理、信息服务等全域全功能智慧平台，如杭州市推出的“城市大脑文旅系统·多游一小时”；浙江省推出的“诗画浙江文化和旅游信息服务平台”；甘肃省推出的“‘一部手机游甘肃’综合服务平台和甘肃文化旅游大数据交换共享平台”等。

腾讯、阿里巴巴等技术开发支持商则积极与相关旅游城市、景区合作，依托云平台、大数据分析、物联网及人工智能等技术产品，为智慧文旅城市、智慧景区、智慧文博馆等场景的构建提供技术支持。另外，酒店、景区、餐饮乃至文旅配套设施等舒适物也逐渐开始智慧化道路的探索。智慧无人酒店、智慧及云端景区、智能餐厅及智能文旅路线规划系统、智慧出游翻译软件等智慧体验供给行动者不断出现，以期为游客提供升级化的服务体验。

尽管异质行动者广泛加入，并正积极进行实践，但由于上述关键行动者的缺失及行动者对智慧文旅认知上的困境，阻碍网络构建的转译路径，进而导致了行动者在知行上的困境，具体体现在：

在问题界定和利益赋予上，企业类行动者数字化升级转型效益不明朗。在转译的首要环节问题界定上，缺乏关键行动者进行共同整体目标方案的设计，也缺乏相应激励扶持性措施出台，所以有必要为各类行动者进入智慧文旅领域进行利益赋予，吸引激励更多传统文旅行业行动者加入。在智慧文旅已成为疫情防控常态化时期必经发展之路的背景下，转译过程中问题界定和利益赋予环节的缺失，让文旅中小微企业普遍面临着需单靠自身能力资源进行数字化智慧化转型的难题，但转型所面对的技术及资金壁垒，又提升了文旅智慧化升级效应风险，使一些中小微企业在数字化转型中面临着“转型是找死，不转是等死”的困境。

在招募和动员成员上，运营环节行动者缺席，实践行为有待规范。在招募构建网络行动者的环节上，进行文旅服务供给、平台建设技术支持及运行管理协调的行动者均一一出现，但由技术支持方所开发出来的，涵盖全域多个景区景点，并服务于游客、商户、景区、政府，提供文旅服务、文旅管理、文旅商务、文旅

政务的综合智慧文旅系统平台的专业运营方仍处于大量缺乏的状态，正有待现代服务业第三方的服务体系的完善去弥补。在动员已招募成员，引导控制其行为向智慧文旅良性发展方向前进方面，仍存在消费者权益保护、相关企业个人信息安全等问题，行动者实践行为正有待法律及相关制度的规范。

（三）**动态网络持续发展，但网络搭建不完善**

目前，国内智慧文旅发展已经历了 4 个时期，到达智能化阶段。[1]智慧文旅网络在持续不断地进行动态发展。资本、技术、数据等生产要素正不断被投入到智慧文旅领域，促进文旅产业智慧化的 5G 基站、大数据中心、人工智能、物联网等新型基础设施建设正被提上日程。对突发疫情的应对和大众高质量需求的满足也不断刺激着新业态新模式的出现和发展，“云游线上文博馆”“直播旅游”“VR 虚拟旅游”等新业态不断探索智慧文旅的创新应用，致力于将智慧文旅从理论落地到广泛的实践中。另外，智慧文旅的受众面也在不断拓宽，越来越多的游客认识并体验到智慧文旅服务。腾讯文旅的相关报告显示，约 40% 的游客对景区自助导览、网络虚拟景区、线上博物馆及景区在线直播等数字化文旅体验感兴趣，并有 20% 以上的游客使用过上述服务。[2]智慧文旅网络正快速推进中，但转译过程中的障碍正进一步影响到网络构建的稳定性和扩展性，上述在认知、知行上的困境也导致了网络内部行动者联结关系、共同协作的困境，具体体现在：

在基础层网络上，缺乏统一共享的数据底板支撑。目前，5G、大数据、人工智能等新兴技术已日益成熟，但将先进技术应用落地至文旅等产业的 5G 基站，大数据中心等新型基础设施仍未到位。智慧文旅的社会化共享基础支撑力度不足，信息孤岛问题严重。这体现在运营管理方面则是各政府、企业等行动者的信息数据不相通，各自搭建的智慧文旅平台在数据管理、功能服务、治理规范上也各凭主观设置，容易造成资源浪费和重复建设；体现在游客服务上则是技术不合理应用反而为

---

[1] 徐宪平 . 新基建——数字时代的新结构性力量［M］. 北京：人民出版社，2020：298-300.

[2] 腾讯云启 .2019 产业互联网智慧文旅研究报告［R/OL］.（2020-05-21）［2021-01-11］.https：//cloud.tencent.com/developer/article/1646768.

游客体验带来更大的不便，完成吃住行游购娱一系列文旅活动，需下载切换多个缺乏衔接性的 App 或小程序，由此引发的信息不对称等问题也容易损害游客利益。

应用层网络，缺乏成熟的全产业链协同运营模式。目前，智慧文旅发展仍集中在智慧平台建设、景区云端化及线上预约防疫功能开发等关注点上，对大数据、人工智能、5G 技术在文旅领域的应用仅处于浅尝辄止浮于表面的阶段。如何利用先进技术，协同多方行动者，解决目前构建全产业链中遇到的投融资风险高；文旅融合度低，文化资源未充分挖掘；数据要素被闲置，未充分发挥提供精准化服务依据功能等问题，创新地构建全域型的文旅品牌，加快促进传统文旅产业的现代化转型，还有待进一步深入探索。

三、行动者网络理论对智慧文旅发展的启示

如何构建范围广、动力足且质量高的发展网络，摆脱目前智慧文旅前进面临的困境？行动者网络理论认为，网络构建的稳定性及其扩展程度取决于对异质行动者转译的强度。结合转译过程中问题呈现、利益赋予、招募、动员及消除异议的五种方法，可得出突破智慧文旅发展困境的相关启示：

（一）做好顶层设计，找准不同阶段的关键行动者

关键行动者在行动者网络构建中起着总揽全局的核心作用。涉及主体多，领域范围广且处于初期发展阶段的智慧文旅正有待强而有力的关键行动者的引导规划。根据对各行动者能力的权衡及与关键行动者功能的匹配，当下阶段关键行动者无缝是政府。政府部门扶持产业发展、协调组织各方的功能正好能为发展初期的智慧文旅提供可协同发展的目标方向，调动更多行动者加入其中。政府要发挥好关键行动者的功能，需在广泛提出发展智慧文旅号召的基础上，做好顶层设计，积极完善“问题呈现”环节：对智慧文旅领域进行全面的摸底，发现企业、游客乃至技术、文化资源等异质行动者的相关问题，并在将捆绑多方目标的基础上，界定好发展智慧文旅的“必经之点”，并据此提出全方位易落地的可操作性指导措施。

另外，值得注意的是，行动者网络理论中的“网络”并不是一个静态的空间

之网，而是处于永恒变化之中的时间之网。❶ 同样，智慧文旅的发展也正是处于动态变化的系统工程。要维持网络动态变化持续向高质量发展方向前进，需密切把握其发展态势，协调好政府与市场、供给与需求、人类行动者与非人类行动者等多方面的矛盾，结合不同发展阶段特征，调选适合的关键行动者。

（二）营造更好的转型环境，调动异质行动者积极性

要激发更多行动者的兴趣，使其加入到智慧文旅发展网络的构建中，首先要为其进入提供富有吸引力，具有提升效益价值机会的转型环境。具体而言，一是应加快新型基础设施环境建设。智慧文旅是典型“发力于科技端”的新兴产业，其高质量发展的原动力有赖 5G、物联网、人工智能、数据中心等支持产业转型升级的新型基础设施。只有加快新基建，才能助力传统文旅产业市场类行动者解决粗放型发展模式引发的难题，提供转型升级的技术基础，推动更多市场中的行动者进入到发展智慧文旅的领域。二是优化政策制度环境。良好的政策制度环境是产业健康发展的必要条件。尤其是智慧文旅这样具有技术投资门槛且缺乏丰富实践引导的新兴产业，更是有待优惠政策的支持，专业公益机构的实践指导和信息服务及公平规范高效的市场环境。三是营造成熟的投资环境。无论智慧文旅的硬件建设还是软件运营，仍有待大量资本的投入。创新探索成熟的投融资模式，降低稳定投资风险，不但能让技术、资金、数据、人力资源等生产要素充分涌入智慧文旅领域，还有利于调动更多行动者的积极性，助力产业发展良性循环。

（三）培养吸引复合型人才，招募扶持运营主体

作为“科技 + 文化 + 旅游”的融合型产业，智慧文旅发展有待招募大量懂技术、有创意并具有丰富旅游运营经验的高素质复合型人才加入，以期充分激发科学技术、文化创意与旅游产业的融合功能，提升行业精准化运营管理水平和文旅产品和服务的创新能力，从而实现真正意义上的产业升级。要满足发展对人才的需求，应加快完善对智慧文旅领域复合型人才的培养机制。一方面，涉及文旅产业的相关高校学院应及时顺应时代发展对其高素质人才培养的需求，及时调整

---

❶ 李雪垠，刘鹏．从空间之网到时间之网——拉图尔本体论思想的内在转变［J］．自然辩证法研究，2009（7）：52-56.

学科体系建设，加强对学生新兴技术应用能力、创意设计能力及实践运营管理能力的培养。另一方面，应加快建立完善业内提升学习机制，鼓励业内人员树立终身学习的意识，通过灵活便捷的学习途径、适当的培训补贴及完善高质的培训方案，吸引在职从业人员持续提升自身专业素养，在及时为智慧文旅提供所需人才的同时，缓和应时代发展而造成人才需求结构性错位，传统员工失业而新兴产业缺人的问题。

另外，在招募行动者这个环节，还需要重视扶持培养智慧文旅运营主体，应通过政策引导鼓励，多方行动者合作成立运营企业等途径，召唤区别于技术开发支持方和景区的第三方专业运营服务主体，完善现代服务业服务体系，解决目前智慧文旅重建设轻运营所带来的问题。

（四）推进治理体系现代化，规范行业市场秩序

要使招募进来的异质行动者均按照设定目标一致共同努力，避免其逃逸甚至背叛，需建立层层防护网，广泛动员规范行动者，以巩固网络构建。同样，推动智慧文旅持续健康发展，需要建立包括法律制度、行政体制、治理手段等多层次多方面的现代化治理体系[1]，规范市场主体行为，以解决智慧文旅目前遇到个人企业信息泄露严重、消费者维权难等问题。

首先，需要建立完善的法律法规体系。加快《中华人民共和国个人信息保护法》《中华人民共和国文化产业促进法》等一系列相关法律法规的出台，为维护智慧文旅市场秩序，保障市场主体权益提供法律依据。其次，完善高效协同的管理监督机制。继续深化行政体制机制改革，适应智慧文旅产业的融合性、技术性等特点，完善文化与旅游部、工业与信息化部、商务部、国家市场监督管理总局等部门协调配合机制，简政放权、放管结合、优化服务，为行动者提供规范而充满活力的发展氛围。最后，依托创新技术和合作模式提升治理手段，智慧文旅领域的管理还是有赖智慧信息技术应用，相关管理部门应加强与科技公司、信息安全管理公司、行业协会组织等其他行动合作，提升监督管理的精细化水平。

---

[1] 推进国家治理体系和治理能力现代化［EB/OL］.（2019-11-05）［2021-01-11］. https：//www.sohu.com/a/351803423_260616.

（五）重视实践体验反馈，扩展智慧文旅发展网络

随着智慧文旅的持续发展，涉及的异质行动者数量将越来越多，政府、技术支持方、运营方、景区、游客等行动者随着实践和体验的深入，也将日渐发现面临更多的异议，如政府如何对智慧文旅进行更为精细化的管理、如何加快高新技术对智慧文旅的深度应用、如何丰富多类型游客的智慧服务体验等问题。要巩固和拓展智慧文旅的发展网络，无可避免地需重视并迅速处理消除各行动者的异议问题，为智慧文旅扫除前进的障碍。

解决异议环节的问题，首先需要建立涵盖全产业链多方行动者的异议反馈机制。充分运用数据信息分析平台及时识别从投资到技术开发，从运营到管理，从营销到体验全方位的问题，摆脱传统文旅产业至游客投诉才收到反馈的信息滞后困境。其次，需建立协同多方的消除异议机制。通过定期举办线上线下主题研讨会等方式搭建政府管理人员、技术支持商、平台运营商、景区、旅行社、游客等异质行动者沟通的桥梁，协助行动者通过平等协商的途径，协调好多方利益，共同解决好各种异议，助力智慧文旅良性持续发展。

文旅融合视角下的全域美学路径研究
——以河南省修武县为例

杨一帆*

摘　要：随着内需经济时代来临，城市之间竞争加剧，许多资源丰富地区为实现产业转型将发展的重点转移到文旅产业。中国县域众多，如何实现资源的高质量转化，推出符合乡县文化特色的文旅产品成为乡村文旅产业突破同质化现象的关键。修武县从“建设美丽中国”的深刻内涵出发，将美学引入县域治理与文旅开发，积极推出满足人民对美好生活需求的文旅产品与服务，并在国内外顶尖设计专家的指导下，在党建、基础设施建设、景观改造等领域进行美学改造，实现居民精神重塑、脱贫攻坚与产业转型升级，打响县域美学品牌，为深层次的文旅融合赋能，成为全国全域美学实践的典范。

关键词：全域美学；修武文旅开发；乡村振兴；美丽中国

内需时代来临，随着体验经济的蓬勃发展，我们认识到游客不再满足于单纯

* 杨一帆，中国传媒大学文化产业管理学院硕士研究生。

欣赏景观，还包含体验当地的独具浸润力的环境。❶美的感受成为文旅产业转型发展的关键要素。乡村振兴要满足人民群众对美好生活的追求，打造和谐的人居环境，保护好当地的自然与人文资源，将地区最原汁原味的乡土人情通过美的方式加以呈现。全域美学无疑是全域旅游突破发展瓶颈的正确选择。修武县作为全域美学策源地与示范区，对于研究全域美学如何为文旅融合赋能具有重要意义。

一、文旅融合：旅游业发展的新篇章

随着改革开放的不断深入，在中国经济快速迭代的背景下，产业转型成为时代命题。20 世纪 80 年代以后，老牌工业城市的竞争力不复从前，随着科技革命的推进，以消耗物质资源为主导的粗放式工业发展模式不再是主流，各地区将第三产业作为发展的重中之重。❷随着人均收入水平的不断提高，人们越来越注重休闲娱乐消费以满足精神文化需要。于是，各地纷纷将旅游产业作为优化地区发展结构，提升区域竞争力的首选。随着社会的不断进步与游客审美水平的不断提升，曾经“到此一游”式的旅游体验与低层次、同质化的旅游产品不再满足人们的需要。

2018 年 4 月，文化和旅游部正式挂牌，开启了文化和旅游融合发展的新篇章。事实上，旅游业的发展从来离不开文化的支撑，国家一直坚持文化和旅游“宜融则融，能融尽融”的总体思路，2009 年就提出了《文化部、国家旅游局关于促进文化和旅游结合发展的指导意见》，十余年间又陆续出台《国家发改委“十三五”时期文化旅游提升工程实施方案》《关于促进全域旅游发展的指导意见》等促进文旅结合的系列政策。文旅部与各地政府深刻理解文旅融合精神，并结合人民对于文化旅游体验的新需求，挖掘地区文化资源，推出结合演艺、非遗、历史、民风的特色文旅产品，注重提升旅游产品的文化内涵，为游客提供更加丰富多元的深层次文化体验。各地文旅融合发展取得初步成效。但同时，在地方实际操作层面

---

❶ 厉新建，马蕾，陈丽嘉 . 全域旅游发展：逻辑与重点［J］. 旅游学刊，2016，31（9）：22-24.

❷ 宗祖盼，蔡心怡 . 文旅融合介入城市更新的耦合效应［J］. 社会科学家，2020（8）：38-43.

仍存在文化和旅游“两张皮”的现象，政府尚未形成文旅融合的系统思维。文旅融合不是文化与旅游的简单相加，而是以文促旅，以旅彰文，实现文化与旅游相互支撑、相互促进，用文化的力量推动旅游业转型升级、提质增效。

2020 年的新型冠状病毒肺炎疫情使各地旅游业受到不同程度的冲击，许多小微企业难以回拢现金流，面临破产。众多同质化景区缺乏游客吸引力，难以为继。在此背景下，文旅产业长期存在的结构性矛盾更加凸显。但同时，“双循环”经济发展格局的提出为文旅产业的国内市场带来曙光。不破不立，在疫情时代如何推动文旅产业实现高质量发展成为文旅融合的新命题。在此背景下，全域美学成为破题之策，为文旅融合的可持续发展提供全新活力。

二、全域美学：文旅融合新范式

（一）全域美学概念阐释

党的十九届五中全会提出，到 2035 年基本实现社会主义现代化的远景目标，从创新发展、社会治理、教育强国、美丽中国建设等众多角度构建中国社会的发展蓝图。“美丽中国”蕴含着丰富的美学内涵，随着社会的不断进步，对审美的追求与需要已经成为人民生活的重要组成部分。美学也为地区旅游业发展注入精神品格，对于实现内涵式、深层次的全域旅游开发来说具有重要价值。基于此，全域美学的概念被正式提出，其是指将美学理念融入全域旅游和乡村振兴，通过美学经济提升地区文化软实力，以“美育工程”为抓手，以美育为内在动力，在党建、公共文化服务、乡村建设、城市形象更新等方面发挥美学价值，并转化为美学生产力，从而带动地区发展转型，全面提高地区居民道德素养与审美追求。

全域美学为全域旅游的发展提供了新思路。在“提升一批、修缮一批、新建一批”的建设中导入建筑美学、生活美学等元素，改造建筑外观、街景、道路、民宿、田野等景观，突出美学理念，以景感人、以景育人。通过美的改造促进生产力的转化，充分利用美学经济带动基础设施完善与地区旅游品牌建设。同时在县域治理与公共文化服务方面，强化精神文明建设，围绕地区优秀传统文化，提炼出独具特色的文化内核，通过美育工程，弘扬家园意识，提升居民整体素质与文化自信。在弘扬家庭美德的同时推进市民形成文明风尚，树立文明理念，增强对地区改造提升的积极性与主动性。并依托大型美育活动，大力实施文化基因工程，提升区域文化的对内认同度与对外影响力。

（二）全域美学的精神内涵

（1）保留在地性，留住乡愁。全域美学强调对乡村原真性的保护，还原真实的乡村图景。吴必虎教授指出文旅融合的关键在于要有情感消费。在中国的城镇化程度不断加深的背景下，越来越多的都市人感念乡村与田园的美好，追求诗与远方的浪漫，乡村情怀是许多人选择乡村旅游的重要因素，而许多地区的旅游开发却忽视这一点，将乡村打造成充满功利主义与商业元素的景区，游客在游览的过程中感受不到乡村的温度与本地区的文化基因。全域美学的引入保留了在地性，留住了乡愁，让游客在游览过程中自然感受真实的乡村生活，从而建立情感纽带，唤醒乡村记忆。同时，当地居民的生活方式得以保留，避免了受商业化影响而出现大量当地居民流失。

（2）聚焦审美性，重塑景观。全域美学旨在以美的方式，勾勒人与自然和谐共生的画卷。对乡村的建筑、道路、街景进行美的改造，重塑乡村景观，以精致而便利的环境吸引游客，为游客带来视觉享受，从而产生良好的旅游体验。同时，经过美学改造的公共景观可以展现乡村的精神风貌，方便原住民与游客的交通出行，并有利于生活美学的场景营造。

（3）彰显教育性，以美感人。全域美学的改造不仅局限于外观与物质，更是对地区文化认同与精神文明的重塑。通过全域美学工程，将美育作为内生动力，可提高地区人民的文化自信与文化认同感。居民能够在接触美学与参与美学改造的过程中实现审美水平的提升并以更加自信、积极的心态参与文化建设。

三、修武县：全域美学策源地

（一）修武县产业概况

修武县隶属河南省焦作市，地处河南省西北部，全县总人口 27.4 万人，县域面积 611 平方公里。水资源、矿产资源、森林资源丰富。曾经是省级贫困县的修武县农业与工业发展较为落后，优势产业是第三产业，以旅游业最为突出。

2019 年实现旅游综合收入 46 亿元，占 GDP30.5%，接待游客 1100.8 万次。[1] 作为中国县域美学的策源地，修武县通过全域美学路径实现脱贫，为文旅融合提供了更高层次的发展示范。

中华人民共和国成立初期修武县的发展主要以农业为主，由于自然灾害频发，农业产量受损严重。随着农业基础设施的完善与生产技术的革新，修武县的农业实现稳定发展。目前，观光农业与休闲农业及标准化的畜牧养殖是修武县农业发展的招商重点。

修武县工业发展长期以“五小企业”作为经济支柱，没有实现规模化与集约化经营。由于矿产资源丰富，许多村子发展煤炭经济，到 20 世纪 70 年代成为发展良好的工业村，但随着工业结构的不断优化，修武县的煤炭工业不能适应转型而持续下行，许多依靠矿产资源谋生的村庄没落成为省级贫困村。政府经过不断的探索，淘汰落后产能，大力开展招商引资，通过科技赋能传统工业，带动修武县工业结构转型与脱贫。目前，装备制造业、食品及农副产品加工业、铝工业、纺织业是修武县工业四大主导产业，其带动了经济的持续增长，确立了工业在县域发展中的战略地位。

修武县的优势产业是第三产业，尤其是旅游业，是修武县经济发展的亮点所在。由于自然景观和人文资源丰富，修武县的旅游业发展具备得天独厚的条件。改革开放 30 年，县政府一直将“旅游兴县”作为发展战略，旨在将旅游产业作为抓手，带动相关产业发展，全面激活县域经济。修武县的旅游业发展具备三大优势。首先是历史文化优势。修武县作为千年古县，曾是孔子的问礼之地，也是“竹林七贤”的隐居地、汉献帝的谪居地、韩愈的出生地，这里历史悠久，脉络清晰，丰富的历史文化资源为修武的旅游 IP 开发提供了人文基础与创新思路。其次是区位交通优势。修武县位于郑州、新乡、焦作、晋城 4 个城市的交界地带，中原城市群半小时经济圈内，高速、轨道交通便利，与省会郑州市仅有 17 分钟的高铁行程距离，是中原地区具备极大投资与开放价值的重点县。最后是绿

---

[1] 2019 年修武县国民经济和社会发展统计公报［EB/OL］.（2020-06-01）［2020-12-05］.http：//www.xiuwu.gov.cn/sitesources/xwxrmzf/page_pc/zfxxgk/zfxxgkml/zwdt/zwyw/articleb674173444eb4c7ca061a69ea875de59.html.

色生态优势。修武县全县森林覆盖率30.93%，道路绿化普及率100%，[1]县内水系丰富，河流泉瀑众多，云台山作为国家森林公园，原始森林、次生林植被覆盖率达 90% 以上，动植物资源十分丰富。良好的生态环境为修武县带来了“中国最美小城”“国家生态建设示范区”“中国绿化模范县”的美誉，同时也成为旅游产业的发展基石。

（二）全域美学引领修武全域旅游创新

在全域美学理念实施前，修武县的旅游收益主要来自景区门票收入。但由道路不通畅带来的交通不便降低了修武县旅游消费的热情。县里的许多贫困村徒有资源却不能将其转化为带动经济发展的资本，修武县政府意识到单一的门票经济不足以推动全县发展。鉴于此，修武县开始走上旅游业转型之路。2016 年，国家提出建设全域旅游示范区，修武县政府借此契机，在全县开展全域旅游建设工作，并引入全域美学概念，从党建工作入手，以发展美学经济为重点，通过旅游基础设施建设、旅游服务能力提升、县内房屋、景观、道路改造等行为展现美学魅力，并邀请行业顶尖设计人才对县域美学改造进行规划，全方位推进景城融合。产品与建筑经过美学改造，提升了自身的价值内涵，而对于乡村在地性的保护，将乡村美与秩序美发挥到极致，美学氛围使修武县受到了国内许多文艺工作者与创意组织的青睐，越来越多的品牌入驻修武，修武县域面貌焕然一新。在此基础上，修武县成立旅游发展委员会，在全省率先运行旅游综合执法体系，打造智慧旅游数据中心，旅游服务能力得到质的飞跃。域内重点旅游项目的云台山景区已成为集 1 个世界级和 8 个国家级品牌于一身的全国知名景区，创造了令人瞩目的“云台现象”，得到了国内外游客的认可。可以说，全域美学带来了一个崭新的修武。

四、全域美学为深层次文旅融合赋能

修武县政府深刻理解“绿水青山就是金山银山”的理念，意识到在产业升级的过程中必须改变传统的思维方式。2016 年，修武县政府把握机遇，围绕自身核

---

[1] 数据来源：修武县人民政府门户网站（http：//www.xiuwu.gov.cn/sitesources/xwxrmzf/page_pc/mlxw/xqjj/list1.html）。

心竞争力，引入全域美学理念，经过 4 年的实践，走出了一条以美学领航景城融合的全域旅游探索之路。在美学专家的指导下，修武县通过党建美学、乡村美学、服务美学等路径盘活修武县的历史文化资源与传统行业，改变了修武县的原本面貌，打造旅居新形象，品牌影响力不断扩大。全域美学提升修武县文化旅游内涵，对文旅融合产生了深层次影响。

（一）提升区域治理水平

全域美学的提出丰富了文旅融合的内涵，县政府运用美学理念全面提升县域治理水平，引领全域美学的全面开展。通过党建美学路径实现党政部门联动与体制机制创新，打造现代文旅综合体系，进一步提升修武文旅品牌的综合竞争力。

美学向党建领域延伸是修武县全域美学发展的首要路径。曾经的修武党建号召力不强，党组织凝聚力不够，党员行为不够规范，2016 年，修武首创党建美学概念，设计出“榫卯”和“人民至上、共产党好”的党建品牌标识，在阵地建设、党建活动与党员行为中引入美学理念，将党建工作的内在美与外在美相融合。党建美学举措实施后逐渐加强了基层党建凝聚力，入党积极分子数量迅速增加，出现井喷式增长。党员对“人民至上、共产党好”的宗旨理解更加透彻，党建美学取得初步成功，并为后续全域美学工作的开展打下良好基础。

党建阵地美：在党建阵地建设方面对党员活动的场所进行美学改造，187 个村级活动场所焕然一新，七贤镇沙墙村 80 余户村民以入股的形式众筹 200 余万元，建起现代化“网红党建综合体”，既有村“两委”办公区、党群阅读区、村民大讲堂，又有乡村咖啡屋、集装箱民宿区等一系列潮流项目。党建阵地的改造为党建活动提供了更加舒适美好的环境，提升了党建阵地的亲和力。

党建活动美：在党建活动中，将“以人民为中心”的服务情感融入党建制度建设中，为人民群众提供更良好的服务，关心人民的生活与情感需求，加强与群众的联系，关心人民群众对美好生活的向往，主动对接人民需求，体现党的宗旨。

党员行为美：修武县将黑岩村、韩庄村、河湾村等 10 个村作为党建美学试点，打造建设“一纵三横”党建示范带，规范基层党务工作者的礼仪[1]，同时通过美育，

---

[1] 王辉，崔红星. 河南修武——从党建美到全域美 勾勒美美与共画卷［EB/OL］.（2019-02-02）［2020-12-05］.https：//city.dahe.cn/2019/02-02/444717.html.

赋予党建工作更多的情怀与温暖，从而实现修武党建工作高质、高效发展。

（二）实现文旅产业升级

1. 全域美学引领修武文旅品牌建设

建筑美学正在成为修武文旅融合的新名片。哈佛大学建筑系的任祎提出，要在修武全域美学打造的基础上，实现建筑透明化，打造林间小木屋，将雅致的建筑设计作为提升修武县域美学的关键一环。[1] 以修武县大南坡村为例，将原有的废弃礼堂、学校打造成剧场、茶室，通过民宿、餐馆、茶室、工销社等建筑空间营造，实现娱乐与休闲、康养、教研的多重结合，推动乡村文化的集中展示。极具田园与本土风格的民宿与工销社、茶室为游客和艺术工作者提供穿越时空的体验，也为大南坡村赋予更多艺术气息。

此外，修武以打造“北方民宿之都”为目标，出台《修武县加快乡村特色民宿发展工作方案》等一系列政策，并邀请全球顶尖设计人才走进修武开展创作，以创意构建价值乡村，用美学描绘乡村未来，吸引云上院子、隐居乡里等众多知名品牌入驻修武县，带动全县产业升级。此外，修武举办民宿节庆，并投资建设公路，打通民宿旅游专线。2020 年“五一”假期期间，即使受到疫情影响，修武县的 51 家精品民宿入住率仍达 80% 以上。[2] 同时，充分挖掘“竹林七贤”IP，塑造旅游卡通动漫 IP“云台小七”，将竹林七贤的精神内涵与山水景观、历史人文相结合，赋予云台山景区与竹林七贤故事更加生动化的形象表达。此外，修武县还积极承办汉服节、夏季英雄会、越野巡回等文体活动，打造修武旅游“黄金周”，扩大修武文旅品牌的综合影响力。

2. 服务美学提升修武文旅综合竞争力

修武县大力发扬服务美学精神，在政务服务方面，简化政府服务手续，实施“只进一扇门”改革，为市民提供更加高效的服务，并将 426 项政务清单向全社会公开。同时，实施家长、企业家、基层干部三大“暖心”工程，将服务的温度与情感传递给大众，让市民感受到美学带来的温暖。在提供旅游服务方面，修武

---

[1] 陈杰．哈佛学子助力我县打造全域美学［EB/OL］.（2019-01-23）［2020-12-05］. https：//m.sohu.com/a/292142310_120093491.

[2] 韩笑．修武美学驱动县域高质量发展［N］．焦作日报，2020-06-06.

县成立旅游物价巡查大队与旅游食品安全监管大队，设立综合执法办公室，推动旅游各相关单位实行集中办公，打通服务游客的“最后一公里”，提升文化旅游服务能力。

云台山景区作为修武文旅产业的龙头项目，集中体现修武现代旅游体系建设成果。修武县政府与高德公司合作，打造智慧旅游管理服务系统，在云台山景区建立智慧旅游大数据中心，研发一键救援按键，及时定位游客位置，保障游客安全。2020 年“五一”假期期间，央视 5 次聚焦云台山景区，云台山的优质服务得到了游客的认可。修武将以云台山景区的服务体系作为规范，将景区管理服务体系与标准向全县覆盖。全域美学的实施提升了修武县的治理水平与服务能力，极大地增强了修武旅游品牌竞争力。

3. 全域美学带动相关产业再造

修武县通过美学盘活了全县的现有资源与产业，从住宿、餐饮、休闲、娱乐、会展、文创等方面出发，带动相关产业发展。在高端的装备制造及文创产品开发方面率先实现产业升级，通过全域美学推进景城融合，三产融合，在一、二、三产业全面加强高品质创造与体验，提供更加具有美学价值的高质量产品。例如，七贤镇的“云台小七”IP 预计带动 50 亿元的项目投资，2020 年全镇旅游经济收入达到 1 亿元。[1] 在文旅产业方面，从过去的景点游变为深度体验游，从服务经济变为美学体验经济，成为全省第一的全域旅游示范区，并于 2019 年成为国家级全域旅游示范区。同时，借助冰菊工坊等特色项目开展文创研发，可拉长产业链，提升产品附加值，为产业发展注入更多活力。

（三）推动美丽乡村建设

1. 基础设施改造提高乡村颜值

基础设施长期以来是制约乡村文旅发展的重要因素。道路、停车场、厕所等基础设施的建设有无与好坏直接影响着旅游全过程的体验感。全域美学旨在修武全县域提供良好的游览体验，部分落后地区的基础设施建设至关重要。修武县创新交通服务，建成郑云高速与高铁站，全面融入郑州 1 小时通勤圈。修武县全县

---

[1] 王丁，王圣志，刘怀丕．乡村振兴的美学路径——河南省修武县域经济发展新观察［J］．决策探索（上），2020（12）：69-70.

累计投资399亿元，实施16个“云系列”景区转型项目[1]，在公路、游园、公厕等基础设施保障基础功能性的前提下增添美感，从而从整体上提高县域美学水平。修武还提出以美学理念引领“四好农村路”建设，以打通交通出行的“最后一公里”，通过新建成的公路联通各古村落、景区与民宿，缩短游客追忆乡愁的距离，盘活现有零散旅游资源。智慧照明完成投资5000万元，打造五大彩色亮点，即彩色村庄、彩色护栏、彩色湖泊、彩色路沿石、彩色桥梁，多彩的道路和设施与极具艺术感的建筑房屋交相辉映，共同展现了美学的魅力，给人以视觉冲击与美的享受，美学元素无处不在。崭新美丽的乡村拥有了乡村旅游旺盛的生命力。

2. 美学经济助推脱贫攻坚

修武县实施的全域美学在全县脱贫攻坚方面发挥巨大作用。“四好农村路”带动沿线23个贫困村、10个美丽乡村的发展，帮助14个贫困村摘帽，实现整体脱贫。[2]经过美学设计后，修武特产冰菊销售良好，后雁门村冰菊每朵可以卖到30元，2018年，后雁门村的冰菊工坊销售收入破亿元，并带动500余名农民实现就业。[3]同时，修武县积极定位年轻消费群体，开拓线上与线下结合的消费模式，如云台小七电商直播小镇带动区域特产与文创产品的销售。另外，修武县人口27万人，每年要承接上千万的游客，美学改造的精品民宿、工销社、书店、剧场、景区提供了更多就业岗位，解决了长期以来的就业难问题。县委书记郭鹏提到，计划在未来将修武打造成为北方的民宿之都，将释放更多就业机会，截至目前，已经有相当数量的外出务工村民返乡，这个趋势将会继续加大。[4]修武县的全域美学实现了经济效益与社会效益的共同提升。

---

❶ 中国全域旅游之“修武模式”［EB/OL］.（2019-11-26）［2020-12-06］.https：//www.sohu.com/a/356661599_234393.

❷ 杨秋意．美学经济破了修武乡村发展难题［J］．农村·农业·农民（A版），2020（9）：14-15.

❸ 王丁，王圣志，刘怀丕．乡村振兴的美学路径——河南省修武县域经济发展新观察［J］．决策探索（上），2020（12）：69-70.

❹ 刘鹏飞．大南坡：乡村振兴，美学路径——专访修武县委书记郭鹏［EB/OL］.（2020-11-05）［2020-12-06］.https：//mp.weixin.qq.com/s/SbvIYm01-p5lr1OaOVanMA.

（四）实现居民精神重塑

美学理念改变了居民的精神面貌，通过美的环境与美育活动，居民对本地的文化有了更加深刻的理解，产生了文化归属感与认同感，在此过程中，全域美学从“真”“善”“美”三个维度实现居民精神重塑。

1. 保留在地性，展示真实乡村图景

近些年，中国的城市化进程不断加快，快节奏的都市生活让许多人开始怀念乡村的单纯美好。乡村情怀是很多人选择乡村旅游的重要因素。修武的全域美学改造保留了乡村的风味，民宿与公用设施的外观打造让人可以直观感受乡村风情。乡土气息的真实显露也吸引了许多文化创意人士，方所书店在修武开设国内首家乡村书店，古香古色的茶室、充满时代感的工销社都还原了乡村生活，留住乡愁记忆，让人倍感亲切。在修武的旅游开发中，资本没有让修武成为功利主义的商业景区，而是保留了在地性，与当地居民和谐共处，并为当地居民提供工作岗位，避免了当地居民因商业介入而大量流失。

2. 改善乡风乡貌，提升居民素质

美学经济推动经济振兴，提供了相关就业岗位，解决了村庄的就业问题，人民生活水平得到提高，在此基础上，居民更加注重精神需求的满足。各式各样的美育工程增长了居民的见识，居民的文化素养不断提升。美学推动乡村发展井然有序，不文明行为越来越少，乡风得到极大改善。

3. 注重美的追求，增强文化自信

全域美学理念不仅体现在物质层面增强视觉美感，更体现在精神层面注重对美的向往与追求。村民们在景观、建筑改造中享受视觉美；在生态环境保护中感受环境美；在书屋建设与美育工程中沉浸生活美。无论方所书店、教研基地还是茶室、工销社都为村民们带来了截然不同的美学体验。在修武县大南坡村，社会资本鼓励当地居民自己参与民宿改造和书屋建设，当地政府与北京当代艺术基金会合作，计划推行“艺术家驻场计划”，邀请艺术家来大南坡村居住，与村民共同生活、交往，在潜移默化中提升居民的审美水平，淳朴的村民与乡村田园也为驻场的艺术家带来创作灵感，从而形成可持续的艺术生命力，为村庄建设提供更多创意，形成良性循环。村民在此环境中愿意为到访游客展示自己的家乡与文化，文化自豪感与归属感不断增强，参与本地区文化建设的积极性不断提升。

五、结语

如何实现深层次的文旅融合，全域美学提出了良好对策。以美学作为内生动力，带动乡村建设，让乡村释放全新活力，以美的方式呈现给游客，以满足体验经济时代游客的多样化需求。修武通过全域美学实现了居民精神重塑，改善了乡村风貌，成功创立了文旅品牌，推动了产业再造，增强了文化旅游的综合竞争力。在文旅融合不断深入发展的当下，全域美学将以崭新面貌为深层次的文旅融合赋能。

重大疫情影响下乡村文旅可持续发展的思考

张潆方*

摘　要： 可持续发展是文化旅游解决供需矛盾、稳定产业生态的终极目标。重大疫情冲击下，乡村文旅既承载着市场、产业、投资重构下的生存与发展压力，也在国家乡村振兴战略和产业倾斜政策的后盾保障中迎来智慧化、刚需化转型契机。可持续发展理念为乡村文化旅游产业在动荡中解决原始矛盾、化解生存发展危机、重塑产业血肉、稳定扎根乡村指引方向。乡村文旅需要内部产业与外部环境合力，以绿色生态化生活理念、智慧人性化体验方式、便捷精细化管理意识为指引，以多元整合、跨界融合、良性竞合措施，以政策与环境保障、市场与行业规范、人才与消费助力，重塑产业生态系统，提升应对突发事件的能力，实现健康可持续的发展目标。

关键词： 重大疫情；乡村文化旅游产业；可持续发展；新型冠状病毒肺炎疫情

* 张潆方，中国传媒大学文化产业管理学院硕士研究生。

引　言

历次突发性公共卫生事件都对文化旅游产业发展造成较大冲击，在经历SARS、甲型H1N1等几次重大疫情，产业进行了相应调整后，2020年新型冠状病毒肺炎疫情的暴发虽在短期为乡村文化旅游产业带来了巨大的经济损失与运营难题，但根本上并不会阻碍长远发展。2020年是全面建成小康社会目标实现之年，是全面打赢脱贫攻坚战收官之年，疫情突发促使乡村振兴战略实施步入关键节点，而乡村文化旅游发展将在全新乡村振兴战略中发挥更重要的作用。新型冠状病毒肺炎疫情影响下的文旅产业“敏感性”再现，引发了对面对重大疫情时产业如何可持续发展的思考，为乡村文化旅游的转型升级创造机遇。经营者可借此重新正视危机事件下产业的脆弱性，从根源寻找重创下产业发展弱点及受创原因，建立更健康稳定的经营服务体系，并利用产业危机时期的休整阶段寻找转机、紧抓契机，借力国家政策重塑产业生态，以优良的互补共赢关系和有序的产业发展环境维持产业的可持续发展。

一、重大疫情对乡村文旅产业的影响

乡村虽地广人稀、自然生态优良，在疫情传播的风险上低于人口密集型的城市，但因其较为薄弱的基层医疗卫生机构服务能力、较差的医疗卫生条件、较少的医疗卫生物资和村民较低的重大疾病防控意识、风险意识，其仍是疫情中的国家重点防控区域。2020年新型冠状病毒肺炎疫情暴发后，大量乡村景区关闭、文娱活动取消、城市居民出行受限、室内封闭场所停业，本应在节日期间火热的乡村文旅消费市场和乡村特色民俗体验项目瞬间冻结，疫情大面积扩散所带来的恐慌抑制了游客的原始消费欲望，乡村文旅消费热度骤减。疫情防控的强制性措施虽切断了乡村文化旅游产业与外界的联系，但对于乡村文化旅游经营主体、产业结构、产业生态而言，人们对疫情的恐慌、骤减的消费欲望和新生的消费偏好也使乡村文旅产业重整结构、优化升级迎来转机。

（一）生产主体生存艰难，经营个体损失惨重

1. 文旅企业：前期投入与营业损失呈正比，大中小企业共争有限资源

乡村文旅可分为乡村性文旅产业与乡村地区文旅产业，经营主体主要包括旅游企业（建设开发商、旅游经营者）、农民及其组织。疫情冲击下，文旅企业对乡村文旅产业的投资规模与受创程度相关，高投入建设的乡村性文旅项目受创程度高于乡村地区文旅项目，小微文旅企业生存难度大于整体实体较强的大型企业。

新型冠状病毒肺炎疫情暴发后，乡村文旅企业面临的是大量网络订单的取消，游客的减少直接导致部分依赖于门票、项目消费资金链的企业面临现金流难关。对发展较成熟的大型文旅企业而言，前期投资金额越高、经营规模越大、设施建设越完善的乡村性文旅产业遭受的经营压力更大，可能面临相关行业运转迟缓、日常设施维护不良或是企业员工失业等问题；而乡村地区文旅产业由于产业性质、多元主体经营、自然优势等特殊性，仍有替代产业填补部分经济损失，对经营主体带来的创伤弱于高投入的乡村性文旅产业。大型文旅企业获得以较低成本对区域优质资产实施并购机会，通过资源整合优化自身布局、增强实力。而起步晚、资金不充裕的小微文旅企业，产业间激烈的竞争与垄断严重威胁到企业生存，面临破产危机，也会有更多的企业选择出售部分优质资产来延续企业生命力。

2. 农民经营者：文旅直接受益者损失惨痛，间接作用于农民生产生活

乡村文旅产业的发展离不开农业的助力，乡村文旅产业的核心力量除建设开发商、旅游经营者以外，便是大量的个性化、小微化的将生活与工作紧密结合的个体经营者。疫情暴发后旅游产业整体停业，为乡村文旅经营个体带来的不仅是工作上的经济损失，更有生产、生活上的难题。

受到经济损失主要有以文旅经营谋生的农民，停工、失业成为旅游从业者普遍面临的挑战。农民参与乡村文旅产业经营的主要方式为旅游经营与个人生活结合，旅游空窗期使主营文旅服务的农民未能获得预期营业收入，失去主要经济来源；对于以旅游发展创造工作机会、产品销售等间接受益的农户而言，疫情对旅游业的冲击并不会影响正常的生活。在新型冠状病毒肺炎疫情得到彻底控制前，乡村旅游产业停止经营、交通运输减缓、各行业人员紧缺等问题可能持续存在，会间接影响农民生产资金、物料运输与生产工具购置等活动，农民可能因此错过农业发

展的黄金季节，正常生产生活也会受到阻碍。除此之外，乡村文旅停业将使众多没有农业等副业支撑的文旅乡村文旅从业者，面对大量岗位取消后的停职乃至失业的生存危机。

（二）产业发展停滞，供需矛盾凸显

1. 旅游停业造成发展倒退，结构优化迎来绝佳时机

乡村文旅产业的发展离不开农业与文化产业的助推，乡村依赖旅游产业的力量为农业增加投入、促进乡村文化产业扎根，旅游产业利用农业、文化产业的资源基础与创新活力不断延伸产业链。但我国乡村普遍存在产业分配不均、内部关联较少、整体发展不协调的原始问题，因此，当突发的新型冠状病毒肺炎疫情强行将旅游产业剥离乡村产业协同发展队伍后，乡村农业与文化产业失去中间纽带，产业间的联动发展失去动力。

文旅产业经营停滞使乡村文化产业失去动力支撑，原本融合度不高的农业与文化产业逐渐分离。农、旅、文产业结构失衡，大量空闲文化旅游劳动力选择转身投入农业生产劳动，导致文化产业发展被忽略，直接影响农产品附加值，极大可能造成乡村创新农业向传统农业回归。原始的农业生产模式将大大拉低乡村产业经济增长速度，乡村整体发展可能发生倒退。但对于文旅产业而言，此阶段脆弱敏感却也充满机遇，乡村产业结构的动摇为经营者创造了产业优化的绝佳时机，针对再生产、需求、技术、投资、就业等结构进行调整，可促进未来高效化、合理化、品质化的产业结构的构建。

2. 疫情导致产业连锁反应，供需矛盾催促文旅升级

乡村产业融合根基不稳，新冠疫情引发的供需矛盾扰乱了乡村文旅产业的正常运营，旅游文化消费需求的减少和催生的新消费市场，将对乡村文旅及相关产业带来巨大的震荡。

农民经营者善于利用农业生产提升乡村经济，缺少对文化及旅游产业的有效认识和合理运用，疫情影响下乡村文旅产业布局将从以旅游为主导的农、文、旅协同发展，向农业主导、文化产业与旅游产业共同发展转变。对乡村文旅经营主体而言，旅游产业的休整干扰了经营主体间的合作关系，部分文旅经营人员（建设开发商、旅游经营者等利益相关者）短期撤离，带走了部分乡村文旅产业组织中的核心创造力，疫情期间的重大事件决策和产业发展规划将成为乡村可能面临

的难题之一。对于乡村文旅产业链而言，消费需求萎缩、交通运输不便和企业休整严重阻碍了乡村文旅产品输出，大型场所关闭、活动取消限制了文旅产品与服务的供给形态。供给与需求的矛盾导致原始产业链中环环相扣的乡村资源利用、转化和相关产品、服务投入、生产、销售、分配链条断裂，从而引发已生产产品积压、旅游服务无处供给困境。但此特殊环境催生了新消费偏好、市场需求与商业模式，让乡村文旅无法再回避产业的重组与结构调整问题，疫情影响下乡村文旅将迎接转型升级的转折。

（三）**行业竞争加剧，产业环境动荡**

1. 内部生态：竞争与替代加剧生存危机，合作与共赢成为共同期许

旅游产业生态由生产者、消费者和分解者构成，是一种新型的旅游发展管理体系和运行机制，最终目的是实现经济、社会、自然自成一体、整体协调。[1]疫情恐慌下孕育出的新消费愿望将促成乡村文旅产业的生态重塑，消费市场重构下新的竞争与合作模式，必然会促进新的产业生态链形成，乡村文旅产业进一步横、纵向的延伸会带来更丰富多元的业态。

全国经济发展的降速、社会的不稳定等外部因素导致乡村文旅失去强有力的社会保障，持续降温的旅游消费需求带来全国旅游市场的萎缩，加速了文旅产业间的竞争与替代。乡村文化旅游自身免疫力较低，产业生态系统不堪一击，疫情所带来的“产业洗牌”在所难免，但在优胜劣汰的环境中，残酷的竞争也将促进新乡村文旅利益共同体的产生，“共生、共赢”是未来乡村文旅的生态目标。同时，疫情防控对文旅市场的抑制让乡村文旅重新思考内部业态布局、产品供给、资源配置等的合理性，单一的“文化 + 旅游 + 农业”结构和“线下文化休闲体验 + 周边产品售卖”等内容已无法维持乡村文旅产业的可持续发展，疫情过后的发展与演变充满未知。

2. 外部生态：产业环境受外界动荡不定，新成员介入助推文旅转型

产业生态化发展是一个循序渐进的过程，既需要产业内部的合理运转，也需要整体环境的稳定。疫情出现后社会、技术、环境、法律等因素的调整，不断改变着乡村文旅产业的生态环境。

---

[1] 杨娟娟．旅游产业生态化研究［D］．桂林：广西师范大学，2012.

为稳定重创下的乡村文旅产业环境，国家与地方相继出台了与乡村、文旅产业发展相关的政策与法规，扶持和指引产业健康运转。崛起的“云消费”让现代信息技术再次进行了人群间的大面积普及与传播，新兴技术跨行业的应用加大了其与文旅产业融合的可能，在促进乡村文旅产业可持续发展中价值凸显，科技将是乡村文旅在遭受重大疫情冲击下与外界保持永恒联系的最有效路径。疫情的警示让人们更加注重公共安全、健康生活，消费者对旅游品质要求的提升也将加速乡村文旅自然、人文、信息环境的系统升级，乡村资源管理将向标准化管理转变。在外部要素的被动刺激下，乡村文旅产业未来发展的内容、模式等逐渐发生改变，自然、人文、信息环境的维护成为关注重心，乡村经营主体迎接新的合作关系，政府进一步介入乡村文旅产业的规划与宣传，新兴技术将是促成产业由传统转向智慧的主要推动力，乡村文旅产业将在全新产业环境中完成危机之后的健康发展。

二、重大疫情冲击下乡村文旅产业的危机、转机与时机

（一）危机：乡村文旅原始问题暴露，生存与发展困难重重

作为具有原始、粗放特性的产业，乡村文化旅游发展模式虽区别于城市商业景区，但从根本上说对客源依赖性较大，新型冠状病毒肺炎疫情暴发后，乡村文旅产业几乎完全停止运转，长期存在于产业中的问题逐渐暴露。

“现金流”问题普遍存在，小微企业难熬生存考验。为了让旅游“旺季”获得更多市场关注，文旅企业会提前通过广告投放、产品策划等资金“预输出”途径完成蓄力工作。疫情突发造成的文旅产业“冰封”切断了应属于旅游旺季的经济来源，前期投入付诸东流，导致部分企业资金难以维持产业乃至企业运营，现金流问题成为乡村文旅经营主体面临的首个生存难题。小微企业是乡村文旅产业经营主体的主要组成，市场萎缩引发的行业竞争，让部分尚未发展成熟的企业陷入被取代的困境之中。

过度依赖外界力量，实际竞争优势较少。疫情暴露出的产业模式单一、创新不足、线上业务落后、缺乏危机意识等原始问题，制约乡村文旅产业的可持续发展。疫情隔离措施会切段乡村与游客联系，部分过于倚重线下传统文化的旅游失去唯一服务与销售渠道，损失巨大将持续影响后期产业恢复。乡村文旅对大型文

旅企业的依赖性较强，疫情期间失去外部企业帮扶，仅靠现存产业结构、服务体系、产品供给无法支撑激烈的市场竞争，市场恢复后可能被其他景区新生业态所取缔，甚至淡出消费者视野。

持续消耗产业活力，各要素运营难度增加。旅游属精神文化消费需求，重大疫情造成的生理、心理恐慌迫使人们对安全的需求增加、对精神层面的文化需求减少。虽然疫情结束后将有小规模旅游反弹，但根据“非典”经验，第三产业真正恢复正常状态需要 3 个月到半年时间。[1] 乡村旅游以中低端传统观光供给模式为主，缺少乡村文化、环境保护与资源循环利用的意识，文旅产业休整阶段可能造成乡村景观维护力度下降、潜在旅游资源荒废等问题，对乡村文旅资源要素维护与利用的忽视会破坏乡村美丽生态图景。长时间的产业冰封将挫伤旅游从业者积极性，人才的流失既增加了产业运营难度，又让文旅产业错失二次开发机遇。

知识产权领域无知，阻碍竞争优势维护。供给内容与模式同质化、缺乏创新精神是乡村旅游产业普遍面临的问题，根源在于乡村文旅经营个体对知识产权保护意识淡薄，自身优势的文旅项目通常得不到有效的法律保护，以及对文旅企业的创意扶持的依赖，实际自身严重缺乏市场预判、问题解决、资源创新意识。重大疫情过后往往迎来乡村文旅市场竞争最激烈时刻，这也是同行抄袭、恶性竞争等现象频发之时，在残酷竞争中维护自身利益、保护产业优势、维持特色竞争力成为经营者们首要解决的难题。

（二）转机：乡村文旅迎接刚需时代，重构现象带来转型时机

新型冠状病毒肺炎疫情起源可能仍与野生动物相关，沉重打击和惨痛代价让人深刻意识到绿色、健康生活的重要性，也不得不正视人与自然应有的和谐关系。

疫情为乡村文旅成为生活刚需带来转机。文旅消费作为精神消费的重要内容，在进入中等收入国家门槛、人均 GDP 过 1 万美元的中国，已经成为人民群众的基

---

[1] 崔凤军．新冠肺炎疫情对文旅产业的冲击与对策——兼论文旅产业的敏感性与脆弱性［J］．台州学院学报，2020，42（1）：1-5.

本需求，旅游已进入大众消费阶段，其势头不可阻挡。[1]重大疫情所唤醒的生活理念与主流观念将在人们生活回归正轨后将最先作用于消费行为之中，人们对拥抱自然、坚持运动、绿色饮食等体验消费诉求和积蓄已久的出行、消费愿望，使城郊乡村成为各个家庭走近自然、康养身心、陪伴亲友的首要选择。乡村的美好生活图景、返璞归真的民俗体验、闲适恬淡的自然氛围、人与自然的和谐关系，满足了疫情创伤下人们内心深处的渴望。不仅使疫情后的乡村文旅迎来重要发展契机，也将加速乡村文旅刚需时代的到来。同时，疫情催动健康产业的飞速发展，也为乡村文旅创造了跨界合作机遇，未来康养保健、医药医疗、体育锻炼等创新业态的融入，将助推乡村文旅产业向健康生态化、科技创新化转变，体验健康化、产品服务线上化将成为未来趋势，乡村文旅可能迎接新一轮的消费浪潮。

重构现象为产业换血与升级带来转机。疫情影响下全国文化旅游产业的减速发展带来了行业洗牌，市场与人心、产业与业态和投资的重构为乡村文旅产业转型发展争取了较长的缓冲期，持续前行的企业获得了完善制度和系统培训的宝贵时间。普遍资金链问题加快了企业间的优胜劣汰，产业内部的兼并、重组、合作，企业自身的产品更新、运营调整，将带来文旅产业内部的“换血”。此后，在竞争中突围的文旅企业会借助疫情结束后大众消费热潮，发现乡村文旅的真正潜力，并找寻契机介入产业发展中，为乡村文旅产业发展注入新鲜血液。未来更多的投资和合作机遇会重新唤醒乡村文旅的发展活力，创新与传统碰撞出的火花会带动产业结构的调整、塑造更健康的产业生态，为乡村文旅产业带来转型升级的机遇。除此之外，户外活动大幅减少促使很多消费场景“被迫”转移至线上，无形中培养了新型消费习惯，消费者对“云”生活模式的青睐，促使传统消费行业均有向线上转移的趋势。与国家极力倡导的乡村旅游信息平台建设，推动乡村旅游智慧化，运用新兴技术促进优秀文化资源数字化[2]战略不谋而合。人们对非接触式、线上消费需求的增加与国家推进数字乡村建设的双重助力，将加快乡村文旅智慧化服务与产品线上化进程，乡村文旅正式从线下传统体验式消费向线上多元智慧型转型，创新科技、智慧服务、健康卫生将成为乡村文旅的全新标签。

---

[1] 崔凤军.新冠肺炎疫情对文旅产业的冲击与对策——兼论文旅产业的敏感性与脆弱性［J］.台州学院学报，2020，42（1）：1-5.

[2] 中国数字乡村发展报告2019年［R］.农业农村信息化专家咨询委员会，2019.11.

（三）契机：乡村文旅后盾保障坚实，倾斜政策鼓舞产业突破

乡村文旅产业发展区别于非刚性需求的旅游观光，拥有农业基础保障，从休闲农业、旅游观光到共享庄园、田园综合体，在失去游客流量基础后，仍可依靠生活刚需农产品的输出维持乡村经济。对乡村而言，疫情所引发的一系列问题虽导致乡村短期经济发展降速，但并未对乡村市场造成严峻的打击，新战略、新手段、新政策的推进，新形式、新业态、新乡贤的进入，为乡村文旅更深层次融合、更广泛层面创新、更高视域可持续发展创造了新契机。

以乡村振兴为契机，引导乡村文化旅游进行更深更广的融合、更全产业链建设、更现代化发展。发展乡村旅游不仅能够提高农民收入水平，促进农业发展提质增效，而且有利于改善农村生态环境与生活面貌[1]，旅游扶贫是乡村振兴战略中产业扶贫的重要组成部分。以此次新型冠状病毒肺炎疫情为例，乡村地区遭受的经济损失及消极影响仍需依靠发展文化旅游来弥补，国家对实现乡村振兴战略的政策倾斜为文化旅游产业的深层次转型创造了契机。2020年2月，中共中央、国务院颁布《关于抓好“三农”领域重点工作确保如期实现全面小康的意见》（以下简称《意见》）和农业部印发的《2020年乡村产业工作要点》（以下简称《要点》），为艰难时刻的乡村文化旅游发展指明方向。《意见》中强调了文旅产业对倒逼农村公共基础设置建设、生态环境提升、厕所革命有序推进的重要作用，并提出针对疫情防控期间的农村经济下滑，将预算内投资继续向农村倾斜，为旅游产业发展提供资金保障和科技支撑。《要点》则进一步细化乡村休闲旅游建设的未来目标与扶持措施，以“三个进展”为目标促进更多休闲农业重点县、精品休闲旅游和精品休闲旅游路线的产生。疫情影响下乡村振兴战略的重调，为各地创造了优良的产业环境，乡村文化旅游产业可在此环境下立足资源优势，以景区为平台、以消费市场为指引，深化一、二、三产业的融合发展和全产业链建设，为文化旅游及多元衍生业态的融合发展创造空间。同时，借力“数字乡村”[2]战略支持加快文旅产业信息化发展，以技术为驱动，拓展多元业务，寻求转型升级

---

[1] 乔六花．发展乡村旅游，助推乡村振兴［N］．青海日报，2019-09-16.

[2] 中共中央办公厅，国务院办公厅．数字乡村发展战略纲要［J］．农业工程技术，2019，39（15）：6-10.

之路，带动乡村整体及其他产业的现代化发展，最终在疫情过后的消费热潮中以焕然一新的形态呈现在消费者眼前。

以刺激文化消费政策为契机，引导乡村文旅系统升级与可持续发展。消费是国民经济增长的持久动力，为了更好地迎接疫情过后复苏的文化消费市场，顺应特殊时期产生的消费升级趋势，进一步改善消费环境，发挥消费的助力作用，我国多个部门于 2020 年 3 月 13 日联合发布《关于促进消费扩容提质加快形成强大国内市场的实施意见》（以下简称《实施意见》），公布了针对疫情影响调整后的刺激消费思路。《实施意见》提出重点推进文旅休闲消费提质升级，着力建设城乡融合消费网络，加快构建“智能 +”消费生态体系，持续提升居民消费能力，全面营造放心消费环境，从而持续刺激消费愿望。《实施意见》对乡村文旅的环境条件、产品供给、宣传推广模式、市场规范与城乡互动提出了更高的要求，将成为推动乡村文旅产业生态化转型的重要契机。文旅市场供给的优化，会进一步促进乡村传统文化的保护、传承和多元业态的产生、集聚；乡村文旅环境的完善提升，不仅满足了游客对高品质、健康化旅游体验的需求，也实现乡村有限资源的持续利用和乡村服务的标准化提升；宣传推广模式的完善，将更精准地塑造“美丽乡村”旅游品牌，以全方位宣传引导消费者关注并选择乡村文旅；乡村文旅市场秩序的维护，安抚了疫情创伤下未恢复的消费信心，创建符合安全消费理念的消费环境；对智能化消费的鼓励将与数字乡村战略协力，加快乡村智慧文旅基础设施、服务体系的落实，和乡村文旅数字内容的生产。同时，国家针对疫情防控期间文化企业重振、消费惠民、消费需求释放等领域伸出政策“组合拳”，从企业、产业、消费角度保障了乡村文旅经营者、消费者等多方基本利益，规范了乡村旅游服务管理中的规划审批、经营管理、安全与卫生等各方面流程，为共同推进乡村文旅产业标准化、专业化升级与乡村资源、文化、自然、产业可持续发展提供强有力支持。

三、重大疫情影响下乡村文旅产业的可持续发展思考

产业生态是以可持续发展为基准、以经济发展为目标、以科技创新为驱动、以政策法规为保障、以组织管理为措施，在良性竞争与互动下建立共生、互生、再生的利益共同体，维护产业内外平衡，从而推动产业可持续运转。良好的产业

生态是乡村自然、文化、社会资源可持续利用与文旅产业健康稳定发展的前提。面对重大疫情影响下的转型升级关键节点，乡村文旅产业未来规划需以市场为导向、以新兴技术为手段、以绿色生态为理念、以资源可持续为基础，坚持用生态标准规范产业链、产业结构及内部组织，在保证企业多元化的前提下鼓励全新利益共同体的组建，依照可持续发展目标主动调整产业规划，在坚实的政策支持、市场保护下，积极自救、互补共赢，为产业复苏奠定基础。

（一）重塑乡村文旅产业生态

1. 重塑绿色、生态化乡村生活理念

依照消费偏好、市场需求等走向，重塑绿色、健康、生态的乡村生活理念，结合疫情影响下萌生的消费新场景、新活动、新体验，调整乡村文旅发展理念。乡村应促进绿色、生态理念与日常生产生活的融合，重塑乡村产业形象，引起村民对绿色健康、品质安全、资源可持续的重视，转变村民生活理念，以内部自然产生的环境保护意识、健康生活观念主动带动文化旅游产业的生态化发展，进而优化乡村公共服务设施，提升乡村公共安全与卫生等级，向美丽乡村建设目标迈进。

追随疫情下乡村文旅产业发展趋势，以精准化市场研判指引乡村文旅转型方向，以生态、可持续为目标重新制定未来发展方案，重塑乡村文旅生态。经营企业应系统分析疫情影响下产业的基本环境、普遍问题、未来动向，结合现状对目标市场进行研究和预判，适时将绿色生态理念融入乡村文旅的生产、生活、消费之中，围绕绿色健康消费部署文旅市场恢复后的复苏方案，得出转型时期的最优模式、产业结构、服务内容，向高端品质、天然绿色、生态循环的新乡村文旅转型升级。

2. 重塑智慧、人性化乡村体验方式

以科创驱动乡村体验智慧化转型。加快以新兴技术为基础的数字乡村公共服务体系建设，加快科技创新体验与乡村产业的融合；拓展乡村产业线上业务，加大数字化内容的生产；扩大乡村产业资源与信息的网络传播方式，保证资源与信息的互联互通，以创新、多样的数字呈现吸引新兴技术投资方加入数字乡村建设中。编织一张全覆盖的数字互联网络，帮助村民了解并认可数字生活方式，通过数字乡村建设，为乡村文旅产业智慧化转型提供技术保障与创新动力。

以文创助力乡村内容人性化供给。文化创意是乡村保护生态环境与精准扶贫的有效路径，文创力量注入乡村产业发展，既减少了对乡村自然资源的过度开发，也为相关产品与服务赋予更丰富的价值，以最低成本提升产品与服务的附加值。应对重大疫情造成的消费敏感，乡村应以人性化为产业内容生产目标，注重人文关怀，垂直细分消费市场，拓宽服务对象群体，针对不同人群的市场需求研发有温度、重体验的产品与服务；以乡村地域文化为切口，运用多维消费体验模型的设计打开乡村旅游体验的新模式，通过丰富多元的乡村文化体验，满足全龄人群乡村体验需求。

3. 树立便捷、精细化文旅经营意识

全面提升乡村文旅产业便捷化运营水平。新型冠状病毒肺炎疫情影响下的全社会的数字化生活、工作与学习方式体验，促进了乡村文旅经营者传统运营的数字化变革。为迎接便捷化人力服务方式，乡村文旅产业需要基于现代信息技术构建适合多元主体参与的线上文旅服务体系，通过数字化方式整合现存产业链、配置产业资源、对接相关工作，打造低成本、高效率的智慧工作平台，同时，适当简化运营中各环节对接流程，将工作重心置于生产与开发中，提升运作效率、提高服务效能。

精细化构建完整乡村文化旅游体系。多次重大疫情的警示，乡村文旅企业应重构乡村文化旅游体系，加强对产业应急体系建设的重视，健全危机预警与特殊时期管理机制，对突发事件下产业呈现的问题进行精细化分析并思考解决方案，并将此类应急措施列入促进产业长期变革的动力之中。开展员工培训教育，提升乡村经营主体间的合作共赢意识，普及面对重大危机事件时的正确处理方式，思考如何发挥乡村经营组织优势强化市场恢复期的产业安全保障，以精细化的应对措施、完善的运营服务体系，迎接未知的挑战。

（二）产业结构内部互补共生

1. 产业链：纵向整合与创新合作

纵向整合产业链资源，巩固已形成合作关系。乡村文旅经营者应充分利用产业冰封期，理顺产业链上下游已有合作关系，充分发挥产业链的功能效用，纵向整合企业与机构资源，加强与上游产业规划策划、文旅项目建设、相关产品供给商的联络，充分利用现有资源对疫情后乡村文旅发展制定全新规划方案。及时调整已呈现项目，适当建立创新项目，根据新制定的产业规划方案随时调整产品供给内容，从生产与开发的源头进行产业更新。在进行要素整合、资源再整理的过程中，与产业链下游的旅行社、OTA 等渠道商建立更广泛的合作，迎合不同阶段消费心理，围绕不同的文化旅游产品进行线下与线上结合的精准营销，塑造符合消费者心理预期的乡村形象。同时，更要重视与旅游行业协会、相关媒体、研究机构的联络与合作，及时获取行业一线信息以进行最省时、有效的调整，帮助乡村文旅尽早获取行业、市场认可，恢复正常经营。

主动建立新的合作关系，创新联动实现多方共赢。疫情对文旅产业的影响具有持续性，建立互利共赢的利益共同体将是帮助众多文旅企业稳度生存与发展危机的最有效路径。在消费便捷化特征驱动下，乡村文旅企业应主动与外部电商、餐饮、食品企业建立跨界合作关系，搭建全新产品营销链条，拓宽“文化 + 旅游 + 农副产品”线上与线下营销渠道，确保乡村文旅产业在季节性影响下也能保持产品输出。除此之外，国家及地方政府应鼓励乡村文旅企业与同区域竞争企业合作，在特殊时期规避同质化、低质量的恶性竞争，以整体文旅产业发展为大局，建立更积极的依存互补机制，以短期产业链横向整合促进区域内不同特色景区间的合作联盟形成，设计并推出景区联动的文旅线路，以区域文旅产业效益最大化为共同目标，实现多方互助共赢。

2. 产业结构：横向融合与跨界互补

发挥产业融合优势，农、文、旅协同并进。乡村是发展文化旅游产业和进行日常生产的共享空间，文旅产业与农业共同支撑乡村经济发展，突发疫情虽未障碍文旅以外产业运转，但仍对整体产业环境造成干扰。一方面，乡村到访游客数量骤减，各地方交通管制限制人员流动，被阻断的旅游经济收入来源间接作用于农业与文化产业，提前生产的部分农产品积压，农业面临短期滞销难题，失去旅游产业联动，文化产业孤掌难鸣。另一方面，正因有绿色农业与文化产业的背后支撑，乡村可凭借雄厚的农业生产基础和民俗文化资源弥补部分旅游产业损失。因此，未来乡村文旅发展更应发挥优势，注重不同产业间的创新融合，加大文化产业、农业与旅游产业融合，以乡村文化为旅游产业、农业增加附加值，推动项目与产品的精品制作；以旅游产业促进农业供给侧结构性改革，利用文旅平台开辟全新销售通道；以农业与文创产业协助文旅线上业务开辟，帮助经营者转变角色实现多元产业经营。

淡化文旅产业边界，灵活跨界打造全新模式。其他产业对文旅产业损失的填补，让乡村文旅经营主体认识到构建和谐互补的产业共生关系的重要性。除要使乡村文旅与相关产业的横向融合，未来还要逐渐淡化文旅产业融合边界，鼓励乡村文旅与其他产业跨界融合。在健康生活理念、全民运动热潮和智慧医疗技术崛起的背景下，突破时间空间与意识形态限制，乡村文旅可尝试与高科技互联网、智慧医疗等新兴产业融合，借助创新力量构建极具时代特色的新型文旅模式，吸引新兴产业相关投资，为乡村文旅发展积累资金。灵活创新乡村文旅产业融合方式，拓展业务覆盖范围，利用发展的内生动力，保障平衡发展，推动产业转型。

3. 产业组织：内外交流与帮扶互助

文旅企业帮扶农民传授经营经验，农民助力文旅企业获取乡村一线信息。旅游产业生态化发展是以产业内部的旅游企业或产业种群为基础，通过相互作用与反馈实现整体效益大于部分效益之和，且尽可能地实现最大的整体效益的一个协同演化过程。[1]疫情过后为确保规划的合理性、有效性，建设运营商、村民组织、个体农户及旅游从业者应在产业休整阶段建立合作互助联盟，摆脱个体农户式的分散经营模式，以成熟企业为引领，促进经营者间的交流与学习。农民是促进文旅融合和旅游创新发展的重要力量，是旅游产业链不断拓展的重要支撑。[2]文旅企业可借机组织产业经营培训，引导乡村经营者发挥农业、文化产业、旅游产业融合优势，提高乡村文化旅游免疫力；强化乡村文旅的危机意识，填补乡村文旅产业应急管理缺失；劝导其保护乡村自然生态、留住文化内涵，为旅游、农业可持续发展奠基；帮助乡村经营者接纳与学习现代信息技术，加快数字化乡村、智慧旅游的脚步进程。文旅企业也会从与乡村经营者的互动交流中获取乡村产业发展的实况与问题，第一时间调整产业运作策略，与乡村经营者通力合作迎接疫情过后的乡村文旅产业结构调整与升级。

政府引导产业组织积极应对危机，组织及时与政府沟通获取有效解决措施。政府在旅游业中起到宏观调控的作用，在发展旅游的同时必须考虑当地社会经

---

[1] 陈静．旅游产业生态系统结构功能及协同演化研究［D］．青岛：中国海洋大学，2015.

[2] 夏杰长．中国旅游业应构建稳定发展的长效机制［N］．中国经济时报，2020-02-24（4）.

济、文化、环境的全面协调发展，他们希望旅游企业具有社会责任感，既要懂得旅游经营，又要注意保护当地的自然、社会、文化环境。[1]疫情防控期间，政府首先要安抚乡村经营者情绪，主动引导参与经营文旅产业的村民积极面对疫情对旅游产业的冲击，及时获取产业经营中个体经营者反映的难题，邀请专业人员与村民交流经验，共商未来发展。其次，地方政府保持与区域内文旅企业的沟通与合作，引入优势文旅企业的资金助推乡村文旅重振。最后，管理部门应时刻监督与约束文旅企业行为，避免疫情防控阶段文旅企业对乡村资源的滥用与过度开发，保护乡村自然、文化、社会环境。

（三）营造良好的产业发展环境

1. 保障：政策扶持减轻运转压力，治安管理维护环境安稳

适当采取倾斜扶持政策与减免措施。作为以旅游助力扶贫和实现全面小康的产业，乡村文化旅游是疫情发生时国家重点关注对象，尽早医治乡村文旅创伤不仅要靠国家政策，更需要地方政府积极响应号召。在市场恢复期间，地方政府要继续针对乡村文旅产业制定倾斜扶持政策和实施方案。针对受疫情影响较重的乡村，制定更有针对性的专项政策，提供疫情阶段快速申报通道，高效收取乡村文旅经营者的反馈；对于抗风险能力较弱的乡村文旅经营企业、组织，给予更大力度的支持，设立各级政府专项救助基金、乡村文旅产业融资担保基金，为乡村文旅产业解决现存问题、迎接未来挑战提供坚实的保障；鼓励乡村文旅产业转型升级，适当采取政府减免措施与“输血”政策共同作用，减轻产业生存负担。

加快推进乡村设施完善与治安管理。在政策支持的同时，政府还应加强对乡村旅游公共服务设施的完善，加快推进农村人居环境整治和基础设施建设，将乡村道路建设、环境整治、房屋改造等与旅游路线相结合，提高乡村旅游的吸引力和观感度[2]，并聚焦公共卫生与安全，为疫情过后游客尚未平定的恐慌情绪营造安稳的自然空间。乡村基层组织更要紧跟政府脚步，发挥自身在乡村文旅产业中的作用，将产业相关政策法规及时传递给乡村经营者，积极参与到乡村旅游基础

---

[1] 张金花．中国乡村旅游利益相关者关系研究［D］．焦作：河南理工大学，2009.

[2] 张莹．疫情之下 乡村旅游要变“危”为“机”［N］．中国城乡金融报，2020-03-04（B03）.

设施维护、治安管理中来。

2. 规范：市场安全增添出游信心，秩序规范促进生态发展

保障乡村文旅市场安全，提升游客出游信心。乡村文旅可持续发展需要有序的产业发展环境，旅游产业管理部门应加大对乡村文旅市场的监管，向文旅企业、乡村经营者宣传普及与经营活动相关并对其产生一定影响的法律、法规，规范经营活动，公安、消防、工商、物价等职能部门集中制定应急预案，强化疫情恢复后的乡村文旅市场保障、安全保障，加大乡村公共安全卫生管理，创造安全有序的乡村文旅环境。同时，应保障消费者权益，避免不正当竞争。管理部门需通过法律、行政和社会监督三种形式[1]，对乡村文旅市场进行监督，鼓励游客与乡村经营者、旅游从业者加入产业管理中，多方共同监管避免因市场恢复时利益驱动而导致的无序开发与恶性竞争，对旺季哄抬物价、欺骗游客等不良行为进行严肃处理。

保障产业可持续运转，构建全新管理系统。疫情暴发后乡村文旅产业的休整为经营者提供了经营管理系统的重建时间，产业面对突发事件所暴露的问题使得经营管理者重新思考和分析产业的运营，对此乡村文旅产业的管理层应借此机会对企业员工、乡村个体进行集中培训与动员，重新进行人员筛选与管理环节删减，建立更加科学、合理的管理体系。针对乡村文旅复杂的经营主体构成，进一步明确责任主体，保障每一位经营者的利益均衡，保证在惩处不良行为时有源头可循，以更稳定的秩序迎接未来的市场动荡与消费热潮。

3. 助力：人才培养提升整体素养，精准推广释放潜在需求

加强人才培养与引进，以奖惩制度激励乡村从业者。在产业调整期间，政府应协助企业进行乡村文旅经营人才的培养，组织专业人员根据不同经营主体分批次开展业务培训，强化产业经营者们的危机管理意识，帮助经营者掌握必要的疫情防控方法与应急处理知识；引导乡村经营者学会整合现有资源，化资源优势为经营优势；集中力量进行数字化运营与管理培训，确保每一位经营者都了解互联网、电商平台的基本信息。针对刚起步的乡村文旅产业，政府应介入人才引进过程，鼓励更多热爱乡村的人才参与乡村文旅产业的发展中，为疫情防控期间乡村

---

[1] 安国俊，贾馥玮．新冠疫情对经济的影响分析及对策研究［J］．金融理论与实践，2020（3）：45-51.

的转型升级注入新鲜血液。

政府带头推广宣传乡村文旅，引导不同资源进入乡村。政府应在设立促进乡村文旅产业发展的专项奖励和补贴资金等举措的基础上，联络投融资平台吸引产业相关机构对乡村文旅进行对口援助，大力支持乡村文旅产业疫情防控期间的转型升级，为其减轻运转负担。同时，应建立统一的疫情防控期间乡村文旅信息发布制度，利用政府掌握的资源、人才优势和雄厚的关系网络，发布及时、全面、准确的乡村文化旅游产业信息，引导乡村旅游从业人员朝着政府既定的宏观方向发展，避免由于市场的盲目性和利益的导向性给乡村旅游的发展带来损失[1]，并引导消费者根据公开信息判断乡村文化旅游的恢复现状与升级特色，将公众疫情过后旅游消费的重心向乡村文旅转移，充分释放旅游消费需求，积累潜在客源。

重大疫情暴发背景下，大力支持乡村文旅产业的发展既满足了人们遭受疫情创伤后对自然淳朴、绿色健康生活的渴望，也是助力我国突破乡村发展瓶颈、实现脱贫攻坚事业的首要之选。面对新型冠状病毒肺炎疫情暴发等同类突发事件，乡村文旅虽损失巨大、危机重重，但透过危机仍能望见光明。乡村文旅产业应巧借休整阶段，围绕内部成员构建互补共生的利益共同体，紧握国家、地方对产业大力扶持下的优良机遇，重塑产业发展生态，迎接疫情过后的旅游消费热潮，为产业可持续发展的终极目标蓄力。

---

[1] 许宏超．我国乡村旅游中的政府指导研究［D］．北京：北京邮电大学，2015.